财政部规划教材

全国应用型本科院校通用教材

农业技术经济学

曹　睐　郭爱云　赵　娜　主编

中国财经出版传媒集团

中国财政经济出版社

图书在版编目（CIP）数据

农业技术经济学 / 曹暕，郭爱云，赵娜主编. -- 北京：中国财政经济出版社，2023. 9
财政部规划教材 全国应用型本科院校通用教材
ISBN 978 -7 -5223 -2469 -2

Ⅰ. ①农… Ⅱ. ①曹… ②郭… ③赵… Ⅲ. ①农业技术经济学－高等学校－教材 Ⅳ. ①F303. 2

中国国家版本馆 CIP 数据核字（2023）第 166764 号

责任编辑：刘蓊泾　　责任校对：张　凡
封面设计：卜建辰　　责任印制：张　健

中国财政经济出版社 出版
URL：http：//www. cfeph. cn
E－mail：cfeph@ cfeph. cn

社址：北京市海淀区阜成路甲 28 号　邮政编码：100142
营销中心电话：010－88191522
天猫网店：中国财政经济出版社旗舰店
网址：https：//zgczjjcbs. tmall. com
北京财经印刷厂印刷　各地新华书店经销
成品尺寸：170mm×240mm　16 开　24. 25 印张　369 000 字
2023 年 9 月第 1 版　2023 年 9 月北京第 1 次印刷
定价：97. 00 元
ISBN 978 -7 -5223 -2469 -2
（图书出现印装问题，本社负责调换，电话：010－88190548）
本社质量投诉电话：010－88190744
打击盗版举报热线：010－88191661　QQ：2242791300

编辑委员会

主　编： 曹　睐　郭爱云　赵　娜

参　编： 马子佳　李亚宁　李　想　魏　强　连　洁

前　言

农业技术经济学是农业经济管理专业的一门必修课，利用现代的数量经济学方法对技术措施、技术方案和政策进行经济评价，具有理论性和实践性并重的特点。

北京农学院农业经济管理专业是国家级特色专业，还入选了“教育部卓越农林人才培养计划”，是第一批入选国家级一流专业建设点建设的专业，多年以来开设了《农业技术经济学》课程。本教材总结多年教学经验，融入编写人员的科研成果，体现了前沿性和实践性，具有一定的应用价值。

本教材由曹暕、郭爱云和赵娜担任主编，具体编写分工情况如下：第一章由曹暕、马子佳编写，第二章由曹暕、程佳媛编写，第三章由赵娜、聂昊编写，第四章由曹暕、李亚宁编写，第五章由赵娜、李想编写，第六章由赵娜、魏强编写，第七章由曹暕、连洁编写，第八章由曹暕、李想编写，第九章由赵娜、魏强编写，第十、第十一章由郭爱云编写。全书由曹暕统稿。

本教材参考的文献已列在书末，在此谨向相关作者表示诚挚的感谢；同时在编写出版过程中得到了中国财政经济出版社的支持，也一并表示谢意。

由于编者水平有限，本教材难免存在不足，敬请读者提出宝贵意见。

编者

2023 年 7 月

目录

第一章　绪论 …… 1

第一节　农业技术经济学的产生和发展 …… 1

第二节　农业技术经济学的研究对象与内容 …… 10

第二章　农业经济技术效果评价 …… 15

第一节　经济效益原理 …… 15

第二节　农业技术经济效果评价原则与内容 …… 23

第三节　农业技术经济效果评价指标 …… 27

第四节　农业技术经济评价的一般方法 …… 47

第三章　农业生产要素投入的边际分析 …… 60

第一节　农业要素边际分析概述 …… 60

第二节　单项变动要素的合理利用 …… 70

第三节　多项变动要素的合理利用 …… 75

第四节　农产品的合理组合 …… 87

第四章　农业生产函数 …… 98

第一节　农业生产函数概述 …… 98

第二节　农业生产函数的建立 …… 105

第三节　几种主要的农业生产函数及其应用 …… 117

第五章　农业生产结构及优化 …………………………………… 132

第一节　农业生产结构的概念及优化内容 ……………………………… 132
第二节　农业生产结构优化模型与方法 ………………………………… 139
第三节　农业生产结构优化对农业经济增长的贡献 …………………… 161

第六章　农业技术进步 ………………………………………………… 172

第一节　农业技术进步概述 ……………………………………………… 172
第二节　农业技术进步的测定 …………………………………………… 187

第七章　农业创新 ……………………………………………………… 205

第一节　技术创新理论及概念 …………………………………………… 205
第二节　农业技术创新概念及理论 ……………………………………… 212
第三节　技术创新政策 …………………………………………………… 223

第八章　农业技术采用、扩散与推广 ………………………………… 232

第一节　农业技术采用 …………………………………………………… 232
第二节　农业技术扩散 …………………………………………………… 238
第三节　农业技术推广理论概述 ………………………………………… 248
第四节　各国农业技术推广实践 ………………………………………… 253

第九章　农业生产经济效率分析 ……………………………………… 276

第一节　农业生产经济效率内涵 ………………………………………… 276
第二节　农业生产效率的参数方法 ……………………………………… 284
第三节　生产效率评价的非参数方法 …………………………………… 288

第十章　农业项目财务分析 …………………………………………… 313

第一节　农业项目财务分析概述 ………………………………………… 314
第二节　农业项目财务估算 ……………………………………………… 320
第三节　农业项目财务分析 ……………………………………………… 335

第十一章　农业项目不确定性分析与风险分析 …… 355

第一节　农业项目不确定性分析概述 …… 356

第二节　农业项目盈亏平衡分析 …… 360

第三节　农业项目敏感性分析 …… 363

第四节　农业项目风险分析 …… 368

第一章　绪　　论

学习目标

1. 能够知晓农业技术经济学产生和发展的历史；
2. 能够理解农业技术经济学的概念和特点；
3. 能够理解农业技术经济学的研究对象；
4. 通过学习树立并强化“三农”情怀。

▶ 本章提示

农业技术经济学是在我国产生、由我国命名的一门经济科学。本章在介绍农业技术经济学产生和发展历史的基础上，讲解农业技术经济学的概念以及其学科特点，并对其研究对象进行剖析，简要介绍本科学科的主要研究内容。通过本章学习，能够知晓农业技术经济学产生和发展的历史，理解农业技术经济学的概念、特点和研究对象，并了解本学科主要研究内容。

第一节　农业技术经济学的产生和发展

一、农业技术经济学的产生

农业技术经济学是在我国产生、由我国命名的一门经济科学。这门新兴学科是为适应我国社会主义农业现代化建设的需要，并伴随着生产力和科学技术的发展，迅速开创和发展起来的。

新中国成立初期，我国农业经济科学在借鉴苏联经验的基础上逐步形成和发展丰富。但当时存在的问题是：强调农业经济是一门研究生产关系的科学，很少研究农业生产力的发展规律；对农业经济问题质的规定性研究多，量的规定性研究少，即多为定性分析，缺少定量分析。

20世纪50年代中期，在社会主义改造基本完成之后，党中央适时提出在进行技术改造时要注意经济效果，在农业上制订了一九五六年到一九六七年全国农业发展纲要，强调各地农村在应用各项增产技术措施时应注意采用“花钱少，容易办，成效快，收获大”的办法。1978年经国务院批准并颁发的《我国1978—1985年科学技术发展规划》中，再一次把技术经济列为重点科学研究项目。但是这一次再把技术经济提出来，有不同的历史背景，那就是我国的经济体制改革。同以往的技术经济研究课题和内容相比较，这门学科赖以产生和发展的社会基础已经发生了很大变化：我国已从一个系统的比较完整的计划经济体制，转移到社会主义有计划的市场经济体制，更确切一点说，我们正处在这样一个转变过程中。把党的工作重心转移到经济建设上来，关键在于提高经济效益，这就使人们再次认识到技术经济问题的重要性。

总之，随着农业科学技术的进步和运用，商品经济的发展，在农业生产实践中存在着许多技术经济问题，而在我国农业经济学科中对农业技术经济问题又缺乏专门研究，这就为农业技术经济学的产生提供了可能性和必要性。到了20世纪80年代初期，这门学科终于诞生了。

（一）农业技术经济思想初期酝酿阶段（1956—1958年）

我国农业技术经济学的建立过程最早应追溯到“经济效果”概念的提出。20世纪50年代中期，在社会主义改造基本完成之后，党中央适时地提出在进行技术改造时要注意经济效果。1957年1月6日的《人民日报》社论《充分考虑经济效果》一文提出：进行技术改造。必须在全国规划、统一平衡的原则下，充分考虑“经济效果”，要根据“投资少、收益快、效果大”的原则进行。在农业上制订了一九五六年到一九六七年全国农业发展纲要（草案），强调各地农村在应用各项增产技术措施时均应注意采用“花钱少，容易办，成效快，收获大”的办法。这是农业技术经济思想初期酝酿阶段。但是这一阶段时间不长，在1957年以后由于“左”倾错误的影响而暂停了。

（二）农业技术经济研究起始阶段（1959—1966 年）

我国开展农业技术经济的研究开始于 20 世纪 50 年代末，经济学界针对当时经济建设中存在的严重问题，开展了经济效果理论的探讨，提出必须开展生产力经济的研究。

1959 年 3 月，中国农业科学院农业经济研究所在北京召开了全国农业科研系统的农业经济研究工作会议。会上，杨均同志提出农业经济科学除包括农业经济研究和经营管理研究内容外，还应包括生产经济的研究。会后，农业科研单位的农业经济科研人员就小麦、水稻、生猪和盐碱地改良、轮作制度等生产经济问题进行了协作调查研究。

1959 年 7 月，在北京召开了社会主义农业经济学的对象与任务的学术座谈会。这次会议的参加者除农业科研单位的农业经济科研人员外，还有高等农业院校的农业经济教学人员。这次会议对农业经济研究中是否研究生产力经济问题争论很激烈，未取得一致意见。

随后，主张研究农业生产技术经济的学者继续开展研究工作。中国农业科学院农业经济研究所把研究重点放到生产技术经济上。

1962 年初天，在中国农业科学院的一次院长办公会议上，当时中宣部科学处处长于光远针对农业经济学研究不研究生产力问题的争论发表了讲话。他说，农业经济科学可以分成许多门类，如农业经济学、农业生产力经济学、农业技术经济学、农业经济史、农业经济统计、农业会计等，农业经济科学是各门学科的总称，农业技术经济学是农业经济科学的分支。他提出，应该根据国家的需要对农业经济科学的各个分支都肯定它们应有的地位和给以足够的重视。他认为，讨论农业经济学研究对象究竟是生产力还是生产关系容易导致肯定一面否定一面，用片面性的看法指导科学研究，会起不好的作用。随后，于光远以辛日真的笔名，在 1963 年第 5 期的《新建设》杂志上发表了《加强农业技术经济问题的研究》一文。

在 1962 年春季到 1963 年春季，国家制订了《1963—1972 年科学技术发展规划》。技术经济研究是规划的主要组成部分之一，其中提出了大量的农业技术经济研究课题。农业技术经济研究列入国家规划任务，这是农业技术经济学形成过程中的一件大事。

在国家任务的带动下，农业技术经济研究工作得到了较快的发展。1963年，新疆八一农学院朱甸余教授首先开设了《农业技术经济》课程，随后，一些农业院校相继讲授了有关农业技术经济的专题，对农业技术经济学课程作了最早的探索。从1962年起，中国农业科学院农业经济研究所大幅度增加了农业技术经济研究力量，进一步开展了农业技术经济问题的调查研究工作。

这是我国农业技术经济研究工作兴起和对农业技术经济理论与专题进行大量调查研究的阶段。

在这一阶段，国家出台的《1963—1972年科学技术发展规划》也明确提出了农业技术经济研究，从政策层面推动了农业技术经济的发展。此规划中第一次把技术经济的研究列为重点科学技术项目。规划明确指出："一切生产技术，必须既具有技术上的优越性，又具有经济上的合理性，才适宜于推广和应用。所以生产技术研究成果，应该经过技术经济分析，才能在生产中推广，才能成为国家制订技术措施、技术政策和国民经济计划的完整的科学技术依据。对各项技术的具体内容进行经济效果的计算和分析比较，即进行技术经济的研究，是科学技术工作的一个重要的组成部分，是促进科学技术多快好省地服务于社会主义建设的一个重要的中间环节。"规划中提出了11个要特别注意研究的技术经济问题，其中有3个完全是农业技术经济问题。它们是：合理利用土地的技术经济研究、农林牧副渔综合经营的技术经济分析、农业技术改革的技术经济研究。

（三）农业技术经济研究的长期停滞阶段（1966—1977年）

期间，农业技术经济的研究被作为"唯生产力论""利润挂帅"等批判，研究机构被撤销，研究人员被解散和改行，使研究工作长期处于停滞阶段。

（四）农业技术经济研究复兴和学科建立阶段（1977—1980年）

党的十一届三中全会以后，党中央提出了要在20世纪末实现四个现代化和全国工农业年总产值翻两番的宏伟目标，明确了发展科学技术是实现战略目标的关键，指出了提高经济效益是考虑一切经济问题的根本出发点、前提和核心，这给农业技术经济研究和学科建设带来了新生。

在1978年，经全国科学大会讨论通过、党中央和国务院批准的《1978—1985年科学技术发展规划》中，技术经济研究又一次被列为重点研究项目，农业技术经济问题的研究是技术经济研究项目中的重点研究课题之一。

在国家的重视和支持下，农业技术经济研究工作再度兴起。科研机构得到恢复和增加，农业技术经济科研队伍迅速壮大，农业院校相继开设农业技术经济学课程，开始培养农业技术经济学研究生。这是农业技术经济研究复兴和学科建立的阶段。

1980年3月在广州由中国技术经济研究会组织召开了全国农业技术经济学理论与方法座谈会，首次从学科建设角度探讨了农业技术经济学的研究对象、基本原理和分析评价方法，并取得了较大进展，构筑出了学科的基本框架，这标志着农业技术经济学正式确立。

（五）农业技术经济进入充实、实践创新阶段（1981—1990年）

除了上述1980年的重要会议以外，1981年全国高等农业院校统编教材《农业技术经济学》的出版，以及1983年《农业技术经济手册》大型工具书的出版，都是农业技术经济学形成独立学科的有力标志。

1981年在北京密云县成立了农业技术经济学科建设研究会（后与农业技术经济研究会合并为全国农业技术经济研究会）。1981年由展广伟等34位全国各高等农业（财经）院校农经系教师共同编写的我国第一本《农业技术经济学》问世。

从1982年起，中国农业科学院农业经济研究所主办了《农业技术经济》杂志，对学术交流和农业技术经济学科建设起了重要作用。

1983年8月由农牧渔业部经管总站召集部分农业技术经济专家和从事农村经营管理工作的同志，在河北省承德市拟订了《关于开展合作经济经营单位技术经济效益评价的试点工作试行方案》，揭开了农业技术经济理论深入实践的新篇章。

1983年10月在长沙召开全国农业技术经济学术讨论会，会议由安希伋先生主持，这是教学、科研、实践工作三结合的盛会，它表明农业技术经济理论和方法已开始在广大农村推广应用。讨论会对农业技术经济学科的建立进行了总结，农经管理干部研究了在全国开展农业技术经济效益评价试点工作，开创了农业技术经济学推广应用的新局面。

自1983年长沙会议以后，农业技术经济研究和学科建设已进入深化和完善阶段。现在，农业技术经济研究正日益成为发展农业、提高经济效益、实现农业现代化所不可缺少的手段。这里需要提一下1987年在桂林召开的全国农业技术经济理论方法讨论会，这次会议明确提出，农业技术经济学与农业生产经济学是两门姐妹学科，它们有着各自的研究对象和研究领域。这对农业技术经济学的学科建设发展将会有重大影响。

1984年8月在新疆石河子召开了全国农业技术经济学教学研讨会，这次会议以教学为主吸收了部分农业技术经济科研和农业技术效益评价的实际工作者参加。会议拟订出《农业技术经济教学大纲（草稿）》。在此基础上，重编了《农业技术经济学》统编教材（修订本），于1986年4月脱稿，1986年6月出版。

1986年9月在山东青州召开了全国农业技术经济学术讨论及农业技术经济效益评价工作经验交流会，会议选举产生了全国农业技术经济研究会新理事会，农业技术经济学界的学术交流和研讨气氛空前活跃。根据全国农业技术经济研究会统计，从1986年2月起到1990年10月止，由全国农业技术经济研究会会员出版的教材、专著、辞典、手册等已达35种，有9项农业技术经济研究成果分别获国家或省部级奖励。

在这期间，全国农业技术经济研究会花费了大力气筹备组织了四次全国性的学术及学科建设讨论会，它们是1987年11月的桂林会议、1988年8月的内蒙古会议、1989年8月的宁夏会议和1990年7月的哈尔滨会议，对加强学术交流、完善学科建设、推进学科发展都起了极其重要的作用。

（六）农业技术经济成熟完善、稳健发展阶段（1991年至今）

以学科建设为讨论中心的1990年7月的哈尔滨会议，是我国农业技术经济发展史上一个承前启后的会议。农业技术经济学科正走向“成熟完善、稳健发展”的道路，中国农业技术经济学的这一新走向，归纳起来有以下四个转移。

1. 由注重方法引进向注重理论探索转移

农业技术经济学吸收了相关学科及外国同类学科中的许多科学的研究方法，不断地繁荣发展、充实提高了其研究内容。但随着学科的发展，对现有科学理论体系按照一定的科学规范及逻辑顺序进一步完善提高成为下一步发展的重点。因此，学科发展的当务之急是完善理论，取精华、补不足、去多余，使之进一步系统化、规范化、有序化。

2. 由注重微观技术经济转向注重宏观技术经济研究

钱学森同志在1990年致《技术经济》编辑部的信中指出，要加强宏观高层次的技术经济问题研究。从总体上，农业技术经济的研究还仅以单项、微观等应用研究为主，即技术经济评价主要停留在单个或若干个产品、项目或资源利用的分析评价上。农业技术经济学的研究由这种以微观为主、宏观为辅的走向，转移到以宏观为主、微观为辅的轨道上来。注重探索技术进步与经济增长的关系，技术转移与生产力布局的关系，技术扩散、技术结构与产业结构的关系以及科技、经济、社会协调发展，科技成果的转化，科技投资，区域开发技术经济论证等宏观问题的研究，同时在分析方法上注重综合评价模型等高层次技术经济评价方法的运用。

3. 由单方面注重经济效益研究的“单线思路”转向经济效益和技术发展规律问题研究同时并进的“双主线思路”，并对技术方面的研究略作倾斜

在以往农业技术经济研究中对经济效益的概念，原理、指标、标准等探讨得比较多，而对技术概念的范畴体系研究得比较少，例如技术（进一步延伸出硬技术、软技术、高技术、中间技术、累进技术、适用技术）、技术进步、技术转移（包括技术引进、技术输出、技术转让）、技术开发、技术扩散、技术贸易、技术措施、技术规划、技术协作、技术政策、技术现代化等。

4. 由注重外生拼散性理论研究转向注重技术经济学自身规律性原理的研究

过去，我们对技术原理的探讨，大多停留在泛泛叙述的拼散性研究分析上。实际上本学科自身很多规律性原理如技术方案比较原理、项目评价原理、规模效益原理、选优原理，还有待进一步深化。

二、农业技术经济学的概念和学科特点

（一）农业技术经济学概念

农业技术经济学：研究农业产业领域技术政策、技术方案和技术措施的应用与其经济效果相互关系的经济学科。“农业”，指生产农副产品的整个产业部门，包括产前、产中、产后部门。“技术”，指农业技术政策、技术方案和技术措施。“经济”，指技术应用的经济效益，表述为：在同等的劳动耗费下，能够取得最大使用价值，或在取得同等效果的条件下，能够争取最少劳动耗费。

（二）农业技术经济学的学科特点

1. 综合性

农业技术经济学涉及自然科学、技术科学和经济科学，要求农业技术经济工作者必须具备多学科知识，有较强的综合研究能力，能够组织多学科、多部门的协作研究。特别是一些重大的或较为复杂的农业技术经济研究项目，更需要组织多学科、多部门协作，共同进行综合研究分析，才能取得较好的经济效果、社会效果和生态效果。这种组织协作、综合论证工作，只能由农业技术经济学这门学科来承担。

2. 计量性

计量性是一般技术经济学的一大特征。数学是农业技术经济学的基础学科。从事农业技术经济研究必须掌握各种实用数学方法和工具，用数量关系反映农业技术经济的现象和规律。因此，农业技术经济学在对各种技术方案进行客观、合理、完善的评价时，需要作定性与定量两方面的分析。研究农业技术经济问题，要以定性分析为基础，也要有定量的分析，而且是以定量分析为主。用数据和数量的结论说话，用定量分析的结果来为定性分析提供科学的依据。不进行定量分析，各种技术方案的经济性无法评估，在多种方案之间也无法进行比较和评优。所以，从一定意义上讲，农业技术经济分析和研究过程就是一个选优过程，它所进行的一系列分析活动，最终都是为了选出最优方案。

3. 比较性

比较的观点贯穿农业技术经济分析研究工作的始终。比较的原理和方法是农业技术经济学研究分析的重要方法。有比较才有鉴别，在多个技术方案中优选，是以比较为依据，通过对不同方案的比较，就能区分不同方案的优劣，进而从中选出最优方案。从经济角度看，判断某一技术方案值得采纳与否，取决于相对经济效果，即比较经济效果。

4. 预见性

技术经济分析的基本研究活动，往往是在事件发生之前对其进行预先的分析和评价，从中选择最优方案，因此，技术方案的建立，要加强技术经济预测。预测是发展现代科技的先驱。通过预测，可以使技术方案更加接近于实际，避免盲目性。尽管有一部分技术经济分析活动是属于对某一事件实际结果的事后评价，但其目的也是验证事前的分析是否正确，是为今后制订技术方案的事前分析服务的。

技术经济预见性的特点还表现在两个方面：一方面，尽可能准确地预见某一经济事件的发展趋向和前景，充分掌握各种必要的信息资料，尽量避免由于决策失误造成经济损失；另一方面，又说明预见性包含一定的假设性和近似性，只能要求对某一方案的分析结果尽可能地接近实际，而不能要求其绝对准确。

5. 实用性

农业技术经济学是一门实用性很强的学科。农业技术经济所研究的课题、分析的方案都是来源于农业生产建设实际，并紧密结合农业生产技术和经济活动而进行。它的研究数据和资料大多也需要来自生产实践。其理论和方法是否正确，也必须通过实践检验。它所分析和研究的成果，最后还是要直接用于农业生产，并通过实践来验证其正确性。总之，农业技术经济学研究的核心就是为了解决农业生产中的实际问题，使之达到农业技术要素的合理组合，提高经济效益，从而给农业经营的当事者，如国家、农业企业、农户等带来经济实惠。

随着科学的迅速发展，新技术革命越来越广泛深入，农业生产的内部和外部联系越来越密切，实际工作中出现的技术、经济问题也越来越多，要求农业技术经济学与农业生产实践的联系更直接、更紧密，这样，也为农业技术经济学的发展开拓了广阔前景。

6. 时空性

由于农业生产的特点，决定了农业技术经济具有很强的时空性。有些农业技术措施的应用在当年不能反映其经济效果，必须长期考察，应把近期经济效果与长期经济效果结合起来，才能得出正确的结论。农业生产具有一定的周期性和很强的季节性，所以农业技术经济评价还必须抓紧时机。对农业科技项目，要及时进行预测性的经济评价，为确定农业技术研究课题提供经济方面的科学依据。对农业科技成果要及时作出经济效果评价，以便推广应用，使其变为现实生产力。农业生产需要在广阔的领域内进行，各地的自然条件和经济条件又千差万别，因而农业技术经济的评价结论不能简单搬用，必须因地制宜，对具体情况进行具体分析。

第二节　农业技术经济学的研究对象与内容

一、农业技术经济学的研究对象

学习和研究农业技术经济学，首先要弄清这门学科的研究对象。一门学科的研究对象是由本学科领域所具有的特殊矛盾决定的。因此，农业技术经济学的研究对象是由农业技术经济研究领域中存在的特殊矛盾决定的。农业技术经济领域中的特殊矛盾包括技术先进适用性与经济合理性之间的矛盾。技术措施与生产要素之间相互制约、相互协调的矛盾，生产技术措施与资源利用之间的矛盾以及技术措施与使用条件之间的矛盾。因此，可以把农业技术经济学的研究对象概括为：根据经济规律和自然规律，联系生产关系和上层建筑，以分析、评价、论证和优选等方式研究生产实践中技术因素和经济因素合理结合的内在运动规律及运动条件，以取得最佳技术经济效果，研究农业技术创新扩散的内在经济规律，以及技术进步对经济的促进作用。对农业技术经济学的认识可以从以下四个方面出发。

（一）是以研究农业技术实践的经济效果为目的，寻求技术效果和经济效果相统一的科学

人们为了实现某个经济目标，常常有若干个可供选择的技术措施或方案，究竟应该选用哪一个方案最有利，那就得首先比较各个技术方案实施所能带来的经济效果。实现农业技术效果和经济效果的统一，是整个农业技术经济学研究的核心。农业技术经济学研究的目的就是把技术的适用性和经济的合理性结合起来，使技术效果和经济效果达到最佳的统一，从而获得最优的经济效果。在技术方面，选择的方案要具有先进、可靠、安全、灵活和耐用的特点，其应用的结果能给人们带来产量较高、产品质量较好的技术效果；在经济方面，它能实现最大的节约，用最少的资源获取最好的经济效果，即生产的总产品扣除生产过程中劳动消耗之后剩余产品最多。具体到农业上，人们最佳方案的选择往往都是为了在同等条件下实现农业生产增产增收。一般来说，增产和增收是一致的，但也有可能出现增产减收的情况。在资源边际报酬率递减规律的作用下，并不是产量越多，收入（产出一消耗）就越高。达到一定的阶段后，为生产 1 单位农产品所消耗的成本反而要大于把农产品出售后获得的收益。这时即使增加投入能有更多的农产品，生产者也是不会继续生产的。如果发生了这种情形，那就相当于这种生产不但没有创造社会财富，反而浪费了社会财富。农用技术经济学的任务就是通过分析研究，把投入控制在一个合理的范围内（此时边际成本和边际收益相等），从而实现最好的经济效果。

（二）是寻求生态效果和经济效果相统一的科学

农业的对象是生物，农业生产的特点是自然再生产与经济再生产的统一过程。它要求人们把遵守自然规律和遵守经济规律统一起来。首先必须遵守自然规律，才有可能进一步运用经济规律，取得良好的经济效果。严格遵守生态平衡规律是遵守自然规律最重要的方面。如果实行掠夺性经营，破坏生态平衡终必形成恶性循环，就会受到大自然的惩罚。因此选择技术方案必须以能保持生态平衡为前提。人们在开展各种生产建设中总会对生态环境起到或大或小的影响。有的有利于改善生态环境，生态效果就好，如种草、植树、增加有机肥以

提高土壤肥力等；有的会破坏生态平衡，如过高的复种指数引起地力衰退，乱伐森林、过度放牧等使植被遭到破坏。最常见的是对生态环境既有利又有弊，这就要求我们坚持生态效果和经济效果相统一的原则，利用各种技术经济手段，认真分析是利大于弊，还是弊大于利，选择最佳的技术方案。即使不能增进生态效果，至少也不能损害生态平衡。只有如此，才能在不影响生态平衡的前提下带来尽可能大的经济效果。

（三）是解决农业技术措施与农业资源之间矛盾的科学

农业生产所利用的资源包括自然资源、农用土地、劳力资源、资金、管理等。一个地区或农业生产单位，农业资源总是有限的。要用有限的农业资源获得最大的经济效果，那就要对生产项目和生产规模进行合理的安排，并采用相应的技术措施、技术方案、技术制度来保证资源获得最佳的使用。农业经济学的任务就是要解决农业技术措施与农业资源之间存在的矛盾。它要求根据各地区和各单位的资源优势及资源的数量、质量来安排生产项目、生产规模和相应的技术措施、技术制度，对短缺的资源引进补充，使资源之间得到协调均衡，尽可能地使全部农业资源得到充分有效的利用，最大限度地增产增收，取得最大的经济效果。

（四）是解决农业技术措施、技术制度、技术政策之间矛盾的科学

在农业生产中，人们采用各种各样的技术措施、技术制度、技术政策都是直接或间接地满足生物的生长发育对外界条件的要求。不同的作物，或不同畜禽对生活条件的要求有客观的规定性。因此，人们采用什么技术措施、技术制度、技术政策不是随意确定，而是首先按生物学规律办事，才能取得良好的技术效果。另外，还要按经济规律办事，即在研究采用某一技术措施时，既要考虑满足技术要求，还要考虑采用什么办法能够做到花钱少、收效快、效果好。反映客观规律的技术措施、技术制度和技术政策一般具有整体性、综合性、全面性和实效性的特点。例如，种植某一种高产作物，品种选择、种子处理、播种技术、种植密度、种植方式、施肥制度、灌溉制度、植保技术以及其他栽培技术等，是彼此联系、互相促进的有机整体。缺了任何一个环节都会影响到其他技术措施、技术制度作用的发挥，影响到整体的经济效果。又如我们提倡学

养畜，就要制定一套技术政策，如优种政策、繁殖政策、饲料政策等。政策配套对提高经济效果具有重要的作用。

二、农业技术经济学的研究内容

农业技术经济学研究的内容包括理论、方法及其应用，基本理论包括经济效果理论、农业投入产出的边际分析理论、农业生产结构分析及效率评价理论、农业科技进步与经济增长理论等，研究方法包括农业技术经济效果的指标体系、农业技术经济效果评价程序以及农业技术经济的分析方法等；农业技术经济的实际应用问题，可以分为技术政策、技术制度、技术方案以及技术措施的经济效果问题。技术政策问题一般属于宏观技术经济问题，是有关农业部门全局的技术经济问题，如资源的开发利用政策、优种推广政策、农业技术投资政策等；技术制度包括作物种植制度、耕作制度、施肥制度、灌制度、畜禽饲养制度等；技术方案指农业区划方案、农业规划方案、农业工程方案、农业新技术引进方案等；技术措施指品种搭配、种子处理、种植密度、施肥、浇水等多种措施。

— 本章思考题 —

一、名词解释

1. 农业
2. 技术
3. 经济

二、问答题

1. 农业技术经济学的基本要素有哪些？
2. 简述技术与经济的关系。
3. 农业技术经济学的特征有哪些？
4. 简述农业技术经济学的研究对象及学科性质。

参考文献

[1] 胡继连. 对农业技术经济学研究内容的再界定 [J]. 农业技术经济, 1990 (2): 58 - 59.

[2] 顾焕章. 略论农业技术经济学科的性质和特点 [J]. 农业技术经济, 1987 (1): 5 - 6.

[3] 吴增芳. 对农业技术经济科学的认识 [J]. 农业技术经济, 1986 (6): 3 - 6.

[4] 胡瑞法, 徐丽安. 关于农业技术经济学科体系的探讨 [J]. 农业技术经济, 1996 (5): 19 - 20.

第二章　农业经济技术效果评价

学习目标

1. 能够准确陈述经济效果、农业经济效果内涵和外延；
2. 能够运用本章的各种方法展开计算；
3. 能够灵活运用本章方法解决农业实际问题；
4. 通过学习树立并强化“三农”情怀。

▶ 本章提示

经济效果分析指对经济效益的大小或高低进行考核、评价，对其形成的原因进行分析、研究，目的在于寻求进一步提高经济效益的正确途径。本章在介绍经济效果、农业经济效果等基本概念的基础上，具体讲解农业技术经济效果评价内容、原则、指标和主要方法。通过本章学习，能够准确陈述各种基本概念的内涵和外延，能够分辨农业技术效果和经济效果的关系，计算各种技术经济效果指标，并能根据实际问题选择合适的技术经济评价方法对其进行综合评价。

第一节　经济效益原理

一、经济效益概念

人类进行实践活动都需要劳动的耗费。劳动耗费是指人们在实践中为获得某种成果所耗费的劳动，包括物化劳动耗费和活劳动消耗。物化劳动耗费是指劳动者对生产资料的消耗，它包括物化劳动占用和物化劳动消耗两方面。在一个农业生产周期中被实际消耗掉，是物化劳动消耗。按生产周期的规律以价值形式转移到所生产的农产品中，在这些生产资料全部被消耗完之前，有较长一段时间是处于被占用状态，形成物化劳动占用。活劳动消耗是指在生产过程中掌握一定的生产与技能，具有生产经验或有一定科学知识的人实际消耗的[1]。劳动耗费关系见图 2－1。

- 劳动耗费
  - 物化劳动耗费
    - 物化劳动占用
    - 物化劳动消耗
  - 活劳动消耗

图 2－1　劳动耗费的关系

经济效益在无特定环境下的概念是通过商品和劳动的对外交换所取得的社会劳动节约，即以尽量少的劳动耗费取得尽量多的劳动成果；或者以同等的劳动耗费取得更多的经营成果，也就是劳动成果与劳动耗费的比较。我们经常将劳动成果当作价值或使用价值①。

二、经济效益的表示方法

根据上述经济效益的概念，经济效益的表示方法通常有以下三种。

1. 差额表示法。这是一种将劳动成果与劳动耗费数值之差用以表示经济效益大小的方法，也是最基础的方法。其表达式为：经济效益＝劳动成果－劳动耗费。

它主要适宜计算农民净收入等农业指标。可以看得出来，这种表示方法要求劳动成果与劳动耗费必须是相同的计量单位，其差额大于零。这样才能使技术成果可行。这种方法计算较为简单，但不能确切反映不同计量单位的农业指标的经济效益的大小。

2. 比值表示法。这是一种用劳动成果与劳动消耗之比表示经济效益大小的方法。其表达式为：经济效益＝劳动成果÷劳动耗费。

采用这种方法表示的指标有：利润率等农业比率指标。比值表示法的突出

① 张冬平. 农业技术经济学［M］. 北京：中国农业大学出版社，2009.

特点是成果与耗费的计量单位没有限制。注意：当计量单位相同时，成果与耗费的比值大于1才能使技术可行。

3. 差值－比值表示法。这是一种将差值表示法与比值表示法相结合来表示经济效益大小的方法。其表达式为：经济效益＝(劳动成果－劳动耗费)÷劳动耗费。

总结如下：上述三种所列举的经济效益表示法所得到的经济效益数值不尽相同，但所反映出的经济效益实质却是相同的，每种方法都有各自的适用范围。在实际应用中，应根据评价对象的特征和性质来选择哪个公式，可以采取多种方法对方案进行比较，列出优势与不足，才能选出合适的方案[2]。

三、农业技术经济效益的含义

农业技术经济效益就是农业技术具体运用所产生的经济效益。它是农业投入与产出的比较，具体是指农业技术、政策、方案使用时所发生的劳动消耗和占用同生产成果之间的价值的比较。由于农业产业的特殊性，农业技术经济效益的高低，既需要从投入与产出两个方面来考察，又需要考虑到环境、土壤的因素。因此，对农业技术经济效益进行系统评价应以合理利用生产资料为出发点，以提高土壤肥力、促进生态平衡为前提。

根据不同的评价内容和评价标准，农业技术经济效益可以分为绝对技术经济效益与相对技术经济效益。绝对技术经济效益，是指某项技术或某一技术方案投入与产出之间的差值或比值。而相对技术经济效益，是指两种或两种以上可行方案之间或原方案与新方案之间经济效益的比较。通过这种比较可以选择出最适宜的技术方案[3]。

这两种技术经济效益都是有一定的临界限的，即绝对经济效益临界限和相对经济效益临界限。绝对经济效益临界限是指某项农业技术能给人们带来经济收益的最低经济界限，低于这个界限，表明社会经济与财富没有新增。通过对绝对经济效益临界的分析，可以确定技术措施或技术方案本身有无经济效益。

绝对经济效益临界限＝所得÷所费≥1

绝对经济效益临界限＝所得－所费＝0

相对经济效益临界限，是一项农业技术代替另一项农业技术的最低经济界限，低于这个界限，就应该继续采用原来的技术。这一临界限主要是用来进行多方案的比选。

相对经济效益临界限＝新技术经济效益÷原技术经济效益≥1

相对经济效益临界限＝新技术经济效益－原技术经济效益＝0

在实际工作中，多个新技术可供选择时，最佳技术是当几种新技术的相对经济效益均高于临界限时，相对经济效益最大的那项新技术。

四、农业技术经济效益的特点

农业是社会生产的第一产业部门，农业生产的基本特点是自然再生产过程与经济再生产过程的交织，因此农业技术经济效益相比于其他行业的经济效益有如下的一些特点。

（一）农业技术经济效益的综合性

综合性，体现在农业生产上的是各种生物产品，而动植物必须同时具备各种必要的生活条件才能得以繁衍。因此，农业生产中物质循环和能量交换之间、环境与生产对象之间都存在息息相关的关系，缺少其中任何一个因素，都会影响到最后的生产成果。所以，这就需要在实践中采取综合性的技术措施，这样的技术措施的经济效益往往大于单项技术的技术措施相加的经济效益之和。对单项技术措施的经济效益的评价，也应该在综合技术经济效益评价的基础之上来进行全面考虑。

（二）农业技术经济效益的持续性

由于农业生产是通过对动植物的本身生长发育来实现农产品的生产，因此有些农业技术的经济效益，不仅表现为当季有效性，还有技术后效性或持续性。以生物技术为例，有的优良品种在农业生产中不仅在当年当季表现出良好的经济效益，而且由于这种生物本身所具备的遗传作用，能在以后几年内持续生产。从环境因素来看，土壤改良等都具有技术后效性。因而在研究农业技术经济效益时，只有把这种现时性的经济效益与长期持续性的经济效益有机地结合起来才能使评价准确可靠。

（三）农业技术经济效益的相关性①

农业生产的各种技术设施之间有着强烈的相关性，对于农业技术经济效益的不同变化，这种相关性具体表现为横向相关性和纵向相关性。横向相关性是指生物生长发育周期各种技术措施的相互促进和相互制约的关系。例如良种结合良法，其经济效益表现为正相关；若施用化肥随之用大水漫灌，则其效益就为负相关。纵向相关性是指连作和轮作在季节和年度间的相关。例如，迟熟的小麦品种虽然产量最高，但由于收获季节较迟而影响晚稻插秧的时间，从而使晚稻产量降低。因此，在研究农业技术要素要合理配置和分析农业技术经济效益时，都必须注意到各种技术要素之间的相关性，而不能顾此失彼。

（四）农业技术经济效益的极限性

由于本身的生理特点，在一定条件下人们采取的技术措施所能达到的作用还是有限的。这一特点使得农业技术的经济效益也具有极限性，所以，在一定的条件下，必须注意到技术要素的合理投入，才能取得较好的经济产出与经济效益。

（五）农业技术经济效益的不稳定性

农业生产周期长，受自然环境影响大，有明显的季节性与地域性，所以农业技术经济效益也表现出不稳定性。同一作物品种在不同地区往往表现出不同的经济效益，同一作物品种在不同地区的经济效益也常常有较大差异。因此评价农业技术方案的经济效益时，应该注意这一特点，不能依据一时一地的资料或情况简单地得出结论[4]。

（六）农业技术经济效益的多样性

在农业生产中，许多技术具有多效益、多功能性，例如兴修水利，综合治

① 何桂庭．经济效果理论概述（续）［J］．农业技术经济，1984（3）：45+46-48．

理土地，建立合理的耕作制度和生产结构等。这些技术不仅具有明显的直接经济效益，还具有较大的间接经济效益；不仅可以得到经济效益，还可以得到生态效益和社会效益。因此，在评价农业技术经济效益时，应该注意农业技术效益的这种多样性并进行全面分析。

五、农业技术效果与经济效益的关系

技术的发展与应用既要看经济上是否需要，又要看技术本身是否能产生经济效益。只有当某项技术能为生产经营带来明显经济效益时，才有可能被广泛采纳。因此，技术与经济的关系也就转化为技术效果与经济效益的关系。技术效果是指某项技术措施的功能价值，它表现为技术功能满足生产要求的程度和最终产生的物质成果。

具体来说，农业技术效果可以表述为：农业技术的应用和实施所取得的物质成果或达到人们预期目标的程度。在农业技术经济范畴中，技术效果是经济效益实现的基础和前提。只有取得既定的技术效果，技术方案的应用才能获得一定的经济效益；同时，经济效益又是技术效果的最终表现。两者的关系十分密切。在人们的社会实践中，由于受各种因素的影响和制约。技术效果和经济效益的关系可能表现为一致性，也可能表现为矛盾性。

（一）农业技术效果与经济效益的一致性

在实际生产活动中，农业技术效果和经济效益一致性的表现比较普遍。例如，采用合适的技术提高了生产效率，既增产又可增加盈利，也就是在资金、土地、劳动力等条件不变的情况下，取得增加产出和盈利的效果。在这种情况下，技术效果好，经济效益也高，两者同步表现为一致性。

（二）农业技术效果与经济效益的矛盾性

1. 技术的先进性与经济的合理性之间的矛盾

如引进的高能耗、高效率的现代化机械，在技术上是先进的，技术效果方面也可行。但是高能耗的农业机械不适合我国的现有国情，农民买不起、用不上，从而引发一系列社会经济问题，这在经济上并不合理，在实践上也不可行。因此，不能片面追求技术的先进性，而忽略经济的合理性。相反，应该以经济实效性的观点来衡量技术的实用性，不论哪种技术都应以是否能够增加盈利来衡量是否适用，使技术效果与经济效益达到最佳的统一，从而取得最佳的经济效益。

2. 技术的可行性与经济的效益性之间的矛盾

在农业实践中，某些新技术和新设备会出现高产低收益，或者虽然技术上可行但经济效益差的情况。又如，一些大宗农产品的重视，虽然在技术上不存在问题，但由于其价格较低，使经营者难以获得令人满意的效益。

3. 经济上的需要与技术上的可能之间的矛盾

如粮食生产或经济作物生产需要优质的高产技术，可是如果没有这样的技术的话，提高经济效益便没有基础；又比如生产上需要适用先进的技术设备，但没有相应的技术力量，技术设备便无法应用，预期的收益也就不能实现。

由于技术效益和经济效益存在矛盾性，所以从技术角度制订的最佳技术方案，若从经济角度上来分析，不一定可取，从而只能考虑次技术方案。因此，对技术方案可行性的研究，必须把其技术效果和经济效益统一起来综合分析。最终能够选出技术效果与经济效益都让人满意的最优技术应用于农业生产，这是进行农业技术经济效益评价的基本原则。

六、提高农业技术经济效益的途径

从经济效益的概念和计算公式可以看出：增加产量和节约是提高农业技术经济效益的两个基本途径。增加产量就是增加符合社会需要的产品，节约就是减少产品生产过程中的社会劳动消耗。这两个基本因素是提高农业技术经济效益对立统一的两个方面。在农产品生产中，一方面希望创造出尽量多的农产品来，另一方面又希望尽快减少产品的劳动消耗，降低生产成本。农业技术的经济效益就在于如何正确处理这两个方面的关系。因此结合农业生产的特点可推知，提高农业技术经济效益的基本途径主要靠以下五方面[5]。

1. 在劳动成果量一定的情况下，降低劳动的消耗值，可以提高经济效益

例如，农业生产中的除草剂减轻了劳动强度，可以减少农药支出和劳动力支出，降低了生产成本，但对农产品的产量通常不会产生不利的影响，这样单位产量不变甚至会提高，而物化劳动消耗量的增加幅度小于活劳动的节约，单位农产品的劳动消耗量因此降低，从而使经济效益得以提高[6]。

2. 在劳动消耗量一定的情况下增加劳动成果量，可以提高经济效益

例如，采用科学的栽培技术就可以在同样多的劳动消耗的条件下提高农产品产量，从而提高经济效益。

3. 在劳动成果增加、劳动消耗减少的情况下，经济效益可以得到明显提高

这是通过增产节约，提高农业技术经济效益的一种比较好的办法。例如，精量播种，就可以得到省工、省种和增产的效果。

4. 在劳动成果和劳动消耗同时增加的情况下，如果劳动成果的增加量大于劳动消耗的增加量，经济效益可以提高

这是农业集约经营的特点。随着现代科学技术在农业中的广泛应用，投入单位土地面积上的生产资料和劳动损耗虽有所增加，但这种投入的增加一般要小于产出的增加。所以经济效益最终是能够提高的。

5. 在劳动成果和劳动消耗同时减少的情况下，如果劳动成果的减少量小于劳动消耗的减少量。经济效益可以提高

对这种途径应采取措施有效利用或节约使用农业生产过程中的各种资源大幅度地降低劳动消耗，使经济效益在劳动成果有所减少的情况下仍能得到提高。但是，这种途径因不符合开源节流的要求，除特殊情况，一般不采用。

总之，提高农业技术经济效益的途径很多，许多技术措施都会在增产和节约这两个方面发生错综复杂的作用。我们要在这种错综复杂的情况下，通过分析比较，选取最优技术方案，以达到提高经济效益的目的①。

① 周曙东．农业技术经济学［M］．北京：中国农业出版社，2011.

第二节 农业技术经济效果评价原则与内容

一、农业技术经济效果评价原则

（一）经济效果、社会效果、生态效果统一的原则

借鉴世界各国发展的经验和科学审视国际形势的变化，当前和今后一个时期，我们必须坚持科学发展观的理念，把经济、社会和生态效果统一起来，通过改善生态、保护环境，促进经济社会的可持续发展；坚持以经济建设为中心，处理好经济建设与社会发展、生态平衡之间的关系。因此，开展农业技术经济效果评价，不仅要关注当前的、短期的经济效果，更应该关注长期的、连续的经济效果。单纯追求国内生产总值的增长，只顾眼前利益，过度采伐和耗竭自然资源，不但破坏了生态环境，还降低了人们的生活质量，甚至还会影响经济效果。农业技术的运用，其目的是要改善人们的生活条件、提高人们的福祉。因此，正确评价技术经济效果，必须充分统筹兼顾眼前利益与长远利益，既要有利于提高近期的经济效果，也要有利于促进环境改善，取得良好的社会效果，使以往农业技术经济效果评价只注重经济效果评价向经济效果、社会效果、生态效果综合评价过渡。

（二）技术效果与经济效果统一的原则

农业技术经济效果的评价的目的是取得技术上先进适用、生态上平衡协调、经济上合理可取、生产上切实可行的技术方案和技术措施。前两项属于技术研究的范畴，后两项属于经济合理的范畴。因而，在进行农业技术经济效果评价时，必须把技术效果和经济效果统一起来。

在农业技术经济范畴中，技术效果是经济效果实现的基础和前提，只有取得一定的技术效果，技术方案、技术措施和技术制度的应用，才能获得一定的经济效果，这同时也说明经济效果是技术效果的最终体现。在农业生产中单位产品的劳动消耗和劳动占用受各种因素的影响和制约，其中技术是影响单位产

品劳动消耗和劳动占用的决定性因素。一般情况下，技术效果和经济效果具有同步性，如果选择先进适用技术，既提高了生产效率，又增产增收[8]。

农业技术经济学在社会实践中，由于受各种因素的影响，两者之间也会呈现出矛盾性。如某项技术方案的技术效果达到了先进性，但由于投资大、资金占用多，导致经济效果不佳的情况也是存在的。正是由于技术效果与经济效果存在矛盾性，所以从技术角度制订的最佳技术方案或措施，从经济上来分析，往往不一定可取，从而不得不考虑选用次佳技术方案或措施。因此在理论上和实践上都证明，对农业技术经济效果的评价必须把技术效果和经济效果结合起来，达到技术效果和经济效果的统一。

（三）微观经济效果与宏观经济效果统一的原则

微观经济效果和宏观经济效果的统一，具体表现在两个方面：一是在技术上微观和宏观的统一；二是在经济上微观和宏观的统一。从技术上讲，微观和宏观的统一，是指技术措施和技术体系的统一、单项技术经济效果与整体技术经济效果的统一。农业生产是由众多的微观技术和技术环节构成的一个完整的生产技术体系，形成系统的生产力。在宏观的技术系统中，每一项微观的技术和技术环节都具有特定的功能，各项微观技术之间又是相生联系、相互制约，并影响着宏观技术功能的发挥。

因此，在经济效果的分析评价中，要认真分析单项技术在整体技术体系下的协调状况，从而发现和确定影响经济效果的主导因素，使微观和宏观在技术上达到最佳的统一。从经济上讲，微观技术经济效果和宏观技术经济效果的统一，主要是指社会经济效果和生产者的经济效果的统一，它具体表现为当前效果和长远效果的统一、社会效果和经济效果的统一、局部效果和整体效果的统一。在社会主义市场经济的条件下，生产经营者的主要生产目标是获得利润，比较重视当前经济效果，而从国家和社会的角度讲，又必须强调宏观效果和社会效果，这样有时就会出现局部与整体经济效果的矛盾。因此，在经济评价中，应从社会的角度、国民经济总体的角度进行评价。只有这样，才能真正认识技术方案的经济意义和社会意义，技术方案才具有推广使用的价值，才具有生产可行性，才能迅速转化为生产力。

（四）使用价值与价值统一的原则

农业生产过程是使用价值生产和价值生产的统一。使用价值是发展生产和满足社会需要的物质基础。在社会主义市场经济的条件下，农业生产的目的是在满足需要的条件下获得最大利润。所以，在经济效果的评价中必须把满足社会需要同获得必要的利润结合起来，把国家的目标和生产者的目标结合起来。只有这样，才能取得使用价值和价值的统一。社会经济效果同生产者的经济效果在本质上是一致的，但有时也存在矛盾。主要表现在：从国家和社会方面讲求经济效果，主要着眼于使用价值生产的经济效果，讲求产出的数量和质量；从生产者方面讲求经济效果，农民作为独立的商品生产者，其着眼点在于价值生产的经济效果，讲求盈利和经济收益。这种矛盾在粮食生产中表现得比较突出。因此，在经济效果的评价中必须把使用价值和价值结合起来，取得最佳统一的经济效果，才能促进农业生产的发展。

（五）定性分析与定量分析统一的原则

农业生产中影响技术经济效果的自然因素和社会因素都很复杂，在进行技术经济效果评价时，只有采取定性分析和定量分析相结合的办法，才能提高技术经济论证的科学性和准确性。农业技术经济定性分析的任务是：根据实际需要和对客观条件的分析，提出并确定技术和经济问题；对有关的技术因素和经济因素之间的关系及其发展变化趋势进行分析，建立同质性的技术方案；科学地权衡定量分析的结果，作出定性的结论，通过经济分析和综合评价选择最优方案。

所以，定性分析可以使人们明确事物的性质、明确事物的因果关系及相关原理。定量分析就是分析事物变化的数量关系，以确定事物相互关系的数量界限，把握事物的最佳量度。定量分析在某种程度上有助于创造经济科学的概念，并且是进行演绎推论的一种有效手段。定性分析是定量分析的基础和前提。进行农业技术经济效果评价，首先要进行定性分析，以便明确事物的性质、特点及因果关系，才能在这个基础上进行定量分析，得出可靠的结论。在实际工作中，如不先进行定性分析，一些经济目标的确定、变量选择、参数的估计、模型的选择、结果的分析评价等，都会遇到许多困难。相反，不做定量分析只做定性分析，就不能准确地评定方案的优劣。因而，在定性分析的指导下进行定量分析时，能够做到基础数据准确可靠，数据、指标、计算方法具有可比性，选择和建立的模型反映经济过程的客观情况。这样，定量分析就会准确、科学，从而达到定性分析和定量分析的统一。

二、农业技术经济效果评价内容

农业技术经济效果的评价内容是依据农业技术经济效果的理论概念确定的，评价的目的是取得技术上先进适用、生态上平衡协调、经济上合理可取、生产上切实可行的技术方案和技术措施。在科学发展观的理念的指导下，农业技术经济效果评价的内容包括评价农业劳动产品有用效果、农业有用效果与劳动消耗的关系、农业有用效果与劳动占用的比较。

（一）经济效果评价

经济效果是指生产投入、劳动投入与新技术推广产值的比较。如某项新技术成果的应用导致作物面积产量、劳动生产率和经济效果的变化。在对推广项目进行经济效果评价时，首先要注意投入产出比变化、单位面积经济效果的变化、农民比较收益状况；其次是关注推广规模和推广周期长短等因素，这些都与单位时间创造的经济效果关系密切。经济效果评价的内容通常有：土地生产率、劳动生产率、资金产出率、投资经济效果、经济效果、单位面积增产量、财务分析等。

（二）社会效果评价

社会效果是指农业推广项目应用后给社会提供优质、丰富的产品，满足人们物质、文化生活需要。这是促进社会安定，提高农民素质，促进农村两个文明建设和社会发展的效果。具体表现为：一是为社会作出贡献情况；二是推广教育效果情况。社会效果评价内容通常有：就业效果，社会稳定情况，农村文化、生产和生活质量的改变效果，农村人际关系的变化，劳动力负担变化，农民生计结构和生计状况，弱势群体地位和参与度，教育功能发挥程度等方面。

（三）生态效果评价

生态环境效果评价是指项目推广应用对作物生长发育和人类生存环境的影响效果。主要有：一是自然资源（土地、水、森林、草原、生物多样性）保护和利用状况。如土壤再生能力发生的变化；是否破坏了自然景观、是否造成水土流失；农业用水和饮用水源是否遭到污染等。二是对环境质量的影响。如因项目的实施对项目区土壤环境、水体空气净化的贡献，“三废”处理是否妥当、是否对当地的农业生态环境造成威胁和污染等。三是资源开发利用的合理性。项目实施是否实现了循环经济新理念和实现的程度，是否实现了农（作物）副产物的合理开发和循环利用，节水、节能效果，有效利用当地的温、光、水和耕地资源情况等。生态效果评价的内容主要有：光能利用率、土地利用率、森林植被覆盖率、水土保持率以及农业环境污染情况等[7]。

第三节　农业技术经济效果评价指标

一、农业技术经济效果评价的程序

农业技术经济效果评价涉及面广，内容丰富且复杂，因而必须按照科学的程序组织实施，才能得出科学的符合实际的结论。一般来说，农业技术经济效果评价的程序应当包括：前期准备、评价设计、实施评价、评价报告撰写等环节。

（一）前期准备

前期准备包括评价项目的识别、评价任务的组织、评价任务大纲的编制等。

1. 评价项目的识别

农业技术经济评价项目有许多种类型，主要包括以下几种：

(1) 农业机械化技术经济效果评价。主要包括农业机械化区划、选择性机械化、机械化系统的最优配备、农业机械在农业生产中的作业方式等方面的技术经济效果评价。

（2）农田基本建设技术经济效果评价。主要包括水土保持、土壤改良、农田水利建设、灌溉方式等技术经济问题的研究和评价。

（3）农业科技成果推广应用的经济效果评价。主要包括新品种、新的栽培技术、新化肥、新农药等方面的技术经济效果评价。

（4）种植业技术经济效果评价。主要包括土地利用、作物布局、耕作制度等方面的技术经济效果评价。

（5）畜牧业技术经济效果评价。主要包括畜禽结构、饲养方式、饲料资源的开发和利用等方面的技术经济效果评价。

（6）林业技术经济效果评价。主要包括林木培育，造林工程，树种结构，用材林、防护林、经济林、薪炭林等方面的技术经济效果评价。

（7）渔业技术经济效果评价。主要包括鱼苗培育与放养结构，饵料配合，池塘养鱼、网箱养鱼、稻田养鱼等不同饲养方式和捕捞方式的技术经济效果评价的实施。

（8）开发性技术和综合性技术经济效果评价。主要包括荒山、荒地、滩涂资源的开发和利用，农产品商品基地建设、创汇农业、扶贫项目、产业结构调整、农林能源的开发和利用、地区性综合开发的技术经济效果评价。

2. 评价任务的组织

评价任务的组织由评价管理者和评价小组构成，管理者可以直接开展农业技术经济效果评价，或者根据需要委托符合条件的专业机构或外部专家实施评价。

（1）评价管理者。评价管理者应为熟悉被评价项目的管理人员，应履行以下职责：编写评价任务大纲，与评价小组进行沟通，为评价活动提供必要的支持，监督评价活动进展情况并进行质量控制，对评价活动中出现的问题及时作出决策，与管理层、评价小组、被评价单位进行沟通，组织相关人员对评价报告进行评审、验收，促进评价结果的使用和扩散。

（2）评价小组。不管是管理部门自己评价，还是委托外部专业机构或者专家评价，都需要成立评价小组。评价小组是进行农业技术经济效果评价的设计、实施和报告编写的团队，应具备以下能力：具备农业技术经济评价的理论知识、方法和其他技能，有一定的沟通和组织协调能力，熟悉行业背景、发展状况、相关政策、专业知识，了解当地的社会和文化背景。

3. 评价任务大纲的编制

任务大纲是由管理者编制的，进行农业技术经济效果评价的指导性文件，内容包括评价的目的和范围、项目的描述、涉及的相关人员、评价小组、实施计划、评价使用的方法、需要的资源、时间安排和评价要求、管理部门的责任等。

（二）评价设计

评价设计包括分解评价任务、运用逻辑分析法开发指标体系、完成评价实施方案。评价小组在充分理解评价任务大纲的基础上，将评价任务大纲转化为可操作的实施方案在评价设计的每个步骤中，评价小组都要与管理部门进行沟通，见图2－2。

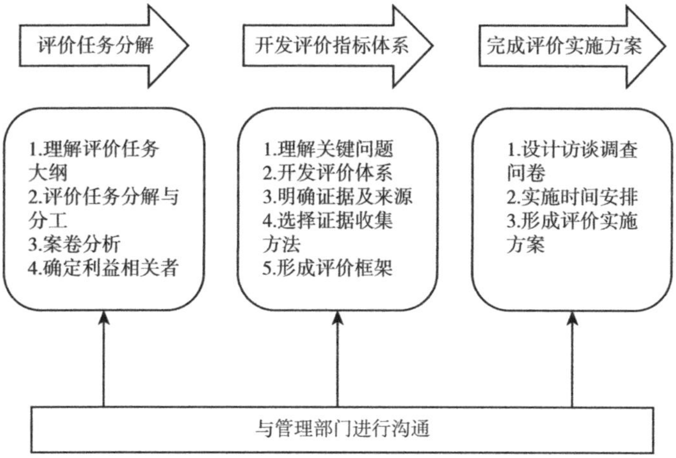

图2－2　农业经济效果评价设计流程

（三）实施评价

实施评价过程主要包括评价证据的收集、整理与分析，评价指标体系的分析与评分，与管理部门进行沟通形成评价结论。

1. 评价证据的概念

评价证据是用来测量评价指标、回答关键问题、支持评价结论的。

评价证据主要是数据、事实和观点。在开发评价指标体系时就要考虑评价证据及其来源。评价小组要尽量收集高质量的评价证据。高质量的评价证据应具备以下几个特点：①相关性，即所收集的评价证据与指标相关，并且是最重要的信息；②有效性，即所收集的评价证据能真实反映指标内容；③可靠性，即所收集到的评价证据具有可验证性；④准确性，即收集的评价证据要准确，特别是对于收集的利益相关者观点要注意代表性。

2. 评价证据的来源

（1）制度、政策和法规。包括国家相关法律、法规、规章，国家发展规划和相关部门行业发展规划及政策，地方政府制定的发展规划和政策，其他有关部门的制度规定。

（2）农业技术项目相关文件和报告。包括协议、立项评估报告、项目进展报告、中期检查报告、完成报告及有关评价报告，国家行政管理部门的立项批复文件，实施单位执行报告（可行性研究报告、评估报告、社会影响评价报告、环境影响评价报告、财务会计报告、工作总结、监测报告、进度报告、竣工验收报告等），专项审计报告，其他相关文件报告等。评价小组直接收集的一手资料，包括通过座谈会、访谈、实地调研、问卷调查、实验等方法收集到的第一手资料。

3. 评价证据的收集方法

评价证据的收集方法是用来收集衡量评价指标和回答评价问题所需证据的方法和技术。证据收集方法有很多，如案卷研究、访谈法、座谈会、问卷调查、实验法等。

（1）案卷研究。是从现有的文档中寻找评价证据的过程。这些文档资料包括项目文件、国家和地方的发展政策及战略、各种相关的研究和咨询报告等。案卷研究的优点是成本低，能从现有资料中获得大量有用的评价证据。缺点是很难对现有资料中的评价证据进行核实。

（2）访谈法。访谈法又称晤谈法，是指通过采访人员和受访人面对面的交谈来了解受访者对评价指标认识的基本研究方法。因研究问题的性质、目的或对象的不同，访谈法具有不同的形式。根据访谈进程的标准化程度，可分为结构式访谈和非结构式访谈。访谈法的优点是成本低且较容易实施，可以对较深层次的内容有比较详细的了解，运用范围广并且简单。由被访者亲口讲出评价内容，使评价小组了解到短期内直接观察法不容易发现的情况。缺点是访谈法要具备专门的技巧，需要受过专门训练的专业人员，比较费精力费时间，工作成本较高，收集到的信息往往已经扭曲和失真，被访对象会故意夸大或弱化事实。

（3）座谈会。是比较常用的评价证据的收集方法，评价小组把有代表性的利益相关者召集起来，围绕座谈会问题清单进行讨论，进而收集评价所需的证据。在召开座谈会前，评价小组需要确定座谈会的次数和参会人员的名单，设计好座谈会问题清单。座谈会的优点是能够收集到更多不同相关利益者的观点、判断以及解释项目成功和失败的原因。缺点是成本高，可能会收集到很多无关信息，参会人员可能讨论与农业技术经济效果评价无关的问题，参会人的主观偏见也会影响评价证据的客观性。

（4）问卷调查。问卷调查是收集农业技术经济资料最常用的基本方法，就调查的范围来说，有全面调查、定点调查、重点调查、典型调查和抽样调查等五种方式。问卷调查的优点是能够提供大量结构化的证据，并且覆盖面较广。缺点是调查的成本较高，有时候问卷回收的时间过长给后续分析带来困难。

①全面调查。主要用于一些重大的农业生产技术措施或技术改革的技术效果的评价，对经济效果的各个方面表现和各种影响因素及其作用范围进行全面的调查研究。例如，在评价大型农田水利工程、普及推广优良品种、改革农作制度等重大农业生产技术措施或技术改革的技术经济效果时，都需要进行全面调查，广泛收集资料，才能进行分析研究。

②定点调查。按照技术经济资料调查的要求，具体到一个生产单位时，对其经济活动和生产活动进行连续登记，并建立经济档案制度，详细而系统地收集资料的一种形式。一般来讲，农业生产单位对于生产过程中所消耗的生产资料和活劳动、资金和生产资源的占用情况及其相关因素，往往缺乏系统的记载，或者不能满足进行技术经济效果评价的要求，因而需要采用定点调查。

③重点调查。这种方法是在所有采用技术措施的单位中，选择一部分重点

单位进行调查，这些单位可能数目不多，但对调查的指标数值来说，它们在总体中却占有较大的比重。重点调查花费的时间少，取得资料快。一般在人力少、时间短的情况下多采用这种方式进行调查。运用重点调查可以迅速掌握调查对象的主要情况。

④典型调查。这种方法是在分析同类现象的某些技术经济效果的一般规律时，选取一些具有代表性的典型单位进行深入细致的调查研究。典型调查所选取的典型一定要有代表性，才能保证收集到资料的质量。但在实际调查中，要找到各项因素和条件都相同的典型几乎是不可能的。因此，一般采用多选典型，使用典型平均化的办法，以抵消或减少一些偶然因素的影响。典型调查是一种简便灵活、收效迅速的调查方法。

⑤抽样调查。这种方法是根据同等可能性原则，从调查对象的总体中抽选出一部分单位作为样本进行调查，是一种以样本指标数值推算总体指标数值的调查方法。抽样调查可分为随机抽样、机械抽样、类型抽样、整群抽样等几种抽样方式。

（5）实验法。按照事先设计的技术措施和经济目标制订出实验方案，在生产单位进行实地实验。通过实验对劳动消耗和生产成果进行观测，取得比较精确和完整的资料及数据，以便对所设计的技术措施方案实行数量分析和技术经济效果评价。实验法一般适用下列技术经济问题的分析研究。

①实施重大农业技术改革方案的分析与评价。例如，农业机械化试点的实施方案，既包括机械适应性实验、机械生产性实验，也包括机械化技术经济效果实验。经过实验和技术经济效果评价，具有良好的技术经济效果，这个方案才能选用推广。

②推广新技术措施的试点。每一项新技术措施从小区实验向大范围推广时都应经过试点，以便检验这一措施的合理性，并取得实施经验，起到示范作用。

③技术性实验的技术经济分析。例如，结合施肥实验分析不同施肥种类和不同施肥水平的技术经济效果，确定施肥的最佳点。又如对育肥猪进行实验，取得不同饲料配方和不同饲养水平同体重增长关系的资料，为分析确定育肥猪最佳出栏体重提供依据。

4. 评价证据的整理

评价证据的整理，就是根据评价项目的要求和评价目标，对所搜集的资料进行分类、计算、综合，使其系统化、条理化，为农业技术经济效果评价提供清晰的有用的资料。因此，评价证据的整理是对资料的加工制作，是农业技术经济效果评价的重要环节，它主要包括以下内容：

(1) 原始资料的审核。主要是指原始资料是否真实可靠、是否完备，计算方法和计算结果是否正确，计算单位是否适当。对农业技术经济参数必须进行审核和修正。

(2) 原始资料的分类。原始资料的分类要根据评价的需要来进行。一般可以分为实物指标、价值指标、数量指标、质量指标数据组，技术效果、生态效果和经济效果指标数据组。

(3) 原始资料的分组。数据的分组是资料整理的基本方法，主要是根据农业技术经济问题的性质和分析评价的要求，将原始数据按一定的标志划分为不同的组成类型和层次。通过分组不仅可以使原始资料条理化，而且可以显示因素之间的关系和变动的规律。

(4) 数据的初步计算与汇总。数据在经过初步分类分组整理后，常常还要按照绝对数、平均数、相对数作进一步的整理和计算，然后将各种数据资料汇总成为农业技术经济效果分析评价表。大型的较为复杂的农业技术经济数据，可用计算机进行整理和存储。

(四) 评价报告撰写

农业技术经济评价报告的内容一般包括三个方面：一是技术方案的介绍；二是运用相应的指标评价该技术方案的技术经济效果；三是得出结论。

下面举一实例来说明：

1. 案例介绍（日晒高温覆膜法技术经济效果评价）

韭菜迟眼蕈蚊俗称韭蛆，是韭菜生产中最主要的虫害，也是制约韭菜产业健康发展的重要因素。传统韭蛆防治方法主要以化学药剂灌根为主，但长期使用同种或同类药剂会导致韭蛆产生严重抗药性，从而影响防治效果，菜农们有时被迫使用一些残效期长、高毒剧毒的杀虫剂，严重影响了韭菜安全供给，食用韭菜中毒事件频繁发生[9]。

为解决长期困扰韭菜生产的韭蛆防控难题，保证食品安全，国家特色蔬菜产业技术体系病虫害防控研究团队发明了日晒高温覆膜防治韭蛆新技术（简称“日晒高温覆膜法”）。该技术针对韭蛆不耐高温的特点，在地面上铺设透明保温无滴膜，通过阳光直射膜面提高膜下土壤温度，当韭蛆生存空间内土壤温度超过40℃且持续3小时以上，则可将其彻底杀死。

本案例在对菜农进行广泛调研的基础上，衡量日晒高温覆膜法的技术经济效果，并对该技术经济效果进行综合分析。

2. 案例评价

材料成本比较：每667m^{2}采用日晒高温覆膜法防治韭蛆需要无滴膜600元，每张膜使用寿命按3年计算，每年需要材料成本200元；药剂防治法每667m^{2}每年施药最少3次（按3次计算），每次用药成本约300元，每年药剂成本约900元。采用日晒高温覆膜法每667m^{2}材料成本比药剂防治法节省约700元。

人工成本比较：日晒高温覆膜法需要平茬韭菜并覆膜，如果采用人工平茬，每667m^{2}人工成本约200元，再加上覆膜和揭膜人工（约1小时）成本60元，合计成本260元。如果采用割草机（或机械）平茬，每667m^{2}成本20元，韭菜残渣清理费50元，合计成本70元。机械平茬大大降低了劳动力投入，与人工平茬相比，每667m^{2}节省190元。药剂防治法中人工成本相对稳定，每667m^{2}40元。除了材料成本和人工成本外，还有浇水成本，日晒高温覆膜法揭膜后需浇水1次，人工成本20元；药剂防治法浇水3次，人工成本60元（见表2－1）。

规模效益比较：当生产规模为667m^{2}时，采用日晒高温覆膜法＋人工平茬的成本比药剂防治法节省520元；当生产规模达6 670m^{2}时，日晒高温覆膜法比药剂防治法节省7 000元，每667m^{2}平均节省700元；当生产规模达到13 340m^{2}时，日晒高温覆膜法比药剂防治法节省14 200元，每667m^{2}平均节约成本710元。如果平茬与收割同期进行，人工平茬中的浇水成本与收割合为一个成本，不存在额外的人工平茬成本和浇水成本，日晒高温覆膜法的成本则大幅降低。

表 2-1　　防治成本与构成

防治方法	处理方式	面积/m^2	材料成本	覆膜/喷药用工成本	浇水用工成本	合计成本
日晒高温覆膜法	人工平茬	667	200	260	20	480
		6 670	200	2 600	200	3 000
		13 340	200	5 200	400	5 800
	机械平茬	667	200	70	20	290
		6 670	200	700	200	1 100
		13 340	200	1 400	400	2 000
药剂防治法	—	667	900	40	60	1 000
		6 670	9 000	400	600	10 000
		13 340	18 000	800	1 200	20 000

根据实地调查结果，在同等设施设备和栽培条件下，药剂防治法和日晒高温覆膜法防治韭蛆后收获 3 茬韭菜，平均每 667m^2 产量为 4 500kg，自然生产法平均每 667m^2 产量为 2 250kg，对应的韭菜价格分别按调研平均价格 7.6 元和 5 元计算，则 3 种不同防治方法的土地生产率、劳动生产率、成本产出率和投资回收期如表 2-2 所示。结果表明：日晒高温覆膜法的土地生产率与药剂防治法大体一致，均是自然生产法的 2 倍；日晒高温覆膜法的劳动生产率、成本产出率分别是药剂防治法的 1.44 倍和 1.49 倍，是自然生产法的 1.2 倍和 2.09 倍；从投资回收期看，日晒高温覆膜法投资回收期为 0.36 年，仅为药剂防治法投资回收期的 53.73%。

表 2-2　　不同防治方式的经济效果测算

防治方法	土地生产率 kg·$(667m^2)^{-1}$	劳动生产率 元·d^{-1}·人$^{-1}$	成本产出率/%	投资回收期/年
日晒高温覆膜法	4 500	648	376	0.36
自然生产法	2 250	540	180	1.25
药剂防治法	4 500	450	251	0.67

3. 结论

(1) 防治效果明显，具有推广可行性。日晒高温覆膜法操作简单，技术难度低，仅需注意对细节的把控；所需材料为蓝色无滴膜，购买方便，使用简单；日晒高温覆膜法仅需几小时或1天即能将韭蛆彻底杀死，防治效果可达到90%～100%，相对其他传统防治方法，效果明显提升，具有技术适应性和推广可行性。

（2）综合效率改进，具有经济合理性。日晒高温覆膜法与药剂防治法的土地生产率差别不大，但劳动生产率和成本产出率明显提高，分别是药剂防治法的1.44倍和1.49倍，投资回收期短，是药剂防治法投资回收期的53.73%。日晒高温覆膜法改进了综合效率，存在技术采纳和推广的经济合理性。

（3）成本优势突出，存在规模经济效应。随着规模扩大，日晒高温覆膜法的成本优势越来越突出。当生产规模为667m^2时，采用日晒高温覆膜法（人工平茬）防治韭蛆的成本比药剂防治法节约520元；当生产规模达到6 670m^2时，日晒高温覆膜法比药剂防治法节约700元；生产规模达到13 340m^2，则可节约成本710元。

二、农业技术经济效果评价指标体系

（一）农业技术经济效果评价指标体系的含义及设置原则

1. 农业技术经济效果评价指标体系的含义

开展农业技术经济效果评价，要从定性和定量两个方面进行，不论是定性还是定量，都需要一定的标准和尺度，这个比较尺度就是农业技术经济效果评价的指标。因此，进行农业技术经济效果评价必须设置评价指标。定量尺度由多个相互联系、相互补充、全面反映经济效果的一整套指标即农业技术经济效果的指标体系[10]组成。

2. 农业技术经济效果评价指标体系的分类

（1）根据评价内容不同可分为经济效果指标、社会效果指标、生态效果指标。经济效果指标是反映投入与产出的指标；社会效果指标是反映社会需求的满足程度的指标；生态效果指标是反映对生态环境影响程度的指标。

（2）根据评价对象的详细程度可分为基本指标和具体指标。基本指标是对评价内容的概括性指标；具体指标是基本指标的进一步细化与分设。

（3）根据评价对象是否可以计量可分为定量指标和定性指标。定量指标是指可以量化的指标，既可以是绝对数，也可以是相对数，如劳动生产率、投资报酬率等；定性指标是指无法直接通过数据计算分析，需要对评价对象进行客观描述和分析来反映评价结果的指标，如开工的及时性、完成时间、满意情况等。

（4）根据评价对象所反映的时间不同可分为动态指标和静态指标。动态指标是反映评价对象在不同时间上发展变化情况的指标，如净现值、投资回收期等；静态指标是反映在同一时间点上的指标。如资产负债率、流动比率等。

（5）根据资源投入利用效果可分为劳动利用效果指标、土地利用效果指标、资金利用效果指标和生产资源综合利用效果指标。

农业技术经济效果评价指标体系的分类方法很多，上述分类仅列举了常见的分类。各种不同的分类方法都有可借鉴之处，根据农业技术经济效果评价理论及评价实践，主要采用第一种分类法。

3. 设置农业技术经济效果评价指标体系的作用

农业技术经济评价指标体系不仅可以衡量和评价农业技术方案、农业技术措施经济效果的大小，还可以揭示取得经济效果的技术原因和经济原因。因此，正确地设置指标，能够促进农业技术成果迅速转化为农业生产力，从而推动农业生产的发展，提高农业生产的经济效果[11]。

具体说来，农业技术经济效果评价指标有以下作用：

第一，能够对农业技术经济效果作出系统的全面的评价，防止主观随意性和片面性。

第二，能够比较准确地反映评价对象的经济效果，从而提高评价的标准性。

第三，能够比较系统地认识各种指标在指标体系中的作用和地位，以及它们之间的关系，便于针对不同的评价对象和评价的选择和应用指标。总之，深入研究技术经济效果指标体系，对于推动农业技术经济学的发展具有重要的影响，使农业技术经济效果评价有了统一的标准，有利于农业技术经济理论和方法的研究。

4. 农业技术经济效果评价指标体系的设置原则

农业技术经济效果评价指标体系设置的原则，应根据相应经济活动的特点和需要，以社会基本经济规律为依据，从实际需要和实际可能出发，适应农业现代化管理水平和计算技术的发展水平，按照全面、简便、科学、具有可行性的原则来确定。具体来说，应遵循以下原则：

（1）科学性原则。农业技术经济效果评价指标的选取要坚持科学性原则，要求每一个指标概念清晰准确，具有一定可行的科学内涵计算方法，且有相应的科学原理予以支撑。即所选指标要能科学、有效地反映农业技术的各种效果，度量和反映农业技术模式的生产方式特点、问题及未来的发展趋势[12]。

（2）可操作性原则。选择的指标要实事求是，立足于研究的实际情况，既要能充分体现农业技术的特点，并且指标所对应的数据容易获得，采用的计算方法也是可以计算、评价及可操作，并且评价的结果有效、可利用。

（3）可比性原则。评价指标的设置应保证其在一定时期的含义、内涵和外延的稳定性，保证指标在时间、数据方面具有可比性，考虑到长期研究时采用的指标数据的可利用性。因此，要根据农业技术经济评价目的，尽量采用通用指标，以提高农业技术指标的可比性和实用性。

（4）全面性原则。评价指标体系指标设置应尽可能全面，从不同角度、不同层次充分反映不同农业技术经济水平的差异和变化情况；同时，要注意评价指标体系中各指标设置的独立性，避免指标间内涵的重叠、不清晰、不明确。

（5）针对性原则。农业技术效果评价的指标数目繁多，但并不是所有指标都和被评价技术相关，因此，在选择指标时应尽量反映某项技术使用后对经济效果、生态环境、社会贡献的影响程度，包括它们之间客观存在的因果关系和函数关系。

（6）系统性原则。评价指标的数目以及体系的结构形式以系统优化为原则，通过各项指标之间的有机联系方式和合理的数量关系，达到评价指标体系的整体功能最优，以便能从各个侧面完整地反映出评价对象的各个主要影响因素。

（7）简洁性原则。评价指标的选取要具有代表性，含义明确具体，尽量避免指标之间内容的相交叉重复；同时，在不影响指标系统性的原则下，要尽量减少指标的数量，而且要求结构清晰、层次清楚。

（8）动态与静态相结合的原则。评价指标体系在指标内涵、指标数量、体系构成等方面应有相对的稳定性。因此，要求动态与静态统一，既要有静态指标，也要有动态指标，同时可以反映经济效果的实际情况。根据评价工作实际，对指标体系进行适时、必要的调整，以便客观、真实地反映农业技术经济效果的实际情况。

（二）农业技术经济效果评价指标体系的构成

研究农业技术经济效果指标体系的构成，目的是明确在农业技术经济效果指标中应当包括哪些指标，各类指标的实质和内容是什么，以及它们的内在联系和在整个指标体系中分别占据什么样的地位、发挥什么样的作用，以便对农业技术经济效果进行科学的评价。一般来说，农业技术经济效果指标体系包含经济效果指标、社会效果指标和生态效果指标三类指标[13]。

1. 经济效果指标

这类指标是用来反映生产中的技术应用或技术因素变化组合在劳动消耗或劳动占用与劳动成果之间的对比关系，表明某项技术措施或技术方案的优劣，也是农业技术经济效果评价指标体系中的关键指标群。常用的经济效果指标主要有：总产量（产值）和增长率指标、人均产量（产值）和增长率指标、产品质量指标、利润率指标、投资效果指标、生产要素（劳动、土地、资金）占用或消耗生产率指标、农业产投比指标等。

2. 社会效果指标

这类指标主要用来综合分析技术方案和技术措施对社会需求的满足程度，即从整个社会的角度出发考虑综合技术方案和技术措施的使用价值。常用的社会效果指标主要有：社会劳动生产率指标、国民收入指标、为社会完成特定目标的指标、收入分配指标、劳动就业指标、关注弱势群体的指标等。

3. 生态环境效果指标

这类指标是用来反映技术措施、技术方案的应用和实施，对生态环境、人类生产和生活环境以及生态平衡影响程度的数值指标。常用的生态效果指标主要有：资源利用率指标、水土流失治理程度指标、中低产田改造程度指标、环境污染程度指标、陆地绿色植物覆盖率指标、旱涝（病虫）灾害率指标等。上述三类指标构成了一个有机整体，但是由于农业在不同部门、不同生产阶段存在明显的差异，农业技术经济问题的性质又各不相同，所以在具体设置指标体系时，应以不同的评价对象和评价要求为出发点，构建科学、合理、适用的评价指标体系。因此，在具体应用上述评价指标时，需注意以下几点：

（1）各类农业技术经济效果评价指标要结合使用农业技术经济效果评价指标体系形成一个有机的整体，每个指标从一个方面反映技术方案的技术经济效果，能够更好地满足不同的评价需要，都是不可缺少的。如农业产投比指标既可通过实施技术方案、技术措施得到提高，也可以通过改善经营管理得到提高。如果采用单一指标就不能正确反映技术方案的经济效果，要结合其他指标如投资效果指标、生产要素占用或消耗生产率指标等一起使用，为选择最佳方案提供更多的依据[14]。

（2）具体应用经济效果指标要同生产特点相结合，要根据不同部门生产的特点，适当增加一些符合各自特点和需要的具体专用指标，以适应进行经济效果评价的不同要求。例如，在农业生产中，为了考察土地的利用效果就要选用土地生产率指标，而这一指标具体应用时，在种植业部门要采用单位耕地面积或播种面积的产量或产值等专用指标；在以放牧为主的畜牧业部门则采用单位草场面积的载畜量或畜产品量等专用指标；在渔业部门则要采用单位水面积的鱼产品量和产值或每公顷水面纯收入等专用指标等。

（3）经济效果指标的计算要用实物形式和价值形式分别表示，经济效果指标的实物表现为各种资源和产品实物量之间的关系，通常采用实物指标来计算，如产量、产品质量用工量、物耗量等。经济效果的价值形式表现为各种资源和产品价值之间的关系，通常采用农业技术经济学价值指标来计算。如产值、净收入、利润和成本等。实物指标可以排除价格因素的影响，直接地反映劳动消耗与有用效果的关系，但不便于在不同生产部门和不同产品方案之间进行比较，而价值指标则相反。计算经济效果采用实物指标和价值指标，便于根据社会生产目的要求，从价值和使用价值两个方面对经济效果进行全面考察，有助于提高评价的准确性。

（4）经济效果指标的应用要和社会效果指标、生态环境效果指标相结合。经济效果指标仅仅反映某项技术对资源的利用效率、为生产单位创造的利润等情况。而反映技术对资源利用的合理程度、反映某项技术的实施推广为社会所作贡献的大小，以及反映技术方案是否符合保护生态环境要求等这些指标，就要用社会效果指标和生态效果指标[15]。

（三）农业技术经济效果评价指标的计算

农业技术经济效果评价的指标非常多，既有定性指标，又有定量指标。因定量指标可以通过绝对数或相对数进行计量，因此，下面重点介绍主要的定量分析指标[15]。

1. 经济效果指标

设计和应用农业技经济效果指标，要求确切、完善、全面、如实地反映农业生产经营活动情况。农业技术经济效果指标由生产资料与生产成果相互结合组成。经济效果有以下几类指标。

（1）土地生产率指标。指单位土地面积的农产品产量、产值或剩余产品的价值。单位土地面积剩余产品价值反映所得与所费的关系，是经济效果指标。一般将单位面积产量指标作为技术效果指标或经济分析指标作为土地生产率指标。

单位农用土地面积产值 = 农产品总产值 ÷ 农用土地面积

这个公式可用来反映农业部门、地区或农业经营单位因应用某一技术方案、制度等所带来的土地资源利用的综合技术效果。

（2）劳动生产率指标。劳动生产率是单位劳动耗费所创造的农产品产量或创造单位农产品所消耗的劳动。劳动耗费包括物化劳动耗费与活劳动耗费。由于至今尚未找到一种把物化劳动还原成时间的计量方法，因此，常用的劳动生产率指标只反映单位活劳动量所创造的农产品产量或产值，其倒数便是单位农产品产量或产值所消耗的活劳动量。劳动生产率是经济效果指标。计算公式为：

劳动生产率 = 农产品产量或产值 ÷ 活劳动消耗量或劳动生产率 = 活劳动消耗量 ÷ 农产品产量或产值

（3）资金产品率指标。这个指标组包括资金耗费的经济效果与资金占用的经济效果两个方面。

①单位农产品成本指生产每单位农产品所消耗的资金数量。它是资金消耗的经济效果指标。其计算公式为：

单位农产品成本 = 农产品总成本 − 农产品总产量

②成本产品率用来反映总的资金耗费的经济效果。由于不同农产品的实物

量不好相加，所以农产品总量便用价值指标表现。计算公式如下：

成本产品率 = 全部农产品总价值 ÷ 全部农产品总成本

③物资耗费产品率指生产单位农产品需要耗费某种生产资料的数量。计算公式如下：

物资消耗产品率 = 物资耗费量 ÷ 农产品产量

④成本利润率指耗费每单位资金能带来多少利润，也是资金耗费的经济效果指标，计算公式如下：

成本利润率 = 利润额 ÷ 农产品总成本

⑤单位农产品的资金占用量反映生产每单位农产品需要占用固定资金与流动资金的数量。它是资金占用的经济效果指标。计算公式为：

单位农产品的资金占用量 =（固定资金 + 流动资金）÷ 农产品产量（或产值）

⑥资金利润率反映占用单位资金所取得的利润额。

资金利润率 = 利润额 ÷（固定资金 + 流动资金）

（4）基本建设投资效果指标。农业扩大再生产要求增加一定数量的劳动。这部分增加的劳动量表现为各种固定资产，这就是农业基本建设投资，它是新投产或准备投产的建筑物或设备、工程等的货币表现。衡量投资经济效果大小的主要指标有投资回收期、计算费用等。

①投资回收期。亦称投资回收年限。指基本建设项目从投入生产应用的时间到把全部投资收回所需要的时间。这个时间一般以年为计算单位。基本建设投资回收的来源是农业利润增加额。计算公式如下：投资回收期 = 投资总额 ÷ 年平均利润增加额。投资回收期越短，投资经济效果越大。

②投资效果系数。投资回收期指标的倒数。其计算公式是：投资效果系数 = 年平均利润增加额 ÷ 投资总额。投资效果系数实质上是单位数量（每元）的投资每年所能获得的新增加的利润数额。该系数越大，表明经济效果越大。

③追加投资回收期。追加投资是指不同的基本建设投资方案所需投资之间的差额。追加投资回收期是指在采用某基本建设投资方案后，依靠成本节约额或经营费用的节约额来回收追加投资所需要的期限。因此，该指标的计算公式是：

追加投资回收期 =（甲方案投资 − 乙方案投资）÷（乙方案成本 − 甲方案成本）

从公式中可以看到，追加投资回收期实际上是表明每降低 1 元成本需要追加的基本建设投资的数额。从这个角度看，追加投资回收期的数值也是越小越好，即回收期越短越好。

为了准确评价投资效果，尚需考虑时间因素对基本建设投入和产出的影响。

2. 社会效果指标

（1）农产品商品量。指农产品总产量扣除农业内部消费和储备后，用来出售的那部分产量。计算公式为：农产品商品量＝农产品总产量－农业内部消费量－生活消费量－储备量。

（2）补品商品率指农业生产部门或生产单位在一定时期（通常为一年）内提供出售的商品数量占农产品总产量的比重。计算公式为：农产品商品率＝农产品商品量÷农产品总产量×100%。

（3）农民人均纯收入。指农民每人在一定时期（通常为一年）内得到的纯收入。纯收入流动指在农民家庭全年的总收入中，扣除费用性支出的剩余部分，可以直接用来进行生产和非生产性建设投资、改善生活的那部分收入。它是反映农民实际收入水平和经济效果的主要指标。农民人均纯收入的高低对生产者的积极性、农村社会稳定都会产生重要影响。

计算公式为：农民人均纯收入＝(家庭全年总收入－家庭经营费用支出－生产性固定资产折旧－政府补贴)÷家庭人口数。

（4）农村劳动者就业率。农村劳动者就业率是指农村劳动力在达到劳动年龄后参加社会生产的人数占农村劳动力总人数的比率。该指标反映一定时期内农村劳动力资源的实际利用情况。计算公式为：

农村劳动者就业率＝参加社会生产的人数÷农村劳动力总人数×100%

（5）人均粮食占有增加量。该指标反映由于新技术的采用和实施，人均粮食的增加状况。

计算公式为：人均粮食占有增加量＝采用新技术人均粮食生产能力－无新技术人均粮食生产能力。

3. 生态效果指标

（1）资源利用率。随着经济快速发展和人口不断增加，我国在淡水、土地、能源等资源不足的矛盾日益突出，环境压力日益增大。同时，农村化肥、农药、农膜等农资对环境污染越来越严重。要化解资源不足的矛盾和化肥、农药、农膜对环境的影响，出路之一就是要提高资源的利用率。资源利用率是指已利用资源占资源总量的比值。计算公式为：

资源利用率 = 已利用资源 ÷ 资源总量 × 100%

（2）陆地绿色植物覆盖率指森林、草地、农作物面积与土地总面积的比率。计算公式为：

陆地绿色覆盖率 =（林地面积 + 草地面积 + 农作物种植面积）÷ 土地总面积 × 100%

（3）森林覆盖率包括森林、灌木林、护田林、所占面积与土地总面积的比率。

计算公式为：森林覆盖率 =（森林面积 + 灌木林面积 + 护田林面积）÷ 土地总面积 × 100%。

（4）土地复垦率指已开垦用于农业生产的土地面积与土地总面积的比率。计算公式为：土地复垦率 = 农业生产用地面积 ÷ 土地总面积 × 100%。

（5）土壤有机质含量变化量是衡量土壤肥力的重要指标，它决定土壤的物理化学性状和肥力的高低，是评价旱作农业技术生态效果的重要指标。计算公式为：土壤有机质含量变化量 = 采用新技术后土壤有机质含量 − 无新技术土壤有机质含量。

（6）中低产田改造程度这个指标反映农业发展水平的高低。计算公式为：中低产田改造程度 = 中低产田改造面积 ÷ 中低产田总面积 × 100%。

评价生态效果还有水体污染、土壤污染、产品污染以及空气污染、毁林、沙化等指标。

（四）总结如下

1. 经济指标

主要包括土地生产率指标、劳动生产率指标、资金生产率指标、资金产品率、土地复垦率、基本建设投资效果指标。

社会指标包括农产品商品量、补品商品率、农民人均纯收入、农村劳动者就业率、人均粮食占有增加量。

生态指标包括资源利用率、陆地绿色植物覆盖率、中低产田改造程度、土壤有机质含量变化量、森林覆盖率。

（1）土地生产率指单位面积土地的农产品产量、产值或剩余产品的价值。计算公式：单位农用土地面积产值＝农产品总产值÷农用土地面积。

（2）劳动生产率是单位劳动耗费所创造的农产品产量或创造单位农产品所消耗的劳动。计算公式为：劳动生产率＝农产品产量或产值÷活劳动消耗量或劳动生产率＝活劳动消耗量÷农产品产量或产值。

（3）单位农产品成本指生产每单位农产品所消耗的资金数量。它是资金消耗的经济效果指标。其计算公式为：单位农产品成本＝农产品总成本－农产品总产量。

（4）成本产品率用以反映总的资金耗费的经济效果。由于不同农产品的实物量不好相加，所以农产品总量便用价值指标表现。计算公式如下：成本产品率＝全部农产品总价值÷全部农产品总成本。

（5）物资耗费产品率指生产单位农产品需要耗费某种生产资料的数量。计算公式如下：物资消耗产品率＝物资耗费量÷农产品产量。

（6）成本利润率指耗费每单位资金能带来多少利润，也是资金耗费的经济效果指标，计算公式如下：成本利润率＝利润额÷农产品总成本。

（7）单位农产品的资金占用量反映生产每单位农产品需要占用固定资金与流动资金的数量。它是资金占用的经济效果指标。计算公式为：单位农产品的资金占用量＝（固定资金＋流动资金）÷农产品产量（或产值）。

（8）资金利润率反映占用单位资金所取得的利润额。资金利润率＝利润额÷（固定资金＋流动资金）。

（9）投资回收期亦称投资回收年限。指基本建设项目从投入生产应用的时间到把全部投资收回所需要的时间。计算公式如下：投资回收期＝投资总额÷年平均利润增加额。

（10）投资效果系数是投资回收期指标的倒数。其计算公式是：投资效果系数＝年平均利润增加额÷投资总额。

2. 社会效果指标

（1）农产品商品量。指农产品总产量扣除农业内部消费和储备后，用来出售的那部分产量。计算公式为：农产品商品量＝农产品总产量－农业内部消费量－生活消费量－储备量。

（2）补品商品率指农业生产部门或生产单位在一定时期（通常为一年）内提供出售的商品数量占农产品总产量的比重。计算公式为：农产品商品率 = 农产品商品量 ÷ 农产品总产量 ×100％。

（3）农民人均纯收入指农民每人在一定时期（通常为一年）内得到的纯收入。计算公式为：农民人均纯收入 =（家庭全年总收入 - 家庭经营费用支出 - 生产性固定资产折旧 - 政府补贴）÷ 家庭人口数。

（4）农村劳动者就业率是指农村劳动力在达到劳动年龄后参加社会生产的人数占农村劳动力总人数的比率。计算公式为：农村劳动者就业率 = 参加社会生产的人数 ÷ 农村劳动力总人数 ×100％。

（5）人均粮食占有增加量指由于新技术的实施，所增加的人均粮食情况。计算公式为：人均粮食占有增加量 = 采用新技术人均粮食生产能力 - 无新技术人均粮食生产能力。

3. 生态效果指标

（1）资源利用率是指已利用资源占资源总量的比值。计算公式为：

资源利用率 = 已利用资源 ÷ 资源总量 ×100％

（2）陆地绿色植物覆盖率指森林、草地、农作物面积与土地总面积的比率。计算公式为：陆地绿色覆盖率 =（林地面积 + 草地面积 + 农作物种植面积）÷ 土地总面积 ×100％。

（3）森林覆盖率包括森林、灌木林、护田林、所占面积与土地总面积的比率。计算公式为：森林覆盖率 =（森林面积 + 灌木林面积 + 护田林面积）÷ 土地总面积 ×100％。

（4）土地复垦率指已开垦用于农业生产的土地面积与土地总面积的比率。计算公式为：土地复垦率 = 农业生产用地面积 ÷ 土地总面积 ×100％。

（5）土壤有机质含量变化量是衡量土壤肥力的重要指标，它决定土壤的物理化学性状和肥力的高低，是评价旱作农业技术生态效果的重要指标。计算公式为：土壤有机质含量变化量 = 采用新技术后土壤有机质含量 - 无新技术土壤有机质含量。

（6）中低产田改造程度这个指标反映农业发展水平的高低。计算公式为：中低产田改造程度 = 中低产田改造面积 ÷ 中低产田总面积 ×100％。

第四节　农业技术经济评价的一般方法

一、比较分析法

（一）相关概念

比较分析法是人们运用技术经济评价指标，对达到相同的或满足相同需要的各项可供选择的技术方案，进行技术经济评价和选优的方法。

采用这种方法首先必须具备两种以上方案才好作比较和选优；其次，必须以满足相同的需要为前提，否则方案之间就不具备可比性；最后，必须运用技术经济指标作为评价手段，才能知道不同方案的技术经济的效果量的规定性及其差异程度[17]。

在运用比较方法时要掌控好以下四个方面的可比性。

1. 满足需要的可比性

生产技术具有相同的功能，生产的产品具有相同的使用价值。换言之，提供的劳务或生产的产品具有相同的性质，可以满足各方面的社会需要。比如不同的耕作技术，只要与能生产同类农产品的技术进行比较。不同机具具有相同的功能方可比较。如果技术方案在满足社会需要方面有本质的不同便不可比较。比如生产粮食与生产棉花的技术方案就不可直接相比，拖拉机耕地与运输在使用价值形态上也不能比较。如以价值形态的经济效果指标进行对比就不存在这个界限了。因为价值形态抽象了产品或劳务的质的不同，剩下的仅仅是量的差别。同质的东西才可以进行调的比较这正是比较原理的核心。

2. 计算范围的可比性

计算的范围及计算方法两方面的可比性产出和投入都有这个问题。比如水库的经济效果，从效益上要计算灌溉水发电养殖城市供水防控等方面的损耗。在耗费上要计算勘探设计施工工程维修运行等方面的损耗。所以比较各方案都必须按相同的范围计算效益和损耗得出经济效果，方才是准确的，从而比较所得的结论也才是合乎实际的。如果对某一方案少计算一下收益，则降低了迄今效果；或者是将某一方案少算一项耗费，则人为地扩大了经济效果。除了经济范围外还要注意掌握计算方法方面的可比性。例如，固定资产的折旧率、共同费用的分摊用什么利率折算、各年投资的限制用什么贴现率折算、年收益的限制用什么率计算。

3. 价格标准可比性

就是对同种要素要求用相同的价格计算，需要注意两个方面的问题。一是在同一时期计算要素来源不同而形成不同价格，应折算为同一价格计算。同样产品出售中因地区不同的价格差价也应按同一价格计算，才能正确评价某一技术的经济效果。二是不同时期同一产品的价格不同。即物价涨落对技术方案的经济效果的影响问题。这种影响在一定程度上掩盖了技术方案固有的经济效果，会造成决策失误。因此，在比较中必须消除价格因素影响。具体方法可采用不变价格或平均价格，即用各方案中所用某一家商品的总量，去除花费在该商品上的资金总额，得出该商品的平均价格。

4. 时间因素的可比性

时间因素对技术经济效果的影响，具有两个方面，一方面是技术方案实施年限，另一方面暗示发挥效果的年限，基础方案得以实施年限不同。比如农用工程建设施工期完成不同期经济效果和对生产的影响也不同。一般而言，施工期短、投产早的工厂效益、技术效果好。同样，实施后的技术方案发挥作用的年限长短不同，其经济效果也不同。这里使用年限长的一般经济效果较好。在技术经济风行中，我们不能直接将施工期和技术不同的方案拿来对比，需折算成相等的期限后进行比较。为了使投资方案具有时间可比性，凡是分年投资和分年收益的投资方案，都应按复利计算投资的现值，按贴现率计算现值，并在此基础上求得符合实际情况的投资经济效果。

比较法是将有关资料按时间前后顺序排列成时间数列，然后进行比较分析，用来揭示经济活动在时间上发展变化规律。动态比较法可以用总量指标、平均指标、相对指标来进行比较分析。

（二）平行比较法

平行比较法是比较分析法中最基本的方法，它是针对不同方案，通过采用多个指标，列成平行表进行综合比较，判定经济效果的优劣。

从表 2－3 可以看出大豆采用垄三种植法这项综合技术措施方案，技术效果和经济效果都很好。在这里，每公顷产量是一个技术效果指标，它反映的是两种不同种植方式的终极技术效果，垄三种植的每公顷产量比常规种植高 27%，说明垄三种植技术效果很好，这项技术是先进适用的。由于每公顷产量呈大幅度提高，虽然每公顷成本在增加，但是成本增加带来了高产出、高效益。土地生产率提高，每公顷纯收入增加了 36%，单位产品成本降低。每千克大豆成本降低了 5%，资金生产率提高，每元投资收益提高了 12%，显然，该县大豆生产应广泛推广这种技术措施[18]，见表 2－3。

表 2－3　　大豆不同经济效益的分析

指标方案	每公顷产量（千克）	每公顷收入（元）	每公顷误工费（元）	每公顷纯收入（元）	每元投资收益（元）	每千克成本（元）
垄三	2 610	2 714.3	638.72	1 368.7	10 563.4	0.52
常规	2 055	2 137.5	511.48	1 033.4	9 572.7	0.55
增减率（%）	27	27.01	24.34	36.34	12	－3.34

（三）分组比较法

分组比较法是研究农业技术经济现象之间依存关系的一种常见方法。以蛋鸡养殖为例进行研究。从表 2－4 可以看出，从技术效果看，养殖规模为 301—400 只时最高；从经济效果看，每千克鲜蛋生产成本此时也较高，显然养殖规模为 301—400 只时较好，这时饲养一只蛋鸡年均纯收入达到 10.64 元，单位畜禽所创造的价值最高。但是，每个养鸡用工平均纯收入则以养殖规模为 401—500 只时最高。所以对一个养鸡专业户而言，家庭总收入以养殖规模为 401—500 只时最高，养殖规模为 501 只以上时，因扩大规模所增加的收入已补偿不了因每只鸡生产率降低所减少的收入，每个养鸡用工平均纯收入又减少了 0.54 元，显然此时的规模是不适合的[19]。

表 2－4　　不同饲养规模蛋鸡的经济效益分析

饲养规模（只）	每只蛋鸡年平均产蛋量（只）	每千克鲜蛋生产成本（元）	每只蛋鸡年均纯收入（元）	每个养鸡用工平均纯收入（元）
100—300	11.67	9.14	1.98	6.73
301—400	12.80	10.64	1.9	10.26

续表

饲养规模（只）	每只蛋鸡年平均产蛋量（只）	每千克鲜蛋生产成本（元）	每只蛋鸡年均纯收入（元）	每个养鸡用工平均纯收入（元）
401—500	12.40	9.85	1.9	12.32
500 以上	11.95	8.04	1.94	11.75

（四）动态比较法

将有关资料按时间先后顺序排列成动态数列，然后进行比较分析。

从表 2－5 可以看出，每公顷产量、每公顷收入与每公顷利润逐年增长，而每公顷成本逐年下降。2002 年比 2001 年每公顷成本则下降 1.41%，每公顷利润增加了 1 336.8 元，农业生产经济效果逐年提高。

表 2－5　　某县不同年度的经济效益比较

指标年度	每公顷产量（千克）	每公顷收入（元）	每公顷利润额（元）
1999	4 890	3 423	2 195.4
2000	6 150	4 336.5	3 085.8
2001	7 035	5 628	4 376.2
2002	7 800	7 020	5 704.65

二、连环替代法

连环替代法测定某一因素变动对分析对象的影响是在假定其他因素不变的前提下进行的，但客观经济现象并非如此，而是各个因素互相联系、制约、变动的。因此，得出的各因素影响程度就带有一定的假定性。用连环代替法虽然能够分析出因素的正反作用及其影响程度，但并不是十分精确的，同时算出来的结果，尽管是对某一指标有关的各因素进行计算分析，但是还有一些因素是包括不全的，因此，计算出来的结果可以作为分析因素的主要参考，但还不能就此作出最终判断，还必须从各方面进行综合研究，才能得出更切合实际的结论。另外，在用连环替代法分析各因素的影响程度时，还应考虑各个因素的排列顺序。如果各个因素排列的顺序发生改变，各个因素影响程度也随之改变。虽然各因素影响总结构不变，各个因素对分析对象影响的正反方向也不变，但是各因素影响程度绝对值将随排列顺序的改变而改变，因而在应用连环代替法时，首先要正确判断各个影响因素哪些是主要、哪些是次要的，按其重要性的大小排列顺序替代进行分析计算。

例如，在排列顺序时，由于质量指标是在数量指标基础上求得的平均综合指标，因此，首先要替换数量指标。产品产量是数量指标。产品耗用材料和材料单价是质量指标，所以在分析时应先分析产品指标对总成本费用的影响，然后再分析单位产品耗用材料和材料单价对成本费用的影响。连环替代法的最优解是以原方案作为比较分析的基础，然后将新方案中的每一个指标按照一定的顺序，在其他因素不变基础上逐步替代原方案，统一指标直到替代为最后一个因素为止，这样就可以算出每个因素的作用和影响程度。

某企业 2004 年某种原材料费用实际值为 9 240 元，而其计划值是 8 000 元，实际比计划增加 1 240 元。由于原材料费用受产品产量、单位材料消耗量、材料单价三种因素影响，由三种因素的乘积构成。所以逐个分析各因素对材料费用影响，假定三种因素数值如表 2－6 所示[20]。

表 2－6　　　　材料费用数值及影响程度

项目	计划值	实际值
产品产量	100	110
单位材料消耗量	8	7
材料单价	10	12
材料费用总额	8 000	9 240

根据表 2－6 的资料，材料费用总额实际值较计划值增加了 1 240 元，运用连环替代法，得到影响因素如下：

计划值：100×8×10＝8 000（元）（1）

第一次替代（产品产量因素）110×8×10＝8 800（元）（2）

第二次替代（单位材料消耗量因素）110×7×10＝7 700（元）（3）

第三次替代（材料单价因素）110×7×12＝9 240（元）（4）

由于产品产量增加对材料费用影响为：

（2）－（1）＝800

由于单位材料消耗节约对材料费用影响为：

（3）－（2）＝－1 100

由于材料单价提高对材料费用影响为：

(4) - (3) = 1 540

综合因素对材料费用影响为：800 - 1 100 + 1 540 = 1 240（元）

三、综合评分法

综合评分法是对不同技术方案设置多项指标，通过给分进行综合评价与选优的一种数量分析方法[21]。综合评分分析见表2-7。

表2-7　综合评分分析

项目权重 / 方案	第一项	第二项	第三项	评分
	W_1	W_2	W_3	$\sum W_i P_i$
第一种方案	P_{11}	P_{12}	P_{13}	$\sum W_i P_{1i}$
第二种方案	P_{21}	P_{22}	P_{23}	$\sum W_i P_{2i}$
第三种方案	P_{31}	P_{32}	P_{33}	$\sum W_i P_{3i}$

某平原产粮区进行耕作制度改革，制订了甲（三种一三收）、乙（两茬平作）、丙（二年三熟）三种方案，其主要经济评价指标有粮食每公顷产量、农产品质量、每公顷用工量、每公顷纯收入和对生态平衡影响程度五项。据历史资料统计和小面积试验资料，每公顷产量最高9 000千克，最低5 250千克；每公顷用工量最高900工日以上，最低300工日；每公顷纯收入最高1 950元，最低750元；农产品质量和对生态平衡影响程度皆分6级，最好为1级，最差为6级[22]（见表2-8）。

表2-8　评分项目与标准

分数	粮食每公顷产量（千克）	产品质量	每公顷用工量（工日）	每公顷纯收入（元）	对生态平衡影响程度
5	8 250—9 000	1	300以下	1 950以上	1
4	7 500—8 250	2	300—450	1 650—1 950	2
3	6 750—7 500	3	450—600	1 350—1 650	3
2	6 000—6 750	4	600—750	1 050—1 350	4
1	5 250—6 000	5	750—900	750—1 050	5
0	5 250以下	6	900以上	750以下	6

评分项目和标准分析：这一地区劳动力多，收入水平较低，产量水平已经比较高。由于不同耕作制度种植的作物和品种不一样，所以产品质量有较大的差异，并且生态平衡已受到较大的破坏，根据上述情况，可将产量、质量、劳力、纯收入、生态平衡五个因素的权重分别定为0.2、0.1、0.15、0.3、0.25（见表2-9）。

表2-9　　甲、乙、丙三种方案指标值

分数	粮食每公顷产量（千克）	产品质量	每公顷用工量（工日）	每公顷纯收入（元）	对生态平衡影响程度
甲	8 887	3	835	1 080	5
乙	8 137	2	570	1 575	3
丙	6 180	1	420	1 275	2

根据典型调查和试验并进行预测，甲、乙、丙三种不同的耕作制度改革方案的五项指标可以达到的水平见表2-10。根据评分标准和各项指标值相应的等级，可将各指标值统一折算为分数，再乘以各指标的比重，即各指标加权后的分数，然后累加各项指标的加权分数，就可以得到每种方案的总分。

表2-10　　耕作制订改革评分方案耕作制度

项目	权重	甲		乙		丙	
		分数	加权分数	分数	加权分数	分数	加权分数
每公顷产量	0.2	5	1	4	0.8	2	0.4
产品质量	0.1	3	0.3	4	0.4	5	0.5
每公顷用工量	0.15	1	0.15	3	0.45	3	0.45
每公顷纯收入	0.3	2	0.6	3	0.9	2	0.6
生态平衡影响程度	0.25	1	0.25	3	0.75	4	1
合计	1		2.3		3.3		2.95
优劣程度		3		1		2	

对上述三种耕作制度进行综合评分的结果，以两茬平作方案总分最高，表明在适合耕作制度改革的同等条件下，两茬平作应是发展的重点，两年三熟方案次之，可适当保留一定的比例。

综合评分法实质上是定性分析与定量分析相结合的数量化分析方法，它的准确性取决于正确选择评分指标和确定权重。因此，评分指标的正确选择、权重的合理确定是提高综合评分的科学性和可靠性的客观基础。

▶ 本章案例

莲藕—小龙虾高效生态种养技术经济评价

随着劳动力成本上升，我国莲藕生产成本逐年增加；同时莲藕价格波动较大，导致种植莲藕经济效益不稳定。为此，国家特色蔬菜产业技术体系水生蔬菜栽培研究团队通过科研攻关、试验推出莲藕—小龙虾高效生态种养技术（以下简称“莲藕—小龙虾技术”）规程并推广。莲藕—小龙虾技术是在藕田里投放一定数量的种虾或者虾苗，并辅以人工喂养，既收藕又收小龙虾，形成生态循环系统。根据国家特色蔬菜产业技术体系调研结果，目前莲藕—小龙虾技术已在江苏、湖北、安徽、山东等地推广应用，2019 年推广面积逾 4.67 万 hm^2，其中江苏省约 2.1 万 hm^2、湖北省约 1.0 万 hm^2、安徽省约 0.8 万 hm^2、山东省约 0.6 万 hm^2，平均每 667m^2 产值 8 000 元以上。据报道，2019 年湖北省潜江市莲藕—小龙虾技术的推广应用面积达 0.4 万 hm^2，占全市水域面积的 15%，每 667m^2 产值逾 1 万元[24]。

经济效果评价与分析

（一）经济效益

1. 投入要素成本

（1）人工成本。单独种植莲藕模式从播种到采收需要人工的环节相对较少，主要是播种、打药施肥和采收莲藕；莲藕—小龙虾技术增加了投苗、消毒池塘、清理杂鱼、投放饲料、捕捞虾等环节，总体人工成本略高，2019 年比单独种植莲藕增加 20.09%（见表 2－11）。

（2）物质与服务费用。莲藕—小龙虾技术增加了虾苗和饲料的成本，但节省了种苗、肥料和农药的投入，物质与服务费用较低。相比单独种植莲藕模式，2019 年莲藕—小龙虾技术种苗成本降低了 353.85 元，农家肥成本升高了 98.17 元，复合肥和尿素成本降低了 152.92 元，农药成本降低了 76.11 元，总体上物质与服务费用降低 3.45%。

表 2－11　　投入要素成本

种植方式	种苗投放量/千克	种苗成本/元	虾苗投放量/千克	虾苗成本/元	农家肥投放量/千克	农家肥成本/元	复合肥投放量/千克	复合肥成本/元
莲藕—小龙虾	231.88	814.69	55.00	170.00	158.34	166.50	90.00	311.25
单独种植莲藕	303.33	1 168.54	—	—	79.09	68.33	148.00	414.17

种植方式	尿素投放量/千克	尿素成本/元	饲料投放量/千克	饲料成本/元	水电成本/元	农药成本/元	合计/元
莲藕—小龙虾	25.00	50.00	88.70	250.00	50.33	8.33	1 821.10
单独种植莲藕	50.00	100.00	—	—	50.68	84.44	1 886.16

土地成本：莲藕—小龙虾技术的土地成本高于单独种植莲藕模式。2019 年莲藕—小龙虾技术的土地成本为 845.00 元，比单独种植莲藕增加 150.52 元，增幅为 21.67%（见表 2－12）。主要原因可能是莲藕—小龙虾技术产出高，推动了土地成本的提高。

生产成本：2019 年莲藕—小龙虾技术的生产成本比单独种植莲藕模式增加 409.67 元。其中莲藕—小龙虾技术生产成本中占比最高的为人工成本，单独种植莲藕生产成本中占比最高的为物质与服务费用（见表 2－12）。

表 2－12　　2019 年莲藕—小龙虾技术与单独种植莲藕模式生产成本

种植方式	物质与服务费用 元·$(667m^2)^{-1}$	物质与服务费用占比/%	人工成本 元·$(667m^2)^{-1}$	人工成本占比/%	土地成本 元·$(667m^2)^{-1}$	土地成本占比/%	生产成本 元·$(667m^2)^{-1}$
莲藕—小龙虾	1 821.10	39.81	1 902.00	41.58	845.00	18.47	4 574.10
单独种植莲藕	1 886.16	45.29	1 583.79	38.03	694.48	16.68	4 164.43

（二）产出效益

莲藕—小龙虾技术的莲藕产量相对较低，但销售价格较高，且会增加小龙虾的产出。与单独种植莲藕相比，2019 年莲藕—小龙虾技术虽减少了 245.85 元的莲藕产值，但增加了 4 713.71 元的小龙虾产值。最终，莲藕—小龙虾技术的总产值比单独种植莲藕高 87.03%（见表 2－13）。

莲藕—小龙虾技术的莲藕品质优良，销售价格高。2019 年莲藕—小龙虾技术的莲藕销售价格为 3.76 元，比单独种植莲藕高 0.74 元（见表 2－13）。同时，莲藕具有较强的净化水质的作用，使小龙虾生长环境良好，小龙虾总氨基酸和蛋白质含量也明显增加，品质明显提升。

表 2－13　2019 年莲藕—小龙虾技术与单独种植莲藕模式产量和产值

种植方式	莲藕产量 千克·$(667m^2)^{-1}$	平均价格 元·千克$^{-1}$	莲藕产值 元·$(667m^2)^{-1}$	小龙虾产量 千克·$(667m^2)^{-1}$	平均价格 元·千克$^{-1}$	小龙虾产值 元·$(667m^2)^{-1}$	总产值 元·$(667m^2)^{-1}$
莲藕—小龙虾	1 300.00	3.76	4 888.00	109.80	42.93	4 713.71	9 601.71
单独种植莲藕	1 699.95	3.02	5 133.85	—	—	—	5 133.85

（三）生态效益

肥药减施效果显著，藕塘中的害虫、水草、莲藕及其附属品均能够给小龙虾提供食源；同时小龙虾养殖产生的粪便、有机物进入水体还可以为藕塘增加有机肥料，有效节省了肥料的投入。为确保小龙虾和莲藕的质量安全，减少农药投放量，有益于保护生态环境，养殖尾水排放大大降低，减轻了水资源污染。相比单独种植莲藕模式，莲藕—小龙虾技术化肥、农药的投放量较低，且大多施用的是农家肥，2019 年复合肥和尿素的投放量共减少了 83.00 千克，复合肥、尿素减施率分别为 39.19%、50.00%；农药成本减少了 76.11 元，节约农药成本 90.14%（见表 2－14）。

表 2－14　2019 年莲藕—小龙虾技术与单独种植莲藕模式每 $667m^2$ 的肥料、农药成本

种植方式	农家肥投放量/千克	农家肥成本/元	复合肥投放量/千克	复合肥成本/元	尿素投放量/千克	尿素成本/元	农药成本/元	用肥量合计/千克	成本合计/元
莲藕—小龙虾	158.34	166.50	90.00	311.25	25.00	50.00	8.33	273.34	536.08
单独种植莲藕	79.09	68.33	148.00	414.17	50.00	100.00	84.44	277.09	666.94

（四）社会效益

2019 年莲藕—小龙虾技术推广面积达到 4.67 万 hm^2，占全国莲藕种植面积的 0.54%。2019 年两种技术的收益均较 2018 年有所提升，莲藕—小龙虾技术的纯收益增加了 788.90 元，增幅为 19.07%；单独种植莲藕的纯收益增加了 299.09 元，增幅为 44.90%。2018 年在莲藕价格极低的情况下，部分农民根据市场行情调整种植技术，增加小龙虾的套养，有效降低了市场风险，依然保障了 4 137.75 元的纯收益，比单独种植莲藕高出 3 471.63 元。在 2019 年小龙虾价格下降、劳动力成本不断增加的情况下，莲藕—小龙虾技术纯收益保持上升。莲藕—小龙虾技术可有效规避莲藕价格随市场的消极波动所带来的风险，是重要的高效农业（见表 2－15）。

表 2-15　2018—2019 年莲藕—小龙虾技术与单独种植莲藕模式成本收益

年份	地点	种植方式	总产值/元·$(667m^2)^{-1}$	总成本/元·$(667m^2)^{-1}$	净产值/元·$(667m^2)^{-1}$	纯收益/元·$(667m^2)^{-1}$	成本纯收益率/%
2018	山东省微山县	莲藕—小龙虾	8 600.00	4 455.00	7 015.00	4 145.00	93.04
		荷叶—藕带—小龙虾	6 176.00	2 995.00	4 591.00	3 181.00	106.21
		早期藕—荷叶—小龙虾	9 680.00	3 475.00	8 095.00	6 205.00	178.56
	江苏省宿迁市	莲藕—小龙虾	6 000.00	2 980.00	5 120.00	3 020.00	101.34
	平均	莲藕—小龙虾	7 614.00	3 476.25	6 205.25	4 137.75	119.03
		单独种植莲藕	4 121.45	3 455.33	2 571.32	666.12	19.28
2019	江苏省宿迁市	莲藕—小龙虾	8 064.00	4 753.20	6 159.80	3 310.80	69.65
	湖北省襄阳市	莲藕—小龙虾	10 937.50	4 395.00	9 187.50	6 542.50	148.86
	平均	莲藕—小龙虾	9 500.75	4 574.10	7 673.65	4 926.65	107.71
		单独种植莲藕	5 129.64	4 164.43	3 243.48	965.21	23.18

思考题：

你认为除了本案例中选用的指标外，还可以用哪些指标来评价莲藕—小龙虾案例？莲藕—小龙虾案例的评价体系使你对种植业与养殖业的发展有了哪些新体会？

— 本章思考题 —

1. 经济效益的概念。
2. 农业技术经济效果评价的原则有哪些？
3. 农业技术经济效果的内容包括哪些方面？
4. 农业技术经济效果评价应该考虑哪些指标？
5. 比较分析法与综合评分法的区别。
6. 如何促进经济效果、社会效果、生态效果的三合一？

参考文献

[1] 张冬平. 农业技术经济学 [M]. 北京：中国农业大学出版社，2009.

[2] 周曙东. 农业技术经济学 [M]. 北京：中国农业出版社，2011.

[3] 何桂庭. 经济效果理论概述（续）[J]. 农业技术经济，1984 (3)：45 +46 -48.

[4] 何桂庭. 农业技术经济效果的指标体系概述 [J]. 农业技术经济，1984 (6)：46 -48.

[5] 周留根. 农业生产力评价分析和优化系统研究 [D]. 南京农业大学，2000.

[6] 朱道华. 农业经济学 [M]. 第4版. 北京：中国农业出版社，2005.

[7] 朱希刚. 农业技术经济学在我国的形成 [J]. 农业技术经济，1989.

[8] 白丽，史彩华，王俊琴，赵邦宏. 日晒高温覆膜法技术经济效果评价 [J]. 中国蔬菜，2021 (6)：11 -16.

[9] 尼雪妹，王艳，王娜娜，潘亚茹，李宁辉，罗良国. 农业技术评价指标选取及指标体系构建 [J]. 农业展望，2017，13 (12)：65 -71.

[10] 彭举. 农业经济效益评价指标探讨 [J]. 新商务周刊，2019 (16)：18 -19.

[11] 昊天. 农业技术经济学通俗讲座（十九）[J]. 农业科学实验，1985 (8)：30 -33.

[12] 袁飞. 农业技术经济学 [M]. 北京：中国农业出版社，1996.

[13] 袁士畴. 对农业技术经济学的一点认识 [J]. 农业技术经济，2010 (5)：127 -128.

[14] 曾福生，李明贤. 技术进步与农业增长方式的转变 [M]. 长沙：国防科技大学出版社，2001.

[15] 展广伟. 农业技术经济学 [M]. 北京：中国人民大学出版社，1988.

[16] 张世英，李忠民等. 经济计量学教程 [M]. 天津：天津大学出版社，2002.

[17] 李莉. 大豆种植成本收益研究 [D]. 山东农业大学，2015.

[18] 罗成建，袁善西，郭乾金. 养鸡不同规模的经济效益评价 [J]. 农业技术经济，1991 (1)：70 -71.

[19] 左海霞. 基于偏离—份额分析法的山西省农业经济发展研究 [J]. 中国农业资源与区划，2022，43 (6)：218 -228.

[20] 左国金. 农业生产经济效益及其几种分析方法 [J]. 广西农村金融研究，1984

(3)：32－35.

[21] 张鹏，张建文，李永刚．基于综合评分法的烟叶生产后评价 [J]．安徽农业科学，2018，46 (4)：219－221.

[22] 曹世杰．试算分析法 [J]．农业技术经济，1984 (12)：47－49.

[23] 吴曼，王俊芹，宗义湘，赵帮宏．莲藕—小龙虾高效生态种养技术经济评价 [J]．中国蔬菜，2022 (6)：89－95.

第三章　农业生产要素投入的边际分析

学习目标

1. 能够准确陈述边际分析、总产量、平均产量和边际产量、产出弹性、等产量曲线、边际替代率、生产可能性曲线等基本概念。

2. 能够计算单项变动要素最佳投入点、多项变动要素的合理配合点、多种产品最优生产组合点等。

3. 能够运用本章方法解决实际问题，进行经济学解释。

4. 通过学习树立并强化“三农”情怀。

本章提示

边际分析是农业技术经济数量分析的重要方法。本章在介绍边际分析等基本概念的基础上，具体讲解单项变动要素投入产出的边际分析、多项变动要素组合的边际分析以及产品组合的边际分析，研究在农业生产过程中农业生产要素与产品之间的数量关系、生产要素与生产要素之间的配置关系、各种农产品之间的数量关系的变化规律。通过本章学习，能够准确陈述各种基本概念，能够用边际分析方法计算单项变动要素最佳投入点、多项变动要素的合理配合点、多种产品最优生产组合点，并能运用本章方法解决实际农业生产问题。从各种经济变量中选择最佳的数量界限，寻求生产要素利用的最佳状态，以最大限度地提高农业技术的经济效果。

第一节　农业要素边际分析概述

在农业生产活动中，能够使用的生产要素很多，不管是生产多种农产品，还是只生产一种农产品，都要投入各种生产要素，比如种子、肥料、农药、水等。各生产要素投入量的变动会对农产品的产出量产生影响，或增或减，运用边际分析法能够掌握这一变化规律，大大促进农业生产。

一、边际分析的概念

边际分析法是经济学的基本研究方法之一，不仅在理论上有着相当大的作用，而且在实际工作中也起着相当大的作用，是打开经济决策“王国”的“钥匙”。在农业管理决策中应用边际分析法相当于建立了一套有利于决策的评价体系。经济学中边际的概念是“增量”的意思，增量是指在原有基础上增加的数量。

边际分析（Marginal Analysis）是以增量的概念来研究农业生产中的投入产出问题。增量也就是指变化量，是在原有基础上增加的数量。当投入的生产要素增加某一数量时，产品产出量也会随之改变。用这种增量的比率研究农业生产中的投入产出变化规律，就是边际分析。通常用数学式表示为 $\Delta y/\Delta x$（平均变化率）或 dy/dx（精确变化率）。当要素投入量 x_0 增加到 $x_0+\Delta x$ 时，则产量 y 相应的改变量为：

$$\Delta y = f(x_0+\Delta x) - f(x_0)$$

其变化率为：

$$\Delta y = f(x_0+\Delta x) - (x_0)$$

$$\frac{\Delta y}{\Delta x} = \frac{f(x_0+\Delta x) - f(x_0)}{\Delta x}$$

上式表示生产要素投入量在 $x_0 \sim x_0+\Delta x$ 这一区间内变化时总产量的平均变化量。如果生产要素投入量 $\Delta x \to 0$，其变化率写成：

$$\lim_{\Delta x \to 0}\frac{\Delta y}{\Delta x} = \frac{dy}{dx} = f'(x_0)$$

由此可以看出，平均变化率的几何意义是曲线某一段切线的斜率，精确变化率的几何意义是曲线上某点切线的斜率。

二、边际报酬递减规律

在考察农业生产活动中，生产要素投入量的变动对产量的影响时，要区分两种不同情况：一是所有生产要素的投入量都按照同一比例变动；二是只有一种生产要素的投入量变动，其他生产要素投入量都不变。边际报酬递减规律就是研究第二种情况对产量所发生的影响，即产出量随着一个可变投入要素的增减而增减。例如，用一块农田种植玉米，如果不施肥，玉米产量会较低，如果施适量的肥，玉米产量会增加，但是如果施肥太多，产量又会减少。

所谓边际报酬递减规律，是指在技术不变、其他生产要素的投入数量不变的情况下，随着某一种生产要素的投入量不断增加，起初，增加该要素投入所带来的产量增量是递增的，但过了一定点之后，增加该要素投入所带来的产量增量就会越来越小，甚至为负数。这一经济现象被称为边际报酬递减法则，也称边际报酬递减规律。

理解运用边际报酬递减规律时应注意以下三点：一是此规律具有严格的限制条件，即技术水平不变、其他生产要素的投入数量不变；二是并非一增加要素投入就一定会出现递减，只有要素投入达到某点之后才会出现；三是技术进步会推迟报酬递减的出现，但不会消灭报酬递减规律。在可变要素投入量增加的开始阶段，相对于固定要素来说，可变要素投入过少，因此，随着可变要素投入量的增加，生产要素的投入量逐步接近最佳的组合比，其边际产量递增，当可变要素与固定要素的配合比例恰当时，边际产量达到最大。如果再继续增加可变要素投入量，生产要素的投入量之比就越来越偏离最佳的组合比，于是边际产量就出现递减趋势。

在农业生产实践中，由于存在生产要素投入报酬变动规律，使生产的经济效益随着要素投入量不同而发生变化，我们最常看到的就是牲畜饲料报酬递减和农作物肥料报酬递减。例如，考察特定面积的玉米田施肥效果，刚开始，由于可变投入与不变投入相比，可变投入数量过少，也就是施肥过少时，可变投入对总产出的贡献很小。但随着肥料由少到多不断增加，不变投入与可变投入的配合比例越来越接近于最佳状态，肥料对总产出的贡献也越来越大。此后，继续增加肥料的投入，可变投入与不变投入的配合比例又会慢慢走向失衡，肥料对总产出的贡献也将会越来越小，直至零甚至负数。由此可见，可变要素与不变要素之间在数量上存在一个最佳配合比例，随着可变要素的逐渐增加且越来越接近最佳配合比例，边际产量则呈递增趋势。当达到最佳配合比例后，再增加可变要素的投入，边际产量则呈递减趋势。

由于农业生活中存在生产要素投入报酬背叛规律，因此，有必要通过研究农业生产要素投入的最适度，即通过研究投入与产出之间的变化关系，确定在既定条件下生产要素合理的投入数量和比例，寻求生产要素利用的最佳状态，从而提升生产要素利用效率，提高农业生产的经济效益。

三、总产量、平均产量、边际产量的概念及计算

在不同投入水平下的农产品产出数量，通常用总产量、平均产量、边际产量等指标表示，而这些指标数值与价格的乘积就是产品相应的价值量。

1. 总产量（Total Product，TP），是指在其他投入要素保持不变的条件下，随着变动要素投入量变化而变化的产品总量。总产量有时也用 y 来表示。

如果只考虑劳动和资本两种生产要素，则 TP = f（L，K）。假设 K 是确定的，只变化 L，则 $TP = f(L, K_0)$。

2. 平均产量（Average Product，AP）是指在各种不同的投入水平下，平均每 1 单位变动要素所取得的产品数量。用公式表示为：$AP = \frac{y}{x}$

式中：y——产品产量；

x——变动要素投入量。

3. 边际产量（Marginal Product，MP）是指在连续向某项生产追加要素的过程中，每增加 1 单位变动要素所引起的总产量的变化量，或者说最后 1 单位要素投入所取得的产品数量。其计算公式为：$MP = \frac{\Delta y}{\Delta x}$

式中：Δy——产品增量；

Δx——变动要素投入量的增量；

MP——平均的边际产量。

当生产函数以确定的函数式表示时，可以计算精确的边际产量，计算公式为：

$$MP = \lim_{\Delta x \to 0} \frac{\Delta y}{\Delta x} = \frac{dy}{dx}$$

可见，边际产量是总产量对变动要素投入量的导数。从几何意义上讲，边际产量是总产量曲线上某变动要素投入量所对应的点的切线的斜率。

例如，某农业技术经济试点，进行饲料投入与牲畜增重之间的关系实验，具体数据见表 3－1。

表 3－1　　饲料投入与牲畜增重关系

处理编号	饲料投入 x	牲畜增重 y（TP）	边际产量（MP）	平均产量（AP）
0	0	0		
1	5	19.375	3.875	3.875
2	10	45	5.125	4.5
3	15	73.125	5.625	4.875
4	20	100	5.375	5
5	25	121.875	4.375	4.875
6	30	135	2.625	4.5
7	35	135.625	0.125	3.875

根据表 3－1 的数据可以直接计算出各种饲料投入水平下的平均产量和边际产量。根据表 3－1 计算出的边际产量是平均的边际产量，它表示某一段饲料投入数量的平均量。如饲料投入量由 20 增加到 25 时，牲畜增重由 100 增加到 121.875，那么在增加的 5 单位饲料中，平均每单位增产 4.375，而饲料投入量由 25 增加到 30 的 5 单位中，平均每单位饲料增产 2.626。

若计算精确边际产量，首先应对 x 和 y 进行回归计算，得到生产函数，利用生产函数方程求得。该例的生产函数为：

$$y = 3x + 0.2x^2 - 0.005x^3$$

式中：y 为牲畜增重，x 为饲料投入量。

则 MP 方程为：

$$MP = 3 + 0.4x - 0.15x^2$$

根据上面的计算式，每确定一个 x 的投入量，即可以计算出相应的精确边际产量值。比如，当 x＝25 时，精确的边际产量 MP＝3.625。

从图 3－1 中可以看出，随着一种可变生产要素投入量的增加，边际产量表现出先上升而最终下降的特征。在实际生产中，可以按照这一规律控制好这种生产要素的投入量，达到生产要素投入数量与产出效益最大化。

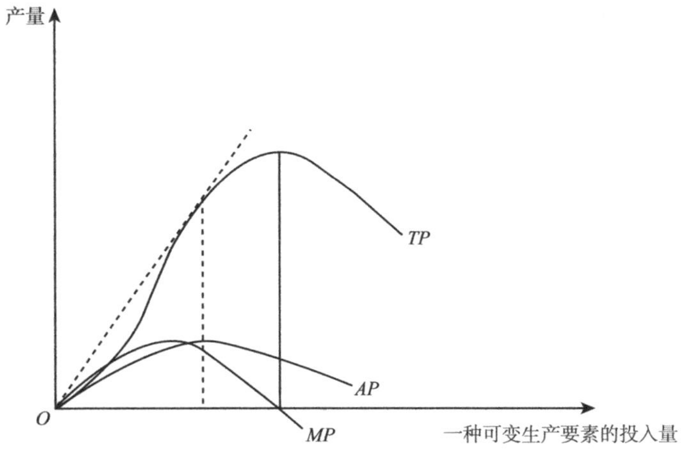

图 3-1　总产量 TP、平均产量 AP、边际产量 MP

四、总产量、平均产量、边际产量之间的关系

（一）总产量（TP）与边际产量（MP）之间的关系

总产量（TP）与边际产量（MP）之间的数学关系是导数与积分的关系，总产量曲线上任何点的斜率值就是边际产量。两者的关系具体表现为：

1. 当边际产量大于零即 MP > 0 时，总产量（TP）上升。当边际产量（MP）处于上升阶段时，总产量以递增的速度上升；当边际产量（MP）处于下降阶段时，总产量（TP）以递减的速度上升。

2. 当边际产量（MP）等于零时，总产量（TP）达到最大。

3. 当边际产量（MP）小于零时，总产量（TP）下降。

（二）平均产量（AP）与边际产量（MP）之间的关系

当边际产量大于平均产量即 MP > AP 时，AP 上升；当边际产量小于平均产量即 MP < AP 时，AP 下降；当边际产量等于平均产量即 MP = AP 时，AP 达最大，即 MP 在下降阶段通过 AP 的最高点。

（三）平均产量（AP）和总产量（TP）之间的关系

从原点出发向 TP 作射线，射线的斜率值即是对应要素投入的 AP 值，其中从原点出发与 TP 相切的射线斜率值最大，即对应 AP 的值最大。

总产量、平均产量和边际产量之间的关系可以从图 3－2 中得到更直观的示意。

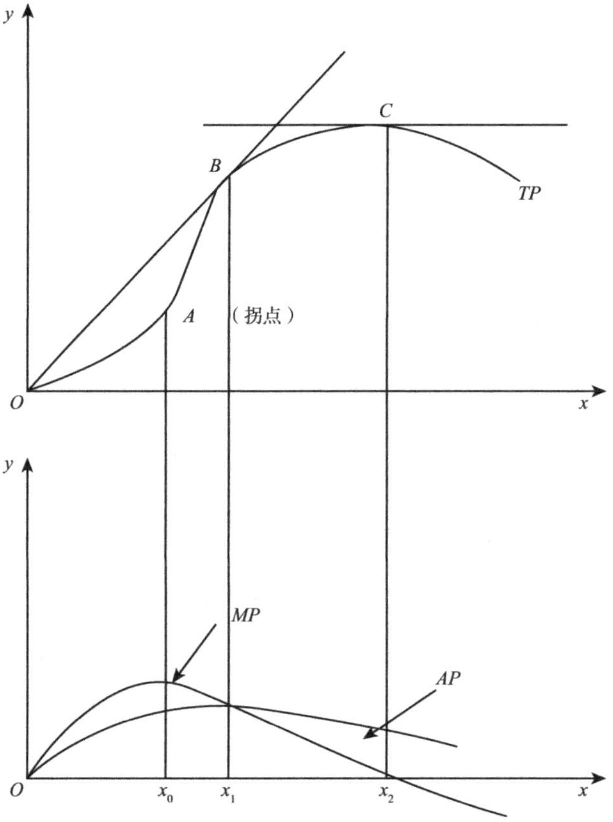

图 3－2　总产量 TP、平均产量 AP、边际产量 MP 之间的关系

五、产出弹性与生产的三个阶段

（一）产出弹性（Elasticity of out puts，E_0）

产出弹性，又称生产弹性，是衡量生产要素转化效率的重要指标。它是产量变化率与生产要素投入量变化率的比率，反映产品产量变化对生产要素投入量变化的敏感程度。具体测算时是以要素投入量增加 1%，由它引起的产品产量增加百分之几来计算，其计算公式为：

$$E_0 = \frac{\Delta y/y}{\Delta x/x} = \frac{MP}{AP}$$

上式中：MP 为平均的边际产量。

利用表 3－1，可以计算出不同投入水平下的产出弹性（见表 3－2）。

从表 3－2 中可以看出，当饲料投入量从 20 增加到 25 时，产出弹性为 0.897，表示在这 5 单位中，饲料每增加 1%，牲畜重量可增加 0.897%。

表 3－2　　产出弹性的计算

饲料投入 x	牲畜增重 y（TP）	边际产量（MP）	平均产量（AP）	产出弹性
0	0			
5	19.375	3.875	3.875	1
10	45	5.125	4.5	1.139
15	73.125	5.625	4.875	1.154
20	100	5.375	5	1.075
25	121.875	4.375	4.875	0.897
30	135	2.625	4.5	0.583
35	135.625	0.125	3.875	0.032

若以精确的边际产量来计算产出弹性，则有：

$$E_0 = \frac{MP}{AP}$$

式中：MP 为精确边际产量。

通过计算可知，当 $x = 20$ 时，$E_0 = 0.725$；当 $x = 25$ 时，$E_0 = 1.026$。可以看出，利用生产承数计算出的产出弹性是要素投入某一点的弹性。

根据 MP 和 AP 之间的大小关系，有：

①当 $MP > AP$ 时，$E > 1$，表明产出增加的比例大于生产要素投入量增加的比例；

②当 $0 < MP < AP$ 时，$0 < E < 1$，表明产出增加的比例小于生产要素投入量增加的比例。

（二）生产的三个阶段

生产的三个阶段是建立在产出弹性这一概念基础之上的。根据产出弹性的大小，可以将生产函数划分为三个阶段：

第一阶段。生产弹性大于1的要素投入区域，即从原点起到平均产量最高点止。这个阶段的特点是边际产量高于平均产量，因而引起平均产量逐渐提高，总产量增加的幅度大于投入资源增加的幅度。因此，只要条件允许，就不应该在这个阶段内停止要素投入，否则使固定要素得不到充分利用。

第二阶段。生产弹性大于零且小于1的要素投入区域，即从平均产量最高点起到总产量最大值。这一阶段的特点是边际产量低于平均产量，因而引起平均产量逐渐降低，总产量增加幅度小于要素投入增加的幅度即出现报酬递减，总产量按报酬递减形式继续增长，可获得较高的产量。

第三阶段。生产弹性小于零的要素投入区域，也就是边际产量转为负值以后的阶段，即总产量下降区域。在这一阶段内，越增长要素投入越减产。

生产函数的三阶段划分见图3－3。

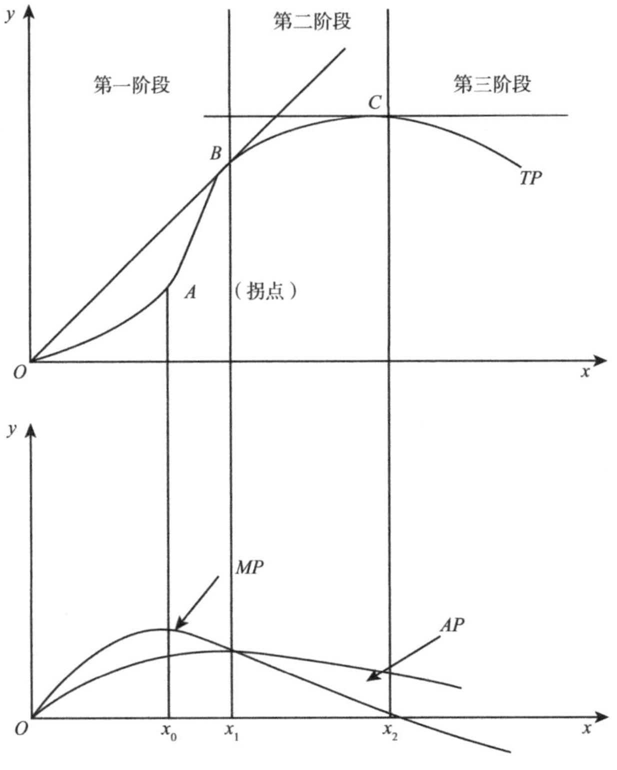

图3－3　生产函数的三阶段

生产函数三阶段的划分，是确定生产要素投入量合理区间的重要依据。按产出弹性将生产函数划分为三个阶段的目的是确定农业生产要素投入的合理范围。

在第一阶段，产出弹性 $E>1$ 意味着产出增加的比例大于要素投入量增加的比例，这说明增加要素投入量是有利可图的，要素转化效率较高，因而在这一阶段中，应尽可能地增加要素投入，以获得更高的经济效益。若生产要素投入量停留在此阶段，便会由于固定要素的生产潜力得不到充分发挥而造成相对浪费。因此，任何理性的生产者都不会在这一阶段停止生产，而是连续增加可变要素劳动的投入量，以增加总产量，并将生产扩大到第二阶段。

在第二阶段，产出弹性 $0<E<1$，随着变动要素投入量的增加，总产量不断上升，说明变动要素的增加对生产起积极作用，但这种作用在逐步递减，也就是说总产量上升幅度在不断下降，直至上升幅度为零，到达最大产量。这一阶段是变动要素由用量不足到投入过量的中间过程，对变动要素而言，是合理的投入范围。

从生产函数的三个阶段中明显地看出第三阶段是不合理的生产阶段，在这一阶段中，产出弹性 $E<0$，随着要素投入量的增加，总产量不断下降，说明变动要素投入得越多，越不利于生产。造成这一现象的原因是固定要素和变动要素比例失调。我们知道，任何生产都是以各种生产因素相互合理配合进行的，当某一要素数量投入过大时，便会对生产起破坏的作用。生产函数的第三阶段说明变动要素的投入量超过了固定要素所需要的比例量，所以生产函数的第三阶段为绝对不合理的生产阶段。因此，在此阶段生产者减少可变要素劳动的投入量是有利的，即退回到第二阶段。

由以上分析可知，变动要素投入量不论在第一阶段还是在第三阶段都属于不合理的生产行为。第一阶段没有充分发挥固定要素的潜力，第三阶段造成变动要素的浪费。只有第二阶段才是生产行为较合理的阶段。任何理性的生产者既不会将生产停留在第一阶段，也不会将生产扩张到第三阶段，所以生产只能在第二阶段进行。在生产的第二阶段，生产者可以得到由第一阶段增加可变要素投入所带来的全部好处，又可以避免将可变要素投入增加到第三阶段而带来的不利影响。

因此，要讲究要素利用的经济效益，就应把变动要素投入在生产的第二阶段。至于变动要素的最佳投入量应该在第二阶段的哪一点，将在下一节进行深入分析。

第二节　单项变动要素的合理利用

根据生产函数的三阶段分析，第二阶段是确定变动要素投入量的合理区间。但哪一点是变动要素投入量的最佳点，即变动要素投入什么水平能使整个生产获得最佳的经济效益？还要取决于产品价格和生产要素价格。这里假定农业生产者购买生产要素及出售产品均是在完全竞争市场上进行的，并假定生产者主要从可变投入获得最大利润而且价格和投入—产出关系是确定的、已知的。本节只考虑使用一种可变要素的情形。

一、单项变动要素的最佳投入量

要素的最佳投入量是指获得最大利润时的要素投入量，在确定单项要素的最佳投入量时，假设其他生产要素固定不变仅改变一种可变要素的投入量。为了确定最大利润时的要素投入量，我们首先构建利润函数。

令利润函数为：

$$\pi = TR - TC = P_y y - P_x x - TFC$$

式中：π——利润；

TR——总收益；

TC——总成本；

Y——为农产品产出量，

P_y——农产品价格；

R——可变要素投入量；

P——可变要素的价格；

TFC——为总固定成本。

当利润达到最大时，有：

$$d(\pi)/dx = 0$$

即：

$$P_y y'_x - P_x = 0$$

整理得：

$$y'_x = \frac{P_x}{P_y}$$

也可以写作：

$$MP = \frac{P_x}{P_y}$$

上式表明要获得最大利润，必须满足要素的边际产量等于要素价格与产品价格之比。

当 $MP > P_x/P_y$ 时，说明要素用量不足，应继续增加投入。随着要素投入量的增加，边际产量下降直至与价格比相等。

当 $MP < P_x/P_y$ 时，说明要素投入过量，应减少要素投入，使边际产量上升，直至与价格比相等。

以表 3-3 的资料研究要素最佳投入量问题。

某农业技术经济试点，进行饲料投入和牲畜增重的关系实验。具体数据见表 3-3。假设每单位饲料价格 $P_x=9$，畜产品价格 $P_y=3$，价格比为 3。

表 3-3　　饲料投入量与对应的利润水平

处理编号	饲料投入 x	牲畜增重 y	边际产量（MP）	平均产量（AP）	利润（π）
0	0	0			
1	5	19.375	3.875	3.875	13.125
2	10	45	5.125	4.5	45
3	15	73.125	5.625	4.875	84.375
4	20	100	5.375	5	120
5	25	121.875	4.375	4.875	140.625
6	30	135	2.625	4.5	135
7	35	135.625	0.125	3.875	91.875

从表 3-3 中可以看出，第 5 处理编号的边际产量 4.375 > 3（价格比），说明 25 单位的饲料投入量是不足的，应增加投入；而第 6 处理编号的边际产量 2 625 < 3（价格比），说明 30 单位的饲料投入是过量的，应减少投入。这就

说明饲料的最佳投入量应该在25—30单位，具体数值可以通过生产函数来求得。

该例的生产函数为：

$$y = 3x + 0.2x^2 - 0.005x^3$$

根据：

$$y'_x = \frac{P_x}{P_y}$$

有：

$$3 + 0.4x - 0.15x^2 = \frac{9}{3}$$

解得：

$$x = 26.667$$

即饲料的最佳投入量应为26.667单位，此时的利润水平为142.227。

那么，到底 $x=26.667$ 是不是位于生产函数的第二阶段呢？我们可以通过分别计算平均产量（AP）最大时的饲料投入量 x_1 和总产量（TP）最大时的饲料投入量 x_2，然后看26.667是否位于 x_1 和 x_2 之间来判断。

根据前面的分析，平均产量（AP）最大时，有：

$$MP = AP$$

所以有：

$$3 + 0.4x - 0.015x^2 = 3 + 0.2x - 0.005x^2$$

解得：

$$x_1 = 20$$

而总产量（TP）最大时，对应边际产量（MP）为0，

所以有：

$$3 + 0.4x - 0.015x^2 = 0$$

解得：

$$x_2 = 32.77$$

可见 $x=26.667$ 的确位于 x_1 和 x_2 之间，即位于生产函数的第二阶段，验证了前面第一节的结论。当然，也可以通过分析表3-3中的相关数据进行判断。

二、有限要素的合理分配

有限要素的合理分配是指对于一定量的限制要素应该如何分配于生产同产品的不同技术单位，从而获得最大的收益。

例如，某农户现有100单位的磷肥，要把这有限的磷肥分配在两块土壤肥力不同的地块上生产小麦，那么每块地应各分配多少才能获得最大的经济效益？已知磷肥的价格为0.4元，小麦的价格也是0.4元。通过实验，得到小麦和磷肥的生产函数，具体见表3－4。

从表3－4中可知，A地块投入100单位为要素利用的最佳状态，而B地块投入40单位为要素利用的最佳状态。A地块和B地块最佳状态共需投入140单位的磷肥。但现在仅有100单位的磷肥，比投入最佳状态少40单位。这时应该如何分配有限的要素？如果将100单位全部投入A地块可盈利182.44元，若保证B地块处于要素利用最佳状态，剩余的分给A地块，总的盈利为398.4元。若将磷肥平均分配，总的盈利为393.52元。可见，资源分配方案不同，导致盈利不同。那么满足什么条件可使盈利最大化？下面我们来具体分析。

表3－4　　不同土壤肥力地块的生产函数

要素投入单位	A地块		B地块	
	y	MP	y	MP
0	352		540	
20	413	3.05	568.09	1.445
40	464	2.55	591.04	1.125
60	504.7	2.04	607.5	0.805
80	535.4	1.535	617.5	0.485
100	556.1	1.035	620.5	0.165

（一）边际产量最大法

边际产量最大法，是把每单位的投入要素投放在边际产量最大生产单位上，直至要素分配完毕，最终可达到要素的最佳分配。

由表 3－4 可见，第一个 20 单位的磷肥应该投放在 A 地块生产小麦，因为 A 块地的边际产量 3.05 大于 B 块地的边际产量 1.445；第二个 20 单位也应该投放在 A 地块，因为此时 A 地块边际产量为 2.55，仍大于 B 地块的 1.445。根据这一法则进行要素投放的最佳要素分配方案为：A 地块投入磷肥 80 单位，B 地块投入磷肥 20 单位，此时可获得盈利 401.72 元。

利用边际产量最大法进行要素最佳分配，仅适用于生产函数的第二阶段，即边际产量处于递减的阶段；若在生产函数的第一阶段，边际产量处于上升状态，此时边际产量最大法失效，而应采用平均产量最大法进行要素分配。

（二）边际产量相等法

边际产量相等法与边际产量最大法本质上是同一回事，只是使用的条件不同。边际产量最大法仅能用于表格式的生产函数，而边际产量相等法主要用于连续的生产函数，即以数学模型表示的生产函数。在要素有限的条件下，只要使各生产单位要素利用的边际产量相等，此时的要素分配便是最佳的要素分配。

利用表 3－4 中的数据，分别建立两个地块的生产函数为：

$$y_A = 352 + 3.301x - 0.126x^2$$

$$y_B = 540 + 1.605x - 0.008x^2$$

根据上面的两个生产函数可利用边际产量相等的原则进行要素分配。为了区别不同地块上施用的磷肥，分别以 x_A 表示施用于 A 地块的磷肥量，x_B 表示施用于 B 地块的磷肥量，要素分配的最佳方案可用下列方程组求得：

$MP_A = MP_B$（边际产量相等）

$x_A + x_B = 100$（磷肥总量为 100）

则：

$$3.301 - 0.0252x_A = 1.605 - 0.016x_B$$

$$x_A + x_B = 100$$

解得：

$$x_A = 80$$

$$x_B = 20$$

也就是说，当 A 地块施用 80 单位的磷肥、B 地块施用 20 单位的磷肥时能够获取最大的经济效益。这一分配结果显然与边际产量最大法得到的结果完全一致。

第三节　多项变动要素的合理利用

在现实的农业生产中，任何一种产品的生产都需要投入多种生产要素。各种生产要素以什么比例配合生产产品成本最低、生产多少产品最为经济合理，这是要素配置问题研究的两项基本经济决策。

在农业生产中，以两种或两种以上变动要素生产一种产品时，其要素配置大体上有以下两种情况。

1. 各种要素以一定的比例投入生产，要素间不存在替代关系。如施肥时，氮肥、磷肥总以一定的比例配合使用。

2. 各种要素对产品的形成具有相同的作用，可以按一定的比例相互替代。如在一般情况下，硫铵和碳铵可以相互替代。

由于各种要素在生产中作用不同，要素价格也不同，它们以不同的配合比例投入生产，经济效益也会不同。

前面说的第一种情况可以按一种变动要素投入的方法进行分析，本节研究和分析的重点是第二种情况，即两种要素配合生产一种产品，并且这两种要素在一定程度上可以相互替代。为了便于分析，这里以两种要素相互配合为例，结论可以推广到多种要素的情况。

一、成本最低（或产量最大）的要素配置分析

要进行成本最低（或产量最大）的要素配置分析，首先必须掌握等产量曲线、要素的边际替代率和等成本线等基本概念。

（一）等产量曲线

等产量曲线是具有同等产量的各种可能的投入组合曲线。为了更直观地说明等产量曲线的含义，假设两种变动要素 x_1 和 x_2，它们以不同的比例组合生产一种农产品 y，我们将其生产函数 $y = 18x_1 - x_1^2 + 14x_2 - x_2^2$ 转换成表 3－5。

表 3－5　　两种可变要素 x_1 和 x_2 投入量与产品 y 的产量

x_1 \ x_2 (y)	0	1	2	3	4	5	6	7	8	9	10
0	0	13	24	33	40	45	48	49	48	45	40
1	17	30	41	50	57	62	65	66	65	62	57
2	32	45	56	65	72	77	80	81	80	77	72
3	45	58	69	78	85	90	93	94	93	90	85
4	56	69	80	89	96	101	104	105	104	101	96
5	65	78	89	98	105	110	113	114	131	110	105
6	72	85	96	105	112	117	120	121	120	117	112
7	77	90	101	110	117	122	125	126	125	122	117
8	80	93	104	113	120	125	128	129	128	125	120
9	81	94	105	114	121	126	121	130	129	126	121
10	80	93	104	113	120	125	128	129	128	129	120

从表 3－5 中可以看出，在同一产量水平下，可以有不同的要素组合比例，这说明要素之间具有相互替代作用。对应表中 105 单位的产出量，两种可变要素 x_1 和 x_2 有多种组合，包括 9 个单位 x_1 和 2 个单位 x_2；6 个单位 x_1 和 3 个单位 x_2；5 个单位 x_1 和 4 个单位 x_2；4 个单位 x_1 和 7 个单位 x_2；5 个单位 x_1 和 10 个单位 x_2（该组合属于生产要素不合理使用范围，所以不予考虑）。将上述四个合理组合点（9，2）、（6，3）、（5，4）、（4，7）描绘在坐标上，即可得到一条等产量曲线 y_1，如图 3－4 所示。

再如，对应表 3－5 中 80 单位的产出量，有（2，6）、（4，2）、（8，0）几个组合，若把这些组合点描绘在坐标上，又可以得到一条等产量曲线 y_2，如图 3－4 所示。

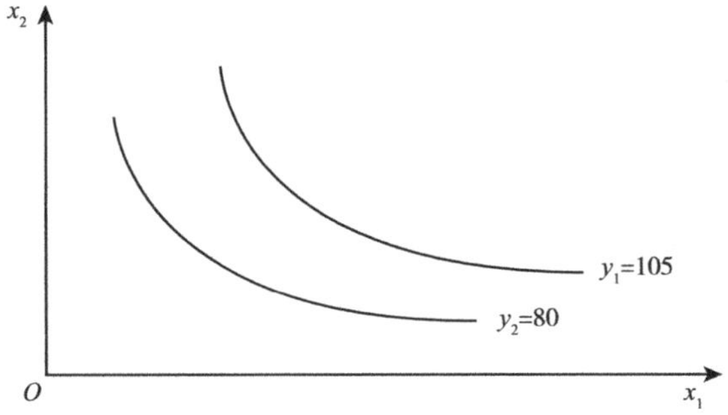

图 3－4　等产量曲线

同样的道理，我们可以绘制出代表其他产量水平的等产量曲线。曲线上任何一点所标示的两个坐标量，就是两种要素的不同组合比例。

（二）等产量曲线的特征

1. 任意一点的斜率为负。
2. 任何两条等产量曲线都不相交。
3. 任何一点必定有一条等产量曲线通过。
4. 等产量曲线是凸向原点的，这是由边际技术替代率递减规律决定的。
5. 离原点越远的等产量曲线其代表的产量越大。

（三）边际技术替代率

1. 边际技术替代率的含义及计算

一条等产量曲线表示一个既定的产量水平可以由两种可变要素的各种不同数量组合生产出来，这意味着生产者可以通过对两种要素互相替代，来维持一个既定的产量水平。研究等产量曲线的重要目的之一就是探索生产要素之间的替代关系，寻求经济合理的要素组合比例。在农业生产中，普遍存在着生产要素的相互替代关系，如粗饲料与精饲料、机械与劳力等。研究要素间的替代关系，在于寻求要素的最佳配合，以达到降低成本、提高经济效益的目的。

要素间的替代关系通过要素的边际技术替代率来反映。那么，到底什么是边际技术替代率呢？在某一等产量曲线的合理使用范围内，若要保持产量不变，增加一种要素 x_1 的投入量，可以减少另外一种要素 x_2 的投入量。在通常情况下，x_1 和 x_2 变化量的比值称作生产要素的边际技术替代率，用字母表示为 MRTS（rate of marginal technical substitution）。等产量曲线上某一点的边际技术替代率就是等产量曲线在该点斜率的绝对值。另外，边际技术替代率还可以表示为两要素的边际产量之比。

边际技术替代率分为平均边际替代率和精确边际替代率。

平均边际替代率反映两种要素在某一区间的替代比率，其几何意义为等产量曲线上某一段（MN）的平均斜率，如图 3－5 所示。

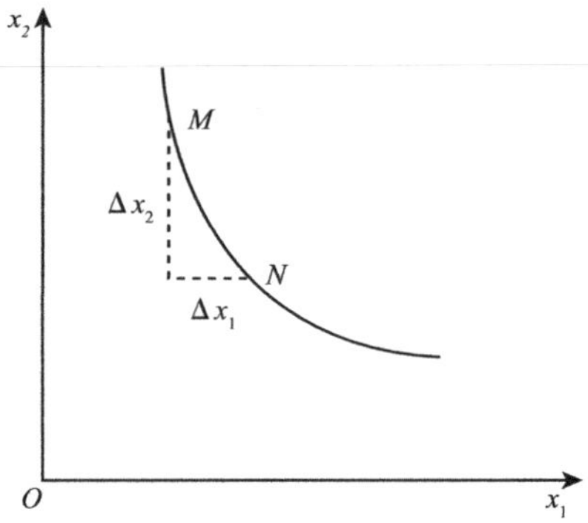

图 3－5　平均边际技术替代率

平均边际替代率的计算公式为：

$$MRTS_{x_1x_2} = \frac{\Delta x_2}{\Delta x_1}$$

下面以表 3－6 为例，计算产量水平为 105 时的不同要素组合之间的平均边际技术替代率，具体见表 3－6。

$MRTS_{x_1x_2} = \frac{\Delta x_2}{\Delta x_1}$ 表明，在保持产量水平不变的前提下，每增加 1 单位 x_1 的投入，所需要减少 x_2 的量。当 $\Delta x_1$0 时，要素的边际替代率可写为：

$$MRTS_{x_1x_2} = \lim_{\Delta x_1 \to 0} \frac{\Delta x_2}{\Delta x_1} = \frac{dx_2}{dx_1}$$

这就是精确边际技术替代率的计算公式。

表 3－6　　生产要素平均边际替代率的计算

要素投入单位	要素分配		要素增量		平均边际替代率
	x_1	x_2	Δx_1	Δx_2	$\Delta x_2/\Delta x_1$
A	4	7			
B	5	4	1	－3	－3
C	6	3	1	－1	－1
D	9	2	3	－1	－0.33

当然，精确边际技术替代率还可以用边际产量来表示并计算。因为，为了维持产量水平不变，由于一种投入要素增加而增加的产量必然等于由于另外一

种投入要素减少而减少的产量，所以有：

$$MP_{x_1} \cdot \Delta x_1 + MP_{x2} \cdot \Delta x_2 = 0$$

即：

$$\frac{\Delta x_2}{\Delta x_1} = \frac{MP_{x_1}}{MP_{x_2}}$$

从几何意义上看，精确边际技术替代率是等产量曲线上任意一点的斜率（见图 3-6）。

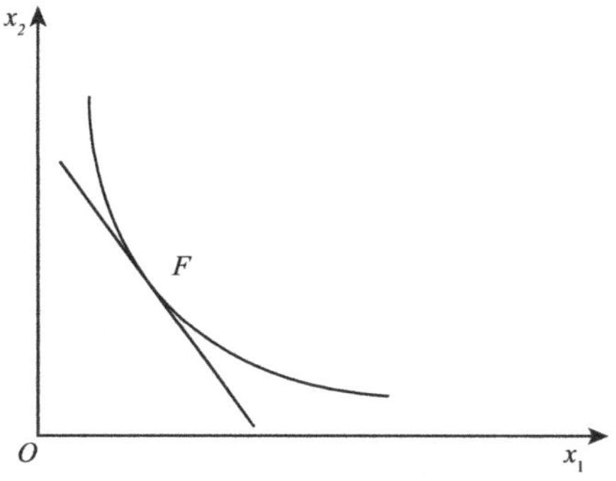

图 3-6　精确边际技术替代率

仍以生产函数 $y = 18x_1 - x_1^2 + 14x_2 - x_2^2$ 为例，

$$MP_{x_1} = 18 - 2x_1$$

$$MP_{x_2} = 14 - 2x_2$$

当 $x_1 = 3$ 单位，$x_2 = 6$ 单位时，要素的边际技术替代率为：

$$MRTS_{x_1x_2} = \frac{14 - 2x_2}{18 - 2x_1} = -0.17$$

2. 边际技术替代率递减

沿着等产量曲线，以一种生产要素投入替代另一种生产要素投入的边际技术替代率不断下降，叫边际技术替代率递减法则。边际技术替代率递减主要原因在于：任何一种产品的生产技术都要求各要素投入之间有适当的比例，这意味着要素之间的替代是有限制的。如图 3-7 沿着等产量曲线由左上方向右下方移动，x_1 的投入量不断增加，其边际产量不断下降，因此，每增加 1 单位 x_1 所能替代的 x_2 的量就会不断减少，导致两种要素的边际技术替代率下降。

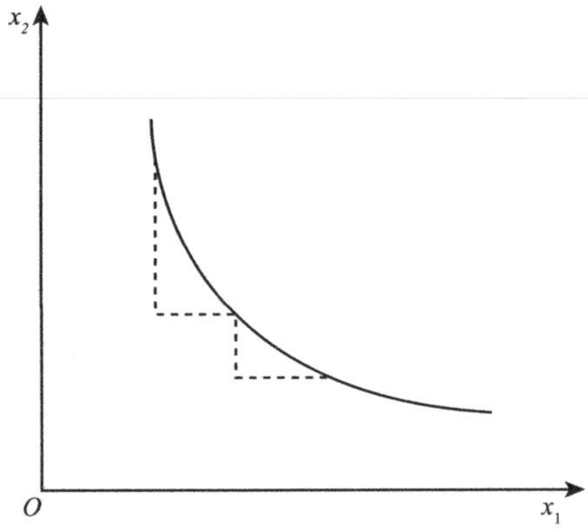

图 3-7　边际技术替代率递减

3. 脊线与生产经济区

由于受技术水平限制，两种可变生产要素的替代是有限的。因此，等产量曲线并不以两个坐标轴为渐进线，这是等产量曲线不同于无差异曲线的一个特点。

脊线是指等产量曲线上斜率由负到正的转折点的连线，图 3-8 中 OS 和 OT 即为脊线（为了方便分析，这里假设生产中所使用的两种可变要素分别为劳动 L 和资本 K）。

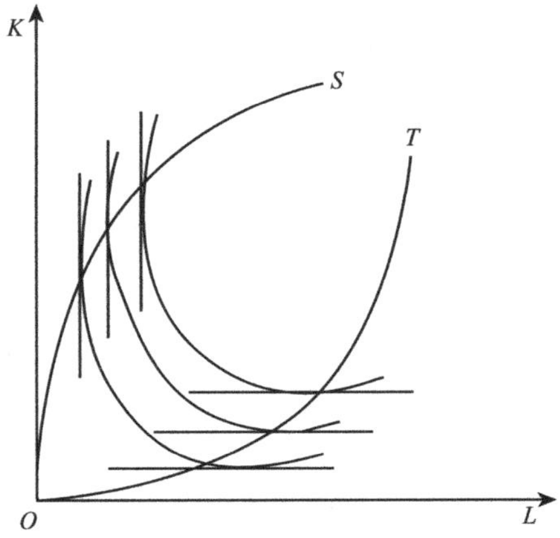

图 3-8　边际技术替代率递减

脊线确定生产要素的合理使用范围，脊线以内为生产的经济区。根据前面对生产函数两个阶段的划分，由 OT 和 OS 两条脊线围成的区域属于生产的第一阶段。在这个区域内，MP_L 和 MP_K 都大于零。

当然，我们通常使用的等产量曲线是斜率为负的部分，即脊线以内的部分。

4. 等成本线

等产量曲线只是说明生产者为获得一定产量而对要素投入配合方式的各种主观选择，在实际中，哪一种选择能付诸实施则要受资本水平（即成本额）的限制。成本对生产者要素配置选择的限制通过等成本线反映出来。

等成本线是在既定的成本和既定的生产要素价格下，生产者可以购买到的两种生产要素的各种不同数量组合的轨迹。

假设生产者用于购买可变要素的成本额为 C，要素 x_1 和 x_2 的价格分别为 P_1 和 P_2，则有：

$$P_1x_1 + P_2x_2 = C$$

由于式中 C、P_1、P_2 均为已知量，则 x_2 可以写成 x_1 的函数，即：

$$x_2 = \frac{C}{P_2} - \frac{P_1}{P_2}x_1$$

把此函数在坐标上图示出来即得等成本线，如图 3－9 所示，AB 即一条等成本线。

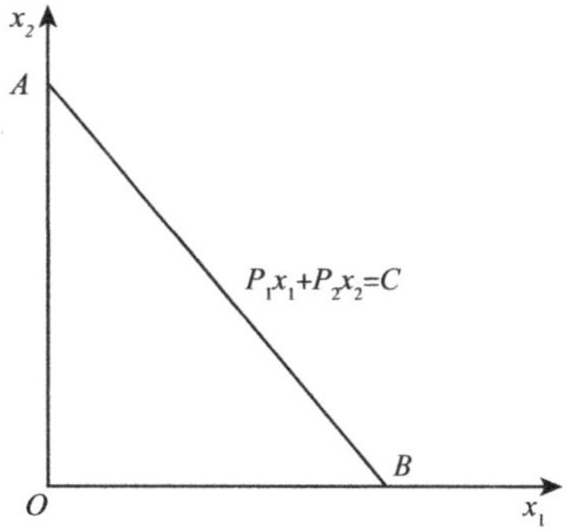

图 3－9　等成本线

等成本线具有以下两个特点：

（1）同一条等成本线上的不同点表示两种要素的不同数量组合，但每一种组合所耗费掉的成本额是相同的。

（2）若生产成本不同，可以得到不同的等成本线，离原点越远，代表的成本水平越高。

等成本线斜率为生产要素价格之比，其值为负值，即：

$$K_{AB} = -\frac{P_1}{P_2}$$

5. 要素的合理配置

任何一个理性的生产者都会选择最优的生产要素组合进行生产。我们把等产量曲线和等成本曲线结合在一起，来研究如何选择最优的要素组合，从而实现既定产量下的最小成本。前面我们已经讨论了生产要素的合理投入区间问题，在本问题中将分析各种生产要素应以怎样的比例投入最佳才是我们应该思考的问题。

在生产者追求最大利润目标下，经常遇到两种情况，其一是在既定的产量目标下，如何使其成本最小；其二是在成本固定的情况下，如何使其产量达到最大。

图 3－10 中的（a），表示在成本既定的情况下，如何追求产量最大。

图 3－10 中的（b），表示在产量既定的情况下，如何实现成本最小。

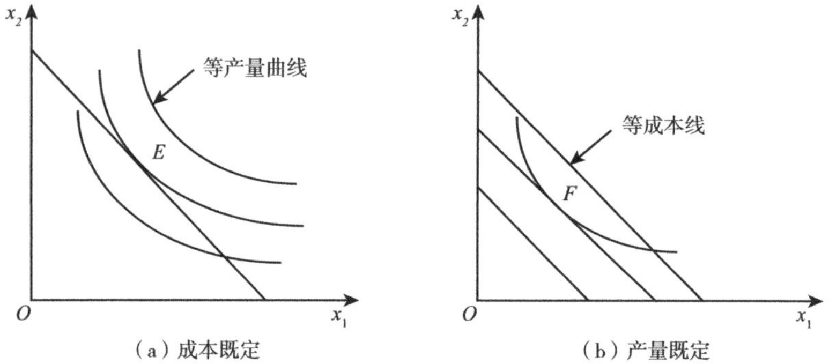

图 3－10　生产要素的最佳组合

通过图 3－10 很容易看出，切点 E 为成本在既定的情况下产量最大的要素组合点，切点 F 为在产量既定的情况下成本最小的要素组合点。而不论是切点 E 还是切点 F，都应该满足一个条件，即等成本曲线的斜率和等产量曲线的斜率（边际技术替代率）相等。

通过前面的分析我们知道，等产量曲线的斜率即边际技术替代率可以表示为：

$$MRTS_{x_1x_2} = \frac{\Delta x_2}{\Delta x_1} = \frac{MP_{x_1}}{MP_{x_2}}$$

而等成本线的斜率为 $K = -\frac{P_1}{P_2}$。因此，在切点 E 和 F 处应满足：

$$\frac{MP_{x_1}}{P_1} = \frac{MP_{x_2}}{P_2}$$

上述公式表明在 x_1 和 x_2 上所花费的最后一单位货币所带来的产量增量相等，此即要素的合理配置条件。如果投入的生产要素为 xi（i = 1，2，…，n），生产要素的价格分别为 Pi（i = 1，2，…，n），则要素合理配置条件为：

$$\frac{MP_{x_1}}{P_1} = \frac{MP_{x_2}}{P_2} = \frac{MP_{x_3}}{P_3} = \cdots = \frac{MP_{x_n}}{P_n}$$

例如，设某农业生产函数为 $y = 18x_1 - x_1^2 + 14x_2 - x_2^2$，已知要素 x_1 的单价 P1 = 2 元，要素 x_2 的单价 $P_2 = 3$ 元，要取得 105 单位的产量，两种要素如何组合才能使成本最低？

解：依据最低成本条件有：

$$\frac{MP_{x_1}}{P_1} = \frac{MP_{x_2}}{P_2}$$

整理得：$\frac{18 - 2x_1}{2} = \frac{14 - 2x_2}{3}$

$$x_2 = \frac{3x_1 - 13}{2}$$

将 $y = 105$ 及 $x_2 = \frac{3x_1 - 13}{2}$ 代入生产函数 $y = 18x_1 - x_1^2 + 14x_2 - x_2^2$ 中，

解得：

$x_1 = 6.25$

$x_2 = 2.85$

所以，当产量为 105 单位时，两种可变要素各投入 6.23 单位和 2.85 单位时成本最低。

再如，已知两种要素配合生产某一定量畜产品的函数式为：

$$y = 6(x_1, x_2)^{\frac{1}{3}}$$

要素 x_1 的单价为25元，要素 x_2 的单价为200元。欲使畜产品产量达108单位，两种要素如何配合可取得最低成本？

解：依据最低成本条件

$$\frac{MP_{x_1}}{P_1} = \frac{MP_{x_2}}{P_2}$$

有：

$$\frac{\frac{1}{3} \cdot 6x_1^{-\frac{2}{3}}x_2^{\frac{1}{3}}}{25} = \frac{\frac{1}{3} \cdot 6x_1^{\frac{1}{3}}x_2^{-\frac{2}{3}}}{200}$$

整理得：

将 $y=108$ 及 $x_1=8x_2$ 代入 $y = 6(x_1,x_2)^{\frac{1}{3}}$ 中，解得

$x_2 = 27$

$x_1 = 216$

所以，当产量为108单位时，两种可变要素各投入216单位和27单位时成本最低。

二、盈利最大的要素配置分析

（一）等斜线和扩展线

通过前面的分析可知，在同一坐标平面内有无数条代表不同产量水平的等产量曲线。这些等产量曲线上斜率相等点的连线称为等斜线，或者说等斜线是等产量曲线上边际技术替代率相等点的连线。

扩展线（expansion path of production）是等斜线的一个特例，扩展线是从全部等斜线中挑选出来的唯一的等斜线。由于产量水平不同，可以得到无数的等产量曲线，每一条等产量曲线与等成本曲线的切点就是该产量水平的最低成本点，如果我们把这些最低成本点连接成一条直线，这一直线就是扩展线。可见，扩展线是最低成本点的连线。因此，当产出水平不同时，合理的资源组合应沿着扩展线发展。

图3－11中的EP表示一般生产函数的扩展线，图3－12中的EP表示一次齐次生产函数的扩展线。很显然，扩展线上任何一点都表示在某一产量水平下

要素投入的最低成本组合。因此，当产量水平不同时，合理的要素配置应沿着扩展线发展。

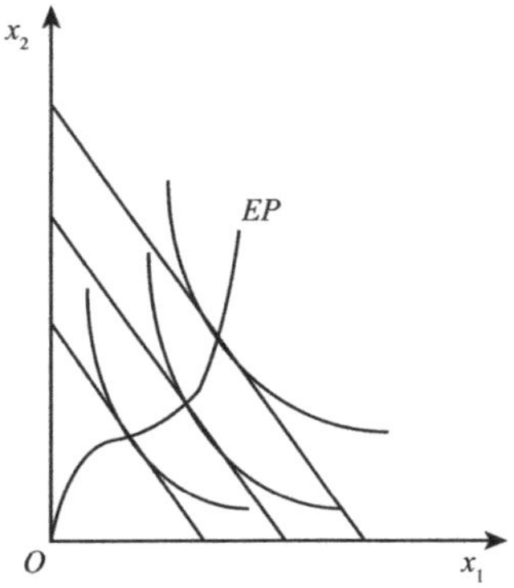

图 3-11　一般生产函数扩张路线

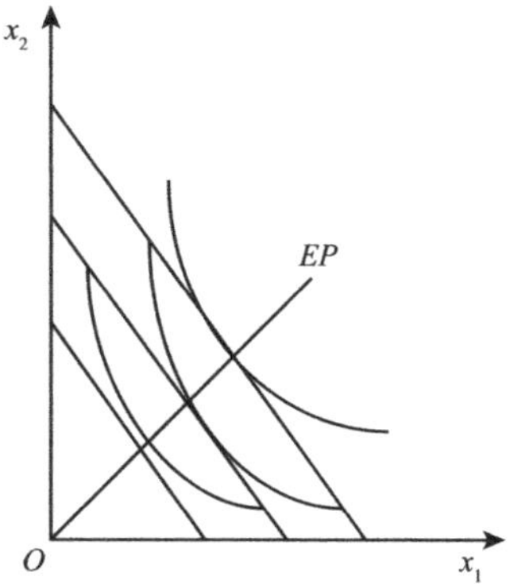

图 3-12　一次齐次生产函数扩展线

（二）盈利最大的要素配置

要素最低成本组合是在一定产量水平条件下分析的。若产量发生变化，尽管仍处于最低成本组合，但盈利水平却不相同。盈利大小不仅涉及要素价格，还涉及产品价格。在一种产出和两种可变投入的情况下，利润方程为：

$$R = P_y y - P_1 x_1 - P_2 x_2 - TFC$$

式中：R——利润；

y——产品产量；

Py——产品价格；

x_1、x_2——两种可变要素的投入量；

P_1、P_2——两种可变要素的价格；

TFC——总固定成本。

当利润最大时有：

$$\frac{\partial R}{\partial x_1} = P_y \frac{\partial y}{\partial x_1} - P_1 = 0$$

$$\frac{\partial R}{\partial x_2} = P_y \frac{\partial y}{\partial x_2} - P_2 = 0$$

由此推得：

$$P_yMP_{x_1} = P_1$$

$$P_yMP_{x_2} = P_2$$

即：

$$\frac{MP_{x_1}}{P_1} = \frac{MP_{x_2}}{P_2} = \frac{1}{P_y}$$

此即最大利润的要素配置标准。可见，最大利润的要素配置一定是最小成本的要素配置。

上述最大利润标准可以推广到两种以上投入的一般情况。

例如，设某农业生产函数为 $y = 18x_1 - x_1^2 + 14x_2 - x_2^2$，已知要素 x_1 的单价 $P_1 = 2$ 元，要素 x_2 的单价 $P_2 = 3$ 元，农产品 y 的价格 $P_y = 5$ 元，试计算获得最大利润时的要素配置。

解：依据最大利润的要素配置标准

$$\frac{MP_{x_1}}{P_1} = \frac{MP_{x_2}}{P_2} = \frac{1}{P_y}$$

即：

$$P_yMP_{x_1} = P_1$$

$$P_yMP_{x_2} = P_2$$

有：

$$5(18 - 2x_1) = 2$$

$$5(14 - 2x_2) = 3$$

解得：

$$x_1 = 8.8$$

$$x_2 = 6.7$$

在此要素配置上的产量水平为 129.87，可获得最大盈利。当然，随着农产品价格不同，要素的配置也得相应调整。

运用边际分析法的利润最大化原理，即边际收益（MR）与边际成本（MC）相等还可以进行适度经营规模水平的决策。当 MR 大于 MC 时，表示增加该产品的生产是有利的，应扩大经营规模；当 MR 小于 MC 时，表示增加该产品的生产是不合算的，则应缩小经营规模；只有当 MR 等于 MC 时，才是最佳经营规模，实现利润的最大化。

再如，已知两种要素配合生产某一定量畜产品的函数式为：

$$y = 6(x_1, x_2)^{\frac{1}{3}}$$

要素 x_1 的单价为 25 元，要素 x_2 的单价为 200 元，畜产品单价为 200 元，试计算获得最大利润时的要素配置。

解：依据最大利润的要素配置标准

$$\frac{MP_{x_1}}{P_1} = \frac{MP_{x_2}}{P_2} = \frac{1}{P_y}$$

有：

$$\frac{\frac{1}{3} \cdot 6x_1^{-\frac{2}{3}}x_2^{\frac{1}{3}}}{25} = \frac{\frac{1}{3} \cdot 6x_1^{\frac{1}{3}}x_2^{-\frac{2}{3}}}{200} = \frac{1}{200}$$

解得：

$$x_1 = 512$$

$$x_2 = 64$$

当然，随着畜产品价格不同，两种要素配置也要相应调整。如果上述农产品价格为 150 元，则要素配置方法与前面最小成本的配置方法恰好一致，为（216，27），这说明利润最大的要素配置一定是对应产量水平的成本最低的要素配置。

第四节　农产品的合理组合

在农业生产单位中，通常不是生产一种农产品，而是生产多种农产品。与此同时，投入生产的各种要素，如土地、劳力、资金及其他生产要素的数量却是有限的。为此，如何利用有限的生产要素，从事不同产品的生产，以获得最大的经济效益，是必须研究和解决的问题。例如，在 100 公顷耕地上种植多少小麦、玉米、稻谷，发展多大规模的畜牧业才能取得最大的收益？此类问题实际上就是要素分配问题。

一、两种产品之间的关系

在农业生产实践中，产品的配合关系主要有以下三种类型。

（一）互竞关系

互竞关系是指要使一种产品产量有所增加，只能减少另一种产品的产量。互竞产品在农业中很普遍，例如，种植小麦和玉米都需要占用土地，在土地面积既定的情况下，多种小麦，就要少种玉米，而多种玉米就必须少种小麦，小麦和玉米的关系就是互竞关系。

（二）互助关系

如果一种产品产量的增加使另一种产品的产量也增加，而用于两种产品的要素总投入量保持不变，这类产品就是互助产品。例如，豆科作物与谷类作物轮作。豆科作物可以增加土壤中的氮素，改良土壤结构，防止或控制有害病虫的繁衍，这些都为谷类作物生产提供了有利条件，从而使一个轮作周期内谷类作物产量增加。所以，在一定范围内，增加豆科作物的种植面积，实行与谷类作物轮作，虽然豆科作物占用了一部分谷类作物的种植面积，但谷类作物产量不仅不会减少，反而会增加。但是，互助产品最终要变成互竞产品，即若大量资源用于一种产品的生产，另一种产品就必然减产。

（三）互补关系

若增加一种产品的产量而不会增加或减少另一种产品的产量，这类产品就叫作互补产品。在农业生产中产品之间的互补关系主要来自产品的季节性。由于季节性的存在，农业中的劳动力、机械设备等的使用就形成农忙时和农闲时的差异，劳动力和机械设备等就可在农闲时投入农业以外的其他部门进行生产，而并不会影响农业产出。当然，产品间的互补关系也是有一定限度的，超过这一限度，互补关系就会转化为互竞关系。如果把农业劳动力和机械设备大量地用于其他部门生产，农业生产必然会受到影响，农产品产量也必然会减少。

在上述三种产品关系中，互竞关系是农业生产中最常见的，因此，本节研究的内容为具有互竞关系的多种农产品之间的合理组合问题。为了分析问题方便，这里首先分析一定量的要素生产两种产品的情况，然后再把结论推广到多种产品的一般情况。

二、生产可能性曲线

生产可能性是指以一定量要素用于两种产品生产时，由于对要素进行各种不同的分配，使两产品的产量有多种可能的配合。将不同的产量配合绘制成一条曲线，即生产可能性曲线。确切地说，生产可能性曲线是既定要素用于两种产品生产的所有可能组合。

表 3－7 为有限要素 7 个单位 x 用于生产 y_1 和 y_2 两种产品的 8 种可能组合。表中第一栏表示当生产要素总量为 7 个单位时，对 y_1 和 y_2 两产品的分配。第二栏则是不同要素分配所对应的 y_1 和 y_2 的产量。如当 7 单位 x 全部用于生产 y_2 时，能够生产 43 单位的 y_2；如果 1 个单位 x 用于生产 y_1，6 个单位 x 用于生产 y_2，则可以生产 7 个单位 y_1 和 42 个单位的 y_2。把第二栏中的各种可能性组合转换成曲线，即可得到图 3－13 的生产可能性曲线 MN。

表 3－7　　要素 x 用于两种产品生产的可能组合

生产要素投入量（$x=7$）		生产可能性组合	
y_1	y_2	y_1	y_2
0	7	0	43
1	6	7	42
2	5	13	40
3	4	18	36
4	3	22	29
5	2	25	21
6	1	27	12
7	0	28	0

生产可能性曲线又称等要素线，因为在这一条线上的任何一种产品组合，所使用的要素量都是相同的。如果投入生产的要素总量增大，则会得到一条离

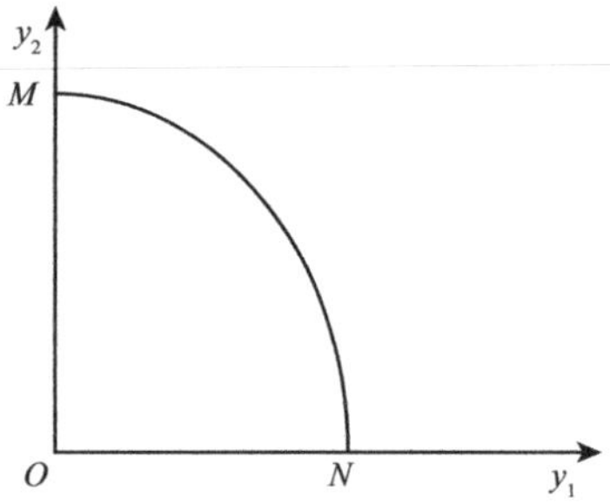

图 3－13　生产可能性曲线

原点更远的生产可能性曲线；如果要素可用量减少，则会得到一条离原点更近的生产可能性曲线。

由于生产可能性曲线表明两种最优产出之间的一种“转换”关系，即可以通过减少某种产出数量来增加另一种产出的数量，所以又称生产可能性曲线为产品转换曲线。

三、产品的边际替换率

（一）产品边际替代率的含义计算

产品的边际替代率是指当一定量的要素用于生产两种产品时，第一种产品的数量变动一单位时，所引起第二种产品的改变量，即两种产品的增量之比。如在同一条生产可能性曲线上，若增加 y_1 的产量，就必须减少 y_2 的产量。通常把增加 1 单位 y_1 所需要减少的 y_2 的数量称为产品的边际替代率（MRPS），又叫边际转换率（MRT）。

产品边际替代率的计算公式为：

$$MRT_{y_1y_2} = \frac{\Delta y_2}{\Delta y_1}$$

根据计算的精确程度不同，产品边际替代率分为平均边际替代率和精确边际替代率。平均边际替代率是指生产可能性曲线上某一段两种产品的增量之比，如图 3－14 所示。

如表 3－8 所示，当 y_1 的产量由 7 增加到 13 时，y_2 的产量由 42 减少到

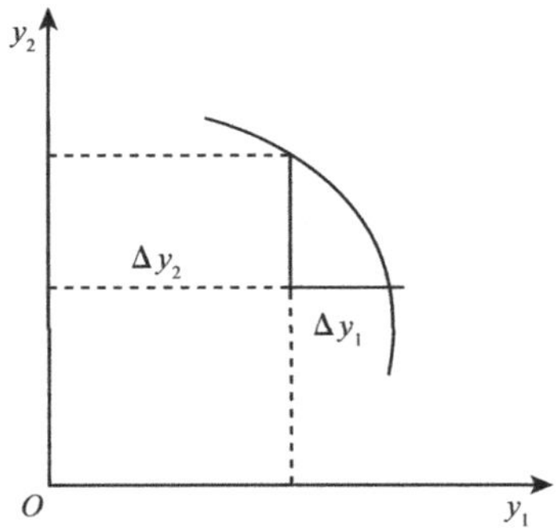

图 3－14　产品平均边际替代率

40，在这两点（7，42）和（13，40）之间 y_1 代替 y_2 的边际替代率为 -0.50；当 y_1 的产量由 22 增加到 25 时，y_2 的产量由 29 减少到 21，在这两点（22，29）和（25，21）之间 y_1 代替 y_2 的边际替代率为 -2.68。

表 3－8　产品边际替代率

y_2	y_1	Δy_2	Δy_1	$\Delta y_2/\Delta y_1$
43	0			
42	7	-1	7	-0.14
40	13	-2	4	-0.50
36	18	-4	5	-0.80
29	22	-7	4	-1.75
21	25	-8	3	-2.68
12	27	-9	2	-4.5
0	28	-12	1	-12

精确的产品边际替代率用 dy_1/dy_2 表示，可根据生产可能性曲线函数的一阶导数来计算。例如，如果生产可能性函数为：

$$y_1 = 100 - 0.0065y_2^2$$

则：

$$dy_1/dy_2 = -0.013y_2$$

当 $y_2 = 10$ 时，$dy_1/dy_2 = -0.13$

当 $y_2=20$ 时，$dy_1/dy_2=-0.26$

从几何意义上讲，精确的产品边际替代率是指生产可能性曲线上任意一点切线的斜率，如图 3－15 所示。

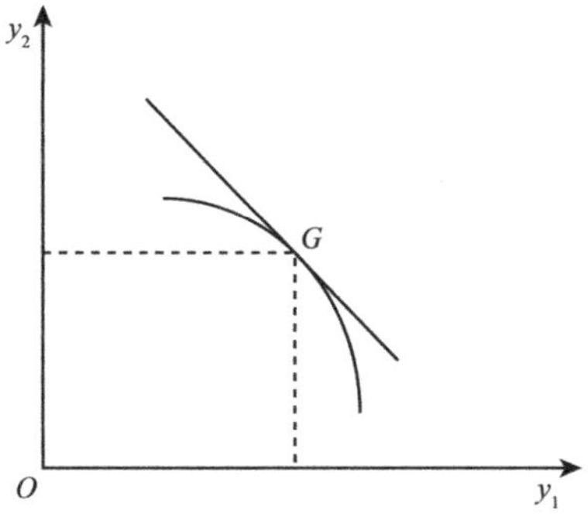

图 3－15　产品精确边际替代率

（二）产品边际替代率递增

随着 y_1 的增加，每增加 1 单位 y_1 所需要减少的 y_2 的数量亦在不断增加，这一现象被称为产品边际替代率递增规律。

产品边际替代率之所以会递增，是由于边际报酬递减规律作用的结果。在既定要素可用量情况下，要增加 y_1 的产量，就要放弃一部分 y_2 的产量，把用于 y_2 的要素投入的一部分用来生产 y_1。根据报酬递减规律，每牺牲相同数量的用于 y_2 的要素投入所生产出的 y_1 的量是在不断减少的，因而，每增加 1 单位 y_1 所需要牺牲的用于 y_2 的要素投入就会增加，从而导致每增加 1 单位 y_1 所要减少的 y_2 的数量也不断增加。这也是为什么生产可能性曲线凹向原点的原因。

四、产品的合理组合

（一）等收益线

收益（revenue）是指生产者出售产品得到的全部货币收入，即价格与销售量的乘积。假设用 P_{y_1} 和 P_{y_2} 分别表示两种产品 y_1 和 y_2 的价格，y_1 和 y_2 为两种产品的产量，则两项产品生产的总收益函数为：

$$TR = P_{y_1} \cdot y_1 + P_{y_2} \cdot y_2$$

将这一函数描绘在坐标上，即得等收益线，如图 3 - 16 所示，AB 为等收益线。

其斜率为：$K_{AB} = -\dfrac{Py_1}{Py_2}$

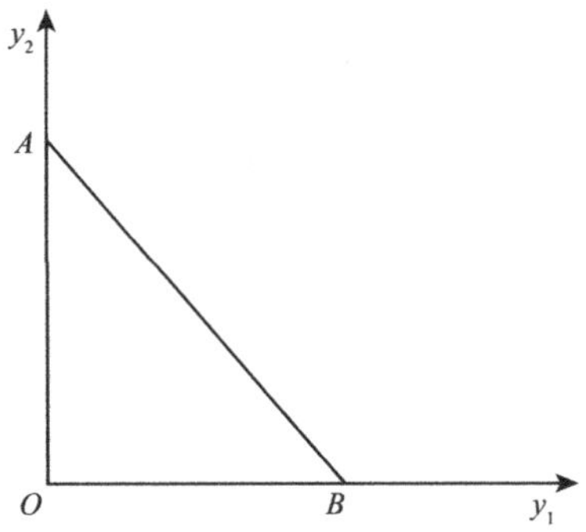

图 3 - 16　等收益线

当产品价格一定，总收益方程是线性的，所以，等收益线是一条直线。当两种产品价格一定，总收益发生变化时，各等收益线是相互平行的直线，总收益越大，等收益线离原点越远。

（二）边际收益均等原理

在既定的生产要素投入水平下，任何一个理性的生产者都会选择最优的产品组合进行生产。这就需要把生产可能性曲线和等收益线结合在一起，研究生产者如何选择最优的产品组合，从而实现既定生产要素投入水平下的最大收益。

将生产可能性曲线和等收益线绘制在同一坐标平面内，如图 3 - 17 所示，等收益线与生产可能性曲线的切点 E 即最大收益的产品组合点。

那么，切点处应该满足什么条件呢？很显然，在该点上，生产可能性曲线的斜率和等收益线的斜率相等，即产品的边际替代率或边际转换率与负的产品价格之比相等。

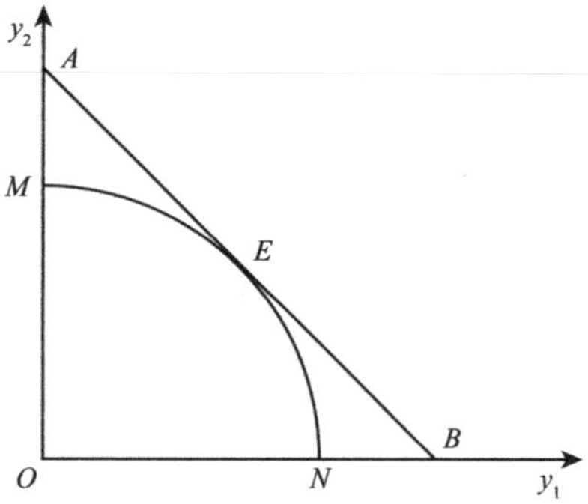

图 3－17　最大收益产品组合

所以，最大收益产品组合条件可以写为：

$$\frac{\Delta y_2}{\Delta y_1} = -\frac{Py_1}{Py_2}$$

上式还可以写成：

$$Py_1 \cdot \Delta y_1 = -Py_2 \cdot \Delta y_2$$

用 Δx 表示相应的要素转移量（比如增加 Δx，用于 y_1 生产），将上式两边同除以 Δx，则得：

$$P_{y_1} \cdot \frac{\Delta y_1}{\Delta x} = -P_{y_2} \cdot \frac{\Delta y_2}{\Delta x}$$

考虑到这里 Δy_1 为正，Δy_2 是负数，所以有：

$$P_{y_1} \cdot MP_{xy_1} = P_{y_2} \cdot MP_{xy_2}$$

将上式稍加变形得：

$$\frac{MP_{xy_1}}{MP_{xy_2}} = \frac{P_{y_2}}{P_{y_1}}$$

此即最大收益的产品组合条件。

式中，MP_{xy_1} 为增加 1 单位 x 用于 y_1 生产所增加的产量；MP_{xy_2} 为增加 1 单位 x 用于 y_2 生产所增加的产量。

上式也可以表示为：

$$MVP_{xy_1} = MVP_{xy_2}$$

式中，MVP_{xy_1} 为增加 1 单位 x 用于 y_1 生产所增加的收益；MVP_{xy_2} 为增加 1 单位 x 用于 y_2 生产所增加的收益。

该等式表明，在农业生产中，最大收益的产品组合条件是单位产品的边际收益相等，因此，也称为边际收益均等原理。

当然，上述结论可以推广到既定要素生产多种产品的一般情况，此时的公式表示为：

$$MVP_{xy_1} = MVP_{xy_2} = \cdots = MVP_{xy_n}$$

例如，设有化肥总量60千克，用于 y_1 和 y_2 两种作物生产，即 $x_{y_1} + x_{y_2} = 60$，其中 x_{y_1} 表示用于 y_1 生产的化肥量，x_{y_2} 表示用于 y_2 生产的化肥量。两种产品的生产函数分别为：

$$y_1 = 218 + 1.79x_{y_1} - 0.017x_{y_1}^2$$

$$y_2 = 216 + 2.68x_{y_2} - 0.033x_{y_2}^2$$

当 $P_{y_1} = 0.44$ 元，$P_{y_2} = 0.24$ 元时，求最大收益的产品组合。

解：依据最大收益的产品组合条件

$$P_{y_1} \cdot MP_{xy_1} = P_{y_2} \cdot MP_{xy_2}$$

有：

$$0.44(1.79 - 0.034x_{y_1}) = 0.24(2.68 - 0.066x_{y_2})$$

整理得：

$$37.4x_{y_1} - 39.6x_{y_2} = 361$$

又：

$$x_{y_1} + x_{y_2} = 60$$

解得：

$$x_{y_1} = 35.5$$

$$x_{y_2} = 24.5$$

将 x_{y_1} 与 x_{y_2} 分别代入生产函数 $y_1 = 218 + 1.79x_{y_1} - 0.017x_{y_1}^2$ 和 $y_2 = 216 + 2.68x_{y_2} - 0.033x_{y_2}^2$ 中，可得：

$$y_1 = 260.12$$

$$y_2 = 261.85$$

所以，最大收益的产品组合为 $y_1 = 260.12$ 单位，$y_2 = 261.85$ 单位。相应的要素投入为35.5千克化肥用于 y_1 产品的生产，24.5千克化肥用于 y_2 产品的生产。

在已知一定量的要素不同分配方案下作物产量变化的具体数据、产品价格的情况下，一般可采用列表法和作图法，寻求产品的最大收益组合。

（1）列表法：根据已知数据列表计算各种组合情况下的产品的边际替代率，选取边际替代率等于产品的价格比时的方案，即为最大收益的产品组合方案；也可列表计算各种组合情况下产品的边际收益，选取两种产品边际收益相等的分配方案。

（2）作图法：首先，依据不同要素分配方案下产品生产的组合点作出生产可能性曲线；其次，依据产品价格比在同一图中作等收益曲线，当等收益曲线与生产可能性曲线相切时，切点所标示的坐标量就是最大收益的产品组合点。

在已知产品生产函数形式、产品价格时，一般可用代数法求得一定量要素生产两种产品的最大收益组合方案。

— 本章思考题 —

1. 解释下列概念

   边际分析　产出弹性　等产量曲线　边际技术替代率　产品边际替代率

2. 边际报酬递减规律的内容是什么？在农业生产中是如何体现的？
3. 生产的三个阶段是如何划分的？为什么第二阶段是生产要素的合理投入区间，试举例说明。
4. 如何确定一种可变要素的最佳投入点？
5. 如何运用边际产量最大法和边际产量相等法来进行有限要素的合理分配？
6. 什么是等产量曲线？有什么特点？
7. 作图说明总产量、平均产量、边际产量之间的关系。
8. 作图说明在利用两种可以互相替代的要可变生产要素生产既定数量的一种产品情况下，如何实现成本最低？在既定成本水平下如何实现产量最大？
9. 什么是生产可能性曲线？为什么产品边际替代率递增？
10. 利用既定要素生产两种以上产品时，产品的最佳组合条件是什么？

参考文献

[1] 牛宝俊. 农业技术经济学 [M]. 广州：广东高等教育出版社，2002.

[2] 何忠伟. 现代农业技术的经济分析 [M]. 北京：中国农业出版社，2003.

[3] 高启杰. 农业推广学 [M]. 北京：中国农业大学出版社，2003.

[4] 张冬平. 农业技术经济学 [M]. 北京：中国农业大学出版社，2009.

[5] 周曙东. 农业技术经济学 [M]. 北京：中国农业出版社，2011.

第四章　农业生产函数

学习目标

1. 能够准确陈述农业生产函数概念、表示方法、特点、作用。

2. 农业生产函数模型建立的原则和过程。

3. 能够运用柯布道格拉斯函数和超越对数函数解决实际问题，进行经济学解释。

4. 通过学习树立并强化“三农”情怀。

▶ 本章提示

农业生产函数是在函数这个纯数学概念的基础上赋予自变量和因变量具体的经济学内涵，用数学形式描述农业生产过程中变量与变量之间相互依存关系的图表、曲线或数学表达式。农业生产函数是再现农业生产过程，其目的在于确定在既定条件下生产要素合理的投入数量和比例，从而达到提高要素利用效率，获取最大产量或利润的目的。本章主要介绍农业生产函数的建立及其应用。通过本章的学习，要求学生准确陈述农业生产函数的概念、表示方法、作用，柯布道格拉斯函数以及常见的农业生产函数构建的步骤，能够用生产函数解决实际生产问题，解释其经济学含义。

第一节　农业生产函数概述

一、农业生产函数的概念及表示方法

（一）农业生产函数的概念

农业生产函数是以数学中函数的作用原理作为工具对农业生产过程中投

入、产出进行检验以及预测的经济学内涵，用数学形式描述农业生产过程中变量与变量之间相互依存关系的图表、曲线或数学表达式。其考察农业技术水平在一定时期保持稳定不变，农业生产过程中所需投入要素之间最优的数量组合与最大产出间的紧密联系，以科学精准的农业生产的要素投入量来达到最优的要素产出量，实现农业要素的高效利用。

对于农业生产函数在概念上需要掌握两个重点：第一，农业生产函数是在技术水平保持不变的条件下建立，技术手段改进，在同一数量组合的要素投入水平下，最优产出量会提升，函数曲线较之水平上升；第二，农业生产函数描述的是要素投入组合与所能达到的最大产出之间的关系。

农业生产函数的一般形式可以写为：

$$y = f(x_1, x_2, x_3, \cdots, x_{n-1}, x_n)$$

式中，y 表示为农产品产出量，x_1，…，x_n 表示为农业生产中的要素投入量，如土地、劳动力、化肥、机械动力、灌溉面积等。

由于农业生产的自然特性以及农产品的多样性对不同的生产要素有不同的依存程度，为了更清晰地体现每种农业投入要素在农业生产中对产品产量所发挥的具体效用，因此通常对农业生产函数中的所有生产要素，分析某一生产要素对产品产量的影响时只有该要素的用量发生变化，其他生产要素的用量均保持不变。这种假设是进行农业科学实验中比较常用的方法。因此，在该种假设情况下，农业生产函数的形式可以表示为：

$$y = f(x_1 \mid x_2, x_3, \cdots, x_n)$$

括号中竖线左侧的部分 x_1 表示可变生产要素对产品产量的影响，竖线右侧的部分 x_2，x_3，…，x_n 则表示投入要素数量保持不变。由于 x_2，x_3，…，x_n 这部分生产要素用量保持不变，只考察可变要素 x_1 与产品产量 y 之间的依存关系，依据农业生产函数概念（投入要素间的数量组合与最大产出之间的数学关系）可以将用量不变的生产要素剔除在函数模型之外，将函数形式最简化：$y=f(x_1)$，以此类推，如果考察两种可变生产要素与产品产出间的依存关系，生产函数形式可表示为：$y=f(x_1, x_2)$。

（二）农业生产函数的具体表示方法

1. 数学表达式法

生产函数的数学表达式作为其表示方法的一种，其侧重于描述各种农业生产要素与农业产出之间的数学依存形式，依据函数中的自变量与因变量之间的一一映射关系，将农业生产中的要素投入量 x 与产品产量 y 之间采用回归的方法建立一个表达式。农业生产函数形式的不同可以将其分为两大类，线性生产函数和非线性生产函数，线性生产函数如：$y = b + \alpha x_1 + \beta x_2 + \mu$、$y = b + \alpha \ln x_1 + \beta \ln x_2 + \mu$，农业生产函数的线性是以参数线性为基准；非线性生产函数如：$y = b + \ln\alpha x_1 + \ln\beta x_2 + \mu$、$y = b + \alpha^2 x_1 + \beta^2 x_2 + \mu$，以参数的非线性为基准描述经济变量之间的非线性关系。在农业生产函数模型的设定中，通常以线性生产函数来表示。以数学表达式来刻画农业生产中要素投入与产出之间依存程度的方法，其数值可以清晰直观地反映要素投入所带来的要素产出任一细小的变化，较为精准表达要素投入与产品产出之间的对应关系，同时，对下一期农业生产调整农业投入结构来实现最优目标产出具备严谨科学的借鉴建议。农业生产投入要素的变动带来的农产品产量的具体变化，还有以下两种方法表示。

2. 列表法

列表法是以表格的形式呈现农业要素投入与产品产出之间的关系，这种表示方法简单工作量小，对于样本容量偏少的农业生产经济问题较为适用，但其对投入变量与产出变量之间的精准变化难以把握，同时两者之间的依存关系在一些复杂情况下并不直观。表 4 -1 描绘了在技术水平不变的条件下播种面积与大豆产出之间的关系。

表 4 -1　　农业生产函数的列表法

播种面积 x	大豆产量 y
0	0
10	20
20	42
30	61
40	79
50	101

3. 图示法

图示法是以曲线或坐标的形式描绘农业生产投入要素与产品产出之间关系

的方法。以横坐标轴表示要素投入量，纵坐标轴表示产品产出量，将实际农业生产中的要素投入数据与产出数据描绘在坐标轴中，就可以得到农业生产函数曲线如图 4－1 所示。这种表示方法明确显示出产品产量随要素投入量的变动趋势及两者之间的紧密程度，但产出对要素投入量变动的细微变化并不能直观体现。

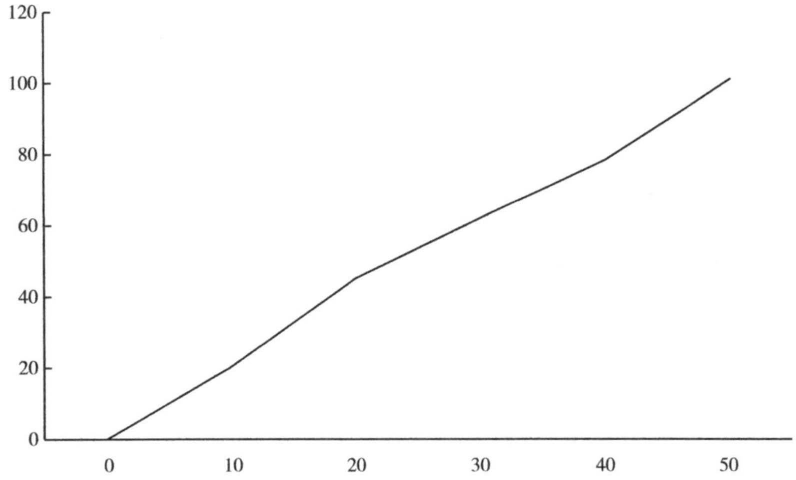

图 4－1　农业生产函数图示法

二、农业生产函数的特点

农业生产函数既要具备数学中函数的性质，又要符合农业生产中产品产量随要素投入数量变化的自然规律，这就使农业生产函数蕴含多种不同的特性。

（一）农业生产函数的非负性

纯粹的数学函数，变量的取值可以是一切有意义的实数组成的集合，数轴上从负无穷大到正无穷大的所有数值都可以作为变量的取值，但农业生产函数反映农业生产过程中要素的投入与要素的产出之间的数学关系，生产要素的取值并不会出现小于零的数，只能取大于等于零的数。农业生产可以选择不投入任何要素，也就意味着不存在任何产出，只要有一定的要素在合适的季节进入劳动中，就会有一定数量的产出，即使农业生产所依存的自然环境出现灾害，也只可能出现绝收的情况，但产量不会有负数，因此农业生产的产出也不会出现负值。

（二）农业生产函数反映农业生产的周期性

农业自然再生产的特性要求农作物在整个生长过程中遵循自然规律，农作物从播种到收成、从幼芽到成才的全部过程是需要一段时间的，不是一蹴而就的，这一个完整的生产过程就是一个周期，在这一个周期中生物的生长过程是连续的。农业生产函数至少需要反映一个生长周期的过程中要素的投入量与要素的产品产出量之间的数量关系。

（三）农业生产函数的随机性

农业生产的本质是自然再生产与经济再生产相互交织的过程，两者紧密相连、彼此依存，农业的自然再生产是实现经济再生产的基础，经济再生产的实现是继续自然再生产的条件。在整个生产过程中，农业受到各种可控和不可控要素的影响，在自然生产过程中，动物、植物或者是微生物的生命活动所需要的物质和能量来源于客观的外部自然环境，这一部分自然因素的随机性较高，且对农业生产活动有着至关重要的作用，而在农业生产函数模型建立时，这一部分不可控的要素是作为固定的因素考虑的，模型更多的是研究可控的生产要素与产品产出之间的关系，此外，一些社会因素和人为因素也会对农业生产函数产生影响，由此产生农业生产函数随机的性质。例如，在模型变量的抉择和模型形式确定时，会出现重要变量的遗漏、依存度小的变量过多、模型形式设定得不恰当等因素，致使模型对经济现实的拟合程度差异过大，模型对经济现实的说明性不高。简言之，同等水平的要素投入量在不同的时间、不同的农业生产地会出现不同的农业产出量，也就意味着农业生产函数并不是固定不变的，不具备重复性，随机性的特质较强。为确保农业生产函数的说明性和代表性，需要在大量的统计数据或实验数据的基础上建立生产函数，才有可能揭示农业生产中投入与产出的规律关系，同时，对于该生产函数估计出的最优投入要素组合与所能达到的最优产出的数值，在农业实际生产中只是作为一个参考意见，并不具备绝对的指导性，在实践中，需要依据不同地区的实际情况以及农户长年累月的农业经验对该数值进行必要的修改。

(四) 农业生产函数的阶段性

在一定单位面积的土地和一定的技术水平上，一味地追加物质要素的投入，如种子、化肥、水资源，在超出土地承载范围后只会导致农作物的大量减产，畜禽养殖也同样如此。也就是在一定的技术水平条件下，在连续等量地把一种可变要素增加到其他一种或几种数量不变的生产要素上去的过程中，当这种可变生产要素的投入量小于某一特定的值时，增加该要素投入所带来的边际产量是递增的；当这种可变要素的投入量连续增加并超过这个特定值时，增加该要素投入所带来的边际产量是递减的，农业生产中资源的边际报酬递减规律使农业生产函数曲线出现三个不同的阶段，报酬递增（生产弹性大于1；原点到平均产量最高点间的区域）、报酬递减（生产弹性大于零小于1；平均产量最高点到总产量最大点间的区域）、报酬为负（生产弹性小于零；总产量下降区域），生产者在报酬递减阶段选择最优的要素投入组合以实现最大化的产品产量。

(五) 农业生产函数变量的纯质性

农业生产函数中对投入要素和产品产出的要求是需要具备纯质性，也就意味着，农业生产函数中投入要素变量的选取，不仅要求质量规格相同，而且投入的条件和方法同样相同，产出的产品质量也应该完全相同，才能说明产品产出的变动是随着投入量变动。

农业生产函数在实际生活中作为分析要素间数量关系的重要工具，实用性不断地增强，在实际应用中，我们需要根据不同的问题、不同的产品种类、不同的地区、不同的研究目的来选择数学模型、变量，以此建立不同的生产函数，一致的生产函数在实践中并不能解决不同的问题，对于一个特定的问题就需要建立一个或多个生产函数。

三、农业生产函数的作用

从微观角度来看，其作用表现为：

（1）农业生产函数研究农业生产中要素的投入与要素的产品产出之间的数量关系，即投入—产出关系。此种农业生产函数是依据实际农业生产数据研究单个或多个的农业生产要素（化肥、农药、种子、机械动力等）与农业产品产出之间的数量关系，以此推出投入要素量与产品产量间的变动规律，在未来农业生产中调整投入要素的结构，以最优的要素投入量来达到最大的产出水平，实现资源的高效利用。

（2）研究生产达到一定数量的农产品时，投入的生产要素和生产要素之间的组合关系。这种生产函数是研究生产一定数量的农产品时，对这一生产过程投入的各种生产要素之间的数量变化规律，通过生产函数的计量和分析，在生产同等数量的产品时，可以选择不同投入要素的组合实现共同的生产目标，主要是分析要素之间的替代关系。依据地区经济发展需要，选择不同的要素数量组合，节约稀缺资源的利用，扩大丰富资源的投入，实现经济利益的最大化，例如，随着我国工业化加速发展、人口基数的过于庞大、资源的不断消耗、土地资源日益紧张、人地矛盾尖锐升级，在确保国家粮食安全的硬性基础上，农业生产需要不断用技术来代替资源的密集投入，改进机械设备、培育耐旱抗倒伏的优良品种实现产品产量的稳步提升。

（3）研究投入一定数量的某种生产要素来生产多种农产品时，产品与产品之间的数量关系。用这种农业生产函数来分析当某种生产要素可以生产多种农产品时，对于投入既定数量的生产要素，其可以生产出来的农产品之间的数量关系。主要用于分析在一定量的生产要素条件下，产品组合问题以及各农业生产部门间配合问题，各地区依据产品的经济效益、民众的生活需求、社会生产的需要合理分配生产要素的投入方向实现社会福利最大化。

从宏观角度来看，其作用表现为：

（1）通过对农业生产函数的计量和分析，可以控制和预测下一期的农业生产，农户可以事前科学严谨地选择各项投入要素以及要素间的数量组合来确定农业生产的产品种类，计算产品产出数量，以成本最小或收益最大的要素投入量达到高效产出的目标。

（2）通过对农业生产函数的计量和分析，对各项投入要素在不同类的农业生产中占据的地位、发挥的作用整体呈现，并从中推进科学技术的进步，提高先进技术在农业生产的贡献和应用范围。

（3）通过对农业生产函数的计量和分析，使国家在宏观层面把握国内产品种类和数量，为农产品国际贸易提供一定的参考意见，在农产品进口类别和数量变动上给予范围性指导，有利于国际贸易的往来和发展。

（4）社会再生产过程由生产、分配、交换和消费四个环节构成，其中生产是分配、交换、消费的基础，生产作为现今社会活动的开始，是社会生产活动的重要环节，生产函数模型的建立对分配、交换、消费部门之间工作的对接和协调起到了引领的作用。

任何一种社会生产活动都是在一定的社会条件下展开的，国家政策和社会条件对其有不同程度的制约，农业生产函数在技术水平不变的条件下建立，分析要素的投入与要素的产品产出之间、要素与要素之间、产品与产品之间的数量变动规律，以数学的形式呈现农业生产的经济活动，作为一种对农业生产过程高度简化的数学模型（对于那些不可控以及重要性不高的生产因素通常不予考虑，对于若干重要的可控生产要素纳入函数模型中考察变量之间的数量关系），而社会经济问题是复杂多变的，在经济变量中存在着众多难以量化的定性因素，仅以公式简单化经济规律，结果会存在一定的偏差，对于偏差较小的情况，结果仍然可以接受，若偏差较大，会与实际经济现状不符。这就需要把定性分析与定量分析结合起来，把客观的量化分析方法与主观的文字描述结合在一起，用文字的描述填补数量化经济问题带来的经济问题简单化以及误差，用客观数字来增强经济规律以文字形式描述的可信度和直观性，这两种方法的竞合在目前以数学手段建立的函数模型来佐证农业生产规律时皆具备有效性。

第二节 农业生产函数的建立

一、农业生产函数模型的选择和应用原则

农业生产具有明显的地域性、季节性和周期性，是一项需要投入大量时间和精力的活动。其地域性体现在空间的分布上具有明显的地域差异，不同的地域，生产的结构品种和数量都不同，由于农业生产的对象是动植物，需要热

量、光照、水、地形、土壤等自然条件、不同地区的自然条件不同，不同生物的生长发育要求的自然条件不同，同种生物在不同地区差异化的自然条件下质量不同，世界各地的自然条件、经济技术条件和国家政策差别很大就形成农业活动的地域性差异。而季节性和周期性则是农业生产行为在时间分配上的特殊规律，即生产的一切活动都要按季节顺序进行，并遵循一定的变化周期，动植物的生长发育有一定的规律，自然环境带来的光照、水分、营养物质对其生长发育有至关重要的影响，由于自然因素随季节而变化，并表现出一段时间的周期，这就要求农业生产的一切活动都与季节有关，从播种到收割必须严格遵循季节变化规律。此外，不仅自然因素与农业生产活动紧密相连，社会因素也会影响生产活动，如交通运输影响地区农业种类结构，园艺业、乳畜业等时效性产业对交通条件依存度较高，大多布局在运输方便快捷的地方，以及政府政策对农业生产活动的干预，政府依据社会民生的需要规划地区农业种植结构，决策单位需要在政策规定的范围内发展农业生产。社会因素和自然因素虽然在农业生产活动中扮演着至关重要的角色，但是这些因素现今并没有一个公认的统一的标准进行计量，无法将精确的数据纳入模型中探讨其与研究对象的运动规律。因此，生产函数的模型通常应用在生产领域，它只反映物质生产过程中的数量关系，农业生产函数模型的建立和应用需要遵循以下原则：

（1）依据研究对象所反映的变量与变量之间的关系及其变化规律，来选择和应用生产函数模型。农业生产函数模型的建立需要正确清晰客观地反映研究对象变量与变量之间的依存关系，反映解释变量对因变量的作用路径及其变化趋势。例如，在分析农业生产要素投入量如何影响产品产出量时，则需要根据生产要素投入量对产出量产生影响的变化路径及其结果来选用生产函数模型，如果要素投入量与产品产出量之间只是简单的加总等线性关系，函数模型的建立需要根据实际选择简单的线性回归模型即可阐释问题，如果要素投入量与产品产出量之间有乘积等非线性关系，在确定好投入量与产出量之间变化的数学形式后，可以采用对数等方法转化为线性回归模型。

（2）依据研究的目的和内容来选择和应用生产函数模型。由于农业生产过程的复杂性，不同种类的产品需要投入不同种类的生产要素，受到不同物质要素和社会经济要素的制约，同一种类的要素在不同类型的产品中占据的地位各有所重，这就导致农业生产函数模型的形式和建立的目标不尽相同。因此，生产函数模型的选用要能够准确地反映农业生产的复杂内容，客观地反映变量与变量之间的交织变化过程。

例如，在探讨农业生产活动中要素投入量与产品产量之间的依存关系时，模型的建立既需要考虑解释变量对因变量的影响，同时需要思考各项解释变量之间的组合比例对产量的影响。对此，农业生产函数模型的建立，一方面要映射要素投入对产品产量的影响，另一方面要映射要素的投入组合对产品的影响。

（3）依据研究目标和制约农业生产发展的主导因素来选择和应用生产函数模型。由上文所知，农业产品种类的多样化以及农业生产活动地域性、季节性、周期性的特质使得农业生产工作复杂多样，以及社会因素的影响，制约农业活动的因素是繁杂多样的。即使如此，并不是所有的影响因素都需要包含在函数模型中，在客观层面，自然因素中的光照、地形、土壤中的营养物质以及一些定性的难以量化的因素在目前的技术手段以及计量标准下并不能提取到模型中，在主观层面，各种细枝末节的因素在农业生产活动中无足轻重，如果纳入模型中，可能会造成多重共线性的影响，同时解释变量对因变量的说明性受到质疑，也会造成模型设定错误的问题。因此，在模型建立时，需要在客观和主观层面剔除若干变量，选择以及研究目的在众多的因素中对农业生产活动起着决定性作用的变量。对选用的生产函数模型，要能最大限度且精准地反映生产要素投入量与产品产出量之间的关系，反映农业生产的客观实际情况以及数量变化规律，摒弃主观意识设定模型。

二、农业生产函数模型构建的过程

在影响农业生产活动的众多因素中，有确定性的因素，也有不确定性的因素，各因素之间有着复杂的因果或相关关系。但总体上，制约农业生产的因素可以分为两种类型：解释变量与被解释变量之间表现出完全的一一对应的数量关系，也就是函数中的映射关系，给定解释变量的一个数值就有唯一的且确定的数值与之对应，即被解释变量的数值；解释变量与因变量之间的关系并不确定，给定解释变量的一个数值，因变量的数值并不是确定且唯一的，只能得到与之对应的因变量的平均值，解释变量与因变量之间是相关关系，解释变量的变动会影响因变量变动的走向趋势但不绝对确定因变量的数量多少。农业生产对象的动植物是有生命的个体，人类劳动并不能完全决定其生长轨迹，以及各项随机因素的干扰，因此农业生产活动中要素投入量与产品产出量呈现为相关关系。在农业生产函数模型建立时，投入与产出之间，依靠大量数据的搜集表现两者之间的统计相关关系。回归分析作为一种分析变量间依存关系的重要数学工具，在农业技术经济中应用广泛，回归模型的建立遵循严格的步骤和规律，见图 4－2。

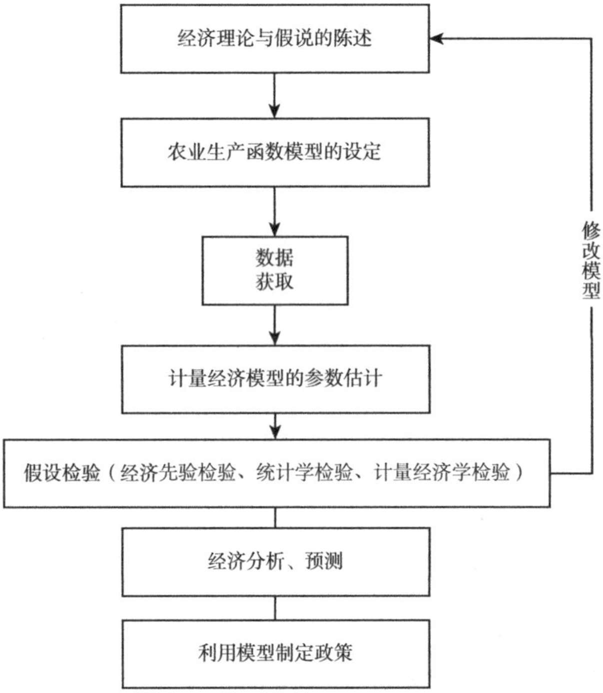

图 4－2　步骤和规律

（一）模型设定

1. 因变量与解释变量的设定

在社会经济活动中存在各式各样的因果关联，物质资源的投入以及非物质资源的投入如文化、知识能力等，影响产品的质量和经济效益，两者之间有着紧密的相关关系，尤其表现在生产领域。因此，阐释经济现象，要根据经济理论和生产过程的知识分析所研究的经济现象、经济活动中关键要素之间的因果关系，确定生产模型中的解释变量和因变量，变量的确定是利用回归工具分析经济问题的首要步骤也是关键步骤，因变量为经济问题的研究目标，以 y 表示，解释变量为影响经济问题发展的主要因素，以 x_1，x_2，…，x_n 表示，主要因素以外的以及不确定因素对生产活动造成的随机干扰则纳入随机误差项 μ。变量的选择应以特定研究对象的性质和具体的研究目的为依据，模型的设立在充分说明研究问题的基础上，应尽可能地保证模型的简单直观，参考者可以清楚地理解模型所阐述的问题、变量间的变化规律、数据变动路径。

2. 模型数学形式的设定

在对经济理论和生产原理的分析陈述来确定解释变量和自变量之间作用关系的数学形式时，仅依靠理论并不能精准明确两者之间的具体数学形式，如农学理论表明农产品产量取决于人力投入、土地投入、化肥、机械动力等物质资本的投入，宏观经济学理论指出在经济萧条时，用政府干预来刺激经济的恢复、物价的稳定，政府主要采取的手段为减少税收、加大财政支出等，这些经济理论都没有具体描绘出影响因素作用于因变量的数学形式。因此，这就需要各位学者依据一定的准则，在各种不同的形式中不断地实验筛选直至选出最合适的数学表达式。数学形式可以选择单一方程，也可以选择联立方程，每一个方程可以表现为线性形式，也可以表现为非线性形式，这要根据自变量与解释变量之间的变动趋势，对数据资料的掌握情况来确定。在确定模型具体形式时，根据研究对象变量之间的依存关系，通过对实际统计资料的实验和分析，经过反复比较，选择尽可能合理的模型。本书仅涉及单一方程，对于联立方程，可以参考经济计量学方面的有关教材。

3. 参数符号和数值的设定

在经济计量模型中，反映产出与投入要素之间数量上依存关系的参数，具有一定的符号和大小，这通常由相关的先验理论指明。在模型估计之前，需要明确这些限制，这一方面涉及参数估计的准确性，另一方面影响估计方法的正确选择。例如，对柯布—道格拉斯生产函数，人们常施以等规模报酬的约束而加以估计。

4. 误差项 μ 的概率分布形态的设定

μ 是一个随机变量，代表不确定因素、不重要影响因素、数据的缺失和误差的随机干扰，拥有自己的分布形式，对其分布的假定，主要依据模型估计方法的选择和模型的有关校正。具体的假定，需要在模型的实际估计中再加以讨论。

模型的设定是计量经济展开的重要步骤，模型设定的错误（漏选相关变量和多选无关变量；模型函数形式的偏误）会造成随机误差项的方差估计量有偏，参数估计量的方差有偏或最小二乘估计量不具有最小方差性，进而解释变量对因变量的说明性受到质疑，在依据模型进行预报预测以及制定经济政策时都是存在一定误差的，故而建立模型是一项严谨求实的科学。需要学者具备丰富的专业知识和适当的方法，以及对具有代表性的成功案例学习借鉴，在个人建模实践的工作中反复提升、不断总结。在实际工作中，设定经济计量回归模型必须保证：①模型是现实的，不能为了简化工作量而建立过于简易的模型，以致与现实实际情况脱节，这种模型并不具备实践性和参考性；②模型必须是可以处理的，模型的设定必须可以付诸实践，为现实经济问题提供解决建议。

（二）样本数据的收集

在模型建立了之后，就需要根据模型中涉及的变量收集并整理相关的样本数据，数据可以源于实地调研，也可以取自官方网站公布的统计数据，数据是模型得以运行的能源动力，即使模型设定没有任何瑕疵，若数据不完善，缺失较多，这个模型也是无法给出解决实际问题的结论。经济问题常用的数据有截面数据、时间序列数据、面板数据。截面数据是在同一时期，不同个体的一个或多个统计指标所组成的数据集，其强调同一时点不同对象的指标集合，例如，某一年份，全国各省份、直辖市、自治区在这一年的农产品总产量。时间序列数据是同一对象在不同时间点上连续观察获得的数据集，其强调某一个对象随时间的变化而显现的变动规律，例如，北京市 2000—2020 年农产品总产量的每年产出情况。面板数据是截面数据和时间序列数据结合在一起的一种数据，不同对象在不同的时间节点上的统计指标组成的数据集，例如，全国各省份、直辖市、自治区 2000—2020 年农产品总产量的每年产出情况。模型的数据需要使用截面数据、时间序列数据还是面板数据，取决于研究问题的目的是什么。

样本数据的完整性、准确性、一致性、可比性决定样本数据质量的高低，进而影响模型结果的准确度。数据的完整性是指模型中所有变量在每个样本点上都具有观察数据，所有变量的样本观察数据都具有同等的数量，对于实地调研获得的数据或多或少存在一定的缺失，或官方发布的数据存在某一样本点的缺漏，对于少数遗失数据，必须采用科学方法人为地补充，以达到相对完整。数据的准确性是指样本数据必须准确客观地反映经济变量的真实水平，不以研究者的主观意向为改变。数据的可比性是指数据的统计口径必须相同，不同样本点上的数据具有可比性。数据的一致性是指样本数据的来源与变量的整体数据集应属于同一个数据集，样本数据与母体数据必须一致。

（三）估计参数

在模型设定和变量的相关样本数据收集并整理完毕的工作完成后，就可以选择适当的方法估计模型，得到模型参数的估计量。参数是计量经济模型中表现解释变量与因变量间依存关系的数据指标，在样本数据确定后，就可以得到一个固定的参数值。在以计量经济模型作为工具探讨社会经济问题的总体时，参数的具体数值通常是未知的。

由于随机误差项的存在，参数的精确数值往往并不能得到，在实际操作中，以获得的总体中的样本数据得到的参数平均值作为总体回归模型的参数平均数的估计值。如何通过样本观测数据正确地估计出总体模型的参数，是经济计量学的核心内容。经过实际估计所得出的参数数值称为参数的估计值，用一定的方法获得参数估计过程的公式，称为参数的估计式。估计式是模型中变量样本观测值的代数式，只要将变量的样本观测值直接代入估计式，即可得到参数的估计值。

估计模型参数的方法有很多，对于单一方程模型，常用的有最小二乘法、极大似然估计法。最小二乘法的核心内容是使样本回归函数得到的因变量的值与真实的样本观测值之间的差的平方和最小。极大似然估计的思想则是根据已知的样本数据，来反推能够最大概率出现这些样本数据的模型参数值。在联立方程模型中，常用的估计方法有二阶段最小二乘和三阶段最小二乘。

（四）模型检验

在样本回归模型的参数估算出来后，模型建立的工作就已经初步完成了，但此时的模型并不能应用于实际进行预报预测以及政策制定的工作。这是因为我们在设定模型时，对所研究的经济现象的规律性认识可能并不充分，第一阶段经济理论对研究问题的阐释并不充分完整，或者虽然经济理论是已经准确说明经济问题了，但我们主观意识的局限对问题的认识是片面的、局部的，或者是随机观察到某些特殊的样本，以局部的特征去涵盖总体的变化规律，就会导致不同程度的偏差。此外，参数估计选择的统计数据可能并不完全可靠，或者是以某段时间数据的异常波动作为参考，对于真实的经济问题并不能起到全局的说明性，同时当样本容量过小时，所估计的参数只是抽样的某种偶然结果。在我们建立模型的过程中选取的变量数据，当与计量经济学参数估算方法所要求的假定（如同方差假定、随机干扰项无自相关的假定、解释变量与随机干扰项不相关的假定等）相违背时，也会得出有偏误的计量模型结果。

在得到模型参数的估计量后，一个计量经济模型就已经初步建立起来了。但是，它是否具备正确揭示研究对象中解释变量与自变量之间的发展规律的说明能力，还要按照一系列标准检验其可靠性和精度。如果模型通过经济先验、统计检验、计量经济学检验，就可以在实践中应用，用于经济预报预测、农业生产行为指导以及政策制定等。如果不能通过检验，则必须重新修正模型，找到问题所在，回到农业生产函数模型设定这一步骤，重新按照上述过程再次完成函数模型的建立。

模型的检验就是定夺模型估计结果是否合理有效，主要体现在参数的估计值在经济理论上是否有意义，在统计上是否令人满意，在计量经济学上是否满足标准回归模型的假定，在实际检验中表现为三项准则：①经济先验准则，由经济理论决定，主要考察参数估计值的符号和大小与模型建立所引用的经济理论、现实实际是否违和；②统计检验准则，由相关的统计理论知识决定，主要采用假设检验的方法检验参数估计值的统计可靠性，由样本数据推得的参数估计值是否具有较强的全局代表性；③计量经济学检验准则，由模型估计所采用的计量经济理论决定，考察在任何特定情况下，沿用的计量经济方法是否是合理的，估算的参数值是否是最优的，是否具备研究项目所需的特性。

三项检验准则之间，经济理论检验是起始程序，统计检验是一级检验，计量经济学检验是二级检验。经济理论检验若判断模型估计是有错误的，则统计检验和计量经济检验是无意义的，计量经济学检验保证统计准则的有效性。

1. 经济先验准则

经济先验准则由经济理论决定，主要在于考察参数估计值的正、负符号和大小与模型建立所引用的经济理论、现实实际是否违和。模型选取的变量应是对研究对象或经济发展问题起关键制约作用的因素，而参数作为自变量作用于解释变量变动的趋势和程度的指标，扮演了两者之间的“桥梁”，因此，参数的符号方向和取值范围在处理模型估算结果前已经由经济理论得出了判断。若经过经济理论的检验，模型估计结果是正确无误的，说明我们探讨的经济问题再次证实了经济理论的适用性和准确度。若模型估算结果与经济理论有所背离，需要考虑模型设定或数据是否有误，同时该模型是不可取的，除非学者有充足的观点、论证、数据可以证明经济理论存在的某些不足。例如，对于正常商品，商品的需求曲线是向右下方倾斜的，价格与需求量呈反比关系，即随着价格的下降，商品的需求量是增加的，如果模型估算结果中，价格对需求量为正向影响（参数符合为正），则该结果就是不可取的，若仍然接受具有“错误”符号和大小的参数估算值必须说明其理由。但需要注意的是，在模型的设定不存在错误的情况下，由于模型估算结果是由样本数据决定的，而数据不仅代表变量间的经济变动规律，数据自身具有偶然性，也就是选用的数据恰巧得出参数错误的估算值，或许是样本容量过小，不具备总体代表性，或许是违背了估算方法涵盖的假定，可以选择对样本容量扩充或者对样本数据进一步处理。在模型结果分析中，所有的参数估计量通过经济理论的检验，才可以进行统一检验和计量经济学检验。正如前文所述，对参数估计量的经济理论检验，是最基本的检验，也是模型建立能否应用于实践的关键，即使变量的选取、模型的数学形式等非常优质，对自变量的解释程度很高，这样的模型也是无意义的。

2. 统计检验准则

统计检验准则由相关的统计理论知识决定，主要采用假设检验的方法检验参数估计值的统计可靠性，由样本数据推得的参数估计值是否具有较强的代表性。由于样本回归函数的参数值是由抽样数据准确计算出的，总体回归函数的参数值只能由样本回归函数的参数值来估计，为了说明样本数据得出的参数值对总体回归函数的参数值有很高的代表性，而不是抽样得出的偶然结果，需要运用数理统计中的统计检验方法，检验参数的统计可靠性。统计检验通过计算一系列统计量以及对这些统计量的分析，从不同侧面论证模型变量选择、函数形式确定、参数估计的科学性和可靠性，常规计算的统计量有回归方程标准误差、拟合优度检验、单个变量的显著性检验、所有变量的联合显著性检验等，作为评判标准，分别采用标准差 S. E、样本决定系数 R^2、t、F 作为检验统计量。

样本决定系数 R^2（拟合优度）表示自变量对解释变量变动的解释能力，R^2 值越高表明自变量对解释变量的影响性越大，样本回归函数对观测值的拟合性就越好，且函数形式的精准性就越高。

t 值表示每一个自变量参数估计值分别为零的可能性大小，也就是自变量对解释变量是否有显著影响，进而判断出模型是否需要包含该变量。

F 值表示自变量参数估计值同时为零的可能性大小，即所有自变量以某种联系结合在一起时对解释变量是否有显著影响，进而判断出模型所含变量在总体上是否均应该纳入。

如果样本决定系数的值接近于 1、残差很小、t 值与 F 值均大于一定显著水平的临界值，则该模型通过了统计检验，表明模型在数学上是成立的，否则，模型在数学上不能成立，需要重新考虑变量的选择、数学形式或数据的准确。

（1）总离差平方和

$$Y_i - \bar{Y} = (Y_i - \hat{Y}) + (\hat{Y} - \bar{Y})$$

$Y_i - \bar{Y}$ 为离差，$(Y_i - \hat{Y})$ 为解释变量未被解释的部分，$(\hat{Y} - \bar{Y})$ 为解释被解释的部分。

$$\sum (Y_i - \bar{Y})^2 = \sum (Y_i - \hat{Y})^2 + \sum (\hat{Y} - \bar{Y})^2$$

其中，$\sum (Y_i - \bar{Y})^2$ 为总离差平方和，记作 S_T^2；$\sum (Y_i - \hat{Y})^2$ 为残差平方

和，记作 S_E^2；未被样本回归线解释的总离差平方和，$\sum(\hat{Y}-\bar{Y})^2$ 为回归平方和，被样本回归线解释的总离差平方和，记作 S_R^2。

记：$S_T^2=S_E^2+S_R^2$

以最小二乘法来估算计量模型参数值方法的核心思想是用生产活动中的要素投入量来解释产品产出量 Y_i 的变动，由总离差平方和的公式可知，回归平方和在总离差平方和中占比越大，自变量对解释变量的影响性越大，样本回归函数对观测值的拟合性就越好。

因此，$R^2=\frac{S_R^2}{S_T^2}=1-\frac{S_E^2}{S_T^2}$，$R^2$ 记为样本回归系数，以 R^2 作为自变量对解释变量解释程度的高低。

由于 $0\leqslant R^2\leqslant 1$，$R^2$ 值越高，回归函数计算出的 Y 值与实际样本观测值距离就越接近，回归模型对解释变量的变动就越具备说明性。当 $R^2=1$ 时，回归模型完全解释了解释变量的波动；当 $R^2=0$ 时，解释变量的任何波动都不能由回归模型解释。

（2）单个回归系数的显著性检验

通常以 t 检验在一定的显著性水平 α 下来判断单个变量对解释变量是否有显著影响，即判断变量回归系数是否为零。t 检验的步骤为：

H_0：$\beta_i=0$，$(\beta_i\neq 0)$，（β_i 为回归系数）

若 $t=\frac{\hat{\beta}_i}{S(\hat{\beta}_i)}>t_{\frac{\alpha}{2}}(n-k-1)$ 则拒绝 H_0，接受 H_1，认为回归系数并不为零，即自变量对解释变量有显著影响，否则，则不能拒绝原假设 H_0，但也并不意味着接受原假设，仍需要其他判断方法判断该变量的影响性。

（3）回归模型总体显著性检验

在选用特定的显著性水平 α 下，以 F 检验来判断模型变量对解释变量是否有联合显著性影响，即自变量的参数同时为零的概率大小。其具体检验步骤为：

$H_0:\beta_1=\beta_2=\cdots=\beta_k=0$，$H_1:\beta_1,\beta_2,\cdots,\beta_k$ 不全为零

若 $F>F_\alpha(k,n-k-1)$，则拒绝 H_0，回归模型中的回归系数并不全为零，模型对解释变量是有一定程度的解释力。否则，则接受原假设 H_0，认为

模型中的所有回归系数均为零，该模型对研究对象没有任何解释力。

在一元回归的情况下，只有单个变量，并不会用到 F 检验，通常 t 检验就可以完成统计检验的工作。在多元回归模型中，t 检验和 F 检验共同发挥效用，只要某一个变量通过了 t 检验，则模型就可以通过 F 检验，因而该模型对经济问题的研究就有一定程度的参考意义。但 F 检验的通过，并不说明所有变量的系数都是统计显著的，即使存在少数变量的 t 值小于一定显著性水平下的临界值，该变量也是应该纳入模型中的，因为某一个变量仅以个体的形式存在时对研究对象并没有显著影响，但与相关变量联系在一起时对研究对象会起到重要影响，即模型通过了 F 建议，少数变量未通过 t 检验，（其他检验通过时）仍然认为该模型设定是正确的。

我们需要谨记，统计检验对于经济理论先验而言是第二位的，在经济理论先验时，如果模型的参数值已经出现有差错的地方，即使变量的显著性较高，模型对样本观测值的拟合度很高，或其他各项统计指标都是令人满意的，这些参数估计值也是不可取的。因为在经济理论上，这些参数与现实是不符的，并没有可以用于实践、指导经济行为、提出政策建议的参考价值，这个模型也就是没有意义的。

3. 计量检验准则

计量经济学检验属于二级检验，其准则由模型估计所采用的计量经济理论决定，考察在任何特定情况下，沿用的计量经济方法是否是合理的，计量经济方法要求的假设条件是否得到满足，以及估算的参数值是否是最优的、是否具备研究目的所需的特性。

计量经济学检验是对统计检验的检验，它是确定统计准则的可靠性，尤其是参数估计值的标准差的可靠性，进而判断参数值是否能准确作为总体回归系数的估计。在对农业生产函数模型进行参数估计时可以选用的方法有很多种，如最小二乘法、极大似然估计法等，以及联立方程模型沿用的二阶段、三阶段最小二乘等，每一种方法都有严格的假设条件。只有当这些假设条件都得到满足时，使用该方法所估计出的模型参数才是有效的，才具备无偏性（参数估计值的数学期望等于总体参数的真实值）、有效性（参数估计值与总体参数的方差是最小的）和一致性（样本容量越大，参数估计值就越接近总体参数的真实值）的特征。否则，参数估计值就有可能提供虚假信息，与真实参数之间存在较大差距。如果用不真实的参数估计值进行经济理论检验和统计检验，那么这两种检验结果同样会是没有意义的。虽然各种参数估计方法所要求的假设条件是不完全相同的，但要求随机误差项具有同方差及不存在序列相关、自变量为非随机变量、自变量之间不存在高度线性相关这几点上是共同的，故而，计量经济学检验的主要内容，就集中在判定随机误差项是否存在异方差和序列相关、自变量是否为随机变量以及自变量之间是否存在高度的线性相关问题上。凡经过检验证明这些问题不存在，便表明模型参数估计的基本条件是可以满足的，参数估计值是可信的。如果经检验发现随机误差项存在异方差和序列相关问题、自变量中存在随机变量、自变量之间线性相关程度高（主要影响是完全共线性下参数估计量不存在，近似共线性下最小二乘估计量非有效）的问题，就说明估计模型参数的基本条件不具备，需要采用相关措施对模型和变量进行处理，如重新考虑模型的数学形式、处理数据、提取关键变量等，在剔除了影响参数估计的因素且满足假设条件后，重新进行参数估计。

第三节　几种主要的农业生产函数及其应用

一、齐次生产函数

齐次生产函数由具有特殊性质的一系列函数组成，如果函数中每项投入要素均乘以某个数 t 时，产出增加系数为 t^n，就说这个生产函数是 n 阶齐次的。假设生产活动时间足够长，以至于每项生产要素都可以改变其投入规模作为可变投入参与其中，齐次阶 n 就表示比例报酬，齐次生产函数时常被农业经济学家用来表示农业投入与产出之间关系的连接形式。

在这里引入两个经济学名词：规模经济和规模报酬（比例报酬）。

（一）规模经济

规模经济是指生产规模的不断扩大导致单位产品成本的下降，如果生产规模在超出一定范围后继续增加，反而导致单位产品成本上升，就称为规模不经济。在实际的农业生产中，由于资源的边际报酬递减，在生产的初始阶段，要素的投入会带来产量的显著增加，也就是较高的产量消耗较少的资源，故而使单位产品成本下降，随着资源连续加大投入量，要素的边际生产力下降，产量提高的速率开始下降，致使单位产品成本开始上升；在工业经济活动中，同样遵循这一经济规律，在单位产品成本上升时期，由于工业规模过大，产品产量增产难度升高，同时企业的管理费用提升、员工之间的对接效率下降等，使生产成本提高，此时若使产量继续增加就需要投入更多的生产资源，总成本会不断攀升，单位产品成本也会逐渐提高。

规模经济规定这样一个规模区间，在这个区间内的任意点处生产规模继续扩大，单位产品成本都会逐渐下降，同样而规模不经济也是一个区间，在这个区间内的任意点处生产规模再扩大，只能使单位产品成本继续上升。在规模经济和规模不经济的交接处，单位产品成本由下降转为上升，曲线呈“U”形，在最低点处单位产品成本达到最小值，此时的生产规模是决策单位最佳选择，要素投入组合是最优的规模。

规模经济和规模不经济的原因主要有如下几点。

1. 内部原因

随着投入规模的扩大，各投入要素之间的组合将会更加合理，使各投入要素的生产潜力得以充分发挥。如在短期生产中，某种生产要素的投入量并不会改变，例如小吃摊经营，此时经营者只加大较低成本的物质投入，而固定资产如机器，则不会改变，两者之间的配合会随着固定资产的增加显著提高经营效率，产量会得到明显提升，从而使单位产品成本下降，此时经营规模继续扩大，雇员的工资以及店铺经营等成本出现上升，总成本提高，单位产品成本上升；一些效率高的农业机器只能在大面积的经营规模上才能显现其经济效益，如对于大型收割机，经营规模较高的农户才会考虑使用，不仅工作效率高，同时经济效益明显，以机器代替高昂的人工成本，而小规模农户则没有使用该机器的必要性，其产出水平低，会使单位平均成本过高；一些产业只有在达到一定量的投入规模的基础上才会获得经济利益，如石油产业。此外，规模扩大后将有利于专业化生产，有利于采用新的工艺和技术，提高产品质量和劳动效率，在高规格高标准的统一要求下的产品产出量更易抢占市场份额；同时可以以较高的经济价值售出。规模扩大后农民在经济利益的促使下，对学习先进生产技术、管理技术、进行专业农业知识培训、了解市场规律的积极性也会随之提高，专业知识的提升有利于农户作出科学生产行为的决策，对市场信息的变动也更为敏感，都会提升农户的经济收入；农民在经济利益的促使下，延长产品产业链，对初级农产品进一步加工，增加产品附加值的积极性也会提升。

2. 外部原因

在规模扩大后，决策单位与外部市场的联系更为紧密，可以掌握更多的市场信息，信息的相对完全有利于经营者保卫自己的权益，做出及时的决策，其行为在垄断竞争市场上甚至会影响市场；同时，会得到一定的政策优惠。国家政策对种植大户会给予一定的技术支持，国家将用较高的价格收购增加的农产品；同时，还将增加较多的低价的农业生产资料的供应。对购置大型农业机械同样也会给予补贴，以及提供完整的、低价的农业社会化服务，如产前的农用物资（化肥、农膜、种子等）、产中的栽培、病虫害防治、耕种技术、产后的销售、运输、加工等一系列服务。农户经营规模的扩大，在农户与龙头企业的合作中更有话语权，可以大幅度降低农户的市场交易成本，得到更多的经济权益。

随着规模的扩大，由生产单位内部因素导致的单位产品成本下降，这部分规模经济叫作内在规模经济；由生产单位外部因素引起的生产单位产品成本下降称为外在规模经济。

技术进步提高产品产出效率、革新中间产品的投入、提高要素产出水平、以资源利用率（废物再利用）的提升引致的单位产品成本下降是形成内在规模经济的主要因素，内在规模经济是推动经济发展、提高产出水平的根本，在各方面带动福利的满足。而外在规模经济其根本是经济利益的转移，是另一部分社会群体经济利益的折损，带来的经营者在原有产出水平下总成本的下降，进而降低单位产品成本。如国家给予的各项优惠，本质是国家财政支出的扩大，因此，在整个社会层面上，单位产品成本并没有降低。如何从根本下调单位产品成本，不仅是经营者，还是国家需要重点考虑的问题，基层工作单位要鼓励农户参与农业技术培训，学习专业农业知识，农户也要有积极性主动汲取，农户之间互动交流，沟通种植经验，不仅有助于解决农业生产中面临的问题，还有利于新技术的迸发。国家在农业机械、良种培育、物质资源投入等相关技术研发上，需要承办科研组织投入一定的科研费用，研发新技术并在各地推广试用。外在规模经济在当前经济发展阶段上同样是不可或缺的，但外在规模经济的主要目的是引导经营者获得内在规模经济的效益，一味或单纯地给予经营者过多的外在规模经济，只会造成适得其反的效果，经营者会逐渐依赖于外界干扰，缺失进行技术进步和优化生产行为的自觉性，而只是单纯地扩大经营规模，同时更是对资源低效利用，长此以往，内在规模不经济明显，农户经济效益低下，社会经济水平倒退。

（二）规模报酬

规模报酬也称比例报酬，是在生产活动中，所有要素投入都以同一比例增加时，产品产出的变化率。例如，当所有生产要素的投入量增加1%时，如果产出量的增加率大于1%，就称为比例经济（规模报酬递增）；当所有生产要素的投入量增加1%时，如果产出量的增加率等于1%，就称为固定的比例报酬（规模报酬不变）；如果产出量的增加率少于1%，就称为比例不经济（规模报酬递减）。

规模报酬概念可用长期生产函数来说明，当Y表示产出量，x_1、x_2分别表示可变投入组合和固定投入组合（区别于某种投入要素数量不变）时，长期生产函数为：

$$Y = f(x_1, x_2)$$

当要素投入x_1, x_2按同一比例k（$k > 1$）增加时，此时长期生产函数表示为：

$$k^n Y = f(kx_1, kx_2)$$

式中，n代表一个指数，k^n表示所有要素投入量按比例k变动时所带来的产出变动率，若$n = 1$，则表示产出的变动幅度与投入的变动幅度相同，即固定的比例报酬；若$n > 1$，则产出变动幅度大于投入变动幅度，产生比例经济；若$n < 1$，则产出变动幅度小于投入变动幅度，则此时产生比例不经济。

以柯布—道格拉斯函数对规模报酬进行进一步具体的说明，此时长期生产函数表示为：

$$Y = Ax_1^{\alpha}x_2^{\beta}$$

假设所有要素投入 x_1、x_2 都以同一比例 k 增加，此时产品产出水平为：

$$A(kx_1)^{\alpha}(kx_2)^{\beta} = k^{\alpha+\beta}Ax_1^{\alpha}x_2^{\beta} = k^{\alpha+\beta}Y$$

由此可见，不管投入的要素量原有产出的产量为多少，当资源以同一比例在生产活动中增加消耗时，所带来的新产出量是 k^n 乘以原有的产出水平，$n = a + \beta$，继而根据 n 是大于、等于或小于 1 的情况，来判断当前产出水平是比例经济、固定比例报酬还是比例不经济。

当对实际生产活动中投入的要素和产品产出以确切的货币来衡量时，比例经济说明现阶段生产活动中的单位产品成本下降，因为当经营者的所有投入费用（成本）以同一比例增加后，产品的收入增加的比例大于成本增加的比例，故而每一单位产品花费的平均成本下降了，如农业生产中原有要素投入中劳动需花费 3 个单位货币，资本需花费 4 个单位货币，能够生产出 6 个单位的产品，单位产品成本为$(3+4)\div 6=1.17$，现今经营者决定扩大生产，劳动需花费 6 个单位货币，资本需花费 8 个单位货币，所有要素投入以 2 倍的速度增长，则产出以 2^n 的速度增长，假设 $n=1.5$，产品产量为 $2^{1.5}\times 6=16.97$ 个单位，此时单位产品成本$(6+8)\div 16.97=0.82$。经营者扩大投入规模后单位产品成本 0.82 较原有要素投入水平下的单位产品成本 1.17 呈现明显的下降，经营者的经济收入也有了质的提高。那么比例经济也可以表现出单位产品成本的下降，上文所述的规模经济同样表现为单位产品成本下降，两者之间是否为同一概念呢，显然，两者并不一致。

我们依据规模经济的定义，把随着生产规模的扩大而引起的单位产品成本下降、经济效益增加称为规模经济。这里的规模是指固定投入要素的规模，如企业在一定时期内建造或购置的固定资产如厂房、机械、运输工具等。比例经济的经济效果中虽然存在一部分表现为单位产品成本下降，但其单位产品成本下降的原因是资源消耗中所有投入要素都发生了变动，也就是除了固定投入要素组合以外，可变投入要素同时也在发生变动，两者对产量的提高同时发挥作用。认为比例经济和规模经济概念是一致的想法是不正确的，更为准确地来讲，比例经济只包含规模经济作用原理的一部分，因为比例经济的原理路径是对产品产出有贡献的全部要素（生产函数中的）需要按同一比例增加，借此产生的经济效果；而规模经济的原理路径是对产品产出有贡献的全部要素（生产函数中的）中的固定投入要素增加，借此产生的经济效果。在另一方面，比例经济的落脚点是产品产出的波动，是投入对产量的直接影响，单位产品成本下降恰好是其伴生效果，并不是其主要的注意点；而规模经济的落脚点就是单位产品成本，研究的对象就是投入规模变动对单位产品成本的影响，在这一影响路径中产品产量在两者间充当了“桥梁”。比例经济与规模经济研究问题的角度不一样。此外，规模经济并未强调固定投入资源需要按同一比例变动，以及其单位产品成本的下降存在一部分是由于市场容量、相关企业发展水平、市场区位等外部经济导致的。

在现实的经济活动分析中，往往以实际应用作为主要目标，也就是我们更多分析生产活动中经营者易于控制的因素，这一部分主要是可变投入，如劳动力、产品的主要消耗资源等，考察这一部分要素的增加对产量的影响、对单位产品成本的影响，但严格意义来讲，这并不属于规模报酬和规模经济的范畴。

此外，比例报酬可以用通过原点的射线予以说明。如果发生比例经济，这条射线即与长期扩展线一致，表明最低成本组合比例不随产出水平增加而改变。但在实际生产活动中，长期扩展线不是直线，而是曲线，即最低成本组合的投入比例将随产出水平改变而改变。因此，严格来说，理论上比例经济在农业生产中是不存在的。

由固定比例报酬可知，1 阶齐次函数具有固定比例报酬，大于 1 阶（$n>1$）的齐次函数具有递增的比例报酬，也就是规模报酬递增；大于 1 阶的齐次函数具有递增的比例报酬；小于 1 阶（$n<1$）的齐次函数具有递减的比例报酬，即规模报酬递减。农业生产产品具有多样性，各产品的特性不同，自变量与因变量之间的变动规律就不同，进而农业生产函数形式就不尽相同，在众多的生产函数类型中，只有某些类型的生产函数符合齐次生产函数的特征，通常情况下，这类函数都是乘积函数，而不是加法函数，在个别情况下会出现例外。通常，对齐次生产函数进行对数处理，即可转化为计量经济学中的多元线性回归模型。

如生产函数：$Y=Ax_1^{0.5}x_2^{0.5}$，则为 1 阶齐次函数，x_1、x_2 分别乘以 t，可得：

$$A(tx_1)^{0.5}(tx_2)^{0.5}=Atx_1^{0.5}x_2^{0.5}=tY$$

该生产函数为固定比例报酬，产品产量与要素投入量保持统一速度增长，单位产品成本保持不变。

若生产函数：$Y = Ax_1^{0.6}x_2^{0.9}$，则为 1.5 阶齐次生产函数，x_1、x_2 分别乘以 t，可得：

$$A(tx_1)^{0.6}(tx_2)^{0.9} = At^{1.5}x_1^{0.6}x_2^{0.9} = t^{1.5}Y$$

该生产函数为递增比例报酬，产品产量的变动幅度大于要素投入量变动幅度，单位产品成本随要素投入规模上涨而下降。

若生产函数：$Y = Ax_1^{0.3}x_2^{0.4}$，则为 0.7 阶齐次生产函数，x_1、x_2 分别乘以 t，可得：

$$A(tx_1)^{0.3}(tx_2)^{0.4} = At^{0.7}x_1^{0.6}x_2^{0.9} = t^{0.7}Y$$

该生产函数为递减比例报酬，产品产量的变动幅度小于要素投入量变动幅度，单位产品成本随要素投入规模上涨而上涨。

在此，以二阶段多元线性函数作为非齐次函数的一个例子：

$$Y = ax_1 + bx_1^2 + cx_1 + dx_2^2$$

每项投入要素均乘以 t，但系数 t 并不能独立从方程中提出，当 x_1、x_2 的使用沿扩展通道成比例增加时，这样的函数可能显示出递增、固定和递减的比例报酬。

齐次生产函数具有独特的性质。在因素—因素空间中所作的常斜率直线将代表坐标轴上所表示投入使用的成比例变化。对于齐次函数，从原点所作的任何常斜率直线均将连接等产量线图上具有相等斜率的所有点。换句话说，对齐次函数来说，任何等斜线均具有常斜率。

二、柯布—道格拉斯生产函数

柯布—道格拉斯生产函数最初由美国学者柯布（C. W. Cobb）和道格拉斯（P. H. Douglas）在 1928 年发表于《美国经济评论》杂志上的一篇论文中提出的，该函数的具体表达式为：

$$Y = AL^{\alpha}K^{\beta}$$

式中，Y 为产出量，A 代表技术水平，L 为劳动投入量，K 为资本投入量，α 为劳动力产出的弹性系数，β 为资本产出的弹性系数，且 $\alpha + \beta = 1$。柯布—道格拉斯生产函数简写为 C—D 生产函数。从该函数的表达式可知，经济产出量由劳动投入量、资本投入量和技术水平决定。

由于柯布—道格拉斯生产函数假定投入要素只有劳动和资本，且 $a+\beta=1$，即规模报酬不变，投入要素按一定的比例增加，产出也会按相同的比例增加，那么经济发展主要以技术进步来推动。这一系列的假定造成经典的 C—D 函数与实际经济现象不相符，应用范围具有明显的局限性。因此，1937 年英国学者 D. 杜兰勒提出其改进形式，即 $a+\beta$ 不必等于 1，它既可以大于 1，也可以小于 1。

当 $a+\beta>1$ 时，规模报酬递增，投入要素按一定比例增加，产出则会超出这一比例增加；当 $a+\beta<1$ 时，规模报酬递减，投入要素按一定比例增加，产出则会小于这一比例增加。

这种改进得到了大多数数学家和经济学家的认同，道格拉斯本人在 1948 年研究美国、新西兰和澳大利亚经济时，也采用了这种改进形式。上式假定技术条件不变，实质上是一种短期的生产函数，为了真实地模拟在较长时期内农业生产的行为，即投入与产出之间的技术关系，1957 年美国学者 R. M. 索洛建立了引入时间变量的生产函数：$Q=A(t)f(K, L)$，以测定技术进步在经济增长中的作用，其具体形式为：

$$Y = AL^{\alpha}K^{\beta}e^{\sigma t}$$

式中，Y 为产出量，A 代表技术水平，L 为劳动投入量，K 为资本投入量，α 为劳动力产出的弹性系数，β 为资本产出的弹性系数，σ 为年技术进步率，t 为时间变量。

从索洛 1957 年提出引入时间变量的 C—D 函数，历经十余年，C—D 函数已扩展到多个变量，并在农业技术经济研究中得到应用。其一般形式可写成：

$$Y = Ax_1^{b_1}x_2^{b_2}\cdots x_i^{b_i}\cdots x_n^{b_n}e^{\sigma t}$$

式中，Y 为产出量，A 代表技术水平，x_n 为第 n 种生产要素投入量，b_n 为第 n 种生产要素产出的弹性系数，σ 为年技术进步率，t 为时间变量。

经典的 C—D 函数是一个非线性方程，常用的最小二乘法无法对其进行估计，但经过变换可得到对数线性形式。如 $\ln Y = \ln A + b_1\ln x_1 + b_2\ln x_2 + \cdots + b_n\ln x_n + \sigma t$，为常规的多元线性回归模型，即可按照多元线性回归模型的参数计算方法，得出精确的样本回归函数。

（一）柯布—道格拉斯生产函数特征

1. 柯布—道格拉斯生产函数是 $\sum b_i$ 阶齐次函数。如果所有投入都按照可变投入参与生产函数中，比例报酬参数（即函数系数）就等于各项投入的产出弹性系数 b 值之和。

2. 各项投入的生产弹性恒为常量，且为各投入要素的 b 值。即 $E_i = \frac{\partial Y}{\partial X}\Big/\frac{Y}{X_i} = b_i$，表明，投入 x_i 每增加 1%，产出 Y 将增加 b_i%。

3. 所有的投入都必须大于零。由于柯布道格拉斯生产函数是乘积函数，且只有劳动和资本两种投入要素，技术水平是固定不变的，因此，任何一项要素劳动或资本投入量为零就会导致产出水平为零，这与现实中大部分经济活动并不相符，因此，在应用柯布—道格拉斯生产函数时一定要注意研究对象的特性。

4. 柯布—道格拉斯生产函数没有最大值存在。当函数系数值大于 1 时，产出值以递增的速率增加；当函数系数等于 1 时，产出值以固定的速率增加；当函数系数小于 1 时，产出值以递减的速率增加。这一设定同样使柯布—道格拉斯生产函数的应用范围受到界限，在农业生产活动中，资源报酬递减规律使边际产量随投入水平上涨递增后开始递减，这与柯布—道格拉斯生产函数之间有一定的背离。

（二）柯布—道格拉斯生产函数的应用

柯布—道格拉斯生产函数主要在弹性分析、边际值分析和测定科技进步率这三个方面应用。

1. 弹性分析

对于 $Y = AX_1^{b_1}X_2^{b_2}$，分别求 X_1、X_2 的偏导：

$$\partial Y/\partial X_1 = Ab_1X_1^{b_1-1}X_2^{b_2} = b_1\frac{Y}{X_1}$$

所以，$b_1 = \frac{\partial Y}{\partial X_1}\Big/\frac{Y}{X_1}$，同理，$b_2 = \frac{\partial Y}{\partial X_2}\Big/\frac{Y}{X_2}$

b_1、b_2 作为要素投入的弹性系数，反映要素投入增加 1%，产出增长的百分比，是对产出和资源消耗变动的反应度的考量，在经济增长中具有重要的现实意义。

对前文所探讨的柯布—道格拉斯函数的延伸或改进，函数中的弹性系数之和是判断当前生产活动所处阶段的重要依据，即如果 $\sum b_i > 1$，生产处于规模报酬递增阶段，决策单位可以加大对要素的投入，会获得较高水平的产出；如果 $\sum b_i = 1$，生产处于规模报酬不变阶段，此时决策单位要素投入量处于合理水平；如果 $\sum b_i < 1$，生产处于规模报酬递减阶段，决策者需要减少资源的消耗。正是由于柯布—道格拉斯函数可以清晰地提供这些参数，在这一方面是其他生产函数模型无法给予的。

2. 边际值分析

弹性分析是对投入产出的相对值分析，反映要素投入增加1%，产出增加的百分比，而边际值分析则是绝对值分析，反映在资源消耗1单位时，产出水平的变化份额。同样对 $Y = Ax_1^{b_1}x_2^{b_2}\cdots x_i^{b_i}\cdots x_n^{b_n}e^t$ 关于 x_i 求偏导，得出：

$$\partial Y / \partial X_i = b_i \frac{Y}{X_i}$$

即生产要素每消耗1个单位，就可以使产出量增加 $b_i \frac{Y}{X_i}$ 个单位。在计量经济学模型中会考察变量间的替代关系，以最优的数量组合获得最大产出水平，同样边际值的分析可以通过对生产要素的边际生产力与农业以外部门的边际生产力对比，合理规划资源配置，发挥资源的最大效用，提高经济产出水平。

3. 测定科技进步率

对 $Y = Ax_1^{b_1}x_2^{b_2}\cdots x_i^{b_i}\cdots x_n^{b_n}e^t$ 求 t 的导数，则有：

$$\frac{dY}{dt} = \frac{\partial Y}{\partial x_1}\frac{dx_1}{dt} + \frac{\partial Y}{\partial x_2}\frac{dx_2}{dt} + \cdots + \frac{\partial Y}{\partial x_n}\frac{dx_n}{dt} + \frac{\partial Y}{\partial t}$$

$$\frac{dY/Y}{dt} = b_1\frac{dx_1/x_1}{dt} + b_2\frac{dx_2/x_2}{dt} + \cdots + b_n\frac{\frac{dx_n}{x_n}}{dt} + \sigma$$

$\frac{dY/Y}{dt}$ 表示农业从产量的年增长率，$\frac{dx_1/x_1}{dt}$、$\frac{dx_2/x_2}{dt}$、…、$\frac{\frac{dx_n}{x_n}}{dt}$ 分别表示各生产要素的年增长率，σ 则为科技进步对产出量的贡献。

柯布—道格拉斯生产函数模型的建立属于多元线性回归模型的范畴。

多元线性回归模型的原理与一元线性回归模型是一样的，只是在一元线性回归模型的基础上由经济理论的考量纳入其他相关变量，计算的工作量增大了，但计量经济学对于数学的运算均借助于计算机的操作，因此这部分工作学者并不需要担心，也不会花费过多时间。

多元线性回归模型表达式为：

$$y = B_0 + B_1x_1 + B_2x_2 + \cdots + B_mx_m + u$$

式中，B_0、B_1、B_2、…、B_m 均为回归系数，共有 m 个解释变量，当 m 取 1 时，多元线性回归模型就转为了一元线性回归模型。对于多元线性样本回归模型的计算，仍然是计算残差平方和最小时的参数值 b_0、b_1、b_2、…、b_m，依旧对残差平方和公式分别求 b_0、b_1、b_2、…、b_m 的偏导，使偏导数为零，得出其具体数值，即可得到样本回归函数的精确形式：

$$\bar{y} = b_0 + b_1x_1 + b_2x_2 + \cdots + b_mx_m$$

因此，应用在柯布—道格拉斯生产函数中，只需将生产函数对数化，即可得到规范的多元线性回归模型，进而计算出劳动力产出的弹性系数、资本产出的弹性系数的估计值。

现如今计算机的发展在很大程度上减轻了学者各种的计算工作，常用的易操作的计量经济软件如 spss、eviews，使数据计算的工作不再使研究者烦扰。而选取影响研究对象的变量在多元线性回归中有着举足轻重的地位。建立一个对经济问题具有现实意义可以用于实践的计量经济模型，自变量的选取是非常谨慎的，我们已经知道影响研究对象的因素是众多的，但在客观和主观上并不需要把所有变量纳入其中，如果变量选取过多，在统计上会表现出很好的拟合性，因为只要变量很多大概率就是会对因变量产生显著影响，但会模糊关键变量对其产生的影响，也不利用我们认识问题的根本，同样若遗漏相关重要变量，该模型的解释力度在经济理论上是不够的，并且可能会导致参数值估计的失真。

三、超越对数生产函数

L. Christensen、D. Jorgenson 和 Lau 于 1973 年提出超越对数生产函数，该函

数模型是一种易于估计和包容性很强的变弹性生产函数模型，它在结构上属于平方反映面模型，可有效研究生产函数中解释变量对被解释变量的交互作用、各种投入技术进步的差异。由于超越对数生产函数具有易估计、包容性强等特点，通过超越对数生产函数模型，可以分析投入要素的产出弹性和要素的替代弹性。在研究可再生能源与不可再生能源以及可再生能源之间的替代关系上广泛应用。

超对数生产函数具体形式为：

$$lnY_t = \beta_0 + \beta_K lnK_t + \beta_L lnL_t + \beta_{KK}(lnK_t)^2 + \beta_{LL}(lnL_t)^2 + \beta_{KL} lnK_t \times lnL_t$$

式中，Y_t 为 t 年的产出，K_t、L_t 为 t 年的资本、劳动投入量，β 为需要估计的参数系数。

1. 要素投入的产出弹性

由弹性公式可得资本投入的产出弹性为：

$$\gamma_K = \frac{dY/Y}{dK/K} = \frac{dlnY_t}{dlnK_t} = \beta_K + 2\beta_{KK} lnK_t + \beta_{KL} lnL_t$$

劳动投入的产出弹性为：

$$\gamma_L = \frac{dY/Y}{dL/L} = \frac{dlnY_t}{dlnL_t} = \beta_L + 2\beta_{LL} lnL_t + \beta_{KL} lnK_t$$

2. 要素的替代弹性

替代弹性可以定义为：在技术水平和投入要素的价格不变的情况下，边际技术替代率（在维持相同产量的水平下，增加一种生产要素所减少的另一种生产要素两者之间的数量之比）的相对变动所引起的生产要素投入的比例的相对变动，即投入要素比例的变动百分比与边际技术替代率的变动百分比的比值。要素之间可替代程度的高低可用要素替代弹性来描述，其具体含义是一种生产要素价格变化以后，它与另一种生产要素相互替代率的变化。要素替代弹性在零与无穷大之间变化，当替代弹性为零时，说明两种要素之间完全不能互相替代，如固定投入比例生产函数（里昂惕夫生产函数）；当替代弹性为无穷大时，说明两种要素之间可以完全替代。

资本和劳动的替代弹性为：

$$\sigma_{KL} = \frac{d\frac{K}{L}}{\frac{K}{L}} = \left(\frac{d\left(\frac{MPP_L}{MPP_K}\right)}{\frac{MPP_L}{MPP_K}}\right) = d\,\frac{K}{L} g \frac{MPP_L}{MPP_K} \Big/ g\left(\frac{K}{L}\right) d\left(\frac{MPP_L}{MPP_K}\right)$$

由于 $\dfrac{MPP_L}{MPP_K} = \dfrac{\partial Y}{\partial L}\Big/\dfrac{\partial Y}{\partial K} = \dfrac{\gamma_L}{\gamma_K} \times \dfrac{K}{L}$

可得：

$$\sigma_{KL} = \frac{d\dfrac{K}{L}}{d\dfrac{MP_L}{MP_K}} g \frac{\gamma_L}{\gamma_K} = \frac{\gamma_L}{\gamma_K} g \left(\frac{dMP_L}{dMP_K} \Big/ d\frac{K}{L} \right)^{-1} = \frac{\gamma_L}{\gamma_K} g \left(d\frac{\gamma_L}{\gamma_K} g \frac{K}{L} \Big/ d\frac{K}{L} \right)^{-1}$$

$$d\frac{\gamma_L}{\gamma_K} g \frac{K}{L} \Big/ d\frac{K}{L} = \frac{\gamma_L}{\gamma_K} + \frac{K}{L} g d\frac{\gamma_L}{\gamma_K} \Big/ d\frac{K}{L}$$

$$d\frac{\gamma_L}{\gamma_K} = -\frac{\gamma_L}{\gamma_K^{\ 2}} d\gamma_K + \frac{1}{\gamma_K} d\gamma_L$$

$$d\frac{K}{L} = -\frac{K}{L^2} dL + \frac{1}{L} dK$$

$$\frac{d\dfrac{\gamma_L}{\gamma_K}}{d\dfrac{K}{L}} = \frac{-\dfrac{\gamma_L}{\gamma_K^{\ 2}} d\gamma_K + \dfrac{1}{\gamma_K} d\gamma_L}{-\dfrac{K}{L^2} dL + \dfrac{1}{L} dK} = -\frac{\gamma_L}{\gamma_K^{\ 2}} \frac{d\gamma_k}{dL} + \frac{1}{\gamma_K} d\frac{\gamma_L}{L} \Big/ -\frac{K}{L^2} + \frac{1}{L}\frac{dK}{dL}$$

所以，资本与劳动的替代弹性为：

$$\sigma_{KL} = \left(1 + \left(-\beta_{KL} + \frac{\gamma_L}{\gamma_K} \beta_{LL} \right) (\gamma_L - \gamma_K) \right)^{-1}$$

▶ 本章案例

查阅 2007 年《中国农业统计年鉴》收集 1990—2006 年我国的农业产值、农业资本投入以及农业就业人数数据，根据柯布—道格拉斯生产函数设定模型，分析中国农业生产因素以及劳动和资本产出的弹性系数。

我国 1990—2006 年农业生产和产值情况

年份	农业产值 Y（亿元）	农业资本投入 X_1（亿元）	农业从业人数 X_2（万人）
1990	7 662. 1	221. 76	11 979
1991	8 157	243. 55	12 378
1992	9 084. 7	269. 04	13 098
1993	10 995. 5	323. 42	14 163
1994	15 750. 5	399. 7	15 515

续表

年份	农业产值 Y（亿元）	农业资本投入 X_1（亿元）	农业从业人数 X_2（万人）
1995	20 340.9	430.22	16 880
1996	22 353.7	510.07	17 927
1997	23 788.4	560.77	18 432
1998	24 541.9	626.02	18 860
1999	24 519.1	677.46	19 205
2000	24 915.8	766.89	19 823
2001	26 179.6	917.96	20 228
2002	27 390.8	1 102.7	21 090
2003	29 691.8	1 134.86	21 809
2004	36 239	1 693.79	23 011
2005	39 450.9	1 792.4	23 771
2006	42 424.4	2 161.35	24 614

由柯布—道格拉斯生产函数建立模型为：$lnY = lnA + \alpha lnX_1 + (1-\alpha)lnX_2 + \mu$

进而 $ln\frac{Y}{L} = lnA + \alpha ln\frac{X_1}{X_2} + \mu$

运用 Stata/SE 15.1 软件，得出模型的计算结果：在 5% 的置信水平下，

$$\overline{ln}\frac{Y}{L} = 13.25565 + 0.9990059\ ln\frac{X_1}{X_2}$$

（37.30）　（8.64）

（$F = 74.71$　$R^2 = 0.8268$　$D.W = 0.2652$）

该模型通过经济学意义检验，以及由 t 检验和 F 检验可知，变量通过显著性检验，拟合优度 0.8268 并不高，存在对数化影响拟合优度的问题。

依据参数估计值，由于模型参数为劳动力和资本的弹性系数，说明农业产值对资本投入的变动较为敏感，农业生产的资本投入是影响农业总产值增加的重要因素，而农业从业人数对农业产值的影响则较小，我国存在劳动力过剩的问题。

思考： 根据本案例结果思考未来我国农业生产发展方向是什么？结合最近几年农业发展情况对你提出的发展方向进行反思。

— 本章思考题 —

1. 解释下列概念

   农业生产函数　规模经济　规模报酬

2. 农业生产函数的特点是什么？模型建立需注意的问题。
3. 农业生产函数模型构建的程序是什么？
4. 规模经济和规模报酬之间的区别和联系。
5. 对柯布—道格拉斯生产函数简要分析和评价。

参考文献

[1] 孟令杰．农业技术经济学（第三版）[M]．北京：中国农业出版社，2007：74.

[2] 张冬平．农业技术经济学 [M]．北京：中国农业大学出版社，2009：109.

[3] 张冬平．农业技术经济学 [M]．北京：中国农业大学出版社，2009：112.

[4] 张冬平．农业技术经济学 [M]．北京：中国农业大学出版社，2009：115.

[5] 张冬平．农业技术经济学 [M]．北京：中国农业大学出版社，2009：116.

[6] 王雅鹏等．农业技术经济学（第二版）[M]．北京：高等教育出版社，2014：16.

[7] 张冬平．农业技术经济学 [M]．北京：中国农业大学出版社，2009：119.

[8] 张冬平．农业技术经济学 [M]．北京：中国农业大学出版社，2009：134.

[9] 张冬平．农业技术经济学 [M]．北京：中国农业大学出版社，2009：132.

[10] 张冬平．农业技术经济学 [M]．北京：中国农业大学出版社，2009：132－133.

[11] 王灿雄，谢志忠．论超越对数生产函数要素替代弹性的逻辑错误 [J]．统计与信息论坛，2013，28（10）：13－16.

第五章　农业生产结构及优化

学习目标

1. 掌握农业生产结构形成和变动的影响因素。
2. 农业生产结构的优化内容及评价指标。
3. 掌握农业生产结构优化对农业经济增长贡献的计量方法。
4. 理解线性规划模型的建立及其求解。

▶ 本章提示

农业生产结构的状况，对一个国家或地区农业与国民经济的发展具有十分重要作用。本章主要介绍农业生产结构及优化的内容及其对农业经济增长的贡献，通过本章的学习，要求掌握农业生产结构的优化内容及评价指标、农业生产结构形成和变动的影响因素，掌握农业生产结构优化对农业经济增长贡献的计量方法，理解农业生产结构优化模型与方法、线性规划在实际运用中的一般步骤、线性规划模型的建立，了解农业生产结构演变的一般规律及单纯形法的求解步骤。

第一节　农业生产结构的概念及优化内容

农业生产结构的状况，对一个国家或地区农业与国民经济的发展具有十分重要的作用。农业生产结构决定农业生产的比例关系，决定农产品的供给结构；同时，农业生产结构还关系农产品的市场供求平衡、农产品价格涨跌，影响农业生产者的收入；另外，农业生产结构还直接关系农业自然资源的合理利用问题。因此，农业生产结构的合理与否，对农业以及国民经济发展都具有十分重要的意义。调整和优化农业生产结构是提高农业经济效益的重要途径，优化农业生产结构的实质是农业生产要素的重新配置。在市场经济条件下优化农业生产结构，主要是以市场为导向，遵循价值规律，以提高经济效益为中心目标，实现政府行为与农户行为价值取向的统一。农业生产结构的调整和优化没有固定的模式，合理的农业生产结构在不同的地区因资源禀赋、生产要素初始布局、政策倾向等条件的差异而有所区别。评价一个地区农业生产结构是否合理，主要是看它能否充分利用当地资源，适应市场需要，促进农业和农村经济持续、快速、稳定、健康地发展。

一、农业生产结构的概念

农业生产结构是一定地域（或农业企业）范围农业内部各生产部门的组成及其相互关系。农业生产结构，通常是用农业总产值或农业净产值中各业所占比重来表示，也可以从投入方面用农林牧渔各业所占用的劳动力或资金的比重来说明。

按农业中各生产部门或各生产种类划分的农业生产结构，可以有不同层次。我国的划分是：第一层次是种植业、林业、畜牧业、渔业等各生产部门在农业中所占的比重及其相互关系。第二层次是种植业、畜牧业、林业、渔业等各生产部门内部按生产种类划分的各种生产所占的比重及其相互关系。例如，种植业内部可分为粮、棉、油、麻、烟、糖、蚕、茶、果、蔬菜、药材等各种生产，它们在种植业中所占的比重及其相互关系就是种植业的生产结构。有的还可以进一步做第三层次的划分，例如，粮食中又可分为水稻、小麦、玉米等在粮食中所占的比重及其相互关系。在不同国家，农业生产结构的各生产部门划分、各生产种类的划分都不完全相同。

农业生产结构总是处于不断的变化中，这是农业生产力发展的表现。各个国家、各个地区或农业企业之间的农业生产结构往往由于资源禀赋、生产要素初始布局、政策倾向等条件的差异也会体现出较大的差异性。农业生产结构在横向和纵向上所体现出的这一差异可以用一系列指标来评价，这些指标主要有以下几方面。

1. 农业总产值（或增加值）结构

农业总产值（或增加值）结构是指种植业、林业、畜牧业、渔业产值（或增加值）占农业总产值（或增加值）的比重。如果分析的是二级结构，则可计算各业内部的产值（或增加值）的比重。这是衡量和描述农业生产结构最常用的方法。

2. 土地利用结构

土地利用结构是指耕地、林地、牧场草地、养殖水面等各业用地面积占当地农业用地总面积的比重。在分析各地种植业结构时，可以用各类作物的播种面积占总播种面积的比重来反映土地的利用结构，这一土地利用结构往往被称为播面结构。

3. 劳动力利用结构

劳动力利用结构是指各业所占用的劳动力占农业劳动力总数的比重。

4. 资金利用结构

资金利用结构是指各业占用的资金在农业资金总占用量的比重。

上述第一项指标是综合性指标，后三项指标则是分别从资源配置、生产力要素占用状况来分析农业产业结构。当然，这仅仅是基本指标，在实际运用中，还可以根据各地的具体情况选择其他指标。

二、农业生产结构形成和变动的影响因素

一个国家、一个地区、一个农业企业农业生产结构的形成和变化受到许多因素的制约，这些因素主要有：资源结构，包括自然资源和社会经济资源、市场供求变动状况、政策因素、技术选择方向。

1. 资源结构

一个国家、地区的资源结构包括当地的自然资源和社会经济资源。在某种程度上，一个国家、地区的资源结构直接决定一个地区的农业生产结构状况。这里的自然资源包括气候、土壤、水源、地形地貌等。社会经济资源包括当地的经济发展水平，特别是人们对农产品的数量和质量方面的要求；人口的变化，包括人口总量和城乡结构等的变动；交通、运输、加工、商业等因素；历

史上已经形成的生产结构及其特点等。需要强调的一点是：这里所说的资源结构不仅包括数量结构，而且还包括其质量结构。

2. 市场供求变动情况

农产品市场供求变动情况影响农业生产结构，主要是因为市场需求结构的变化对农产品的拉动力度不一样。例如，中国改革开放以来，人们消费水平上升的结构性变化非常明显，人们的消费需求正在由追求温饱向改善食物品质的方向转化。20 世纪 90 年代初，中国提出的“一优双高”的农业发展思路实际上主要就是这一市场背景的客观要求。

3. 制度因素

制度安排是经济发展中起决定性作用的内生变量，从而成为推动经济发展的重要力量。当今，人们越来越能够感觉到制度对于经济发展的重要性，因为制度的作用渗透于社会的各个角落。中国农村经济体制改革以来在农业生产结构的调整中，制度因素影响的痕迹也十分明显。最明显的一个例子是在中国农村改革开放初期，农村家庭双层承包经营体制的实行以及国家对粮棉等农产品的提价政策，在某种程度上直接为中国的粮食安全以及之后的农业产业化提供了基础的制度保障，从而带来农村经济体制改革之后中国农业生产结构的一系列调整。

4. 技术选择方向

技术的选择之所以能够影响农业生产结构的变化，一方面，是由于技术的发展使农业劳动生产率以及土地生产率的程度提高，给生产结构的调整提供了基础性条件。例如，良种繁育、病虫害防治、化肥使用、水利建设以及其他高科技应用等许多方面的进步，无疑提高了土地单产水平和粮食供给能力，其结果是在粮食安全有所保证的前提下，农业资源有可能向其他农业生产部门转移。另一方面，技术的供给是一种多元化的结构，不同生产部门的技术创新不是齐头并进的，因而，技术进步在不同部门间的增长，效用是有差别的，例如，在“十五”期间，技术进步对种植业的贡献率比以前有所下降，而在畜牧业、水产业这些领域，技术进步的作用却有所提高，显然，这样就会导致不同部门的产值呈现此消彼长的一个趋势。

从理论上来看，农业生产结构形成和变动的影响因素主要是以上四个方面，但是，从实践上来看，并不是所有的因素在同时发挥等同的作用，以上各项因素的变化仅会在不同程度上引起对农业生产结构进行调整的要求，因而在实际分析问题时，应该具体问题具体分析。

另外，长期来看，农业生产结构归根到底是由社会生产力水平决定的，它是一定生产力发展水平的结果；反之，农业生产结构一经形成，也会给农业生产力的发展带来重大的、有利的、或不利的影响。但是，既有的农业生产结构带有相对的稳定性，因为农业生产结构的变动，往往会引起资源配置、市场渠道、技术装备、销售成本等一系列变化。从这点来讲，传统的、粗放的农业的结构变动所带来的问题较少，而现代的、集约的农业结构的变动将会遇到较多的问题。加上人们认识上经常出现的滞后性，因而，农业生产结构一经形成，就会有一种惰性，常常会出现农业生产结构不能适应生产力进一步发展要求的现象。所以，在从传统农业向现代农业转化的过程中，在农业生产力和整个社会生产力快速发展时，必须重视农业生产结构的调整问题。

三、农业生产结构演变的一般规律

农业生产结构在短时期内的调整，仅体现为一种量变，而农业生产结构的量变积累到一定程度之后就会发生质的变化，农业生产结构从量变到质变的这种变化过程，就体现农业生产结构演变的一般规律。一般来讲，农业生产结构的演变大都会经历下述不同的三个发展阶段：

第一阶段是结构改革的起步阶段。传统的结构开始向现代产业结构转变，主要表现为以粮食为主的结构转向粮食和多种经营相结合的结构，粮食比重下降，农业中分化出多种产业，比重上升，专业化生产开始形成，与此同时，农业商品量与商品率上升，农民逐渐以市场为导向进行产业选择。

第二阶段是结构改革发展阶段。农业生产结构形成以粮食为基础，以专业化生产为主的结构，各国、各地区、各企业的农业生产结构已大不相同，农业内部的分工分业日益强化，农业已经基本商品化，市场调节资源在各产业中的配置。

第三阶段是结构改革的高级阶段。这一阶段结构的变化主要标志是在农业市场化条件下高效益的农业生产结构已经形成，农业专业化生产已占主导地位，优质农产品的比重有大幅度上升，特别是高科技农业产业的比重日益上升，现代农业的产业结构已确立。

以上变化趋势，体现了农业生产结构变化的一般规律，同时也反映了农业生产结构的日益现代化。

四、农业生产结构调整和优化的一般原则

农业生产结构的调整和优化是一个动态的过程，因此评价农业生产结构合理与否，不存在一个普遍适用的和一成不变的标准。就同一个国家同一个地区而言，这一时期是合理的农业生产结构，在另一时期就不一定是合理的。因为任何一个国家、一个地区、企业的农业生产结构是否合理，都是根据其具体的自条件、社会经济条件和技术条件的特点而言的。事实上，在这一个国家、这一个地区是合理的农业生产结构，在另一个国家或地区也不一定是合理的。就全国、全省看是合理的农业生产结构，在其中某些地区、某些县、乡也不一定合理。因此，建立合理的农业生产结构，必须因地、因时制宜。农业生产结构的调整过程，就是农业生产结构不断优化的过程。一般来讲，农业生产结构的调整和优化应遵循以下原则：

（1）农业生产结构应以市场为导向，与市场的供需状况相适应。农产品市场的需求和供给都处在经常性变动中，所以农业生产结构的调整要根据农产品的市场供需变动趋势及时进行调整，使农产品的数量、质量、比例符合市变化趋势，以便更好地满足社会需求；同时，也可以使产品能够顺利销售并获得有利的价格。

（2）农业生产结构应能充分合理地利用当地的自然资源和社会经济资源，以保证最大限度地提高农业生产的经济效益。提高农业生产的经济效益，即尽可能地做到少投入多产出，就必须充分合理地利用各地的自然资源和社会经济资源。自然资源包括土地资源、水资源、气候资源、生物资源等。社会经济资源是指劳动力、资金、农业技术设备、交通运输等社会所创造出来的生产条件。这些条件充分合理地利用了，就能以较少的人力、物力生产出较多的产品。充分合理地利用这些自然条件和社会经济条件，就是使农业生产结构与各地的自然条件、社会经济条件的特点相适应，在自然资源的利用上做到宜农则

农、宜林则林、宜牧则牧、宜渔则渔。在社会经济资源的利用上，做到人尽其用、物尽其能。

(3) 农业生产结构应能符合保持和改善生态平衡的要求，以提高农业的生态效益。提高生态效益和改善生态平衡是提高农业长远经济效益和改善人们生活环境的根本要求。提高生态效益才能减少外部投入，主要靠发挥农业内部的生物与自然环境之间的物质能量转化作用来提高农业的产出。保持和改善生态平衡，才能使发展农业生产的自然条件和人们生活环境不断得到改善。而要做到这两点，都必须靠农业生产结构的优化。所以提高生态效益、改善生态平衡也就成了农业生产结构优化的基本要求。

(4) 农业生产结构要能保证国家全局性的、长远性的利益，与各地区的局部性的、眼前的利益正确结合。农业生产结构方面存在国家利益与局部利益、长远利益与眼前利益的矛盾。前者表现为，从整个国家来看是最有利的农业生产结构，但有时对地区或企业，在经济上往往相对利益较少，因而使地区或企业不容易接受。后者表现为，从长远来看是合理的农业生产结构，但从眼前来说却是经济效益很少的，因而也使人们不容易接受。因此，妥善地解决这些矛盾是正确处理农业生产结构的一个重要问题。处理这些矛盾，应当强调矛盾双方的正确结合，因为长期的经验证明，在这一问题上片面强调局部服从整体、眼前利益服从长远利益的做法，不可避免地要挫伤农业生产者的积极性，造成事与愿违、利少弊多的结果。

(5) 农业生产结构要因地制宜地逐步提高专业化水平。提高专业化水平就是要使各地区、各个农业企业的农业生产结构，由“万物俱全”的自给自足型向某些当地最具有优势的生产部门或生产项目发展。专业化有利于发挥各地的优势，有利于提高农业生产的技术水平，从而能使农业的劳动生产率、单位面积产量、产品的质量有显著提高，也有利于农业生产的技术进步以及农产品的收购和提高农产品的商品率，因此，专业化是促进农业商品生产和市场经济发展的要求，农业生产结构的优化要因地制宜地逐步提高专业化水平。

上述五个方面是农业生产结构调整和优化的基本原则，也是分析、评价农业生产结构是否合理的原则性标准。但是，在具体分析和评价农业生产结构时，仅有这些原则性标准还不够，还必须对优化结构的调整结果进行分析。

第二节　农业生产结构优化模型与方法

农业生产结构优化问题涉及多种农产品生产和多种生产要素投入，在现实生产中要解决结构优化问题，边际分析方法难以实现，特别是生产函数的建立很难准确地反映实际生产情况，求解也很困难。因而，农业生产结构优化问题目前广泛应用线性规划模型进行处理。利用线性规划模型求解农业生产结构问题主要有两类：一是总的生产目标确定之后，如何统筹安排生产要素资源，尽力做到用最少的资源耗费去实现生产目标；二是在一定数量的生产要素资源情况下，合理安排农业生产，使产出目标达到最大。

一、线性规划的概念和假设

线性规划是进行农业生产结构优化的一项重要的定量分析方法，通过把各种可能的生产函数和给定的各种要素系统地组织在一起，用数学方法写成约束条件，同时用目标函数来代替收益函数（或成本函数），使农业生产结构优化问题成为在一组约束条件下求目标函数极大值（或极小值）的数学方法。

根据线性规划的定义，任何线性规划模型都是由目标函数和约束条件构成，目标函数和约束条件用数学形式表示即：

目标函数：$Z = \sum_{i=1}^{n} C_i X_i$

约束条件：$\sum_{i=1}^{n} \sum_{j=1}^{m} a_{ij} X_{ij} \leqslant b_i$

$X_{ij} \geqslant 0$

式中，X_{ij}为生产活动数量，b_i 为限制生产要素数量，a_{ij}为生产活动时生产要素的单位消耗系数或投入产出系数，它表示生产一单位的 X_j所消耗（提供）b_i 的数量，C_i 为目标函数系数。

利用线性规划模型解决农业生产结构优化问题，必须满足线性规划本身所要求的一些假设，只有这样才能利用线性规划模型解决实际问题。

假定1：直线假定。在线性规划中所有的函数关系式都是线性的，也就是说线性规划中的目标函数和约束方程都是线性关系。这种线性假设表现在三个方面：目标函数为线性关系、生产函数为线性关系、各种要素之间的组合比例固定不变。

（1）目标函数为线性关系。目标函数为线性关系，其实质就是各种产品的价格不随产品供求关系的变化而变化。各种投入要素的价格也不发生变化，即等收益或等成本线为直线性。

表示为：$z = \sum_{i=1}^{m} Y_i P_{Y_i}$

式中，Y_i 为 i 产品生产数量，P_{Yi}为产品 Y_i 的价格。

（2）生产函数为线性关系。生产函数为线性关系是指产品产量与要素投入量建立的生产函数是线性关系。

（3）各种要素之间的配合比例固定不变。线性规划的约束条件方程都是线性的，它表现为生产某种产品各投入要素间的配合比例保持不变，即单位生产活动与各技术要素的消耗存在固定的比例常数，生产活动增加1倍，各要素的消耗量也必须增加1倍。但投入要素的增加能否使产量增加，要看该要素是否是该生产活动的限制因素。若有两种要素则表现为：Y_{min}（$a_1 \cdot X_1$，$a_2 \cdot X_2$），例如，$a_1=2$，$a_2=3$，$X_1=2$，$X_2=5$，则 Y_{min}（$2 \cdot X_1$，$3 \cdot X_2$）$=4$，由 X_1 决定 Y 最多可生产4单位，由 X_2 决定 Y 最多可生产15单位，所以 Y 只能生产4单位，要素之间没有替代关系只能按一定的比例配合，超出这一比例便会造成投入要素的浪费。

假定2：投入要素的有限性和生产活动的非负性。线性规划假设技术要素在实际生产中有限制，如土地、资金、劳力的数量并不是可以无限供给的。这就要求在有限的技术要素的限制条件下进行生产，寻求最佳的产品组合，这也是建立线性规划模型的条件之一。除此之外，线性规划还假设各项生产活动必须为正值或零，不能为负值，如小麦的生产量、投入的劳力数量等均不能为负值，这也是符合客观实际情况的。

假定3：投入要素和生产活动的可分性。这一假定是指各种投入要素和生产活动可分割成最小单位。正是因为要素和生产活动的可分性，才有必要和可能在一定的约束条件下，根据目标函数去计划和安排各项生产活动和投入要素，如每亩土地投入多少劳力和资金，多少土地用于小麦生产，或用于池塘养鱼等，才能使生产活动获得最好的经济效益。按此假定所建立的生产函数也都是连续的，从而使计算更为方便。

假定4：生产活动和投入要素的独立性和可加性。这一假定表明各种生产活动对投入要素是互相竞争关系，没有互助关系，要素之间也没有替代关系；同时，各生产活动所消耗的技术要素可以累加，且生产活动取得的收益和消耗的成本也可以累加。如两种生产活动或产品同时生产时，产品总收益等于这两种生产活动或产品单独生产时的总和，要素的总需要量也为这两种产品所需要要素数量的总和，且总成本也为这两种生产活动或产品所消耗的成本总和。

二、线性规划在实际运用中的一般步骤

线性规划在解决实际问题中，通常按照以下程序进行：

第一步，模型的建立。根据生产活动的具体内容以及投入产出系数建立目标函数以及约束方程，用数学语言来描述经济行为。

第二步，模型的求解。利用一定的方法，对模型进行求解，以取得在限定条件下目标函数及各项生产活动的最优值。对于变量较多的模型常常需要借助计算机加以求解。

第三步，结果分析。对于计算得出的模型最优值，还需进行优化后分析，并根据实际情况加以调整。此外，为了进一步掌握投入产出系数和投入要素拥有量的变动对最优结构的影响，还需要对原模型的求解结果进行灵敏度分析，以减少实际执行情况的风险，确保生产活动获得最大效益。

对于实际问题中线性规划模型的建立一般遵循以下步骤。

（一）提出问题，确定目标

线性规划方法在实际生产中应用相当广泛，在农业生产内部，从作物的轮作到种植结构的调整，从种植业、畜牧业管理到乡镇企业管理都可以利用线性规划解决优化问题。在线性规划这类方法中，又有二次规划、目标规划、整数

规划和非线性规划等。因此，针对所研究的问题，为使决策更为有效，应采用合适的方法。一般来说，线性规划主要解决为达到某一目标，在各种限制因素条件下，确定最佳的技术要素和产品组合。

（二）选择决策变量

根据所要分析的问题选择变量，这些变量是决策者进行分析决策的对象，因而也叫决策变量。在实际研究过程中，涉及的生产活动很多，不可能将所有的生产活动都列入模型，应选取一些对目标函数有密切制约关系的活动作为决策变量加入模型中。此外，在设置决策变量时，可以将一个变量分为几个变量，也可将几个变量合并成一个变量。例如，对于小麦生产这一生产活动，可以分成不同土壤类型的小麦生产、不同耕作方式的小麦生产，或不同投入水平的小麦生产。总之，变量的分与合，其目的是能够准确反映现实的生产情况，反映决策者的决策意图。同时，在选择决策变量时，应当明确决策变量的单位，决策变量的单位选择的不同将对模型的设置和求解产生较大的影响。

（三）确定目标函数

农业技术经济问题中的经济目标，在线性规划中就是目标函数。确定目标函数首先要解决两个问题：①确定经济目标，即经济目标是最大产值、最大净产值、最大盈利，还是最低生产成本等；②确定目标函数的系数。

经济目标的确定是根据所研究的问题而定。由于线性规划中只有一个目标函数，而实际以经济为追求的目标有多种多样。在这种情况下，只选择其中最重要的一项作为目标函数，其他的目标则可视为约束方程。目标函数的系数是根据经济目标而确定。如经济目标是最大产值，则目标函数的系数表示单位决策变量的产值量；若目标为最低成本，则目标函数的系数是单位决策变量的费用。较为难解决的是当经济目标为最大盈利时，此时目标函数系数是生产活动的总收益与模型中未分摊的生产费用之差。这里的模型中未分摊的生产费用是指，这些生产费用的实物要素没有作为约束在模型中出现。因此它和一般意义上的净收益是不同的。

（四）约束方程的建立

约束方程的建立取决于具体的约束条件，在农业技术经济研究中，造成约束条件的情况主要有以下三大类。

1. 投入要素的限制

如土地、劳力、资金、肥料、种子、饲料等资源的数量和利用，都属于这类约束。这些都是由客观现实条件所形成的，也称作基本约束条件。这种约束的数学表达符号为“≤”，说明对这种要素的数量限制。

2. 生产数量要求的限制

如计划的生产任务，合同订购数量以及对产品质量的要求等，这类约束主要受主观对变量进行的最低限制。这种约束的数学表达符号为“≥”，但有时也用“≤”符号，应视具体情况而定。

3. 其他约束

常常是由特定技术的要求或主观形式上的要求等构成，在农业技术经济问题研究中，技术评价是一项重要内容，对特定技术的要求便构成线性规划的重要约束条件，如低产田综合治理的各项技术效果指标，饲料配合各种营养成分含量的要求等。对这类约束的数学表达式，视具体情况用“≤”或“≥”加以表示。

三、农业结构优化中常见的线性规划模型建立

线性规划模型的建立是一个复杂的工作，需根据实际情况而认真对待，而生产中的实际情况又是千变万化的，很难有一个共同的方法。但是，只要掌握基本的建模原则，便能较快较好地建立模型。下面从几个农业生产中较常见的问题来讨论建模。

（一）生产活动

这里的生产活动指生产与销售当作一项生产活动加以对待，即作为一个决策变量，其目的是只求整体活动的经济效益，从而也大大简化了模型的建立。

例题：某生产单位有耕地 320 面积单位，劳动力要素为人 2 400 工日，现欲进行玉米的种植生产，根据调查和实际材料得知，种植玉米的面积单位产量为 450 千克，玉米的售价为 1.20 元/千克，生产 1 面积单位玉米的费用为 260 元（包括肥料费、排灌、种子等），需 50 个劳动力工日。根据上述条件，应该如何安排，才能够充分发挥要素的利用效果，获得最大盈利？

设：X_1 为玉米生产活动（面积单位），b_1 为耕地（面积单位），b_2 为劳动日（工日）。

根据已知条件，目标函数是获得最大盈利，则目标函数系数为：

$C_1 = 450 \times 1.2 - 260 = 280$（元/面积单位）

列出模型见表 5－1。

表 5－1　生产玉米的线性规划模型

投入产出系数 \ 生产活动 X_1 / 约束条件	玉米生产 X_1（面积单位）	………	限制符号	限制数量
目标函数（元）	280	………		
B_1（面积单位）	1	………	≤	320
B_2（工日）	50	………	≤	2 400

线性规划的目标函数及约束方程为：

目标函数：$\text{Max}Z = 280X_1$，

约束条件：$\begin{cases} X_1 \leq 320 \\ 50X_1 \leq 2\ 400 \end{cases}$

（二）销售活动

销售活动指将销售活动单独作为一个决策变量从生产中分离出来。在实际生产中，并不是所有生产的粮食都全部出售，即生产的产品数量并不一定等于出售的数量。所以，有必要对销售活动加以分离，除此之外，通过分设模型，从而引出转移行的概念，这对构造线性规划模型尤为重要。

所谓转移行是利用约束的形式，提供一个媒介，从而把某项活动的供给或产出转移给其他的活动项。

在上例中，如将销售活动分离出来，这时每亩玉米的生产和收获需 40 个劳动工日，另外10个劳动工日用作玉米的销售活动。并设：X_1 为玉米生产（面积单位）；X_2 为玉米销售（千克）；b_1 为耕地（面积单位）；b_2 为劳动力（工日）；b_3为玉米转移行（千克）。则线性规划建模见表5－2。

表5－2　　　　分离销售活动的线性规划模型

a_{ij} \ X_1 约束条件	X_1（面积单位）	X_2（千克）	……	限制符号	限制数量
目标函数系数	-260	1.2	……		
b_1（面积单位）	1		……	≤	320
b_2（工日）	40	0.01	……	≤	2 400
b_3（千克）	-450	1	……	≤	0

对于表5－2中的系数说明如下：

（1）在转移行中，活动 X_1 的系数要求是一个负值。该系数的绝对值450表示每亩玉米的产量，在线性规划中，对于转移行中的“供给”项，取负值。

（2）在转移行中，活动 X_2 的系数取正值。因为待出售的玉米取自转移行的供给，即属“需求”项，即每出售1千克玉米需生产上提供1千克的玉米，系数为1，取正值。

（3）在表中目标函数系数行，玉米生产活动是一个负值。它表示该项活动需要支付的费用（不考虑已列入模型中的投入要素消耗），玉米生产力的收益通过 X_2 活动来反映，所以 X_2 的系数为正值。

这时，在追求最大盈利的目标下，线性规划模型为：

目标函数：$MaxZ = -260X_1 + 1.2X_2$

$$\text{约束条件：}\begin{cases} X_1 \leqslant 320 \\ 40X_1 + 0.01X_2 \leqslant 2\,400 \\ -450X_1 + X_2 \leqslant 0 \end{cases}$$

（三）生产次产品的生产活动

在农业生产中，常常存在初级产品和次级产品的生产问题。所谓初级产品是利用投入要素第一次生产出来的产品，如果将初级产品作为投入要素从事另一种产品的生产，则对于第二次所生产的产品，称之为次级产品，例如，以生产的玉米称为初级产品，如将玉米再用于畜牧业生产，则畜产品称为次级产品。

针对这种情况，在上例中引入一项生猪生产活动，这时所生产的玉米并不是完全出售，其中一部分作为饲料。其中养一头猪需30个劳动工作日，需要220千克玉米作为饲料，一头猪的收入为460元。根据上述条件，应该如何安排，才能充分发挥要素的利用效果，获得最大盈利？

设：X_1 为玉米生产（面积单位），X_2 为玉米销售（千克），X_3为生猪生产（头），b_1 为耕地（面积单位），b_2 为劳动力（工日），b_3为玉米转移行（千克）。

根据已知条件建立线性规划模型表5－3。

表5－3　　生产次级产品的线性规划模型

a_{ij} \ X_1 约束条件	X_1（面积单位）	X_2（千克）	X_3（头）	……	限制符号	限制数量
目标函数系数	－260	1.2	460	……		
b_1	1			……	≤	320
b_2	40	0.01	30	……	≤	2 400
b_3	－450	1	220	……	≤	0

对于表5－3中的系数说明如下：

（1）在玉米转移行 b_3 中，X_3的系数为正值。因为生猪生产需要玉米饲料为“需求”型，其系数220表示每生产1头猪一年需220千克的玉米饲料。

（2）b_2 行中 X_2 的系数表明每生产1头猪需30个劳动工日。

目标函数和约束方程如下：

目标函数：$\text{Max}Z = -260X_1 + 1.2X_2 + 460X_3$

约束条件：$\begin{cases} X_1 \leqslant 320 \\ 40X_1 + 0.01X_2 + 30X_3 \leqslant 2\,400 \\ -450X_1 + X_2 + 220X_3 \leqslant 0 \end{cases}$

（四）不同生产方式的选择

在农业生产中，常常需要研究一种产品在各种不同投入水平下的经济效益。例如，同样是小麦生产，可以分别研究：①施肥水平不同；②耕作方法不同；③耕地、播种与收获作物时间安排上不同等。通过不同投入水平或生产方式的比较，从而对农业生产进行指导，以提高生产的经济效益。因此，在设置线性规划模型时，可将每种生产方式作为一个决策变量，并在各种要素数量限制的条件下去寻求最大的盈利目标。

某生产单位有耕地 320 面积单位，现有三种小麦生产方式，分别为低水平肥量的小麦生产、中水平肥量的小麦生产和高水平肥量的小麦生产。小麦售价为 1.4 元/千克。三种生产方式单位面积成本分别为：30 元、50 元、80 元；单位面积产量分别为：200 千克、300 千克、350 千克；单位面积所需肥料分别为：25 千克、50 千克、75 千克，肥料总量为 500 千克。根据上述条件，应该如何安排，才能充分发挥要素的利用效果，获得最大盈利？

设：X_1 为低水平肥量的小麦生产（面积单位），X_2 为中水平肥量的小麦生产（面积单位），X_3 为高水平肥量的小麦生产（面积单位），X_4 为小麦出售（千克）。

各变量的投入产出系数见表 5-4。

表 5-4　　不同生产方式的线性规划模型

a_{ij} \ X_1 约束条件	X_1（面积单位）	X_2（面积单位）	X_3（面积单位）	X_4（千克）	……	限制符号	限制数量
目标函数系数（元）	-30	-50	-80	1.4	……		
耕地约束行（面积单位）	1	1	1		……	≤	320
肥料约束行（千克）	25	50	75		……	≤	500
小麦转移行（千克）	-200	-300	-350	1	……	≤	0

表 5-4 中的目标函数系数 -30、-50、-80 分别表示不同肥料投入水平小麦生产的每亩生产费用，该费用不包括肥料成本，因为，肥料已作为约束条件加入模型中。于是，根据以上线性规划模型表，即可写出目标函数及约束方程。

目标函数：$\text{Max}Z = -30X_1 - 50X_2 - 80X_3 + 1.4X_4$

约束条件：$$\begin{cases} X_1 + X_2 + X_3 \leqslant 320 \\ 25X_1 + 50X_2 + 75X_3 \leqslant 500 \\ -200X_1 - 300X_2 - 350X_3 + X_4 \leqslant 0 \end{cases}$$

（五）不同类型耕地的选择

农业生产受自然条件影响很大，即使管理措施相同，但因种植在不同类型的耕地上，如水浇地、旱地、平地、坡地、盐碱地等，使生产的经济效益有所不同。同样，根据耕地土壤土质的不同，又可将耕地分为多种类型。因此，在农业生产中，有必要研究不同类型耕地的经济效益，并借助线性规划方法加以实现。对于这种情况，可以把不同类型的耕地作为一个决策变量，对其投入产出情况单独加以分析研究。

在三类耕地上生产小麦，分别为淤土地小麦生产、两合土小麦生产和青沙地小麦生产。三类耕地数量分别为：120 面积单位、150 面积单位、50 面积单位；单位面积产值分别为：80 元、60 元、20 元。根据上述条件，应该如何安排，才能充分发挥要素的利用效果，获得最大盈利？

设：X_1 为淤土地小麦生产（面积单位），X_2 为两合土小麦生产（面积单位），X_3 为青沙地小麦生产（面积单位），b_1 为淤土地（面积单位），b_2 为两合土地（面积单位），b_3 为青沙地（面积单位）。

不同类型耕地的生产线性规划模型见表 5－5。

表 5－5　　不同类型耕地的生产线性规划模型

约束条件 \ a_{ij} \ X_1	X_1（面积单位）	X_2（面积单位）	X_3（面积单位）	……	限制符号	限制数量
目标函数系数（元）	80	60	20	……		
B_1	1				≤	120
B_2		1		……	≤	150
B_3			1		≤	50

目标函数：$MaxZ = 80X_1 + 60X_2 + 20X_3$

$$约束条件：\begin{cases} X_1 \leq 120 \\ X_2 \leq 150 \\ X_3 \leq 50 \end{cases}$$

四、线性规划模型的求解

当线性规划模型建立之后，需要对线性规划问题进行求解和计算。线性规划的基本解法有图解法和单纯形法。单纯形法通常用于求解三个变量以上的线性规划模型；图解法一般只适用于解两个或三个变量的简单问题，实用价值不大，却有助于了解线性规划求解过程的经济含义。

（一）图解法及其经济原理

在这里，以一个求生产活动最大利益的实际例子来说明图解法的基本经济原理。

作物 X_1 每亩需劳力 1 个单位、资金 2 个单位、净收益 5 个单位；作物 X_2，每亩需劳力 3 个单位、资金 1 个单位、净收益 4 个单位；总的劳力数量为 90 单位，资金数量为 80 单位，耕地面积为 45 亩，问该生产单位应如何安排生产，使生产获得最大盈利？

根据已知条件，可列出线性规划模型。

目标函数：$Z = C_1X_1 + C_2X_2$

约束条件：$\begin{cases} X_1 + 3X_2 \leqslant 90 & \text{（劳力）} \\ 2X_1 + X_2 \leqslant 80 & \text{（资金）} \\ X_1 + X_2 \leqslant 45 & \text{（耕地）} \end{cases}$

C_1，C_2 分别为每种植一亩 X_1，X_2 的收益，在本例中分别为 5 和 4。

为方便起见，假设资金和土地可无限供给，唯一的限制要素为 90 单位的劳力，这时约束方程可写成：

$X_1 + 3X_2 = 90$（劳力全部用完）　　(5 - 1)

根据式（5 - 1）便可求得两种作物的面积，在一定劳力条件下的生产可能线如图 5 - 1 中的 ab 直线，这一生产可能线的斜率为该两种产品的边际代替率。

即：

$$\frac{\Delta X_1}{\Delta X_2} = -\frac{3}{1} = -3$$

所以，式（5－1）可改写成：

$$X_1 = 90 - 3X_2 \quad (5-2)$$

$$X_1 = 90 - \frac{\Delta X_1}{\Delta X_2}X_2 \quad (5-3)$$

将式（5－3）代入目标函数：

$$Z = C_1\left(90 - \frac{\Delta X_1}{\Delta X_2}X_2\right) + C_2X_2 \quad (5-4)$$

$$= 450 + \left(C_2 - C_1\frac{\Delta X_1}{\Delta X_2}\right)X_2$$

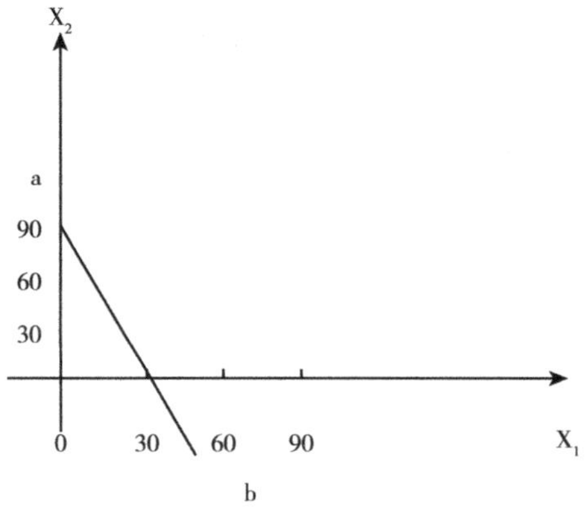

图 5－1　劳动力制约的生产可能性

式（5－4）表示在定量劳力为（90 单位）的限制下，X_1，X_2 这两种作物配合生产时的净收入，式中（$C_2 - C_1\Delta X_1/\Delta X_2$）称为 X_2 代替 X_1 的判别式，它表示增加 1 单位的 X_2 时，可能获得的净收益 C_2 与所要牺牲 X_3 的净收益 C_1 的差额。

因此，当判别式（$C_2 - C_1\Delta X_1/\Delta X_2$）的数值为正时，表示若增加 X_2 以代替 X_1 时，收益要增加；反之，表示收益将因 X_2 的增加而减少。

对于上述问题，我们初步打算将土地全部用于生产 X_1，根据可行性方程：

$X_1 + 3X_2 = 90$

此时 $X_1 = 90$，总收益为 $4 \times 90 = 360$。

现在如设想增加 1 单位的 X_2，此时必然要减少 X_1，其替代率为 -3，即每增加 1 单位的 X_2，由于劳力有限，必须减少 3 单位的 X_1，这种调整是否合理，可根据判别式计算。将具体数据代入，得：

$$4-5\times3=4-15=-11<0$$

上式表示每增加 1 单位的 X_2，可使收益减少 11 个单位，因此，这种替代显然是不合理的。所以，全部的劳力只适合用于 X_1，而完全不必用于 X_2。

相反，如果全部劳力用于生产 X_2，这时由约束方程得：

$$X_1+3X_2=90$$

$$X_2=30$$

此时的总收益为：

$$Z_0=C_1X_1+C_2X_2=4\times30=120$$

在这种情况下，每增加 1 单位的 X_1，X_2 的减少量为 $-1/3$。由判别式计算得：

$$C_1-C_2\frac{\Delta X_1}{\Delta X_2}=5-4\times\frac{1}{3}>0$$

上式表示，每增加 1 单位的 X_1，可使收益增加，因为产品的边际替代率是常数，C_1、C_2 也是常数，所以这种增值也是常数，因此，这种替代可继续延续下去。但由于受到劳力条件的限制，只能增加 90 单位的 X_1，此时，增加的收益为：

总收益为：$Z=120+330=450$

其结果和第一次分析情况完全相等。

偿还的分析仅考虑一种投入要素（劳力），如果再考虑资金的约束，又可给出一条生产可能性曲线，其斜率为：

$$\Delta X_1/\Delta X_2=-0.5$$

即在这条生产可能性线上，每增加 1 单位的 X_2 必须减少 0.5 单位的 X_1，生产可能性方程为：

$$X_1=40-\frac{\Delta X_1}{\Delta X_2}X_2=40-0.5X2$$

另外，考虑在一定耕地面积条件下，其边际替代率为 1，生产可能性方程为：

$$X_1=45-\frac{\Delta X_1}{\Delta X_2}X_2$$

综合以上三条生产可能性，便可得在劳力（90）、劳动（80）、耕地（45）一定的条件下，产品生产 X_1，X_2 的生产可能性范围（见图 5－2）。

三种投入要素形成的生产可能性曲线与前面所讲的生产可能性线不一样，在图 5－2 中，每一线段代表一种要素的约束，并形成一定的产品边际替代率，由此围成的阴影面积则为生产可行范围，在这范围之外的任何一点都无法实现生产。

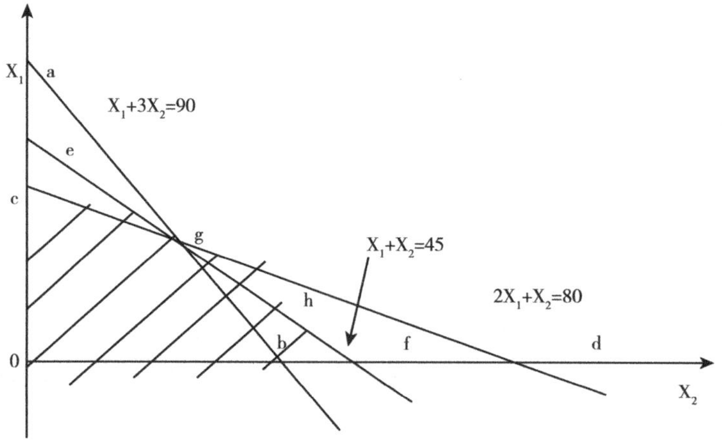

图 5－2　生产可行范围

生产可能性范围一旦确定，寻找最大盈利生产计划的方法有以下几种：

（1）根据目标函数 $Z = C_1X_1 + C_2X_2$ 可以做出许多平行的等收益线，其斜率为 －4/5，让等收益线与生产可能性曲线相切，其切点即最大盈利点，此例中切点在 g 点，该点所对应的 X_1 为 35，X_2 为 10，最大收益 215 元。

（2）当等收益线的斜率与生产可能性曲线的边际代替率相等时，根据收益最大边际平衡原理，寻找最大盈利点。由于等收益线的斜率为（－4/5），据此 g 点的边际替代率介于 0.5—1，所以 g 点的盈利最大。

（3）借助判别式寻找最大收益的生产计划，这种方法较为笨拙，却能说明经济意义。

根据判别式寻找最大收益生产计划，给它一个初始计划，这一计划必须在生产可能范围之内。先假设初始生产计划为 C 点，此时，说明只种植 X_1 作物 40 单位面积。这时的总收益为：

$Z_0 = C_1X_1 + C_1X_2 = 5 \times 40 + 4 \times 0 = 200$

为寻找最佳生产计划，沿着 cg 生产可能性曲线增加 X_2，在 cg 线段 X_1 对 X_2 的边际代替率为 =0.5，根据判别式：

$$\Delta Z_0 = C_2 - C_1 \times \frac{\Delta X_1}{\Delta X_2} = 4 - 5 \times 0.5 = 1.5$$

$\Delta Z_0 = 1.5$ 表明在边际代替率为 0.5 的情况下，每增加一单位的 X_2，使总收益增加 1.5 单位。故此可沿 cg 线，使 X_2 增加到 g 点，这时 $X_2 = 10$ 单位，此时的总收益为：

$\Delta Z_0 = 200 + 1.5 \times 10 = 215$

在这种情况下，如再继续增加 X_2，便沿 gh 生产可能性曲线增加，这时的边际替代率为 1，在这个边际替代率条件下，每增加一个单位 X_2，增加的收益为：

$$\Delta Z_0 = C_2 - C_1 \times \frac{\Delta X_1}{\Delta X_2} = 4 - 5 \times 1 = -1$$

该值表明若继续增加 X_2，每增加 1 单位的 X_2，便会使收益减少 1 单位。因此，要获得最大收益的生产收益应该在 g 处，即 $X_1 = 35$，$X_2 = 10$，与前面分析的结果完全相同。

（二）单纯形法

单纯形法是一种复杂的代数方法。其原理也是让生产从零开始，逐步换基迭代，调整目标函数，使其数值一次比一次好，最后获得最优解，由于图解法无法求解三个以上变量的线性规划问题，所以一般采用单纯形法求解。

单纯形解法可分为以下几个步骤：

第一步，引进松弛变量，变约束方程不等式为等式，则：

$$\begin{cases} X_1 + 3X_2 + X_3 = 90 \text{（劳力）} \\ 2X_1 + X_2 + X_4 = 80 \text{（资金）} \\ X_1 + X_2 + X_5 = 45 \text{（土地）} \end{cases}$$

式中的松弛变量 X_3，X_4，X_5，从经济含义中解释，可以分别理解为劳力剩余量（X_3），资金剩余量（X_4）和土地剩余量（X_5）。以上的等式约束可理解为生产 X_1 和 X_2 产品所需的要素量加上剩余量应等于要素供给量，它反映出供需的平衡关系。

第二步，假设不进行任何生产活动，只有要素的剩余，这种状况的生产计划表称第一计划，见表 5-6。

表 5-6　　第一计划表

C_j	5.00	4.00	0.00	0.00	0.00	RHS	R
Basis	X_1	X_2	X_3	X_4	X_5		
0.00 X_3	1.00	3.00	1.00	0.00	0.00	90.00	90.00
0.00 X_4	2.00	1.00	0.00	1.00	0.00	80.00	40.00
0.00 X_5	1.00	1.00	0.00	0.00	1.00	45.00	45.00
Z_j	0	0	0	0	0	0	
$C_j - Z_j$	5.00	4.00	0	0	0		

基本计划表中 C_1 对应的数值为各生产活动的目标函数系数，表 5-6 中间的数值为各种生产活动间的边际替代率。如第二行第一列的数值 2 为 X_1 与 X_4 间的边际替代率，它表明增加 1 单位的 X_1，必须减少 2 单位的 X_4。Z_1 为各生产活动的机会成本，即每引入一项生产活动收益的减少量，Z_1 的计算方式为：

$$Z_j = \sum_{i=1}^{n} Ci \frac{\Delta X_i}{\Delta X_j}$$

例如，若要引入 1 单位的 X_1 则必须减少 1 单位的 X_3，2 单位的 X_4和 1 单位的 X_5，则减少的收益为：

$$Z_1 = C_3 \times \frac{\Delta X_3}{\Delta X_1} + C_4 \times \frac{\Delta X_4}{\Delta X_1} + C_5 \times \frac{\Delta X_5}{\Delta X_1}$$

$$= 0 \times 1 + 0 \times 2 + 0 \times 1$$

$$= 0$$

$C_j - Z_j$为边际收益，即增加某 1 单位生产活动，使目标函数值增加的数量，它是作为是否进行某项生产活动的判别值，当 $C_j - Z > 0$ 时，则 X_1 可作为引入的生产活动，但首先引入的生产活动应是 $C_j - Z_j$为最大的 X_1。如 X_1 的 $C_1 - Z_1$为 5，X_2 的 $C_2 - Z_2$ 为 4，则 X_1 应作为引进的生产活动，每生产 1 单位的 X_1 可使目标函数增加 5 单位。

RHS 表示当前生产活动的生产规模，R 反映当 X_1 作为引进的生产活动时，在各种要素的限制条件下，X_1 最大的生产规模。对劳力而言，允许 X_1 生产 90

单位；对资金而言，允许 X_1 生产 40 单位；对土地而言，允许 X_1 生产 45 单位。由此可见，X_1 的最大生产量只能为 40 单位。

第三步，建立第二计划表。将 X_1 放入生产计划中，代替 X_4的位置，经过行列式初等变换，使第一列除引入的生产活动 X_1 对应的系数为 1 以外，其余行的系数都转换为 0，其他的各行列随之变换得到第二计划（见表 5－7）。

表 5－7　　第二计划表

C_j	5.00	4.00	0.00	0.00	0.00	RHS	R
Basis	X_1	X_2	X_3	X_4	X_5		
0.00 X_3	0.00	2.50	1.00	－0.50	0.00	50.00	20.00
5.00 X_1	1.00	0.50	0.00	0.50	0.00	40.00	80.00
0.00 X_5	0.00	0.50	0.00	0.50	1.00	5.00	10.00
Z_j	5.00	2.50	0	2.50	0	200.00	
$C_j - Z_j$	0	1.50	0	－2.50	0		

表 5－7 中间的系数仍为生产活动间的边际代替率，但这一边际替代与第一计划表相比发生了变化，这是因为生产活动的替代关系发生了变化。例如，X_2 与 X_3的替代关系为 2.5，而第一计划表为 3；X_2 与 X_5的替代关系为 0.5，而第一计划表中为 1。由第一计划表可知，生产 1 单位的 X_1 需劳力、资金和土地各为 1 单位，2 单位，1 单位；生产 1 单位的 X_2 需劳力、资金和土地各为 3 单位，1 单位，1 单位，则 X_1 和 X_2 与各要素间的替代关系见表 5－8。

表 5－8　　要素间的代换关系

	劳力（X_3）	资金（X_4）	土地（X_5）
X_1	1	2	1
X_2	3	1	1

在第二计划表中，已决定生产 40 单位的 X_1，这时需劳力 40 单位、资金 80 单位、土地 40 单位。此时资金已经用尽，由第二计划表的判别式可见，只进行 X_1 生产，盈利 200 单位并不是最优方案。如果增加 1 单位的 X_2 可使目标值增加 1.5 单位，但同时需消耗 3 单位劳力、2 单位资金和 1 单位土地。可此时资金已无多余。只有以减少 X_1 的生产为代价。因为生产 1 单位的 X_1 需 2 单

位资金，而生产 1 单位的 X_2 只需 1 单位资金，所以每增加 1 单位的 X_2 只需减少 0.5 单位的 X_1，以此满足 X_2 对资金的需要。减少生产 0.5 单位的 X_1 不仅可挤出 1 单位的资金，同时腾出 0.5 单位劳力和 0.5 单位土地，所以此时多生产 1 单位的 X_2 只需从剩余要素中再用 2.5 单位的劳力、0.5 单位的土地，以满足生产需要。这里的 2.5、0.5、0.5 便为 X_2 与 X_3，X_1，X5 的边际代替率。

第二计划表中的 Z_j 计算方法与第一计划表一样，如 Z_2 为：

$$Z_2 = 0 \times 2.5 + 5 \times 0.5 + 0 \times 0.5$$

此时的目标函数为：

$$Z = 0 \times 50 + 5 \times 40 + 0 \times 5 = 200$$

第四步，修改第二计划表，建立第三计划表。

从第二计划表中的 R 列可知，引入 X_2 最多可以生产 10 单位，此时土地要素用尽，按建立第二计划表规则对第二计划表修改，得到第三计划表（见表 5-9）。

表 5-9　　第三计划表

C_j	5.00	4.00	0.00	0.00	0.00	RHS
Basis	X_1	X_2	X_3	X_4	X_5	
0.00 X_3	0.00	0.00	1.00	2.00	-5.00	25.00
5.00 X_1	1.00	0.00	0.00	1.00	-1.00	35.00
4.00 X_2	0.00	1.00	0.00	-1.00	2.00	10.00
Z_j	5.00	4.00	0	1.00	3.00	215
$C_j - Z_j$	0	0	0	-1.00	-3.00	

由第三计划表可见 $C_j - Z_j$ 都是 $\leqslant 0$，说明该计划表为最优计划表。此时，生产 35 单位的 X_1，生产 10 单位的 X_2，劳力剩余 25 单位，目标函数值为 215 单位。X_3、X_4、X_5 的 $C_j - Z_j$ 值分别为 0、-1、-3，它表示三种要素的影子价格分别为 0，1，3。

影子价格是指在最优解中，减少 1 单位稀缺要素目标函数值减少的数值。例如，若减少 1 单位土地，（由 45 单位变为 44 单位），此最优解的目标函数值为 212 单位。影子价格为零，表示该种要素有剩余。如劳力要素剩余 25 单位（$X_3 = 25$），其影子价格为零，它表明，增加该要素，不能使目标函数值改变。

影子价格不等于零的要素，说明该要素已经用尽，为发展生产的限制要素，增加该要素可使目标函数值提高，从此意义上讲，要素的影子价格又是要素的边际价值。

五、灵敏度分析

由线性规划的最优解可以得到要素的最优配置，以及产品的最佳组合。但在实际生产中经常会遇到一些不确定因素，以及某些参数由于某些原因发生了改变。如目标函数系数的改变、约束条件的修改等，当这些参数改变之后，原先的最优解还是不是最优的要素配置，是否需要重新计算，有关此类问题便属于线性规划中的灵敏度分析问题。

（一）目标函数系数 C_j 的灵敏度分析

假设 X_1 农产品的价值系数 C_1 发生了变化，其变化量为 Δ，那么目标函数为：

$Z = (5 + \Delta)\ X_1 + 4X_2$

现在的问题是，Δ 为多少时，原来的最优解会发生改变，由判别式可知，若 $C_j - Z_j < 0$ 则最优解不改变；若 $C_j - Z_j > 0$，则基底发生变化。由最优解表（见表 5 - 10）可知，若最优解不变，则要求，$C_4 - Z_4 \quad 0$，$C_5 - Z_5 \quad 0$，即：

$-\Delta - 1 \leqslant 0$

$\Delta - 3 \leqslant 0$

表 5 - 10　　价值系数 C_j 改变 Δ

C_j	5 +	4	0	0	0	RHS
B_i	X_1	X_2	X_3	X_4	X_5	
0	0	0	1	0	-5	25
5 +	1	0	0	1	-1	35
4	0	1	0	-1	2	10
Z_j	5 +	4	0	1 +	3 -	225
$C_j - Z_j$	0	0	0	-1	-3	

由上式解得：

$-\Delta \leqslant 1$

$\Delta \leqslant 3$

$-\Delta \leqslant 1$ 表示其减少量最大为 1，$\Delta \leqslant 3$ 表示 Δ 的增加量最大为 3。因此，在最优解不变的条件下，允许 C_1 的变化范围为 4—8，其他价值系数允许的变化范围解法与 C_1 类似。

根据边际均衡原理可知，最大收益的条件为图 5－3 中 g 点所示，此时的生产可能性曲线为三个直线段构成，在满足边际均衡条件下，允许其有一变化范围 0.5—1，（1 为土地约束条件下的产品边际代替率；0.5 为资金约束条件下的产品边际代替率）。若 C_2 不变，则允许 C_1 的变化范围为 4—8，只有这样才能保证在 0.5—1。

（二）右边值的灵敏度分析

由表 5－10 可知，资金的影子价格为 1，耕地的影子价格为 3，此时若增加 1 单位的资金可使目标函数值增加 1 单位；耕地增加 1 单位，可使目标函数值增加 3 单位。但是影子价格并不是永远不变的，当其数量增加到一定限度时，便会发生变化。

由线性规划原理可知，影子价格不变的条件是最优解的松弛变量矩阵与右边值矩阵的乘积大于等于零，即：

$$X = B^{-1}P_0 = \begin{pmatrix} 1 & 2 & -5 \\ 0 & 1 & -1 \\ 0 & -1 & 2 \end{pmatrix}\begin{pmatrix} 90 \\ 80 \\ 45 \end{pmatrix} \geqslant 0$$

当右边值发生变化时，如劳力变化 Δ，此时，影子价格不变的条件，仍要求 $X \geqslant 0$，即：

$$X = B^{-1}P_0 = \begin{pmatrix} 1 & 2 & -5 \\ 0 & 1 & -1 \\ 0 & -1 & 2 \end{pmatrix}\begin{pmatrix} 90 + \Delta \\ 80 \\ 45 \end{pmatrix} \geqslant 0$$

由上式得：

$25 + \Delta \geqslant 0$

$35 + 0 \geqslant 0$

$10+0\geqslant 0$

得：$-\Delta\leqslant 25$

$-\Delta\leqslant 25$ 说明允许劳力的减少量不能超过 25，所以，为使劳力影子价格不变，允许劳力的变化范围为 65（=90－25）至∞之间。这一变化范围的经济含义可以用图 5－3 说明。图 5－3 中 AB 线是劳力为 90 时的等要素线，而最佳产品组合点在 g 点，AB 线没有过 g 点说明劳力要素有剩余，劳力增加或减少 1 单位，对收益没有影响，所以，劳力的影子价格为零。若劳力要素不断减少，当劳力等要素线由 AB 变化到 A′B′时，此时劳力为 65，若再减少，则劳力变为限制要素。产品最佳组合点便会发生变化，目标函数值也会减少，因此，影子价格不再为零。

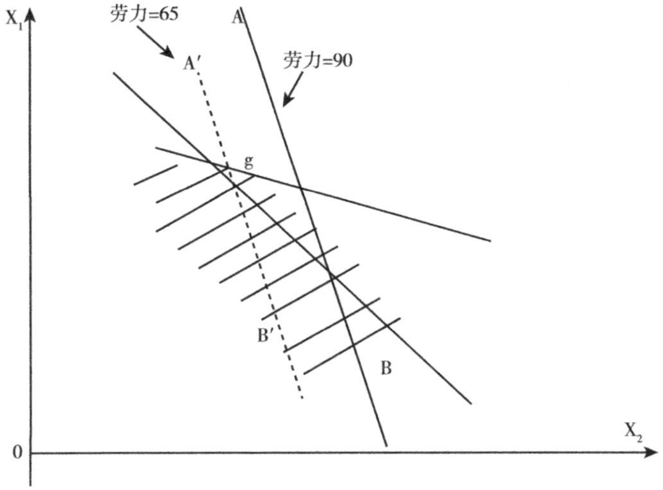

图 5－3 劳力变化范围

对于资金而言，影子价格不变的范围要求是：

$$X=\begin{pmatrix}1 & 2 & -5\\0 & 1 & -1\\0 & -1 & 2\end{pmatrix}\begin{pmatrix}90\\80+\Delta\\45\end{pmatrix}\geqslant 0$$

得：

$25+2\Delta\geqslant 0$

$35+\Delta\geqslant 0$

$10-\Delta \geq 0$

解得：

$-\Delta \leq 12.5$

$-\Delta \leq 35$

$\Delta \geq 10$

上式说明允许 Δ 的最大减少量为 12.5，最大增加量为 10，那么，允许资金的变化范围为：

下限：$80-12.5=67.5$

上限：$80+10=90$

由同理，可以求出耕地影子价格不变的耕地数量范围为 40—50，其分析原理同资金。

线性规划的求解以及灵敏度分析可以利用计算机线性规划软件求得，目前，这一类计算机软件较多。各种软件的结果报表大同小异，报表分为两个部分：第一部分为最优解以及各生产活动和技术要素的影子价格；第二部分为目标函数系数灵敏度分析以及右边值灵敏度分析，LINDO 软件的报表格式如表 5－11 所示。

表 5－11　　线性规划分析

LP OPTIMUM FOUND AT STEP 2		
OBJECTIVE　FUNCTION VALUE		
1)	215.00000	
VARIABLE	VALUE	REDUCED COST
X_1	35.000000	0.000000
X_2	10.000000	0.000000
ROW	SLACK OR SURPLUS	DUAL PRICES
2)	25.000000	0.000000
3)	0.000000	1.000000
4)	0.000000	3.000000
NO. ITERARIONS =	2	

续表

RANGES IN WHICE THE BASIS IS UNCHANGED			
	OBJ COEFFICIENT RANGES		
VARIABLE	CURRENT	ALLOWABLE	ALLOWABLE
	COEF	INCREASE	DECREASE
X_1	5.00	3.00	1.00
X_2	4.00	1.00	1.05
	RIGHTHAND SIDE RANGES		
ROW	CURRENT	ALLOWABLE	ALLOWABLE
RHS	INCREASE	DECREASE	
90.00	INFINITY	25.00	
80.00	10.00	12.50	
4	45.00	5.00	5.00

第三节　农业生产结构优化对农业经济增长的贡献

农业作为国民经济的一个重要部分，其基础属性决定其不可取代性。农业发达，百业兴旺；农业稳定，世界稳定。我国的农村近代化进程比较缓慢，农村的经济发展程度也比较低。为解决这个问题，党的十九大报告提出“以农业为中心”的发展战略。农业产业结构的优化是我国农村经济发展的关键，而合理的农业产业结构是实现农村经济持续、稳定发展的重要保障。

一、农业生产结构优化对农业经济增长的贡献计量

农业经济的增长可以用农林牧渔业的增加值来衡量，农林牧渔业增加值是农业各产业增加值之和，可以表示为：

$$va = \sum_{i=1}^{4} va_i$$

式中，va 为农林牧渔业增加值，va_i 为 i 部门增加值。上式关于时间的微分得：

$$\frac{dva}{dt}=\sum_{i=1}^{4}\frac{dva_i}{dt}$$

上式两边同被 va 除，可以得到农林牧渔业增加值增长率与各业增加值增长率之间的关系：

$$\frac{dva/dt}{va}=\sum_{i=1}^{4}\frac{dav_i/dt}{va_i}\cdot\frac{va_i}{va}$$

当 t = 1 时，等式左边为农林牧渔业增加值年增长率，等式右边为农业各产业增加值年增长率与该产业增加值所占比例乘积的加总。也就是说，农林牧渔业增加值的增长率等于各业增加值增长率的加权平均数，权重为各业增加值在总增加值中的比重。各业对总增加值增长率的贡献率 RC_i 可以写成：

$$RC_i=\frac{(va_i/va)\cdot(dva_i/va_i)}{dva/va}=\frac{va_i}{va}\cdot\frac{dva_i/va_i}{dva/va}$$

上式右边的第一部分为 i 部门的结构比例，第二部分为各业增加值的增长率与总增加值增长率的比值，即各业的相对增长率，相对增长率 >1，说明 i 产业加速了农林牧渔业增加值的增长；相对增长率 <1，说明 i 产业减缓了农林牧渔业增加值的增长。这样，各业对农林牧渔业总增加值增长率的贡献率可以简写为：

$$RC_i=\delta_i\times RR_i$$

上式中，δ_I、RR_i 分别为 i 产业结构比例和相对增长率。

二、种植结构对农业增长的贡献计量

种植业产值的增长决定各种作物产值的变化，而各种作物的产值变化又受到诸多因素的影响，各种因素改变对农业增长的贡献大小可以通过因素分解的方法加以计算。我们知道农业产值可以写成：

$$Vp=\sum_{j=1}^{n}Y_j\cdot F_j$$

农业的增长量可以写成：

$$\Delta Vp=\sum_{j=1}^{n}Y_j^t\cdot F_j^t-\sum_{j=1}^{n}Y_j^{t-1}\cdot F_j^{t-1}\qquad(5-5)$$

式中：ΔVp ——种植业总产值的增长量；

Y_j^t，Y_j^{t-1}——t 年和 t－1 年 j 作物单位面积产值；

F_j^t，F_j^{t-1}——t 年和 t－1 年 j 作物种植面积。

农业的增长量也可视为农业产出对时间的导数，即：

$$\frac{\mathrm{d}Vp}{\mathrm{d}t} = \frac{\mathrm{d}\sum_{j=1}^{n} Y_j \cdot F_j}{\mathrm{d}t} = \frac{\sum_{j=1}^{n}(F_j \cdot \mathrm{d}Y_j + Y_j \mathrm{d}F_j)}{\mathrm{d}t}$$

当时间变化量为一年时，比较式（5－5），上式可写为：

$$\Delta Vp = \sum_{j=1}^{n} F_j^t \cdot (Y_j^t - Y_j^{t-1}) + \sum_{j=1}^{n} Y_j^{t-1}(F_j^t - F_j^{t-1}) \tag{5-6}$$

上面等式右边的第一部分为各种作物单位面积产值变化对种植业增长的贡献，第二部分为各种作物种植面积变化对种植业增长的贡献。所以说，种植业的增长是由农产品单位面积产值和种植面积两个变量决定的。然而，各种农产品单位面积产值的变化又受生产能力、产品价格和产品布局等因素的影响；各种农产品的种植面积变化不仅包括总种植面积的变化，还包括各种农产品的种植结构的变化，所有这些因素的贡献可以分解计算。下面分别从产品的单位面积产值和种植面积两个主要因素入手，分析各种因素对农业增长的贡献大小。

（一）农产品单位面积产值贡献分解

根据式（5－6），单位面积产值对种植业增长的贡献为：

$$\Delta Vp_1 = \sum_{j=1}^{n} Y_j^t \cdot F_j^t - \sum_{j=1}^{n} Y_j^{t-1} \cdot F_j^t \tag{5-7}$$

上式中，ΔVp_1 表示由各种农产品平均单位面积产值变化引起种植业总产值的增长量。农产品的单位面积产值是指全国的平均水平。由此可见，首先，这种平均水平受各区域农产品单位生产能力的影响。其次，由于各区域农产品的生产能力不同，农产品的生产布局也成为其平均水平的主要影响因素。最后，由于各区域同种农产品的价格也存在一定的差异，所以它也是影响平均水平的因素之一。

农产品单位面积产值平均水平的变化表达式为：

$$Y_j^t - Y_j^{t-1} = \left(\frac{\sum_{i=1}^{m} y_{ij}^t \cdot f_{ij}^t}{\sum_{i=1}^{m} f_{ij}^t} - \frac{\sum_{i=1}^{m} y_{ij}^{t-1} \cdot f_{ij}^t}{\sum_{i=1}^{m} f_{ij}^t} \right) + \left(\frac{\sum_{i=1}^{m} y_{ij}^{t-1} \cdot f_{ij}^t}{\sum_{i=1}^{m} f_{ij}^t} - \frac{\sum_{i=1}^{m} y_{ij}^{t-1} \cdot f_{ij}^{t-1}}{\sum_{i=1}^{m} f_{ij}^{t-1}} \right) \tag{5-8}$$

式中，y_{ij}^t、y_{ij}^{t-1}、f_{ij}^t、f_{ij}^{t-1}分别表示 i 区域在 t 年和 t－1 年生产 j 农产品的单位面积产值和种植面积。式（5－8）右边的第一部分是不同区域中农产品生产能力与销售价格对农产品 j 平均单位面积产值的影响；第二部分反映农产品 j 的布局效应。同时，不同区域农产品单位面积产值的变化又可写成：

$$y_{ij}^t - y_{ij}^{t-1} = q_{ij}^t \cdot p_{ij}^t - q_{ij}^{t-1} \cdot p_{ij}^{t-1} \tag{5-9}$$

式中，q_{ij}^t、q_{ij}^{t-1}、p_{ij}^t、p_{ij}^{t-1}分别表示 i 区域在 t 和 t－1 年中生产 j 产品的单位面积产量和价格。将这种变化又分为价格效应和生产能力效应，则：

$$y_{ij}^t - y_{ij}^{t-1} = (q_{ij}^t \cdot p_{ij}^t - q_{ij}^t \cdot p_{ij}^{t-1}) + (q_{ij}^t \cdot p_{ij}^{t-1} - q_{ij}^{t-1} \cdot p_{ij}^{t-1}) \tag{5-10}$$

这样式（5－8）的第一部分为：

$$\underbrace{\frac{\sum_{i=1}^{m} y_{ij}^t \cdot f_{ij}^t - \sum_{j=1}^{m} y_{ij}^{t-1} \cdot f_{ij}^t}{\sum_{i=1}^{m} f_{ij}^t}}_{\text{（区域农产品单位面积产值变化）}} = \underbrace{\frac{\sum_{i=1}^{m} (q_{ij}^t \cdot p_{ij}^t - q_{ij}^t \cdot p_{ij}^{t-1}) \cdot f_{ij}^t}{\sum_{i=1}^{m} f_{ij}^t}}_{\text{（价格贡献）}} + \underbrace{\frac{\sum_{i=1}^{m} (q_{ij}^t \cdot p_{ij}^{t-1} - q_{ij}^{t-1} \cdot p_{ij}^{t-1}) \cdot f_{ij}^t}{\sum_{i=1}^{m} f_{ij}^t}}_{\text{（生产能力贡献）}} \tag{5-11}$$

农产品单位生产能力的变化主要是投入要素的改变和其他因素（如自然条件等）的变化所致。各种投入要素变动对农产品单位生产能力的影响可以使用生产函数进行估算。生产函数的一般形式为：

$$q_{ij} = f(\chi_{ij1}, \chi_{ij2}, \cdots, \chi_{ijw}, \cdots, \chi_{ijr}) + \varepsilon_{ij} \tag{5-12}$$

式中，χ_{ijw} 表示 w 种生产要素在 i 区域生产 j 产品的投入数量。i 区域 j 产品单位生产能力的变化量为：

$$\Delta q_{ij} = f(\Delta\chi_{ij1}, \Delta\chi_{ij2}, \Delta\chi_{ijr}) + \Delta q_{ij}^{\varepsilon} \tag{5-13}$$

式中，$\Delta q_{ij}^{\varepsilon}$ 为其他因素对单位生产能力的影响。

式（5－12）中，对投入要素分别求导，可得各要素的边际生产能力为 Mp_{ij}：

$$Mp_{ij} = \frac{\partial q_{ij}}{\partial \chi_{ijw}}$$

因此，某种生产要素 w 对单位生产能力的影响为 $Mp_{ij} \cdot \Delta\chi_{ijw}$，所有投入要素的影响之和乘以生产函数回归方程的可决性系数 $R^2$①，便是投入要素对单位生产能力的影响程度，写为：

$$\Delta q_{ij}^{r} = \left(\sum_{w=1}^{r} MP_{ijw} \cdot \Delta\chi_{ijw}\right) \cdot R_{ij}^{2} \tag{5-14}$$

这样生产能力效应便可分解成投入要素效应和其他因素效应两部分：

$$\underset{\text{（生产能力贡献）}}{\frac{\sum_{i=1}^{m}(q_{ij}^{t} \cdot p_{ij}^{t-1} - q_{ij}^{t-1} \cdot p_{ij}^{t-1})f_{ij}^{t}}{\sum_{i=1}^{m} f_{ij}^{t}}} = \underset{\text{（投入要素贡献）}}{\frac{\sum_{i=1}^{m}\left(\sum_{w=1}^{r} MP_{ijw} \cdot \Delta\chi_{w}\right) \cdot R_{ij}^{2} \cdot p_{ij}^{t-1} f_{ij}^{t}}{\sum_{i=1}^{m} f_{ij}^{t}}} + \underset{\text{（其他因素贡献）}}{\frac{\Delta q_{ij}^{\varepsilon} \cdot p_{ij}^{t-1} \cdot f_{ij}^{t}}{\sum_{i=1}^{m} f_{ij}^{t}}} \tag{5-15}$$

若把价格贡献记作 ΔY_j^{p}，投入要素贡献记作 ΔY_j^{qr}，其他因素贡献记作 $\Delta Y_j^{q\varepsilon}$，农产品区域结构贡献记作 ΔY_j^{d}，则各种农产品单位面积产值对种植业总产值增长的贡献可以写成：

$$\begin{aligned}
\Delta VP_1 &= \sum_{j=1}^{n}(\Delta Y_j^{p} + \Delta Y_j^{qr} + \Delta Y_j^{q\varepsilon} + \Delta Y_j^{d}) \cdot F_j^{t} \\
&= \sum_{j=1}^{n} \cdot \Delta Y_j^{P} \cdot F_j^{t} + \sum_{j=1}^{n} \cdot \Delta Y_j^{qr} \cdot F_j^{t} + \sum_{j=1}^{n} \cdot \Delta Y_j^{q\varepsilon} \cdot F_j^{t} + \sum_{j=1}^{n} \cdot \Delta Y_j^{d} \cdot F_j^{t} \\
&= \Delta VP_1^{P} + \Delta VP_1^{qr} + \Delta VP_1^{q\varepsilon} + \Delta VP_1^{d}
\end{aligned} \tag{5-16}$$

等式（5－16）右边的第二部分反映的是农产品种植面积对种植业总产值

① R^2 表示自变量对因变量的解释程度。

增长贡献的表达式，即：

$$\Delta VP_2 = \sum_{j=1}^{n} Y_j^{t-1} \cdot F_j^t - \sum_{j=1}^{n} Y_j^{t-1} \cdot F_j^{t-1} \tag{5-17}$$

种植面积的变化有两层含义：一是总种植面积的变化；二是各种作物面积的变化，即种植结构的变化，这两种种植面积的改变都会引起种植业总产值的改变。总种植面积的变化很难区分是哪一种农产品种植面积增减所致，因为各种农产品面积变化还包括农产品结构的调整，因此，计算总种植面积对种植业总产值的影响，可按 t－1 年各种农产品种植面积占总种植面积的比重乘以种植面积的增减量，再乘以每种农产品的单位面积产值，然后加总计算，即：

$$\Delta VP_2 = \sum_{j=1}^{n} \left[\frac{F_j^{t-1}}{\sum_{j=1}^{n} F_j^{t-1}} \cdot \sum_{j=1}^{n} (F_j^t - F_j^{t-1}) \right] \cdot Y_j^{t-1} \tag{5-18}$$

或：

$$\Delta VP_2^F = \sum_{j=1}^{n} F_j^{t-1} \cdot Y_j^{t-1} (\lambda - 1)$$

式中，$\lambda = \dfrac{\sum_{j=1}^{n} F_j^t}{\sum_{j=1}^{n} F_j^{t-1}}$ (5－19)

ΔVP_2^F 为总种植面积贡献。因为总种植规模变化使各种农产品种植规模的变化量为：F_j^{t-1} $(\lambda - 1)$，那么经过种植结构的调整，各种农产品生产规模的变化量为：

$$(F_j^t - F_j^{t-1}) - F_j^{t-1}(\lambda - 1) = F_j^t - F_j^{t-1} \cdot \lambda \tag{5-20}$$

所以种植结构调整贡献为：

$$\Delta VP_2^S = \sum_{j=1}^{n} (F_j^t - F_j^{t-1} \cdot \lambda) \cdot Y_j^{t-1} \tag{5-21}$$

通过以上分析可以看出，种植业总产值波动的因素共分解为 6 个部分，每部分贡献值的分解式为：

$$\begin{aligned} \Delta VP &= \Delta VP_1 + \Delta VP_2 \\ &= \Delta P_1^P + \Delta P_1^{qr} + \Delta P_1^{q\varepsilon} + \Delta P_1^d + \Delta P_2^F + \Delta P_2^S \end{aligned}$$

$$= \sum_{j=1}^{n} \frac{\sum_{i=1}^{m}(q_{ij}^{t} \cdot p_{ij}^{t} - q_{ij}^{t} \cdot p_{ij}^{t-1}) \cdot f_{ij}^{t}}{\sum_{i=1}^{m} f_{ij}^{t}} \cdot F_{j}^{t} \quad \text{（价格贡献）}$$

$$+ \sum_{j=1}^{n} \frac{\sum_{i=1}^{m}(\sum_{w=1}^{r} MP_{ijw} \cdot \Delta\chi_{w}) \cdot R_{ij}^{2} \cdot P_{ij}^{t-1} \cdot f_{ij}^{t}}{\sum_{i=1}^{m} f_{ij}^{t}} F_{j}^{t} \quad \text{（投入要素贡献）}$$

$$+ \sum_{j=1}^{n} \frac{\Delta q_{ij}^{\varepsilon} \cdot P_{ij}^{t-1} \cdot f_{ij}^{t}}{\sum_{i=1}^{m} f_{ij}^{t}} \cdot F_{j}^{t} \quad \text{（其他因素贡献）}$$

$$+ \sum_{j=1}^{n} \left(\frac{\sum_{i=1}^{m} y_{ij}^{t-1} \cdot f_{ij}^{t}}{\sum_{i=1}^{m} f_{ij}^{t}} - \frac{\sum_{i=1}^{m} y_{ij}^{t-1} \cdot f_{ij}^{t-1}}{\sum_{i=1}^{m} f_{ij}^{t-1}}\right) \cdot F_{j}^{t} \quad \text{（区域结构贡献）}$$

$$+ \sum_{j=1}^{n} F_{j}^{t-1} \cdot Y_{j}^{t-1}(\lambda - 1) \quad \text{（种植面积贡献）}$$

$$+ \sum_{j=1}^{n} (F_{j}^{t} - F_{j}^{t-1} \cdot \lambda) \cdot Y_{j}^{t-1} \quad \text{（种植结构贡献）}$$

（二）农业结构优化的合理性评价

农业生产的区域结构和生产结构的合理性，受自然条件、生产能力、产品市场、气候条件、生产和消费习惯等诸多因素的综合影响。在现实的农业生产中，由于各种影响因素都在不断地变化，而农业生产周期长，不可能随各种因素的变化及时进行调整。所以，农业结构没有绝对合理，农业结构的合理调整只是相对目前的区域结构和生产结构状况，针对各种因素的变化趋势所采取的相应措施，使调整后的结构与调整前相比，能够更有效地利用生产资源，对农业的增长起促进作用。

1. 农业区域结构调整的合理性

从理论上讲，最优的农业结构应采用现代优化分析模型。但是，要建立一个实用性很强的区域种植业生产模型，需要将各种因素考虑在内；同时，还要研究各种因素之间的关系，以及因素的动态变化趋势。这样做不仅需要花费大量的人力和物力，而且研究结果也仅有理论上的指导意义，实际操作十分困难。在现实的生产中，农业的区域结构调整往往根据当前各种农产品的生产能力、产品市场和自然条件选择相对优化方案。在一个适当的区域范围内，则可仅考虑农产品在不同类型区的生产状况，生产能力高的类型区，适当扩大生产规模，而生产能力低的类型区，则应减少生产规模，这是一种简单的区域结构调整原则。衡量生产能力高低的标准，可以使用产品生产中单位面积变化的平均贡献量来衡量。单位面积平均贡献量的计算式为：

$$MPB_j = \frac{\Delta Vp_{j2}^F}{\Delta A_j}$$

式中，MPB_j为 j 产品单位面积生产能力，ΔVp_{j2}^F 为 j 产品种植面积贡献量，ΔA_j为 j 产品生产规模变化量。区域结构调整的合理性依据为：

区域结构变化：$a'_{ij} = a^0_{ij} + \Delta a_{ij}$

s. t

$$MPv_{ij} + \Delta MPv_{ij} > MPB_j \qquad (\Delta a_{ij} > 0)$$

$$MPv_{ij} + \Delta MPv_{ij} > MPB_j \qquad (\Delta a_{ij} < 0)$$

式中，a'_{ij}为 i 类型区调整后 j 产品的生产规模，a^0_{ij} 为调整前 j 产品的生产规模，MPv_{ij}为 i 类型区 j 产品的单位面积产出，ΔMPv_{ij} 为预计单位面积产出变化量，Δa_{ij} 为 i 类型区 j 产品生产规模变化量。

2. 作物结构调整的合理性

作物结构的调整主要是依据对耕地的利用状况，在一定的耕地面积上创造出尽可能多的剩余产品，获得更大的效率。作物结构调整所依据的基本原理是边际均衡原理，即生产各种产品时，物质投入的边际收益相等。但是，在实际生产中，由于产品价格、生产资源价格、资源边际生产能力以及气候等因素无时不在改变，所以要想获得绝对最佳的作物结构是不可能的，作物结构的调整的合理性也是相对的。为了能够快速地判断作物结构调整能否促进农业经济的增长，可以采用比较判别法，即将作物的预计单位面积产出与平均单位面积贡献量进行比较，前者大于后者，应扩大生产规模，否则应减少生产规模。平均单位面积贡献量的计算式为：

$$APB = \frac{\sum_{j=1}^{n} \Delta Pv_{j2}^F}{\sum_{j=1}^{n} \Delta A_j}$$

式中，APB 为平均单位面积贡献量，各种作物的调整方向可以根据以下原则调整：

作物结构变化：$A_j' = A_j^0 + \Delta A_j$

s. t.

$MPv_j + \Delta MPv_j > APB \quad (\Delta A_j > 0)$

$MPv_j + \Delta MPv_j < APB \quad (\Delta A_j < 0)$

式中，A_j' 为调整后 j 作物的生产规模，A_j^0 为调整前的生产规模，ΔA_j 为 j 作物生产规模变化量，MPv_j 为 j 作物单位面积产出，ΔMPv_j 为 j 作物单位面积产出预计变化量。

▶ 本章案例

为保证粮食生产，拓宽致富渠道，2020 年，北大荒农垦集团围绕构建粮经饲协调发展的作物结构、构建适应市场及龙头企业需求的品种结构、构建生产生态协调的区域结构、构建用养结合的耕作制度等 4 大种植业调整任务。2020 年播种面积 4 353 万亩，粮食作物总播种面积 4 330 万亩，粮食作物比上年增加了 20 万亩。北大荒集团稳定优质绿色水稻种植面积，重点调减垦区第五、第四积温带等高纬度冷凉地区玉米面积。发挥大豆目标价格补贴等政策，合理安排大豆种植面积，实现旱田合理轮作，均衡增产。

北兴农场有限公司围绕产业结构调整，削减玉米种植面积，鼓励种植大豆，通过玉米大豆轮作、经济转型等补贴政策，积极引导农户扩大“双高”大豆品种种植面积，确保大豆生产稳步持续发展。据了解，2023 年，农场有限公司种植大豆面积 20. 1 万亩，按照每亩 200 千克，每千克 3. 2 元进行收购，仅大豆产值就能达到 1. 3 亿元，效益非常可观。尾山农场有限公司坚持保粮底线，充分发挥资源优势，加大优质高蛋白大豆种植面积，种植的大豆、玉米及其他经济作物比例为 5∶4∶1，“黑河 43 号”等优质高蛋白品种种植面积达 90% 以上。

种植特色经济作物，开辟增收新途径。北大荒集团积极发展设施蔬菜、绿色果品、优特杂粮种植，根据市场需求发展高粱、红小豆、芸豆、鲜食玉米、蔬菜、中草药等高效优质绿色经济作物种植。

为进一步拓宽农户致富渠道，实现育秧大棚效益最大化，北大荒股份八五四分公司积极探索水稻育秧大棚二次利用模式，巧打农业生产转阶段的时间差，鼓励引导农户在已完成水稻育秧使命的大棚内复种晚熟西瓜、香瓜和金花葵等精特作物，使土地资源进一步盘活，产生二次收益。

“种药材本身就是一个挣钱的项目，每年大豆还能卖钱，我这可是双项收入的好事啊”。曙光农场有限公司第三作业站种植户岳伟在已播的122亩大豆地里间播苍术时喜笑颜开逢人就说。这是这个农场发展“中药+大豆+订单”种植，助力种植户增收的有效渠道。这个农场利用农作物生产的空间差和时间差，依托先进的种植技术推行一地双种，在1.3米大垄上采用“2行大豆苗带+2行苍术苗带+2行大豆苗带”的垄上6行间种模式，进行多层次、多作物种植。

发展饲料饲草，打造牧草经济。按照“以养定种”的要求，北大荒集团积极发展饲用玉米、青贮玉米和苜蓿等优质饲料饲草种植，促进粮、经、饲三元种植结构协调发展。

[资料来源：北大荒大力推进农业结构调整（hljnews.cn）]

思考：北大荒集团作出以上结构调整的依据是什么？结构调整如何增加效益？

— 本章思考题 —

1. 农业生产结构变动有哪些规律？我国现在的农业结构是如何变化的？
2. 农业生产结构优化的原则有哪些？
3. 农业生产结构优化如何促进农业经济增长？
4. 某农户有耕地20公顷，秋季劳力2 500个工日，资金4 000元，今年拟种植玉米、大豆和水稻三种作物，根据成本资料（见下表），为获得最大纯收益，如何建立线性规划模型。

项目	玉米 X_1	大豆 X_2	水稻 X_3
公顷产量（千克）	4 800	1 410	5 700
物质费用（元）	330	270	705

续表

项目	玉米 X_1	大豆 X_2	水稻 X_3
人工（工日）	165	45	450
化肥（千克）	705	120	1 095
净价格（元/千克）	0.42	0.96	0.43
商品率（%）	40	45	50

注：物质费用不包括化肥，化肥单价 0.3 元/千克。

参考文献

[1] 衣洪岩，王敏．吉林省农业生产结构优化初探［J］．经济研究导刊，2013，193（11）：57－59＋62.

[2] 张孟林，王庆石．区域农业生产结构优化模型的建立［J］．农机化研究，2006（7）：71－73.

[3] 紫山（Zeeshan Ahmad）．巴基斯坦（旁遮普省）农业生产结构调整及优化模型［D］．东北农业大学，2016.

[4] 王苓．新世纪以来滕州市农业生产结构的优化［J］．农家参谋，2017，556（16）：206－207.

[5] 韩雪莲．贵州省农业生产结构调整对农业经济的影响［J］．热带农业工程，2021，45（4）：34－36.

[6] 王庆，刘凯，王彦怀等．我国农业生产结构优化升级问题分析［J］．安徽农业科学，2009，37（36）：8188－8190.

[7] 刘健．探析区域经济农业生产结构的优化模型［J］．企业导报，2012，209（1）：104－106.

第六章　农业技术进步

学习目标

1. 能够准确陈述农业技术进步的概念、类型以及特征。

2. 能够运用农业技术进步测定的基本方法。

3. 能够根据实际情况选择合适的生产函数测定技术进步，并解释其经济学意义。

4. 通过学习树立并强化科技兴农的“三农”情怀。

本章提示

农业绿色发展、高质量发展，是全面推进乡村振兴、加快农业农村现代化的必然要求。完整、准确、全面贯彻新发展理念，必须依靠科技进步、强化绿色低碳、质量安全、生态安全、环境保护等科技供给，加快推进投入品减量化、生产清洁化、废弃物资源化、产业模式生态化，全面提升农业农村可持续发展能力。本章主要介绍农业技术进步的概念、类型以及特征，技术进步测定常用的生产函数、基本方法。通过本章的学习，在掌握农业技术进步基本概念基础上，能够根据实际情况选择测定农业技术进步的方法，通过数据分析测定农业科技技术进步贡献率，并解释其经济学含义，归纳总结相关建议。

第一节　农业技术进步概述

一、农业技术进步的含义

（一）技术进步

技术进步泛指技术在合乎目的性方面取得的进化与革命，是指能使一定数量的资源投入生产出更多产品的所有影响因素共同发生作用的过程。即一切导致生产效率提高的技术都属于技术进步的因素，包括技术改进、效率提高、投入要素质量提高、劳动者素质提高、管理决策水平提升、生产工艺改革等。

技术进步可分为狭义技术进步和广义技术进步两种含义。狭义技术进步主要指生产领域和生活领域内所取得的技术进步，也就是在硬技术应用的直接目的方面所取得的进步。广义技术进步正如萨缪尔森提出的："技术进步是指生产过程的改变或新产品的引入，使得从同样的一批投入能得到更多的或经过改善的产出，导致生产可能性曲线向上移动。"丹尼森等认为，广义技术进步的内涵包括：①生产要素质量的变化；②知识进展；③资源重新配置；④规模作用，即规模经济性；⑤政策影响；⑥不规则因素。

技术进步能够提高各种生产要素的使用效率，改善它们的结合方式，促进产出增长，被认为是经济增长的主要动力和衡量一国经济发展水平的重要标准。技术进步是当今世界经济发展的一个主要动力要素。

（二）农业技术进步

任何生产都是在一定的技术条件下进行的，人们为达到一定的经济目标和满足一定需要都必须采用一定的技术。农业作为使人类生存成为可能的产业，当然与技术关系日益密切，农业技术是人类经验和智慧的结晶，它是在农业生产过程中，为增加农产品数量和提高农产品质量而应用的，凝结在农业生产力诸要素中的各种知识和技能的总和。农业技术是一个动态过程，随着生产力的发展，人们通过对原有技术的研究、革新，开发出新技术代替旧技术，这就产生了农业技术进步。

农业技术进步是一个不断把新技术、新知识推广应用到农业生产实践中，重新组合生产要素，建立效能更优、效率更高、生产费用更低的生产技术新体系，提高农业的经济、生态、社会效益，促进农业技术水平不断递进和农业有效增长的过程。

当前理论界对农业技术进步的概念理解主要有两种观点：其一认为，农业技术进步是农业生产技能和物化技术等"硬技术"水平的提高，以及其应用于生产中不断提高农业生产效率的前进过程，这是狭义的农业技术进步；其二认为，农业技术进步是除了土地、资金、劳动等经济要素以外，所有能促进农业生产效率提高的方法、手段，以及其应用于生产中不断提高农业生产效率的过程，即广义的农业技术进步。

其中“硬技术”是指物质形态的技术，指传统的工具、机器、设备等人造物及基于人造物的操作程序、工艺流程、技术标准等的方法与手段。“软技术”是指人的思维和行为，是指“解决各种实际问题的来自社会科学、非自然科学的知识，以及非传统科学知识”。广义的农技术进步主要内容有：①生产要素质量的改进；②劳动技能的提高；③农业生产要素的合理配置；④规模的经济性；⑤生产决策管理水平的提高；⑥采用新的农业组织形式；⑦采用新的管理体制和政策。

也有学者认为，技术进步是在原有技术的基础上进行更新、创新，而原有技术已经和一定的资本和劳动力相结合，在生产中起作用。从此角度分析认为：农业技术进步是技术进步在农业生产领域的具体化，是指将创新知识和新技术推广并运用在农业生产实践活动中，使一定数量的资源投入生产出更多产品，不断提高农业经济效益、生态效益和社会效益的发展过程。

深入理解农业技术进步的内涵，可从三个层次分析。其一是农业新知识、新技术的出现，并投入使用。这是农业技术进步最基本的含义。其二是投入物（即生产要素）按新的组合比例从事生产，即在投入物中使用资源合理有效配置的手段（包括管理、经营、决策、计划、组织等手段）从事生产。这是农业技术进步扩展的含义。其三是应用农业生产中的新知识、新技术以及使资源合理有效配置的手段带来长期稳定的社会效益、经济效益和生态效益。这也是农业技术进步的本质含义。

农业技术进步的实质是通过它能使农业生产中原有的任何一种生产要素的组合生产出比没有农业技术进步时更多的产品，获得更好的社会、经济和生态效益。或者说用比以前更少的生产要素获得同以前一样多的产品和同样好的社会、经济和生态效益。由于每个小的技术进步都会为人类认识和改造世界提供新的信息，对这些信息的综合分析和利用就会产生新的信息，从而产生新的技术的进步，因此农业技术进步应还有信息效益。近代农业技术的进步，使农业发展开始走上由依赖经验到依赖技术进步的道路。现代科学技术对农业的渗透和改造，使农业发展焕发出新的生机和活力。农业技术进步不仅提高了农业的产量和质量，而且大大拓宽了农业的关联产业范围，促进了农业产业组织的创新和相关技术领域的发展。在理解农业技术进步的含义时，必须着眼于技术的经济效能，不能仅着眼于技术功能。

二、农业技术进步的特征

（一）渐进性

大量的农业技术进步是以渐进形式出现的，即在技术原理基本不变的情况下，通过无数大小不等的改进使技术本身不断完善带来经济效益提高的技术进步。这种微小技术变化积累的效果，往往比重大的技术变化所产生的作用还要大。这要求人们在推进农业技术进步中，不仅要重视重大技术的进步，更要重视渐进性的技术进步。

（二）系统性

农业技术进步与整个科技、经济、社会、生态的协调发展、农村经济运行机制、多种技术的综合配套，以及其他相关投入因素的支撑有着紧密的联系。某一项科技的进步，可以向其他领域推广转移和渗透扩散，促进其他产业技术的发展，逐步形成新的农业技术体系，推动产业结构出现更加协调和全新的局面。因此，任何一项农业技术进步，都不可能单独存在，必须与其他一系列技术及相关因素相互依存，结成一个有机联系的整体系统，共同发挥作用。

（三）外生性

农业技术进步的压力和动力主要是外生的。如工业及城镇的不断崛起，就要求农业提供更多的优质农产品和原材料；农业体系以外的大经济系统和整个社会科学技术的发展，给予农业的支援和刺激越来越大，其结果就会不断促进农业的技术进步。

（四）复杂性

农业技术的复杂性表现为：（1）由于经济、社会、科技和生态与环境的协调发展程度难以控制、调节，不可能持续地保持农业技术进步的最佳环境。

因此，只能在特定的经济社会生态系统内，实现科技进步由低级到高级的转化。(2) 农业技术进步内容的复杂性。只有各种科技进步内容的有效组合，才能形成较大的社会生产力。(3) 农业技术结构的复杂性。只有发挥农业技术的综合效应，才能推动农业技术进步。(4) 各类农业技术成果的推广应用必须有与之相适应的自然条件和社会经济条件。因此，必须坚持农业技术应用的生产可行性、先进实用性和经济合理性的标准，注重农业技术的连锁效应，因地制宜地选择农业技术进步体系。

(五) 周期性

农业技术进步的周期性包括两个方面：其一是指一种技术体系从生成到应用，再到新技术出现而使其淘汰的时间过程；其二是指科学技术转化为生产力并产生经济效益的过程。当代社会，由于市场竞争能力的提高，人们增强了开发、创新的意识，从而加速了科学技术转化为现实生产力的过程。科学技术的迅猛发展，必然促使农业技术更新速度加快，这样便推动了农业技术进步。而农业技术进步又促进农业经济发展速度加快，且周而复始形成周期。农业经济发展的大量事实证明，当代科技不仅转化为生产力的周期越来越短，而且淘汰的时间也越来越短，即农业技术进步的周期显著缩短。

三、农业技术进步的类型

农业技术进步包含的内容相当丰富，依据不同的标志可以有多种分类，按部门划分，有种植业技术进步、养殖业技术进步、农产品加工业技术进步等；按技术进步作用的方式，有机械技术进步、化学技术进步、生物技术进步、管理技术进步等。在经济学中，一般按技术进步与资源替代程度进行划分。

(一) 中性技术进步

所谓中性技术进步，其前提是资本—劳动组合的最佳比例保持不变。也就是说，在技术进步以后，生产一定的经济产品（或取得一定的经济收入）所占用的资本和劳动的最佳组合，与技术变革前生产同量产品、创造同量收入所占用的资本与劳动的比例相同。所不同的是，在技术变革后，资本和劳动都按比例地得到了节约。中性技术进步对资本和劳动的影响在生产函数图形中的反映是：生产函数曲线出现位移，而其等成本线的斜率不变，如图 6－1 所示，在中性技术进步中，技术变革前后的资本边际生产率和劳动边际生产率按同样的比例增长。

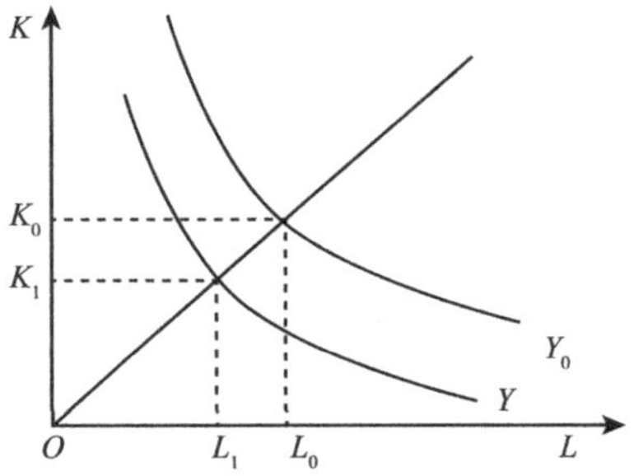

图 6－1　中性技术进步

用公式表示即：

$$\frac{\left(\frac{\Delta Y}{\Delta L}\right)_0}{\left(\frac{\Delta Y}{\Delta K}\right)_0}=\frac{\left(\frac{\Delta Y}{\Delta L}\right)_1}{\left(\frac{\Delta Y}{\Delta K}\right)_1} \tag{6-1}$$

式中：ΔY——产出的增量；

ΔL——劳动投入的增量；

ΔK——资本投入的增量。

图 6－1 中，Y_0 为技术变革前的等产量线，Y_1 为技术变革后的等产量线，$Y_0=Y_1$，但 $L_0/K_0=L_1/K_1$，即资本—劳动配合比例不变。

（二）资本节约型技术进步

在资本—劳动最佳组合中，技术变革相对使资本的份额减少了，这种减少可能是因为技术进步节约了资本投入，而劳动投入仍保持不变，或者技术进步既节约了资本，又节约了劳动，但资本节约的份额大于劳动节约的份额。此种技术变革称为资本节约型技术进步。在资本节约型技术变革中，资本边际生产率和劳动边际生产率是不一致的，资本的节约大于劳动的节约。

在资本—劳动最佳组合中，技术变革相对资本的份额减少了，这种减少可能是因为技术进步节约了资本投入，而劳动投入仍保持不变，或者技术进步既节约了资本，又节约了劳动，但资本节约的份额大于劳动节约的份额。此种技术变革称为资本节约型技术进步。

如图 6－2 所示，在技术变革前后，生产函数曲线发生了移位，等成本线的斜率也发生了变化。同是生产 Q 单位的产出，生产曲线从 Y_0 移到了 Y_1，$Y_0 = Y_1 = Q$ 单位产出，但 $K_1 - K_0$，$L_1 \leqslant L_0$，$L_1/K_1 > L_0/K_0$（或 $K_1 < K_0$，$L_1 > L_0$）。这说明：在资本节约型技术变革中，资本边际生产率和劳动边际生产率是不一致的，资本的节约大于劳动的节约。即：

$$\frac{\left(\dfrac{\Delta Y}{\Delta L}\right)_0}{\left(\dfrac{\Delta Y}{\Delta K}\right)_0} > \frac{\left(\dfrac{\Delta Y}{\Delta L}\right)_1}{\left(\dfrac{\Delta Y}{\Delta K}\right)_1} \tag{6-2}$$

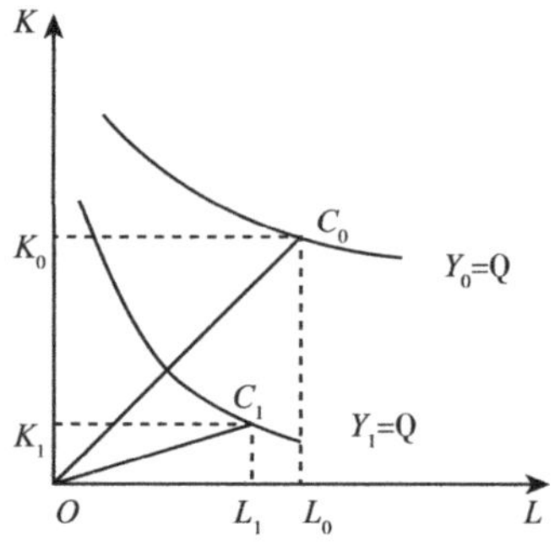

图 6－2　资本节约型技术进步

（三）劳动节约型技术变革

与资本节约型技术相反，在技术变革后，在资本劳动的最佳组合中，劳动相对资本的份额减少了，这种技术进步称为劳动节约型技术进步或资本密集型技术进步。如生产中引进了先进的技术设备，可以节约大量的劳动，但资本可能节约很少，甚至增加，或者劳动的节约大于资本的节约。

如图 6－3 所示，在技术变革前后，生产函数曲线发生了位移，等成本线的斜率也发生了变化。同是生产 Q 单位的产出，生产曲线从 Y_0 移到了 Y_1，$Y_0 = Y_1 = Q$ 单位产出，但 $K_1 \geqslant K_0$，$L_1 < L_0$ 或 $K_1 \leqslant K_0$，$L_1 < L_0$，$L_1/K_1 < L_0/K_0$。

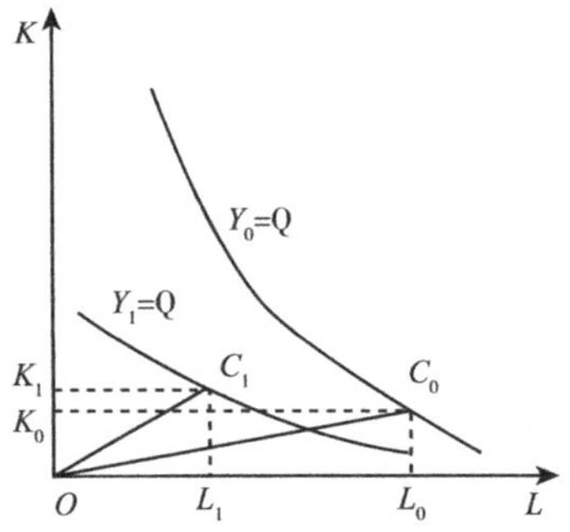

图 6-3　劳动节约型技术进步

（四）不同类型技术进步的优缺点

不同类型技术有各自的优缺点，具体比较如下。

资本密集型技术（又称劳动节约型技术）的优点在于：

(1) 技术的发展可以带动许多有关行业技术的发展，这是由于资本密集型技术大多属于物质技术。例如，农业机械技术的采用，就可以带动机械行业、钢铁行业、燃料和维修服务业的发展。

(2) 资本密集型技术能有效地增加产出，可以极大地放宽和延伸生产者、劳动者的体力和智能，放大物质生产资源的生产力和经济供应量，从而可以大幅地提高生产资源的效率和劳动生产率。

(3) 采用这类技术可以帮助一部分地区缓解劳动力不足的困难。

(4) 采用更多的资本密集型技术，意味着资金积累的加快。

资本密集型技术的缺点表现在：

(1) 资本密集型技术的适应性有限。在那些资本不足、劳动力丰富的地区，用不起这类技术，不仅经济上负担不起，同时又不利于发挥当地劳动力资源丰富的优势。

(2) 资本密集型技术虽然可以减少部分劳动力用量，但它又要求劳动者具有较高的科技文化水平。

(3) 采用资本密集型技术，在风险承担能力有限的农村，较难推广普及。资本密集型技术的采用，意味着投资越多，所要承担的投资风险越大，而发展中国家或贫困地区对投资风险的承担能力则是有限的。

劳动密集型技术（又称资本节约型技术）的主要优点在于：

（1）它符合农村资金不足、劳动力有余的实际情况，采用这类技术不必花太多的资本，而又能充分利用劳动力丰富的优势。

（2）采用劳动密集型技术，通常可以用一定量的资本创造出更多的劳动就业机会，从而有利于改善经济收入的均等分配。因此，劳动密集型技术能比较容易地在农村和贫困地区得到普及推广。

劳动密集型技术存在如下缺点：

（1）相对来说，劳动率不高，人均所得增长慢。

（2）采用劳动密集型技术，比较不利于社会资本存量和经济实力的积累和增长。

（3）采用劳集型技术需大量农劳动力，不利于农业劳动力的转移输出。

（五）中性技术进步假设

技术进步是经济增长的源泉之一，因此，我们可能把技术作为影响生产函数变化的一个因素。假定在生产过程中，产出 Y 受到两个生产要素资本 K 和劳动力 L 以及技术影响，Y 服从生产函数：

$$Y = F(K, L, t)$$

其中，t 代表时间，或者换一种说法，它是代表某个技术状态的指数。

但是在这种形式下，技术的作用太一般化，使我们无法对它进行透彻的研究，这就需要我们考虑如何将技术引入生产函数，然后再将它分离出来，最终度量出技术的变化对于经济增长的影响。为达到这个目的，我们建立一些假设以表明技术进步对生产函数中一些重要变量的影响。这些变量包括：①资本—产出率；②人均产出；③要素比例；④边际生产力；⑤边际替代率等。这样我们就可以假定技术进步是按某种给定的方式影响这些变量中的任何一个。例如，它可以使某一变量保持不变。但是，由于这些变量不仅依赖于技术，而且也与要素投入的比例有关。因此，有必要使投入的变化“中性化”，这样我们就可以把技术的变化度量出来。

定义中性技术进步的目的是指出技术进步的特征。在某种意义上，这种技术进步使资本与劳动间的平衡保持不变，因而允许经济的稳定增长。

中性技术进步分为三种类型："产出增长型"技术进步（希克斯中性）、"劳动增长型"技术进步（哈罗德中性）和"资本增长型"技术进步（索洛中性）。

1. 希克斯中性假设。在劳动—资本比（L/K）不变的条件下，当技术发生了变化，而并没有使劳动与资本的边际替代率（dK/dL）发生变化，那么就定义为发生了中性技术进步。图6－4反映了希克斯的中性技术进步。图6－4中T和T'表示技术进步前后的投入产出曲线。

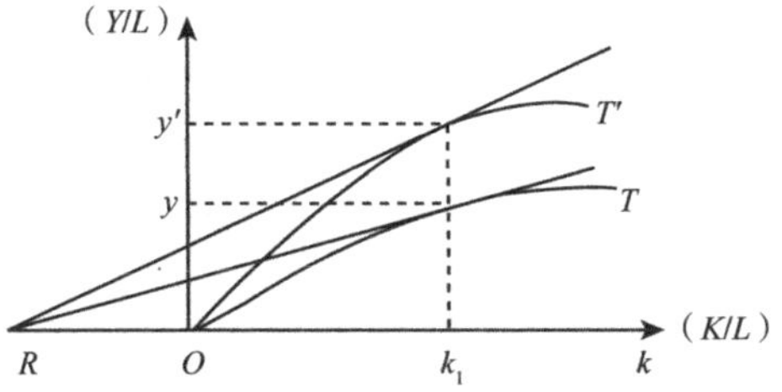

图6－4　希克斯中性技术进步

如果技术进步属于希克斯中性，反映到生产函数上，生产函数就由$Y = F(K, L, t)$演变为这样的特殊形式：

$$Y = A(t)F(K,L)$$

很显然，A（t）就是由于技术进步的作用而产生的。

希克斯中性表明，这种形式的技术进步使资本和劳动这两种要素的效率获得同步提高，即劳动的边际产量（dY/dL）和资本的边际产量（dY/dK）之比保持不变，而使产出得到增长，因此，称为"产出增长型"技术进步。这样，我们就可以写出一般生产函数$Y = A(t)F(K,L)$的形式，然后，通过度量$A(t)$来测算技术进步对经济增长的影响。

2. 哈罗德中性假设。哈罗德中性是这样定义的：资本的边际产量不变，并假定它等于利润率ρ。如果K/L不变，那么技术进步会正常地提高资本的边际产量，为了保持资本的边际产量不变，K/L就必须提高。在技术进步以后，使资本—产出比保持不变的K/L水平也同样会使ρ保持不变。这种技术进步就是哈罗德意义上的中性技术进步。在数学表达上，如果技术进步属于哈罗德中性，那么生产函数就由$Y = F(K,L,t)$演变为这样的特殊形式：

$Y = F[K, A(t)L]$。

在哈罗德中性条件下，无论 K/L 处于何种水平之上，只要它保持不变，产出就会以相同的速度增加，这个速度就是提供衡量技术进步的标准。从服从哈罗德中性技术进步的特殊生产函数 $Y = F[K, A(t)L]$ 上可以看出，如果技术进步属于哈罗德中性，那么这种技术进步的作用主要是使劳动的效率得到提高，在技术进步以后 L 数量的劳动能够做相当于从前 A（t）倍的工作。所以，这类技术进步称为“劳动节约型”或“资本增长型”技术进步。

3. 索洛中性假定。索洛中性技术进步是与哈罗德中性相反的对称概念。索洛中性定义为：劳动的边际产出是一个常数，并假定它等于工资率 w，如果 K/L 水平不变，那么技术进步会正常地提高劳动的边际产量。为了保持劳动的边际产量不变，K/L 就必须降低。在技术进步以后，使劳动—产出比保持不变的 K/L 水平也同样使 w 保持不变。这种技术进步就是索洛意义上的中性技术进步。在数学表达上，如果技术进步属于索洛中性，那么，生产函数具有这样的特殊形式：$Y = F[A(t)K, L]$。

从这一函数式我们可以看出，如果技术进步属于索洛中性，那么这种技术进步的作用主要是使资本的效率得到提高，在技术进步以后 K 数量的资本能够做相当于以前 A（t）倍的工作。所以，这类技术进步称为“资本节约型”或“劳动增长型”技术进步。

四、技术进步对经济增长的影响

（一）经济增长的概念

经济增长是指一个国家或地区在一定时期内生产总量的增加，一个国家或地区在一定时期包括产品和劳务在内的产出增长。这种产品和劳务总量的数量指标，通常用国民生产总值（GNP），它是指一个国家或地区在一定时期内生产的以货币计量的商品和劳务的总和。

一个生产系统的经济增长取决于两个基本因素，其一是投入生产系统中的资源总量水平及其增长，其二是投入资源的总体生产率水平及其变化。对生产系统总体效率的度量，一般使用总要素生产率 TFP（Toal Fact Productivity），即生产系统的总产出与总投入之比。用 X、Y 分别表示某种形式的总投入和总产出，则总要素生产率 TFP 为：

$$TFP = Y/X$$

总产出 Y 等于总投入 X 与总要素生产率 TFP 的乘积，总产出的增长率可分解为总投入的增长率与总要素生产率的增长率之和。即：

$$Y = TFP \times X$$

总产出的增长率(GY) = 总投入的增长率(GI) + 总要素生产率的增长率(GA)

从这个公式可以发现，经济增长一方面来自投入品的增加，另一方面来自生产率的提升，也就是技术进步。

科学、技术与经济增长之间有着密切的联系。科学技术进步是指科学的发展和技术的变革互相促进、互相转化的过程，科学技术进步与经济增长的关系，一方面表现为经济的发展不断对科学技术提出新的要求，反过来又会促进科学技术的不断发展和变革；另一方面表现为在创造、推广和应用科技成果的基础上，不断地促进经济的增长。科学技术进步作为影响经济增长的一个重要因素，它是提高社会生产效率的决定性条件。科学技术进步对经济增长的影响，是由它能直接或间接地使劳动过程发生变化来促进经济的增长。

（二）经济增长方式

当前在对经济增长方式的分类中，所使用的“粗放”和“集约”的概念，首先由李嘉图等在古典经济学中的地租理论中提出，马克思在《资本论》中给予解释，并用工业的扩大再生产进行分析，把通过追加资本投入使产出增加叫作外延扩大再生产方式，把通过技术改进等使产出增加叫作内涵扩大再生产方式。后来逐步延伸到其他要素，他说“如果生产场所扩大了，就是外延上扩大”，“如果生产资料效率提高了，就是内涵上扩大”。可见，粗放（外延）增长和集约（内涵）增长是指对待和利用生产要素的两种不同的方式：粗放增长强调增加投入，通过增加生产函数的数量来实现增长；集约增长强调改善投入产出关系，通过提高要素的使用效率来实现增长。

前面的分析表明，一国经济的增长源泉分为要素投入的增加和总要素生产率的提高，即：

GY = GI + GA

式中：GY——经济增长率；

GI——由于投入增加而带来的经济增长率；

GA——总要素生产率 TFP 的增长率。

根据经济系统在一定时期中的 GI 与 GA 的大小，把经济增长大致分为投入增长型，即投入数量增加，在经济增长中起主要作用；效率增长型，即要素使用提高起主要作用。这两种类型的增长方式，与外延和内涵、粗放和集约对经济增长方式的划分，在含义上是基本相同的。匈牙利经济学家柯尔奈在比较后指出，两种划分方法，只是用语不同而含义相同。“要素增加等于外延方式，要素生产率提高则与内涵方式相当”。

人们一般用技术进步对经济增长的贡献率 CRTP（Contribution Rate of Technical Progress）对增长方式作更为具体的数量描述，即：

CRTP = GA/GY

一般将经济增长中技术进步贡献率大于 60% 时的经济增长称为集约型的增长方式，将技术进步贡献率小于 40% 时的经济增长称为粗放型的增长方式，当技术进步贡献率介于 40% 和 60% 时，即 40% < CRTP < 60% 时为混合型的经济增长方式。

（三）技术进步与转变经济增长方式

经济增长方式的选择，取决于技术进步、资源占有状况、对增长的需求压力，以及经济运行体制和运行的外部环境等许多因素的不同组合。无论在任何一种组合中，技术进步都是决定能否实现长期有效增长及决定增长方式的关键因素。也可以说，推进技术进步是实现增长方式转变最有效的途径。

以技术进步为主促进经济增长，从而达到增长方式的转变。技术进步对增长方式的转变的促进作用，可分为宏观和微观两个不同的层面。

从宏观层面来看，技术进步对社会生产力系统要素改进主要表现在对系统的结构整合，以及对社会生产力系统运行环境的改善等方面。这种改善具体如下：由技术进步带来的劳动者科技素质的提高，将会提高社会生产力系统的运行效率；技术进步可以改善劳动手段，提高生产的效率；技术进步加深了人们对社会生产力的控制力，使其结构功能更高级、运行更协调、效率更高等。

从微观层面来看，技术进步促进增长方式转变的作用，主要是从生产过程的投入产出关系及这一过程中资源配置关系的变化而表现出来。也可以列为以下几点：①技术进步可提高生产函数曲面，即技术性能的提高，同时技术进步和普及可使人们更好地掌握已有的技术，从而提高对技术使用的有效性，这两方面作用的结果是相同的，即提高资源的产出效应。②新技术的应用，可以突破现有的资源约束，拓宽资源的范围，如利用原来的生产废料作为新的生产资源，或是启用原生产条件下，无法使用的物质要素或信息要素，形成新的经济增长源。

转变增长方式意味着实现主要由生产效率提高来推动产出增长，而技术进步则是促进效率提高的主要途径。这种促进作用发生在微观领域，会使生产技术水平和技术效率得以提高，资源利用更充分。发生在宏观领域则使社会的科技水平提高，知识累积加速，使经济运行的管理调控系统运行效率提高，使资源在更广泛的领域得到优化配置。

五、农业技术进步对农业经济增长的作用

（一）农业技术进步的内容

1. 农业生产技术措施的进步。包括良种选育技术的进步、农作物耕作栽培技术的进步、土壤改良技术的进步、化肥和平衡施肥技术的进步、动植物病虫害防治技术的进步、畜禽饲养技术的进步、水产养殖技术的进步等。

2. 农业生产条件方面的技术进步。包括农业机械技术的进步、农用能源技术的进步、农业基本设施技术的进步等。

3. 农业管理技术的进步。包括运用现代化的管理手段和管理方法，特别是运用电子计算机和互联网等现代信息技术，来代替传统的管理手段等。

4. 农业生产劳动者与管理者的技术进步。包括农业生产劳动者与管理者科学技术知识的丰富、劳动技能的提高及管理技能的进步等。

农业技术的发展，经历了由传统农业技术的形成，到逐步向现代农业技术

转化的漫长历史过程。现代农业技术的发展日新月异，因而农业技术进步的内容也会随之不断丰富。

（二）农业技术进步对农业经济增长的重要作用

1. 提供先进的农业技术装备，不断提高劳动生产率。农业技术进步，可不断为农业提供大量先进的各类农具、农业机械、运输工具、生产性建筑设施等，从而改善和提高现有农业生产技术装备水平，提高劳动生产率，实现规模经济，成本降低，提高投入产出比率。根据联合国粮农组织的调查，用手工操作的农业生产效率与机械化程度高的生产效率相比，1950 年为 1∶30，2000 年则达到 1∶500。

2. 提高土地生产率和农产品质量。农业技术进步，一是可以为农业不断开发和提供高质量的生产资料，如化肥、农药、除草剂、地膜等，提高生产效率；二是可以为农业培育提供动植物新品种，提高投入产出比；三是可以为农业提供先进适用的耕作技术、栽培技术、病虫害防治技术、灌溉技术、施肥技术、生物技术、农产品储运加工技术等，改善和提高各种农艺技术水平。这类农业技术的进步可以大大提高土地生产率或投入产出比率，改善和提高农产品的质量。

3. 充分合理地利用资源，提高农业经济效益。农业技术进步，可以扩大农业资源的利用范围，提高农业资源的质量和单位资源的利用效率，使有限的农业资源发挥更大的经济效用；农业技术进步，还可以促进生物因素与环境因素的统一和协调，按照因地制宜的原则优化农业资源的配置，以充分发挥农业生产的地域优势，从而提高农业的经济效益。

4. 改善和提高宏观经济管理与微观经营管理水平。广义的农业技术进步包括国家的宏观经济管理与企业和农户的微观经营管理。国家通过有效的宏观调控，可以更好地弥补市场机制出现的失灵，并促进农业市场机制充分发挥作用；企业和农户通过掌握现代经营管理知识，提高农业生产单位的经营管理水平，帮助企业和农户取得更好的经济效益。

5. 提高生产力要素的组合功能。生产力系统效能的高低，不仅取决于各构成要素，而且取决于构成要素的结合状态。科学技术作为农业生产中最活跃的决定性因素，起着渗透、凝聚、调度、组合、控制其他生产力要素的作用，不仅提高劳动资料、劳动对象的性能和劳动者素质，而且可使三者在新水平下实现更佳组合。科学技术对生产力要素结合的促进作用表现为：一是管理科学对生产力发展的推动。生产管理职能是对生产力要素的计划、组织指挥、协调和控制，其目的是使生产力充分发挥整体功能，改善和提高宏观和微观决策管理水平，这是软技术进步的内容，它具有少投资或不投资就能大幅度提高经济效益的特点。二是表现在信息技术的发展。信息是现代生产力系统的“神经中枢”，它是生产力各因素联结为一个有机整体的关键。三是综合技术配套应用上，农业生产过程中每一要素的技术进步都不是孤立存在的，某一要素的技术突破往往要求有其他各要素技术的相应变化与之配套，才能保证新技术发挥作用和综合配置效应。四是表现为农业技术进步对结构调整的影响。技术进步具有结构性，例如，古老的单一型种植结构转变为多样化、多抗型种植结构、轮作制代替以及动植物新品种作制等，都会引起投入产出变化，现代物质技术和方法技术的开发利用，以及农业科技不断地培育和推广应用，会使技术结构发生变化，而且伴随生产结构调整。这时农业的产品进步，必然引起农业内部各部门间生产要素的革新并要求建立新的平衡，产业结构必然跟上运动发展的方向，创造条件使生产要素在新的水平上达到最佳组合，只有这样，农业内部的有机整体才能发挥更高的有效作用。技术进步促进农业各部门各生产要素由低水平平衡不断向高水平平衡发展的过程就是农业经济结构调整的过程，也是技术进步发生作用的过程。

第二节 农业技术进步的测定

如何来测定技术进步对经济增长的作用呢？我们可以采取这样一个思路：经济的增长有两大来源：一是投入的增加，引起生产规模的扩大，进而使产出水平增加，引起经济的增长，这是“外延”扩大再生产。二是技术的进步，使生产的综合效率提高，在增加或者不增加投入的情况下，使产出水平得到更大的提高，这是“内涵”扩大再生产。然而在现实的经济增长之中，以上这两种情况往往是交织在一起的，投入的增加和技术的进步共同作用使经济获得增长。

经济学家在20世纪就开始对技术进步给经济发展带来的效益问题进行研究，早期的研究工作主要是定性的研究。直到1928年美国数学家C. Cobb和经济学家P. Douglas创立了著名的Cobb—Douglas生产函数之后，技术进步的测定工作才走向定量化和系统化的方向。1957年，美国经济学家R. M. Solow发表了著名论文《技术变化与总量生产函数》，此文解开了技术进步定量化的序幕。Solow（索罗）提出用总量生产函数以数学的形式处理技术进步变化对产出影响的评估方法，第一次明确地提出技术进步在国民经济增长过程中的重要作用。目前测定农业技术进步的方法有很多，主要常用的有两种：指标法和生产函数法。

一、技术进步率测定的综合指数法——TFP指数法

总要素生产率TFP（Total Factor Productivity），是指一个生产单元（企业、行业、国家或地区），在一定时期内生产的总产出和总投入之比。它常用作衡量一个行业或地区经济运行状况的综合性指标，TFP的增长则是技术进步、效率（技术效率、规模效率等）提高的综合体现，反映了与广义技术进步内涵相同的内容，因此总要素生产率的增长率等同于广义技术进步率。根据定义，时期s、t的总要素生产率TFP_s、TFP_t可分别表示为：

从时期s到时期t总要素生产率的变化，可用TFP指数TFP_{st}来度量：

$$TFP_s = \frac{(\text{总产出})_s}{(\text{总投入})_s}, TFP_t = \frac{(\text{总产出})_t}{(\text{总投入})_t}$$

$$TFP_{st} = \frac{TFP_s}{TFP_t} = \frac{(\text{总产出})_t}{(\text{总投入})_t} \Big/ \frac{(\text{总产出})_s}{(\text{总投入})_s} = \frac{(\text{总产出})_t}{(\text{总产出})_s} \Big/ \frac{(\text{总投入})_t}{(\text{总投入})_s}$$

即：

$$TFP_{st} = \frac{(\text{总产出指数})_{st}}{(\text{总投入指数})_{st}}$$

因此，对生产率增长的度量，转化为对总投入和总产出增长的度量。由于实际中的生产单元，大多是以多种要素投入来生产多种产品，而且各种投入和产出变化的速度，乃至变化方向都可能存在较大差异，因而对总投入指数和总产出指数的计算，并不像单一投入产出时那样简便易行，而必须使用综合指数

来度量这种复杂变化。下面是生产率研究中经常使用的总量指数。

为了表述上的方便，对于 N 种物品（投入的资源或生产的产品），我们引入 P_{ij} 和 Q_{ij} 分别表示第 i 物品在第 j 时期（$j=s,t$）的价格和数量，当然 s、t 亦可表示两个不同企业、行业、地区等。作为参照的时期称为基期，另一时期称为报告期（或现期）。我们用 Q_{st}、I_{st} 分别表示以 s 为基期、t 为现期的数量指数和一般指数。

1. 拉氏（Laspeyres）和帕氏（Passsche）指数

拉氏（Laspeyres）指数和帕氏（Passche）指数，是两个使用最广泛的指数公式。拉氏数量指数是以基期的价格为权重，而帕氏数量指数则是以现期的价格为权重。拉氏数量指数为：

$$Q_{st}^{L}=\frac{\sum_{i=1}^{N}p_{is}q_{it}}{\sum_{i=1}^{N}p_{is}q_{is}}=\sum_{i=1}^{N}\omega_{is}\times\left(\frac{q_{it}}{q_{is}}\right)$$

这里，$\omega_{is}=p_{is}q_{is}\Big/\sum_{j=1}^{N}p_{js}q_{js}$ 是第 i 物品在基期 s 的价值份额。价值份额的大小反映物品的相对重要程度。拉氏（Laspeyres）指数有两层含义：其一是它表明拉氏指数是以基期价格指标为同度量因素，而计算的是现期和基期 N 种物品价值总量的比率；其二是这种指数是以基期价值份额为权重的，N 种物品个体数量指数的加权平均值。

对于以基期价值份额为权重的拉氏指数，一个自然的替代公式，便是以现期价值份额为权重而计算的指数，这就是帕氏指数，即：

$$Q_{st}^{P}=\frac{\sum_{i=1}^{N}p_{it}q_{it}}{\sum_{i=1}^{N}p_{i}q_{is}}=\frac{1}{\sum_{i=1}^{N}\omega_{it}\times\left(\frac{q_{it}}{q_{is}}\right)}$$

这里，$\omega_{it}=p_{it}q_{it}\Big/\sum_{j=1}^{N}p_{jt}q_{jt}$ 是第 i 物品在时期 t 的价值份额。上式表明帕氏指数是以现期价格为同度量因素，分别以现期价格和基期价格计算的两个时期的 N 种物品总量之比。或者说咱氏指数是以现期价格份额为权重的个体价格指数的调和平均值。拉氏指数和帕氏指数被广泛使用的原因，除了它们的简单易于计算外，还因为它们实际上给出了真实指数的上下界限。

2. 费氏（Fisher）指数

从两种指数的计算公式可以看出，拉氏指数和帕氏指数正好代表两个极端，分别强调了基期价格份额和现期价格份额的重要性。当价格的变化表现为一致性时，即 $q_{it}/q_{is}=c$，两种指数的结果是相同的，都等于常数 c。当各种物品的数量变化不一致时，两种公式计算的结果也大不相同。影响拉氏指数和帕氏指数的差异程度，除个体数量指数的一致性程度外，还有个体价格指数的一致性程度及价格与数量的相关程度。拉氏指数与帕氏指数间的差异，导致 Fisher（1922）将这两种指数的几何平均值定义为一个新的指数，即费氏指数，即：

$$Q_{st}^{F} = \sqrt{Q_{st}^{L} \times Q_{st}^{P}}$$

虽然 Fisher 指数是在两极之间的一种构造，但它却有着许多令人满意的统计和经济理论上的性质。正是费氏指数所具有的良好性质，使其被称为 Fisher 理想指数（Fisher Ideal Index）。迪沃特（E. W. Dicwert，1992）证明了费氏指数在生产率分析中的广泛用途。

3. 汤氏（Tornqvist）指数

在近十几年，汤氏（Tornqvist）指被广泛地应用在总要素生产率问题的研究中。汤氏数量指数定义为个体数量指数的赋权几何平均值，而权重则是基期和现期价值份额的简单算术平均值，即：

$$Q_{st}^{T} = \prod_{i=1}^{N} \left(\frac{q_{it}}{q_{is}} \right)^{\frac{\omega_{is} + w_{ii}}{2}}$$

这里 ω_{is} 和 ω_{it} 仍是如前定义的第 i 种物品在基期 s 和现期 t 的价值份额。汤氏指数一般写成它的对数形式：

$$\ln Q_{st}^{T} = \sum_{i=1}^{N} \left(\frac{\omega_{is} + \omega_{it}}{2} \right) \times (\ln q_{it} - \ln q_{is})$$

这种对数变换形式为实际计算提供了方便。在对数形式下的汤氏指数，是对数形式的个体数量指数的加权平均值。由于第 i 种物品数量对数的变化，代表了第 i 物品数量变化的百分率：

$$\ln q_{it} - \ln q_{is} = \ln(q_{it}/q_{is}) \approx q_{it}/q_{is} - 1$$

因此，对数形式的汤氏指数表现的是总体数量的增长率。汤氏数量指数是在度量总投入和总产出数量变化时，最常用的指数公式。

4. 莫氏（Malmquist）指数

Malmquist 指数法最初是由 Malmquist 在 1953 年为分析不同时期的消费变化，从而引入距离函数概念而进行的研究。结合时期变化，如从 s 时期到 t 时期，投入导向的 MalmquistTFP 指数的分解公式如下：

$$m_i(q_s,q_t,x_s,x_t) = [m_i^s(q_s,q_t,x_s,x_t) \times m_i^t(q_s,q_t,x_s,x_t)]^{0.5}$$
$$= \left[\frac{d_i^s(x_t,q_t)}{d_i^s(x_s,q_s)} \times \frac{d_i^t(x_t,q_t)}{d_i^t(x_s,q_s)}\right]^{1/2}$$

式中，m_i 即全要素生产率 TFP，d_i^s，d_i^t 分别表示 s 时期和 t 期投入导向的距离函数，q_s，q_t 表示 s、t 对应时期的产出，x_s，x_t 表示对应时期的投入。

对上式进行整理得：

$$m_i(q_s,q_t,x_s,x_t) = \frac{d_i^t(x_t,q_t)}{d_i^s(x_s,q_s)}\left[\frac{d_i^s(x_t,q_t)}{d_i^t(x_t,q_t)} \times \frac{d_i^s(x_s,q_s)}{d_i^t(x_s,q_s)}\right]^{1/2}$$

式中，$\frac{d_i^t(x_t,q_t)}{d_i^s(x_s,q_s)}$ 表示从时期 s 到 t 时期的技术效率变化（TE），$\frac{d_i^s(x_t,q_t)}{d_i^t(x_t,q_t)} \times \frac{d_i^s(x_s,q_s)}{d_i^t(x_s,q_s)}$ 表示对应时期内技术进步的变化（TP）。在规模不变的情况下，TE 可以分解为纯技术效率（PTE）变化与规模效率变化（SE）的乘积。因此，TFP = TE × TP = PTE × SE × TP。

当 Malmquist 指数的 TFP 值大于 1 时表示全要素生产率提高，生产条件改善，小于则相反。当 TP 指数大于 1 时，表示技术进步，反之退步。当 PTE 指数、SE 指数大于 1 时，表示纯技术效率、规模效率提高，同时其变化程度直接反映各自对技术效率变化的影响。综合来看 TEC 指数和 TP 指数情况交织决定全要素生产率指数的变化。

图 6－5 用图解的方法对 Malmquist 指数进行分解讲解。

图 6－5 中 $f_t(\cdot)$ 和 $f_{t+1}(\cdot)$ 分别表示 t，t＋1 时期参考技术由各自时期在不变规模报酬条件下所有样本（在非参数 DEA 方法中每一个样本即一个 DMU）所形成的生产前沿面，例如，A 点（x^t,y^t）和 B 点（x^{t+1},y^{t+1}）等。生产前沿面的移动反映前沿技术进步的作用。例如，由于前沿技术进步的作用，t＋1时期

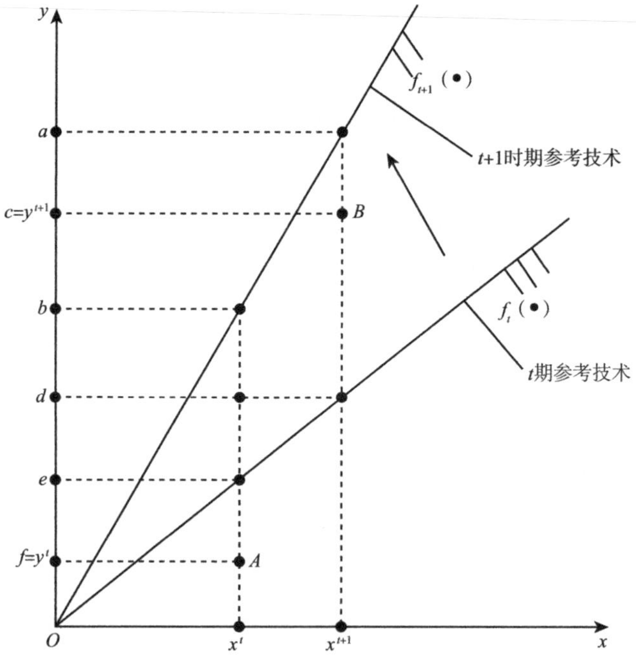

图 6－5　基于产出的 Malmquist 生产率指数图示

的 DMU（如 B）可能会落在 t 时期参考技术的前沿面以外。

时期 t 参考技术下的 Malmqusit 指数可表示为：$M_0^t = \dfrac{oc/od}{of/oe}$

$$M_0^{t+1} = \frac{oc/oa}{of/ob}$$

$$M_0(x^{t+1}, y^{t+1}; x^t, y^t) = \left(\frac{D_0^t(x^{t+1}, y^{t+1} \mid C, S)}{D_0^t(x^t, y^t \mid C, S)} \cdot \frac{D_0^{t+1}(x^{t+1}, y^{t+1} \mid C, S)}{D_0^{t+1}(x^t, y^t \mid C, S)}\right)^{1/2}$$

进行变换得到下式：

$$\frac{D_0^{t+1}(x^{t+1}, y^{t+1} \mid C, s)}{D_0^t(x^t, y^t \mid C, S)}\left(\frac{D_0^t(x^{t+1}, y^{t+1} \mid C, S)}{D_0^{t+1}(x^{t+1}, y^{t+1} \mid C, S)} \cdot \frac{D_0^t(x^t, y^t \mid C, S)}{D_0^{t+1}(x^t, y^t \mid C, S)}\right)^{1/2}$$

$$= TEC(x^{t+1}, y^{t+1}; x^t, y^t) \cdot T^p(X^{t+1}, y^{t+1}; x^t, y^t)$$

其中，两个时期的集合平均值思想可表示为：

$$M_0(x^{t+1}, y^{t+1}; x^t, y^t) = \left(\frac{oc/od}{of/oe} \cdot \frac{oc/oa}{of/ob}\right)^{1/2} = \left(\frac{oc/oa}{of/oe}\right) \cdot \left(\frac{oa/od}{ob/oe}\right)^{1/2}$$

其中，$\left(\frac{oc/oa}{of/oe}\right)$ 反映技术效率的变化

$\left(\frac{oa/od}{ob/oe}\right)^{1/2}$ 反映前沿技术进步，表现为生产前沿面向上移动。

二、技术进步测定的生产函数法

在正常年景，农业总产值的增长来自两个方面，一部分来自生产投入的增加；另一部分来自科技进步的作用，可用农业科技进步率这个指标来衡量。测算农业科技进步率的基本思路是：先建立适当的总量生产函数模型，通过计量方法估算出有关系数和要素弹性后，再根据索洛余值原理，用总产出增长率扣除各可计算投入要素增长贡献，得到的余值就是农业科技进步率的大小。农业科技进步率除以农业总产值增长率，就是农业科技进步贡献率。

技术进步率测定的生产函数法，设含有时间变量 t 的生产函数为：

$Y = f(X,t)$

式中：Y——产出量；

X——各种投入的组合，并设投入不随时间变化而变化。

对 t 求导数，有：

$\partial Y/\partial t = \partial f(x,t)/\partial t$

两边同时除以产出 Y 有：

$$T(x,t) = \frac{\partial Y}{\partial t} \cdot \frac{1}{Y} = \frac{\partial f(x,t)}{\partial t} \cdot \frac{1}{Y}$$

式子表示单位时间内产出增加的百分率，用 $T(x,t)$ 表示。由于假定投入与时间无关，即投入组合和投入量不变，产出随时间的增加都是技术进步的作用，故 $T(x,t)$ 叫作技术进步率，即投入产出比变化的时间速率。

在实际经济活动中，投入也是时间的函数，通常有增加的趋势，其结果是增加的投入也对产出增加作出贡献，因此需要将其作用扣除，后者才是技术进步的作用。

考虑投入也随着时间变化的生产函数为：

$Y = f[x(t),t]$

求式全导数，有：

$$\frac{dY}{dt} = \sum_i \frac{\partial f}{\partial x_i} \cdot \frac{dx_i}{dt} + \frac{\partial f}{\partial t}$$

两边同除以 Y，得：

$$\frac{dY}{dt} \cdot \frac{1}{Y} = \sum_i \frac{\partial f}{\partial x_i} \cdot \frac{x_i}{Y} \cdot \frac{dx_i}{dt} \cdot \frac{1}{x_i} + \frac{\partial f}{\partial t} \cdot \frac{1}{Y}$$

$$\frac{d\ln Y}{dt} = \sum_i \varepsilon_i \frac{d\ln x_i}{dt} + T(x,t) \left(\varepsilon_i = \frac{\partial f}{\partial x_i} \cdot \frac{x_i}{Y} \right)$$

$$T(x,t) = \frac{d\ln Y}{dt} - \sum_i \varepsilon_i \frac{d\ln x}{dt}$$

即：$T(x,t) = (\ln Y_t - \ln Y_{t-1}) - \sum_i \varepsilon_i (\ln x_{it} - \ln x_{i,t-1})$

表明，技术进步率 $T(x,t)$ 等于产出增长率（$\ln Y_t - \ln Y_{t-1}$）减去各种投入增长率（$\ln x_{it} - \ln x_{i,t-1}$）与其相应的生产弹性 ε_i 的乘积。该式称作增长速度方程，即“余值法”的公式。

技术进步测定常用的生产函数有如下几种。

（一）C—D 函数

美国数学家 C. W. Cobb 和经济学家 P. H. Douglas 根据统计资料，研究 1899—1922 年美国的资本与劳动对生产的影响，得出这时期的美国生产函数，后来通称“柯布—道格书斯生产函数”，简称 C—D 生产函数。这个函数的形式为：

$Y = A_0 K^{\alpha} L^{\beta} \quad (\alpha + \beta = 1)$

式中：Y——GDP；

K——资本投入；

L——劳动投入；

A_0——综合变量的限制条件；

α、β——资本、劳动力的产出弹性；

$\alpha + \beta = 1$——固定比例报酬。

1942 年 J. Tinbergen 在 C—D 函数模型中引入时间变量，并运用时间序列的数据测算技术进步的作用。其模型形式：

$$Y = A_0 e^{\delta t} K^{\alpha} L^{\beta} \tag{6-3}$$

式中：δ——技术进步率。

C—D 函数假设条件包括：①各要素的价格等于其边际生产力；②规模报酬不变；③一阶齐次生产函数；④希克斯中性技术进步；⑤充分就业。

1937 年 Durand 提出取消规模报酬不变的假定，允许要素的产出弹性之和大于 1 或小于 1，这样 C—D 函数就由一阶齐次生产函数变为 $\alpha+\beta$ 阶的齐次生产函数，α、β 的取值取决于参数的估计结果。

C—D 函数的优点：投入要素的量纲可以不一致，函数中系数意义明确，是测定技术进步与使用的一种方法。其缺点在于任何投入要素不能为零，且各要素投入的产出弹性是固定的。

式（6－3）对 t 求偏导得：

$$\frac{\mathrm{d}y}{\mathrm{d}t}=\frac{\partial y}{\partial t}+\frac{\partial y}{\partial k}\frac{\mathrm{d}k}{\mathrm{d}t}+\frac{\partial y}{\partial l}\frac{\mathrm{d}l}{\mathrm{d}t} \tag{6-4}$$

根据弹性定义，可以整理成式（6－5）

$$\frac{\mathrm{d}y}{\mathrm{d}t}=\delta y+\alpha\frac{y}{k}\frac{\mathrm{d}k}{\mathrm{d}t}+\beta\frac{y}{l}\frac{\mathrm{d}l}{\mathrm{d}t} \tag{6-5}$$

式（6－5）两边同时除以 y，得到式（6－6）：

$$\frac{\mathrm{d}y/y}{\mathrm{d}t}=\delta+\alpha\frac{\mathrm{d}k/k}{\mathrm{d}t}+\beta\frac{\mathrm{d}l/l}{\mathrm{d}t} \tag{6-6}$$

其中，$\frac{\mathrm{d}y/y}{\mathrm{d}t}$ 是产出年均增长率，$\frac{\mathrm{d}k/k}{\mathrm{d}t}$ 是资本投入年均增长率，$\frac{\mathrm{d}l/l}{\mathrm{d}t}$ 是劳动投入年均增长率。

C—D 生产函数形式简单，投入要素的量纲可以不一致，函数中系数意义明确，因而成为广泛应用的形式。但由于其要求要素构成最佳配合，同时任何投入要素不能为零，各要素投入的产出弹性是固定的，难以反映客观的生产过程，局限性较大。

（二）不变替代弹性（CES）生产函数

1961 年由 K. J. Arrow、H. B. Cheneru、B. S. Minhas 和 R. M. Solow 四位学者提出了两要素不变替代弹性（Constant Elasticity of Substitution）生产函数，简称 CES 生产函数模型，其基本形式为：

$$Y=A(\delta_1K^{-\rho}+\delta_2L^{-\rho})^{-\frac{1}{\rho}}$$

其中，待估参数 A 为效率系数，是广义技术进步水平的反映。显然，应该有 $A>0$，δ_1 和 δ_2 为分配系数，$0<\delta_1<1$，$0<\delta_2<1$，并且满足 $\delta_1+\delta_2=1$，ρ 为替代参数。

由于，$Y = A[\delta_1(\lambda K)^{-\rho} + \delta_2(\lambda L)^{-\rho}]^{-\frac{1}{\rho}} = \lambda\left[A(\delta_1 K^{-\rho} + \delta_2 L^{-\rho})^{-\frac{1}{\rho}}\right]$。

所以该生产函数具有不变规模报酬，即当资本和劳动的数量同时增加 λ 倍时，产出量也增长 λ 倍。为了更加满足实际情况，采用以下形式：

$$Y = A(\delta_1 K^{-\rho} + \delta_2 L^{-\rho})^{-\frac{m}{\rho}}$$

有：$A[\delta_1(\lambda K)^{-\rho} + \delta_2(\lambda L)^{-\rho}]^{-\frac{m}{\rho}} = \lambda^m\left[A(\delta_1 K^{-\rho} + \delta_2 L^{-\rho})^{-\frac{m}{\rho}}\right]$

这表示生产函数可以是规模报酬递增的，也可以是规模报酬递减的，取决于参数 m 的估计结果。参数 m 为规模报酬参数，若 $m=1$，生产函数为不变规模报酬，若 $m>1$，则为递增规模报酬，若 $m<1$，则为递减规模报酬。

（三）变替代弹性（VES）生产函数

变替代弹性（Variable Elasticity of Substitution）生产函数模型，简称 VES 生产函数模型，有许多理论和方法的研究成果，是生产函数研究的一个前沿领域。较著名的是 Revankar 于 1971 年提出的模型和 Sato 和 Hoffman 于 1968 年提出的模型。

1. Revankar 模型。假定要素替代弹性 σ 为要素比例的线性函数，即：

$$\sigma = a + b \cdot \frac{K}{L}\mathrm{L}$$

容易理解，要素比例不同，要素之间的替代性能是不同的。当 K/L 较大时，资本替代劳动就比较困难；当 K/L 较小时，资本替代劳动就比较容易。生产函数的一般形式为：

$$Z = A\exp\int \frac{dk}{k + c\left(\frac{k}{a+bk}\right)^{\frac{1}{a}}}$$

其中，$Z=\frac{Y}{L}$；$k=\frac{K}{L}$。

当 $b=0$ 时，VES 生产函数退化为 CES 生产函数；

当 $b=0$，$a=1$ 时，替代弹性 $\sigma=1$，VES 生产函数退化为 C—D 生产函数。

当 $a=1$ 时，$\sigma=1+bk$，此时 VES 生产函数可写成：

$$Y = AK^{\frac{1}{1+c}}\left[L+\left(\frac{b}{1+c}\right)K\right]^{\frac{1}{1+c}}$$

即为一般常用的 VES 生产函数模型，为规模报酬不变的情况，其中 A，b，c 为待估参数。如果将规模报酬系数 m 作为一个待估参数，则 VES 生产函数模型的理论形式为：

$$Y = AK^{\frac{m}{1+c}}\left[L+\left(\frac{b}{1+c}\right)K\right]^{\left(\frac{1}{1+c}\right)m}[+(f+2)K]$$

2. Sato 和 Hoffman 模型。该模型假设替代弹性 σ 为 t 的线性函数，即 $\sigma=\sigma(t)=a+bt$ 假定生产函数在任何时间点上均为 CES 形式，随着时间的推移，技术进步使要素之间的替代更容易。生产函数的一般形式为：

$$Y = B\left(\lambda L^{\frac{\sigma(t)-1}{\sigma(t)}}+(1-\lambda)K^{\frac{\sigma(t)-1}{\sigma(t)}}\right)^{\frac{\sigma(t)}{\sigma(t)-1}}$$

所以，该 VES 生产函数表现为 CES 生产函数的漂移。

（四）超越对数生产函数

L. Christensen、D. Jorgenson 和 Lau 于 1973 年提出超越对数生产函数，该函数模型是一种易于估计和包容性很强的变弹性生产函数模型，它在结构上属于平方反映面模型，可有效研究生产函数中投入要素的相互影响、各种投入技术进步的差异。通过超越对数生产函数模型，可以分析技术进步率、投入要素的产出弹性和要素的替代弹性。其形式为：

$$\begin{aligned}\ln Y_t &= \ln F(\ln K_t,\ln L_t,t)\\ &= \alpha_0\left(\alpha_1+\frac{1}{2}\alpha_2 t\right)+(\beta_K+\beta_{K1}t)\ln K_t+(\beta_L+\beta_{L1}t)\ln L_t\\ &\quad+\beta_{KK}(\ln K_t)^2+\beta_{LL}(\ln L_t)^2+\beta_{KL}\ln K_t\cdot\ln L_t+u\end{aligned}$$

式中：Y_t——t 年产出；

K_t、L_t——t 年资本存量、劳动力投入量；

β——需要估计的系数。

1. 技术进步率

$$\dot{TP} = \frac{\partial \ln F(\ln K_t \ln L_t, t)}{\partial t} = (\alpha_1 + \alpha_2 t) + \beta_{k1}\ln K_t + \beta_{L1}\ln L_t$$

2. 要素投入的产出弹性

资本投入的产出弹性为：

$$\eta_K = \frac{dY/Y}{dK/K} = \frac{d\ln Y_t}{d\ln K_t} = \beta_K + \beta_{K1}t + \beta_{KL}\ln L_t + 2\beta_{KK}\ln K_t$$

劳动投入的产出弹性为：

$$\eta_L = \frac{dY/Y}{dL/L} = \frac{d\ln Y_t}{d\ln L_t} = \beta_L + \beta_{L1}t + \beta_{KL}\ln K_t + 2\beta_{LL}\ln L_t$$

3. 要素的替代弹性

替代弹性可以定义为：在技术水平和投入要素的价格不变的情况下，边际技术替代率的相对变动所引起的生产要素投入的比例的相对变动，即投入要素比例的变动的百分比与边际技术替代率的变动百分比的比值。要素之间可替代程度的高低可用要素替代弹性（the Elasticity of Substitution）来描述，其具体含义是：一种生产要素价格变化以后，它与另一种生产要素相互替代率的变化。要素替代弹性在零与无穷大之间变化，当替代弹性为零时说明两种要素之间完全不能互相替代，如固定投入比例生产函数（里昂惕夫生产函数）；当替代弹性无穷大时，说明两种要素之间可以完全替代。资本、劳动两种投入的替代弹性计算如下：

资本和劳动的替代弹性为：

$$\sigma_{KL} = \frac{d\left(\frac{K}{L}\right)}{\left(\frac{K}{L}\right)} \Bigg/ \frac{d\left(\frac{MPP_L}{MPP_K}\right)}{\left(\frac{MPP_L}{MPP_K}\right)} = \frac{d\left(\frac{K}{L}\right) \cdot \left(\frac{MPP_L}{MPP_K}\right)}{d\left(\frac{MPP_L}{MPP_K}\right) \cdot \left(\frac{K}{L}\right)}$$

由于，$\frac{MPP_L}{MPP_K} = \frac{\partial Y}{\partial L} \Big/ \frac{\partial Y}{\partial K} = \frac{\eta_L}{\eta_K} \cdot \frac{K}{L}$

可得：

$$\sigma_{KL} = \frac{d\left(\frac{K}{L}\right)}{d\left(\frac{MP_L}{MP_K}\right)} \cdot \frac{\eta_L}{\eta_K} = \frac{\eta_L}{\eta_K} \cdot \left[\frac{d\left(\frac{MP_L}{MP_K}\right)}{d\left(\frac{K}{L}\right)}\right]^{-1} = \frac{\eta_L}{\eta_K} \cdot \left[\frac{d\left(\frac{\eta_L}{\eta_K} \cdot \frac{K}{L}\right)}{d\left(\frac{K}{L}\right)}\right]^{-1}$$

因为，$\dfrac{\mathrm{d}\left(\dfrac{\eta_L}{\eta_K}\cdot\dfrac{K}{L}\right)}{\mathrm{d}\left(\dfrac{K}{L}\right)} = \dfrac{\eta_L}{\eta_K} + \dfrac{K}{L}\cdot\dfrac{\mathrm{d}\left(\dfrac{\eta_L}{\eta_K}\right)}{\mathrm{d}\left(\dfrac{K}{L}\right)}$

$$\mathrm{d}\left(\frac{\eta_L}{\eta_K}\right) = -\frac{\eta_L}{\eta_K^{\ 2}}\mathrm{d}(\eta_K) + \frac{1}{\eta_K}\mathrm{d}(\eta_L)$$

$$\mathrm{d}\left(\frac{K}{L}\right) = -\frac{K}{L^2}\mathrm{d}L + \frac{1}{L}\mathrm{d}K$$

$$\frac{\mathrm{d}\left(\dfrac{\eta_L}{\eta_K}\right)}{\mathrm{d}\left(\dfrac{K}{L}\right)} = \frac{-\dfrac{\eta_L}{\eta_K^{\ 2}}\mathrm{d}(\eta_K) + \dfrac{1}{\eta_K}\mathrm{d}(\eta_L)}{-\dfrac{K}{L^2}\mathrm{d}L + \dfrac{1}{L}\mathrm{d}K} = \frac{-\dfrac{\eta_L}{\eta_K^{\ 2}}\dfrac{\mathrm{d}(\eta_K)}{\mathrm{d}L} + \dfrac{1}{\eta_K}\dfrac{\mathrm{d}(\eta_L)}{\mathrm{d}L}}{-\dfrac{K}{L^2} + \dfrac{1}{L}\dfrac{\mathrm{d}K}{\mathrm{d}L}}$$

进一步得资本与劳动的替代弹性为：

$$\sigma_{KL} = \left[1 + \left(-\beta_{KL} + \frac{\eta_K}{\eta_L}\beta_{LL}\right)(\eta_L - \eta_K)^{-1}\right]^{-1}$$

▶ 本章案例

已知2001—2018年中国吉林省农业部门的农业总产值、耕地面积、劳动力和农业固定资本投入有关统计资料见表6－1。

表6－1　　2001—2018年吉林省农业基本资料

年份	农业总产值（亿元）y	耕地面积（万公顷）x_1	劳动力（万人）x_2	农业固定资产投资（亿元）x_3
2001	691.83	4 045.7	585.8	0.96
2002	734.21	4 687.7	587.3	1.44
2003	792.14	4 717.1	592.2	3.64
2004	940.67	4 904	563.3	10.47
2005	1 050.49	4 953.1	565.8	77.6
2006	1 111.49	4 984.6	565.2	100
2007	1 329.16	5 036	564.6	102.7
2008	1 542.77	5 077.8	564	141.7
2009	1 619.53	5 091.1	568.8	203.7

续表

年份	农业总产值（亿元） y	耕地面积（万公顷） x_1	劳动力（万人） x_2	农业固定资产投资（亿元） x_3
2010	1 688.9	5 258.9	567.4	198.2
2011	2 029.86	5 297.2	573.9	243.5
2012	2 181.92	5 432	557	320
2013	2 276.4	5 632.9	551.4	379.8
2014	2 302.04	5 890.5	533.6	472.4
2015	2 292.97	5 997.9	525.2	608.5
2016	2 167.89	6 063.3	508	632.4
2017	2 064.29	6 086.2	491.4	807
2018	2 184.34	6 080.9	478.68	955.3

数据来源：《吉林省统计年鉴》《中国统计年鉴》。

1. 数据及模型介绍

农业总产值：它是在一定时期内以货币形式表现的农林牧渔业全部产品的总量，反映吉林省的农业生产总规模和总成果。

耕地面积：是可以用来种植农作物、经常进行耕锄的田地，用来反映吉林省农业生产规模的指标。

劳动力：能参加农业劳动的劳动力的数量和质量，反映吉林省农业的生产水平以及从事农业生产的人口数量情况。

农业固定资产投资：改善农业生产条件、发展农业的资金，用于吉林省农业发展以及建设的经费。

柯布—道格拉斯生产函数探讨投入和产出的关系时创造的生产函数，是在生产函数的一般形式上作出的改进，引入技术资源这一因素，预测国家和地区的生产和分析发展生产的途径的一种经济数学模型。根据表 6 - 1 的资料，用 t = 1、2、3……分别代替 2001、2002、2003……假设农业总产值 y 是耕地面积、农业固定资产投资劳动力投入以及时间 t 的函数。

柯布—道格拉斯生产函数的函数形式为：

$$Y = A_0 K^{\alpha} L^{\beta}$$

K——资本投入　　L——劳动投入　　A_0——综合变量项限制条件

在本文中的模型为：$Y = A^{e\varepsilon t} x_1^{\alpha} x_2^{\beta} x_3^{\gamma}$，其中 Y 代表农业总产值，A 代表进步率，$x_1$ 代表耕地投入，α 代表耕地投入弹性系数，x_2 代表劳动增长率，β 代表劳动产出弹性系数，x_3 代表农业资产投入，γ 代表农业资产投入的弹性系数。以 C—D 生产函数为例，$\alpha+\beta+\gamma$ 代表生产函数的规模报酬水平，$\alpha+\beta+\gamma>1$ 即规模报酬递增，$\alpha+\beta+\gamma<1$ 即规模报酬递减，$\alpha+\beta+\gamma=1$ 即规模报酬不变。

对两边取对数得：$IgY = lgA + \alpha lgx_1 + \beta lgx_2 + \gamma lgx_3$，这是一元线性回归模型，可用最小二乘法估计，进而可测得技术进步、资本增长、劳动投入增长对产出增长的贡献率。

2. 模型估计

使用 eview8.0 软件，在对 C—D 生产函数两边取对数后，用 t = 1、2、3……分别代替 2001、2002、2003……假设农业总产值 y 是耕地面积、农业固定资产投资劳动力投入以及时间 t 的函数。采用最小二乘法，对表 6 – 1 中的数据进行线性回归，对所建模型进行估计，估计结果见表 6 – 2。

表 6 – 2

Variable	Coefficient	Std. Error	t – Statistic	Prob.
C	– 14. 03868	5. 873664	– 2. 390106	0. 0327
T	0. 093094	0. 012545	7. 420908	0. 0000
LNX_1	– 0. 237677	0. 495222	– 0. 479940	0. 0392
LNX_2	3. 519790	0. 546467	6. 440991	0. 0000
LNX_3	0. 060216	0. 018554	3. 245494	0. 0064
R – squared	0. 984666	Mean dependent var		7. 305645
Adjusted R – squared	0. 979948	S. D. dependent var		0. 429372
S. E. of regression	0. 060801	Akaike info criterion		– 2. 532294
Sum squared resid	0. 048058	Schwarz criterion		– 2. 284969
Log likelihood	27. 79065	Hannan – Quinn criter.		– 2. 498191
F – statistic	208. 7025	Durbin – Watson stat		2. 141421
Prob（F – statistic）	0. 000000			

由表 6 – 2 可得线性回归方程为：

$$Iny = -14.0386 + 0.09309t - 0.2376lnx_1 + 3.5197lnx_2 + 0.0602lnx_3$$

$R^2 = 0.9846$　　$F = 208.7025$　　$df = 13$

调整后的 $R^2=0.9799$　　D.W = 2.141

还原为 C—D 函数形式为：

$Y=8.0028e^{0.09309t}X_1^{-0.2376}X_2^{3.5197}X_3^{0.0602}$

统计检验有以下几种：

（1）拟合优度的检验

样本决定系数 R^2 的值越接近 1，说明回归直线对观测值的拟合程度越好；反之，R^2 的值越接近 0，说明回归直线对观测值的拟合程度越差。

由表 6-2 参数估计结果可得，样本决定系数 $R^2=0.98>0.8$，可见其拟合优度不错。说明统计数据可以解释 98% 的变量。

因解释变量为多元，使用调整的拟合优度，以消除解释变量对拟合优度的影响。调整后的 $R^2=0.97>0.8$，所以，其拟合程度不错。

（2）方程显著性检验

由模型可知总离差平方和 TSS 的自由度为 17（n-1），回归平方和 ESS 的自由度为 3。所以残差平方和的自由度为 14（n-k-1）。

H0：βi = 0　　H1：βi≠0

在 H0 成立的条件下，统计量为：

F = (ESS/k)/(RSS/(n-K-1)) = 239.1760

而在 α = 0.05，n = 14，k = 3 时，查表得 F0.05（3，14）= 3.34 < 208.702，由此可知，应拒绝原假设，接受 H1，认为回归方程显著成立。

（3）参数显著性检验

H0：βi = 0　　H1：βi≠0

在 H0 成立的条件下，统计量为：

Ti =（^βi - βi）/S（^βi）

在 α = 0.05，n = 18，k = 3 时，查表得 T0.025（14）= 2.056，得 Ti = 2.145 > T0.025（14），则拒绝原假设。

3. 经济意义

通过估计所得的参数，可进行经济意义分析：

弹性分析：由方程可知，2001—2018 年吉林省地区农业部门产出的劳动和资本弹性分别为 3.5197 和 0.0602。换言之，在研究时期，保持资本投入不变劳动增加 1%，平均导致产出增加约 3.51%。类似地保持劳动力投入不变，资本增加 1%，平均导致产出增加约 0.06%。把两个产出弹性相加得 3.799，表明在此研究期间，吉林省地区农业部门经历着递增的规模报酬。模型合理。

综合模型分析：还原后的 C—D 函数为 $Y=8.0028e^{0.09309t}X_1^{-0.2376}X_2^{3.5197}X_3^{0.0602}$。

技术进步测定：时间变量的回归系数为 0.09309，即技术进步率为 0.09309，表明 2001—2018 年吉林省地区平均农业技术进步率为 0.9903%，而同时期，吉林省地区农业部门总产值年平均增长约为 0.9903%，吉林省农业部门的年平均增长率约为 6.99%（$\sqrt[17]{2184.34/691.83}-1=0.06997$），劳动投入的年平均增长率为 -1.118%（$\sqrt[17]{478.68/585.8}-1=-0.0118$），根据方程可以计算出该时期吉林省地区农业技术进步对农业部门总产值增长的贡献份额为 14.17%，劳动投入对农业部门总产值增长的贡献份额 -11.9%，资产投资对农业部门总产值的贡献份额为 18.57%。

思考：根据以上结论，总结吉林省农业发展特点，并给出政策建议。

— 本章思考题 —

1. 什么是农业科技进步？
2. 试述农业科技进步的特点。
3. 试述农业科技进步的类型。
4. 试述农业科技进步的作用。
5. 何谓农业科技进步率？科技进步率测定的方法有哪些？
6. 测定农业技术进步的理论依据是什么？

参考文献

[1] 李诗文，胡凯．江西省农业科技进步贡献率测算及预测［J］．农村经济与科技，2019，30（19）：159-163.

[2] 沈童菲，王森培，范丹．新常态下技术进步和要素投入对农业经济增长的影响——基于四川省的分析与预测［J］．中国西部，2019（6）：45-58.

[3] 李洁，修长百，闫晔．内蒙古农业科技进步贡献率、农业总产值与农业碳排放关系研究［J］．科学管理研究，2019，37（4）：131-136.

[4] 金国胜，蔡端午，陈文辉，胡振，沈祥成．湖北省 2016 年农业科技进步贡献率测算研究 [J]．湖北农业科学，2018，57（S2）：225－228.

[5] 魏赟，岳秋菊，杨杰．甘肃农业科技进步贡献率测算体系研究 [J]．甘肃高师学报，2018，23（2）：73－76.

[6] 董兴林，李梦钰．青岛市农业科技进步贡献率测算研究 [J]．科技创新与应用，2018（9）：23－24.

[7] 王洁，夏维力．陕西省农业科技进步贡献率测算分析——基于索罗余值法 [J]．科技管理研究，2017，37（19）：98－102.

[8] 孙宏伟，于峰．辽宁省农业科技进步贡献率测算与分析 [J]．合作经济与科技，2017（16）：16－18.

第七章　农业创新

学习目标

1. 能够准确陈述农业技术采用、扩散和推广的含义。
2. 能够表述农业技术采用行为的各种影响因素、农业技术扩散过程。
3. 能够区分农业技术扩散与推广的关系。
4. 能够计算农业技术推广的各种评价指标。
5. 通过学习树立扎根农村的思想，强化助农兴农的“三农”情怀。

▶ 本章提示

农业技术只有应用到农业实践中才能发挥其作用，农民通过技术采用行为达到农业技术扩散的效果，农业技术推广是促进农业科学技术转化为农业现实生产力的“桥梁”和“纽带”，是促进农村生产力发展的最有效措施，对实现乡村振兴有重要意义。本章主要介绍农业技术采用相关概念、决策模型和影响因素，农业技术扩散的机制，以及农业推广的概念、原则和各种评价指标。通过本章的学习，能够利用相关理论解决农业技术扩散、推广过程中的实际农业技术经济学问题。

第一节　技术创新理论及概念

技术创新理论（Technical Innovation Theory）首次由熊彼特（Joseph A. Schumpeter）在《经济发展理论》一书中系统地提出。“创新”就是一种新的生产函数的建立（the setting up of a new product in function），即实现生产要素和生产条件的一种从未有过的新结合。

创新并不仅是某项单纯的技术或工艺发明，而是一种不停运转的机制。只有引入生产实际中的发现与发明，并对原有生产体系产生震荡效应才是创新。

一、技术创新的概念

（一）创新的定义

创新是指以现有的思维模式提出有别于常规或常人思路的见解为导向，利用现有的知识和物质，在特定的环境中，本着理想化需要或为满足社会需求，而改进或创造新的事物，包括但不限于各种产品、方法、元素、路径、环境，并能获得一定有益效果的行为。

创新作为经济学的概念，是美籍奥地利经济学家熊彼特（J. A. Schumpeter）在他的《经济发展理论》（1912）一书中提出的。熊彼特认为创新就是把生产要素和生产条件的新组合引入生产体系，即建立一种新的生产函数。他把创新活动归结为五种形式：

（1）生产新产品或提供一种产品的新质量。

（2）采用一种新的生产方法、新技术或新工艺。

（3）开拓新市场。

（4）获得一种原材料或半成品的新的供给来源。

（5）实行新的企业组织方式或管理方法。

（二）技术创新的定义

在熊彼特之后，经济学家在发展创新理论的过程中把创新区分为技术创新和制度创新。

技术创新指生产技术的创新，包括开发新技术，或者将已有的技术进行应用创新。科学是技术之源，技术是产业之源，技术创新建立在科学道理发现的基础之上，而产业创新主要建立在技术创新的基础之上。

技术创新和产品创新有密切关系，又有所区别。技术的创新可能带来但未必带来产品的创新，产品的创新可能需要但未必需要技术的创新。一般来说，运用同样的技术可以生产不同的产品，生产同样的产品可以采用不同的技术。

产品创新侧重于商业和设计行为，具有成果的特征，因而具有更外在的表现；技术创新具有过程的特征，往往表现得更加内在。产品创新可能包含技术创新的成分，还可能包含商业创新和设计创新的成分。技术创新可能并不会带来产品的改变，而会带来成本的降低、效率的提高，例如，改善生产工艺、优化作业过程从而减少资源消费、能源消耗、人工耗费或者提高作业速度。另外，新技术的诞生，往往可以带来全新的产品，技术研发往往对应产品或者着眼于产品创新；而新的产品构想，往往需要新的技术才能实现。

技术创新是指人类通过新技术改善经济福利的商业行为。技术创新不是纯技术概念，而是一个经济学范畴。

对技术创新的理解要注意以下三个方面：

（1）技术创新是通过技术手段实现经济目的的行为。技术创新与发明创造不同，发明创造是科技行为，而技术创新则主要是经济行为，熊彼特的重大功绩之一，是把发明创造与技术创新相区别，发明创造获得的仅仅是科技成果，在发明创造的基础上，把科技成果产业化和商业化的过程才是技术创新。

（2）技术创新始于研究开发而终于市场实现。任何技术创新都是从研究开发开始，没有研究开发就谈不上进行技术创新，通过技术引进尽管从技术含量的角度来看并没有太大的变化，但要把它们变成本企业自己能实现的商品，也需要做大量开发工作。至于一些重大的技术创新，则更需要有研究开发工作来支持。技术创新最后是以市场实现而告终，它将通过营销环节来实现技术创新的经济价值。

（3）检验创新成功的根本标准是市场实现程度而不是技术先进程度。目前有的单位和个人对技术创新存在望文生义的简单理解，如对技术发明与技术创新不加区别，用技术指标来衡量技术创新的成效，认为既然是技术创新就要追求技术的卓越与先进；技术越先进，技术创新的力度才越大，一些行政主管部门也往往以产品的技术性能作为技术创新评判的标准，应该看到技术创新更多的是一种经济行为，而不是一种纯技术行为。它虽然是借助于技术手段而实现的，但其成败和绩效的最终评判指标不应该是技术指标，而应该是经济指标。

二、技术创新的重要意义

技术创新的重要意义，可以从其在不同层面的创新系统中的地位和作用方面认识。从国家创新系统的角度看，技术创新是国家创新系统的重要组成部分。国家创新系统作为一个内在具有有机联系的系统，包括观念创新系统、制度创新系统、知识创新系统、技术创新系统和知识传播与应用系统。国家创新系统具有知识创新、技术创新、知识传播和知识应用等功能，涉及创新资源、创新基础设施、创新环境、创新执行机构和国际互动等。

国家创新系统无疑是一个巨大的系统工程，而技术创新在该系统中则处于基础地位，是支撑整个国家创新系统的基石。从区域创新系统的角度看，技术创新也是区域创新系统的关键环节和内容。所谓区域创新系统，是指在一定地域内将新的区域经济发展要素或其组合引入区域经济系统内，创造新的更为有效的资源配置方式，实现新的功能，从而推动产业结构升级，形成区域竞争优势，促进区域经济跨越式发展。区域创新系统立足于区域内的企业和产业，最终需要通过技术创新的形式加以实现。从企业自身创新体系建设、创新能力提高和竞争优势获取的角度看，技术创新更是实现企业长足发展的根本出路。在当前知识经济凸显的环境下，以知识和智力资源表现的无形财产被视为企业最重要的财产和生产要素。

在知识经济中，知识不断被创新、应用和转化，而运用新知识的这些活动需要借助技术创新活动加以实现。从技术创新的内涵看，技术创新的主体就是企业，它要求企业在实践中应以市场需求为导向，实现技术创新与市场需求、充分满足消费者需要的有机结合。无数成功企业的经验表明，有效实施技术创新战略，实现市场与技术创新的有效结合，是赢得市场，进而获得市场竞争优势的法宝。

三、技术创新的基本特征

1. 技术创新具有高风险性

技术创新活动涉及许多相关环节和众多影响因素，从而使创新的结果呈现随机性，这意味着技术创新带有较大的风险性。美国的一份研究报告曾经断言，美国的每十个专利中，只有一个能变成创新。事实上，许多企业的产品开发成功率往往都较低。

技术创新之所以是一项高风险的活动，是因为技术创新需要相应的投入，而且这种投入有时不只局限于技术的研究开发阶段，还可能延伸到生产经营管理阶段和市场营销阶段，如投资生产设备、培训生产工人、开辟营销网络等。这些投入能否顺利实现价值补偿，则受到许多不确定因素的影响，既有来自技术本身的不确定性，也有来自市场、社会、政治等的不确定性，这就可能使技术创新的投入难以得到回报。

2. 技术创新具有创造性或先进性

技术创新既然是把新技术应用于生产经营活动中的一个过程，它就必须具有创造性或先进性。这种创造性或先进性首先表现在所应用的技术是前所未有的新技术，或者是现有技术中的某些改进，从而使旧技术更加完善，应用效果有明显的提高。其次表现在技术创新过程中，技术创新过程是企业家对生产要素的新组合的过程。在这个过程中，企业家创造性地把新技术应用在生产经营的实践活动中，实现了技术形态的转化。

不具有创造性或先进性的技术创新是原有技术的低级重复，难以生产出满足变化的市场需求的商品，难以提高企业的竞争力。只有具有创造性或先进性的技术创新，才能使创新者占领竞争的制高点，赢得竞争的胜利。

3. 技术创新具有适应性和可行性。

技术创新是以其成果的广泛应用为预期和根本目标的。就其创新过程而言，新思想的引入、新产品和新工艺的研制与发明固然重要，但这些创新并不能自主地产生商业竞争优势，只有将这些创新成果进一步投入商业化应用，并向社会扩散，转化为直接的、现实的生产力，创新的目标才能真正实现，才能获得巨额利润，才能产生巨大的社会效益。目前我国在计算机软硬件技术、集成、网络、信息技术、生物技术、新材料、新能源等高技术产业化方面，取得了显著成效，在有些方面取得了突破性进展。

4. 技术创新具有思维性

技术创新起始于新思想的产生与形成，所以创新首先必然是一种思维活动。科学技术的发展没有禁区，也没有绝对权威，更没有什么“终极真理”。探索未知，寻求奥秘，解决难题，掌握最新科技，勇攀高峰，必须要有创新意识，解放思想，更新观念，用开放的、超前的、全新的思维方式取代封闭的、僵化的和传统的思想意识。只有这样才能把技术创新推向新的阶段，才能有连续不断的技术创新形成。

5. 技术创新具有阶段性

技术创新是由新思想的产生、新产品的研制到第一次商业性应用与扩散，再到再一次技术创新的发生这样一个复合环状链式的发展过程组成，因此它具有明显的阶段性。一般来说，技术创新过程可以分为三个阶段：一是初级阶段，即技术创新的先导阶段。这一阶段主要是产生思维性的观念创新。二是中期阶段，也称为技术创新自我呈现阶段。这一阶段主要是指新产品和新工艺的开始与研制等实践性的运行创新。三是后期阶段，也就是通常所说的技术创新的应用转换阶段。它主要是指商业化应用和社会上扩散的产出式的实效创新。这三个阶段依次进行，适度交叉螺旋式上升，在经济发展中形成一轮接一轮的永无止境、动态优化的连锁创新。

6. 技术创新具有周期性

市场经济的发展是具有周期性的，即按照“繁荣—危机—萧条—复苏”这一周期而进行，而决定这种周期过程的重要因素就是技术创新，这在现代经济周期理论中已经得到印证。因为技术创新是经济发展的原动力，它与经济循环发展相伴随，并以科技是第一生产力的强大动力驱动着现代经济从其发展周期的“波谷”走向“波峰”，影响着周期的变化和经济的涨落。所以，技术创新就其自身的发展过程而言，是具有其内在的周期性规律的。

四、技术创新的过程

对技术创新过程的认识和划分，目前国内外学者从不同的角度形成不同的看法，既然技术创新是一个新产品或新工艺的第一次商业运用，那么技术创新过程也必然是一个从新的产品或工艺创意到真正商业化的过程。结合我国企业技术创新运行过程的实际情况，可以把技术创新过程划分为以下六阶段。

1. 创意思想的形成阶段

创意的形成主要表现在创新思想的来源和创新思想形成环境两个方面。创意思想可能来自科学家或从事某项技术活动的工程师的推测或发现，也可能来自市场营销人员或用户对环境或市场需要或机会的感受，但是这些创意要变成创新还需要很长时间。人造纤维从创意到创新大约用了200年，计算机是100年，而航天飞机更长。创新思想的形成环境主要包括市场环境、宏观政策环境、经济环境、社会人文环境、政治法律环境等。

2. 研究开发阶段

研究开发阶段的基本任务是创造新技术，一般由科学研究（基础研究、应用研究）和技术开发组成。企业从事研究开发活动的目的是很实际的，那就是开发可以或可能实现实际应用的新技术，即根据本企业的技术、经济和市场需要，敏感地捕捉各种技术机会和市场机会，探索应用的可能性，并把这种可能性变为现实性。研制出可供利用的新产品和新工艺是研究开发的基本内容。研究开发阶段是根据技术、商业、组织等方面的可能条件对创新构思阶段的计划进行检查和修正。有些企业也可能根据自身的情况购买技术或专利，从而跳过这个阶段。

3. 中试阶段

中试阶段的主要任务是完成从技术开发到试生产的全部技术问题，以满足生产需要。小型试验在不同规模上考验技术设计和工艺设计的，解决生产中可能出现的技术和工艺问题，是技术创新过程不可缺少的阶段。

4. 批量生产阶段

按商业化规模要求把中试阶段的成果变为现实的生产力，产生出新产品或新工艺，并解决大量的生产组织管理和技术工艺问题。

5. 市场营销阶段

技术创新成果的实现程度取决于其市场的接受程度。本阶段的任务是实现新技术所形成的价值与使用价值，包括试销和正式营销两个阶段。试销具有探索性质，探索市场的可能接受程度，进一步考验其技术的完善程度，并反馈到以上各个阶段，予以不断改进与完善。市场营销阶段实现了技术创新所追求的经济效益，完成技术创新过程中质的飞跃。

6. 创新技术扩散阶段

即创新技术被赋予新的用途，进入新的市场。如雷达设备用于机动车测速，微波技术用于微波炉的制造。

在实际的创新过程中，各阶段的划分不一定十分明确，各个阶段的创新活动也不仅是按线性序列递进的，有时存在过程的多重循环与反馈以及多种活动的交叉和并行。下一阶段的问题会反馈到上一阶段以求解决，上一阶段的活动也会从下一阶段所提出的问题及其解决中得到推动、深入和发展。各阶段相互区别又相互连接和促进，形成技术创新的统一过程。

五、技术创新的基本类型

技术创新类型是指在发展经济学中关于经济发展战略选择问题的一种理论，由加拿大多伦多大学教授、发展经济学家海莱纳提出。海莱纳以资产阶级经济学中的比较利益学说为理论依据，把新技术的利用划分为三类。

1. 节约劳动的技术创新

即能使产品成本中活劳动所占的比重有所减少的“技术创新”。

2. 节约资本的技术创新

即能够使产品成本中物化劳动所占的比重有所减少的“技术创新”。

3. 中性技术创新

即既不偏重“节约劳动”，又不偏重“节约资本”的“技术创新”。海莱纳认为，发展中国家不宜采用“节约劳动”的“技术创新”，而应当优先发展“节约资本的”技术创新，生产出口的工业品，这样能在国际竞争中获利，且能提供更多的就业机会。海莱纳的“技术创新类型”的划分被认为是对熊彼特的“创新”概念的发展，受到资产阶级经济学家的重视。

第二节　农业技术创新概念及理论

一、农业技术创新的含义

狭义的农业技术创新是指农业新技术的发明或新技术的研发过程。

广义的农业技术创新是指将农业技术发明应用到农业经济活动中所引发的农业生产要素的重新组合，包括新技术的研究开发、实验推广、生产应用和扩散等一系列涉及科技、组织、商业和金融活动等相互关联的综合过程。即农业技术创新是农业生产者或企业家抓住市场的潜在盈利机会，以获取商业利益为目标，重新组织生产条件和要素，建立起效能更强、效率更高和费用更低的生产经营系统，从而推出新的产品、新的生产（农艺）方法、开辟新的市场、获得新的原材料或半成品供给来源或建立新的农业组织，它是包括科技、组织、商业和金融等一系列活动的综合过程。

二、农业技术创新的特征

由于农业的特殊性，农业技术创新也具有不同于其他技术创新的特征。

1. 地域性

农业技术创新的对象是有生命的动植物，它们高度依赖所栖息的自然生态环境和气候条件。由于不同地区的自然因素差异明显，加之农业生产所采取的手段、措施及操作程序等都具有较大的地域性，这使农业科技体系的普适性较差，农业科技整体扩散与推广的难度较大。因此，农业科技创新必须“因地制宜”，以“本地化”为原则，努力实现自然再生产与经济再生产的有机统一。

2. 高风险性

农业科技创新活动更具风险性。原因之一是农业科技创新在研究动植物新品种时，受制于动植物生命周期、农业生产诸要素、自然环境和气候因素的多重影响，往往需要多代遗传、筛选和培育，因而研究周期长、难度大、不确定性强。

3. 公共性

农业科技创新常常需要经过长时间、大范围的实验，保密性差，并且服务对象及应用者是广大涉农企业及农户，因此农业科技创新一般都具有较强的公共属性，即非排他性和非竞争性。这使众多企业和农户无须支付成本，就可以同时运用新成果。此外，农业科技创新具有明显的正外部经济，需要政府的大力扶持以促进其转化为现实生产力，从而释放巨大的经济效益、生态效益和社会效益。

三、农业技术创新的分类

1. 按创新的对象不同，可分为种质创新、产品创新和方法创新

种质资源改造、动植物新品种选育等属于种质创新。种质资源创新的目的是为农业提供丰富多彩的动植物遗传资源，满足农业生产对植物遗传资源多样性的需要，这是农业技术创新所独有的。

栽培技术、饲养技术、培肥地力技术、防疫技术、灌溉技术、捕捞技术等属于方法创新。方法创新是改进或完善原有技术方法、路线、技巧，使其省工、省时、省力、提高效率。

新化肥、新农药、新农具的研制、推广、应用属于产品创新。产品创新的目的是改进或创造某种产品，以利在农业生产活动中应用。

2. 按创新的性质不同，可分为农业硬技术创新、软技术创新和硬软混合技术创新

农业技术创新大部分属于硬技术创新，硬技术创新是以生产实物为特征的技术创新或以实物为研究对象的创新。农业生产部门为实物性资料生产部门，其市场主要在于为人民生活提供衣食来源。因此，追求高质量、大数量、高效益的农产品是农业生产部门的主要目标，农业技术创新主要属于此类创新。

农业软技术创新是观念性突破与制度性更改的创新，包括农业宏观战略研究、决策咨询研究、农业经济研究、生产管理研究、区划研究、情报信息研究当中的创新。这些创新内容在农业技术创新中占有相当比重并具有不可忽视的作用。这种创新常常能带来农业效益的迅速增加并引发农业硬技术的创新。由于农业的自然与社会属性，硬软混合技术创新也为数不少，重大农业技术创新往往属于这种类型。

3. 按创新的方式不同，可分为突变性创新和渐进性创新

突变性创新是指某一创新使原有技术在某领域和某地区发生革命性变化的创新。渐进性创新是指日积月累的创新，通常这种创新周期较长，就某一创新过程看，变化不显著，但长期积累后，则出现质的飞跃。农业技术创新中这种渐进性创新较多，农业技术创新、农田培肥技术创新都可划归为此类技术创

新。例如在棉花栽培技术上，棉花婀栽技术就是在直播、稀播、地膜覆盖技术之后发展起来的。该项技术创新的实现使棉花提早成熟，增加霜前花，实现上、中、下棉稠合理分布与全面利用，促使棉花高产。

4. 按技术创新的阶段不同，可分为科研成果创新、开发成果创新和推广应用创新

农业科学研究是农业技术创新的首要步骤，科研成果创新是指以农业科研成果突破为主导因素的技术创新。农业科研成果创新是农业技术创新的核心内容，是农业技术创新的关键，具有重大意义和先进水平的突破性科研成果往往推广迅速，并很快取得巨大效益。

开发成果创新是以开发过程中投入人力物力进而取得突破为特征的技术创新，如一项成果通过中试改造，比研究实验阶段更具实用与优良特性。在开发中，创造了某一技术或产品应用前景更广阔、更先进也可视为开发创新。

5. 按技术创新的动力不同，可分为以经验为基础的创新和以科学理论为依据的创新

以经验为基础的创新，是在总结经验的基础上，归纳、总结、实验、研究进而形成的创新。传统农业中这种创新较多，例如，20 世纪六七十年代我国著名劳模永康在水稻田间管理方面，对单季晚粳稻提出“三黑三黄”看苗诊断、促控结合的水稻高产栽培理论，这种创新途径是某一学科或领域初始阶段常有的。

在科学原理和理论指导下的农业技术创新，能带来重大的技术创新，产生极大的社会经济效益。

四、农业技术创新的模式

农业技术创新的基本模式可分为两种：

第一种是政府供给主导型技术创新模式，农业资源—农业技术创新—农业技术扩散—农业技术需求—供需平衡。其特点是政府是农业技术创新的组织者、投资者、管理者，并引导农户使用农业技术成果。

第二种是农户需求主导型技术创新模式，农产品需求—农业技术需求—农

业技术创新—农业技术扩散农业技术供给。其特点是农户根据需要和可选择的农业技术项目，对政府供给的某些技术项目可以不予采纳。

我国现阶段农业技术创新模式主要有以下几种模式。

（一）政府主导的农业技术创新模式

主要是通过实施政府制定的或政府机构参与的重大的或社会公益性明显的农业技术创新项目来运作的。

1. “科研、教学和推广”三结合的技术创新模式

从理论上讲，这种农业技术创新模式在一定程度上是符合农业技术创新规律的。美国“三位一体”的农业技术创新实践也证明了这种模式的优点。但是，在我国的具体实践中，它过分依赖行政的力量，名为“三结合”，实际上各个子系统之间缺乏有效的沟通和有机的联系，在农业技术创新过程中存在条块分割、多头管理、各自为政的现象。

2. “科研—开发推广”联合攻关模式

这一模式的特点有：围绕地区农业经济发展的关键问题，组织多专业、多学科的科技人员进行跨地区的联合攻关；以粮食为先导，农林牧综合发展为目标；研究、开发、推广紧密结合，通过试验区、示范区、辐射区，使科技成果迅速在当地推广应用；实行管理人员、科技人员和农民群众的三结合，有利于形成坚实的工作基础和群体效应。

3. 科技扶贫模式

在组织方式上主要采取四个途径：一是科技扶贫青年知识分子促进行动；二是全国科技系统以科技扶贫开发团、科技小分队和蹲点挂职等形式，向贫困地区派遣科技人员，参与科技扶贫及其管理工作；三是科研院所和高等院校参与科技扶贫工作，推动科学技术进村、入户、到人；四是科研院所、高等院校和企业直接参与科技下乡活动，即送科技下乡。在激励机制方面，对长期在贫困地区工作的科技人员，从多方面给予一定的关心和帮助，如在职称评定、工资、住房等待遇上优先安排。

科技扶贫模式的项目确定与实施过程包括：①项目的确定。②项目的实施与监督。③项目的验收。

4. “科技特派员制度”模式

①实行双向选择，寻找科、农的结合点。②重心下移，营造网络，提高成果转化效率。③创建利益共同体，科技进大户，发挥龙头企业的示范作用。④发展主导产业，实现产、供、销一体化。⑤建立保障机制，解除科技特派员的后顾之忧。

5. 农业科技园区模式

农业科技园区是国家为了促进传统农业向现代农业的快速过渡，借鉴我国传统农业技术创新中所采用的试验点、样板田、农业科技示范区的做法以及国外工业“孵化器”的经验，在20世纪90年代涌现出来的新生事物。我国农业高新技术科技园区所从事的研究、开发与生产活动大致有三个方面的内容：

第一是以标准化、智能化为目标的设施生产。

第二是以生物技术为核心的农业技术新产品的研究开发与生产。

第三是以绿色环保和可持续发展为目标的研究开发和生产。

各级科技园区的建设，一般由政府出资，而当建成以后，通常是移交给具有独立法人主体地位的企业集团管理，并按照自主经营、自负盈亏这种与市场经济体制相适应的机制运作。科技园区在研究开发和经营过程中，利用国家促进技术创新的有关法规和减免税收等优惠政策，视市场需求及时调整研究开发和生产方向，受行政干预少，可灵活独立应对市场的挑战，在人才的聘用及利益分配方面利用企业管理办法，引入竞争机制和责权利挂钩的奖惩激励机制，调动职员的创新积极性，机构冗员少，工作效率高，具有自我组织、自我积累扩展的功能，是适应市场经济的良好的转化机制，应当具有广阔的发展前景。

（二）研究开发机构主导的农业技术创新模式

1. 基地建设与项目带动相结合的农业技术创新模式

农业科研院所通常根据科学技术发展水平、国民经济和农村社会发展的需要，利用自身的资源优势，从各种渠道获得研究开发与推广项目，加强基地建设，发挥基地辐射带动功能，带动科技成果转化。

2. 科、工、贸一体化模式（科技产业化模式Ⅰ）

根据国务院关于“九五”期间深化科技体制改革的决定，具有研究与开发优势并已形成自我发展能力或具备产业开发实力的科研机构，可以自办企业或直接转变成企业。这类企业可成为集研究、开发、工程设计和生产销售于一体的公司，也可通过兼并、承包其他企业或科研机构转变成企业集团。由研究开发、推广机构和高等院校派生出来的科技产业化模式称为“科技产业化模式Ⅰ”，由企业和用户等派生出来的科技产业化模式称为“科技产业化模式Ⅱ”。

（三）高等院校主导的农业技术创新模式

1. 以高等院校为主创立的有限公司技术创新与产业化

在产品开发方面，高校坚持以自主研究开发为主，同时充分利用社会科研资源，将传统的封闭式研究转变为开放式研究，形成一个高水平的、开放式的科技创新体系。目前形成相关的研究开发基地，以及包括跟踪世界科技最新动态、把握海外市场两大触角的科技创新体系构架。

高校设有科技研究院，管理研究、开发和技术创新工作。下设农化研究中心、药物研究中心、微生物资源研究开发中心、博士后科研工作站等。同时，与相关企业合作建立工程重点实验室，以此不断提高高校的科研实力，确保持续发展。

高校在构建科技创新体系的同时，逐步建立了科技创新激励机制，对科研人员实行独立的薪酬和考核体系，极大地激发了科研人员的积极性和创造性。重点保证新产品的开发、新工艺的研究与应用、专利技术产业化，并与国内外知名院校和研究机构合作，形成强有力的科研、技术后盾，实现跨地区、跨国界的技术联动。

2. 以高等农业院校为主体的技术推广方式

①教学与科研示范基地的推广方式。②技术入股型推广方式。③技术转让型推广方式。

（四）企业主导的农业技术创新模式

国有企业依靠自己研究、开发的农业高新技术成果和本单位的经济实力，逐步实现农业高新技术产业化的过程。这种做法的优点是企业可以结合自身实际和市场需求进行农业高新技术研究，技术成果针对性强，同时经济基础较好，资金投入比较充足，经营管理人才较多，易于推广应用和形成规模。

公司加农户的推广方式，通常是指一些涉农生产企业或涉农中介公司，将公司引进或本企业生产的可以作为本企业深加工原料的新品种、新化肥、新农药等技术成果，通过中介组织建立基地的形式与分散农户签订合同，并派遣技术人员指导使用，然后按照合同数量和契约价格收购产品。

（五）农业技术推广机构主导的农业技术创新模式

这些创新模式主要有：

（1）项目推广与示范辐射相结合的推广方式。

（2）技术与信息咨询服务相结合的推广方式。

（3）经营与服务相结合的推广方式。

（4）技术承包的推广方式。

技术承包改变了单纯依靠政府推广机构按常规方式推广农业技术的做法，通过与农民或生产单位的平等协商，签订技术承包合同，运用经济手段和合同约束的形式推广农业技术。具体形式有联产提成技术承包、定产定酬技术承包、联产联质技术承包、集团技术承包等。

集团承包

集团承包的核心是技、政、物三者相结合，即由当地政府的官员出面组织，由技术人员、农资供应部门、金融信贷部门等有关人员组成承包集团，对农业生产的某项技术活动进行承包服务，集团承包具有很多优势：

一是可以借助行政力量开展大面积的技术推广活动，使新技术、新成果迅速落实到千家万户，形成规模效益；

二是通过行政和物资部门的结合，可适时得到关键技术的配套物资，保证技术措施的落实，因而有利于各生产要素的优化组合；

三是便于核实产量和兑现合同；

四是体现责、权、利关系的统一。

（六）农户及农民组织主导的农业技术创新模式

这些创新模式主要有：

(1) 农民经济组织主导的农业技术创新模式（乡镇企业）。

(2) 农民专业技术协会（研究会）主导的农业技术创新模式，这种方式主要是指由各种合作社、专业技术协会（研究会）以及其他各种专业性服务组织所开展的产前、产中、产后自我服务。

(3) 农户主导的农业技术创新模式。

五、我国农业技术创新的行为主体

1. 农民

作为农业生产的直接参与者和主力军，农民在农业技术创新中扮演了双重角色。一方面，农民作为消费者使用农业技术企业和农业科研单位提供的农业技术产品，提高了农业生产效率促进了农业技术创新；另一方面，农民是农业技术特别是农业生产技能和农业生产工艺的实际用户。由于农民扮演了技术创新的双重角色，自然而然地成为农业技术创新过程的主体。

2. 涉农企业

农业企业之所以成为农业技术创新的重要组成部分，主要是因为：首先，技术创新是一项与市场密切相关的活动，企业会在市场机制的激励下去从事创新活动。其次，根据新古典学派的创新理论，创新是指生产要素的重新组织或组合，这种组合只能在企业家的领导和指挥下通过市场来实现。最后，技术创新需要很多与产业有关的特定知识，纯粹的农业科研机构难以提供这些知识，只有企业才有这个能力。

3. 农业科研院校

农业科研机构和大学之所以作为国家农业技术创新体系中的技术创新源泉，是由于一方面，只有农业科研机构和大学能够提供大量的属于公共产品的科学知识，作为农业技术创新所需的技术知识的基础。另一方面，农业科研机构和大学不仅是知识源泉，重要的是通过教育和培训，为社会提供大量的农业创新人才。同时，从知识的流动角度看，教育和培训能通过人才这个载体，使知识和技术向社会的扩散速度提高，扩散范围加大。从这个意义上讲，农民教育和培训也属于知识源泉。

4. 政府

由于农业技术创新活动具有较强的公共产品性质，政府在国家农业技术创新体系中必须担负起相应的功能和作用。主要是组织和协调作用，它由一系列对农业新技术的发展和扩散产生影响的相互连接的机构所组成，通过这些机构间的相互作用，促进农业新技术的创造、保存、转化与创新，协调相关机构对农业技术创新的支持，制订农业技术创新的整体规划，支持农业科学技术研究，引导农业技术进步的方向，制定农业技术创新政策等。

5. 农业推广机构

农业生产的区域性和分散性，决定农业必须有一个强大的技术推广体系。农业推广机构在国家农业技术创新体系中，主要作为传播和扩散知识与信息的“桥梁”，是农业科技产业化的中间环节，在农业科技中小企业间的知识流动中，农业推广机构扮演了极其重要的作用。只有农业推广机构的健全与完善，才能使农业新技术快速、高效地传播、扩散到文化素质相对较低的农民及农业企业，促进传统农业向现代农业转变，逐步提高农业及农产品的国际竞争力。

6. 农业服务机构

农业技术创新过程是一个十分复杂的过程，在研究与开发、设计与试制、生产和市场化过程中，每个创新阶段的跨越都需要投入大量的人力、物力和财力来营造良好的外部环境。因此，相关服务机构特别是金融服务机构和农业科技信息咨询服务等机构的大力支持，对于农业技术创新的顺利实施与快速发展，具有十分重要的意义。

农业技术创新行为主体间的关系：从农业科研机构的研究开发开始，到农业技术创新成果最终被农民和农业企业采纳这一复杂的过程看，农业知识的合理流动与扩散是农业技术创新顺利实施的关键。因此，农业知识的流动与扩散是农业技术创新各行为主体间相互联系的“纽带”。各行为主体只有通过相互学习和信息、人才的流动，促进农业知识的合理流动，才能确保农业技术的快速扩散与创新。以知识流动为核心的农业技术创新行为主体相互关系方式见图 7 - 1。

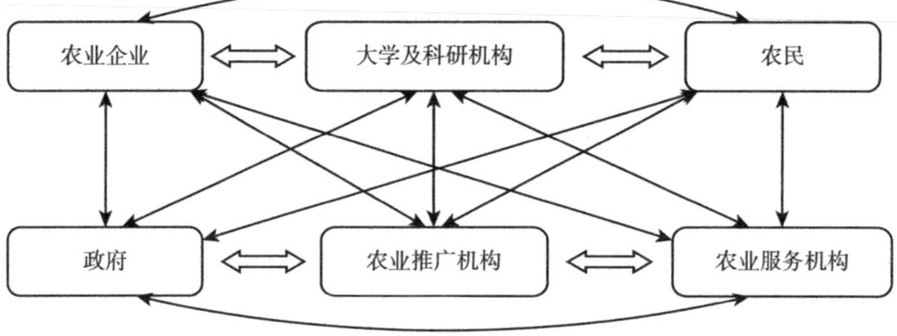

图7－1　农业技术创新主体间关系

六、农业技术创新的影响因素

1. 农业技术创新行为产生的预期收益。从行为上看，农业技术创新是高层次的经济行为。从过程上看，它又是一种高投入高产出的因果对应关系。因此，从这两个方面出发，也就决定农业技术创新行为的发生，必将使其行为主体获得较好的预期收益。正是这种利益的驱动促使创新行为主体不断地采纳新技术，提高农业生产水平。但是，农业生产受自然因素影响较大，新技术的采纳具有一定的风险性，而我国目前农业风险投资机制没有形成，加之农民的文化素质等，使农业生产者对技术创新行为所能产生的预期收益信心不足，从而阻碍了我国农业技术创新的进程。

2. 市场需求规模。从市场经济规律看，农业科技有效需求决定农业技术创新行为的成功率。农业科技有效需求不足，技术创新行为的成功率就低；反之，技术创新行为的成功率就高。我国农业科技有效需求不足是影响农业技术创新的重要因素。尽管农业基础地位在加强，农业科技在农业经济发展中日益受到重视，但较低的农民收入使农业科技有效需求上升缺乏动力基础，比较利益的偏低导致农业科技有效需求缺乏合理的诱导机制；狭小的农业经营规模严重制约着农业科技有效需求的强度。

3. 科研投入水平。农业技术创新行为产生的前提是有源源不断的科技成果，科技成果的形成需要一定的人力、物力和财力。目前我国农业的发展中常常出现技术供给跟不上农业生产对适用技术更新的实际需求，特别是近些年来更无重大的技术突破，其原因之一就是农业科研资金投入不足。从国际经验看，发展中国家农业科研投资占农业总产值的适宜比例为1%—2%，而目前我国只有0.2%，远远低于这一水平。科研投入不足，制约了技术源的形成。

4. 技术推广。农业技术推广是促进技术创新形成的重要环节，其根本任务是向农业生产经营者提供先进适用的技术信息，传播农业科知识等，使农业科技尽快转化为现实生产力。它主要是通过培训、宣传、示范、指导等渠道使新技术在短期内得到应用和扩散，农业技术推广对于技术创新的成败是一个直接而关键的因素，这主要是由于农业生产的自然属性和农业科学技术的地域适宜性不同，决定了技术推广在农业技术创新过程中起“催化剂”的作用，然而，我国目前农业技术创新滞后的一个重要原因就是农业推广体系的弱化，农业技术推广网络面临着钱紧、线断、网破、人散的危机状况，严重地影响着农民对新技术的及时采纳，导致技术创新体系难以形成。

5. 金融信贷支撑。农村农业信贷是农业发展中重要的制度支撑条件之一。农业发展的一般规律表明农业借款需求的大量增加和农业信贷支持系统的出现，是由于生产力水平更高的生物、化学和机械新技术的投资，能获得较高收益而产生的。所以，增加农业信贷能极大地促进这些农业新技术的运用和农业的增长，而我国目前的农村金融市场和农业信贷系统远不能适应发展之需要，应很好地借鉴发达国家如美国等农业信贷系统的运作经验，来促进我国的农业技术创新和农业发展。

第三节 技术创新政策

一、创新政策的内涵与演进

（一）技术创新政策的定义与内涵

技术创新政策是一国政府为了影响或者改变技术创新的速度、方向和规模而采取的一系列公共政策的总称。从根本上来说，技术创新政策是一个政策体系，是一个国家为促进技术创新活动、规范技术创新行为而采取的各种直接和间接的政策与措施的总和。

创新政策是政府为推动技术创新活动的各种政策的综合，而将科技政策与产业政策中有关推动创新的部分作为创新政策的核心。根据政策学原理，任何政策都应由政策主体、政策对象、政策目标、政策手段四部分构成，由此框架定义创新政策。

技术创新政策是指一国政府为促进技术创新活动的产生和发展，规范创新主体行为而制定并运用的各种直接或间接的政策和措施的总和，它应该是一个完整的体系。

（二）创新政策的演进

最早的创新政策手段当属专制制度和税收。专制制度的产生距今已有数百年的历史。1974 年威尼斯共和国在世界上第一个将发明专利确立为一种法律制度，而英国引入专利的时间是 1642 年，到了 20 世纪初，世界上仅有 45 个国家制定了专利法，但是到 1980 年，已有近 150 个国家和地区制定了专利法。税收也是早期各国政府运用较多的创新政策手段。20 世纪 50 年代美国政府在《内部收益法典》中增加了有关条款，给予从事研究开发的企业以税收优惠。而瑞典、加拿大等国政府也在 20 世纪 60 年代开始运用税收手段激励技术创新。

据有关资料表明，综合性创新政策产生的确切时间应在 20 世纪 60 年代，产生的地点是欧美各国。政府的作用对象主要是基础研究机构、大学研究、科研普及机构、大型企业，以及有自主开发能力的中小企业。政策手段主要是向 R&D 提供资助、配备实验设备、促进合作研究等。

进入 20 世纪 70 年代后期，人们逐渐意识到高新技术给人类带来的深刻影响，创新政策从此提上各国政府的议事日程。在 20 世纪 80 年代初，以信息技术、材料技术和生物技术为代表的新技术革命向人们展示了技术所具有的巨大潜力。这一革命导致创新政策在欧美的拓展。1980 年经济合作与发展组织部长会议的声明，既表现了西方国家对创新政策的渴望，也揭示了他们制定创新政策的立脚点。

最近 10 多年来，世界各国根据其特有的情况，采用过许多创新政策。一般而言，这些政策可分为以下三类：

第一，供给政策。主要是提供金融、人力和技术的帮助，包括建立科学技术的基础设施。

第二，需求政策。包括政府购买合同这种需求，是对创新产品、过程和服务的需求。

第三，环境政策。包括税收政策、专利政策等。目的是为创新提供一个好的环境。

人们一般认为，或者说各国的实践证明，政府在创新活动中最能发挥作用的领域有：（1）基础研究；（2）基础设施；（3）社会收益大的技术创新；（4）避免创新的重复性；（5）增强国际竞争力；（6）创新的扩散；（7）合作研究。

下面，我们较为详细地分析几个主要的创新政策手段，值得指出的是，由于创新主要来自研究和开发部门，因此，政府的许多手段，一般来说都是针对研究和开发的：（1）政府资助；（2）政府购买；（3）创新的政府导向；（4）专利制度；（5）税收；（6）政府拨款公共研究开发部门；（7）合作性创新。

从西方国家几十年技术创新的政策实践来看，各国所使用传统技术创新的典型政策工具主要有六种：①以税收优惠、减免或研究开发财政拨款、补贴等形式提供支持的财政激励政策；②以创造或者扩大对创新产品市场需求为目标的政府购买政策；③鼓励风险投资发展的风险投资政策；④中小企业政策；⑤专利制度；⑥规制政策等。从影响技术创新过程这个角度看，这些技术创新政策工具都有其特定的作用对象。其中，财政刺激政策和专利政策的主要目标是，通过鼓励对研究开发活动的投入，保护发明者的私人收益，提高社会对科学技术成果的投入，从而提高技术供给，这两种政策工具属于促进技术创新过程的上游政策。

政府购买政策则是通过向创新者提供一个可以预期、稳定的公共购买市场，从而减少技术创新过程中来自市场方面的不确定性，这种政策创造了对新技术、新产品的初始市场需求，对创新企业快速实现规模经济、发挥学习效应具有重要的意义，这种政策工具属于促进技术创新过程的下游政策。风险投资政策和中小企业政策在技术创新过程中的作用是全面与综合的，这两种政策工具是一种风险分担的制度安排，其目的是使社会全部技术创新风险不仅由某一类或单个主体来承担，而是由多个相关主体共同承担的。

总体来看，虽然全社会技术创新风险并没有降低，但由于社会的技术创新总体风险被分散到更多的主体中，因此每一个创新主体所面对的技术创新风险都会显著地降低，其要求的创新风险报酬也就随之降低，创新主体开展技术创新、增加技术创新投入的动力就会增强。放松政府规制是通过减少政府干预来降低技术创新制度环境的不确定性，或者通过政府规制来调整、控制技术创新的规模与方向，这种政策工具实质上是通过对创新资源的进入、退出以及配置来实现目标的。

二、政府通过政策干预技术创新的理由

1. 政府干预创新的理论基础

（1）市场失灵的理论。市场失灵在这里有两层含义：一是指在这些情况下市场机制存在效率低下或干脆失效产生调节上的真空，需要有其他的调节力量填补。二是指在一些情况下，虽然市场机制具有充分调节的能力，但这时市场调节的方向不利于国家和社会工作的整体利益，也需要有另一种调节力量发挥作用。

（2）科技促进发展理论。工业发达国家经济发展的实践使人们认识到，科学技术是生产力，科学技术能够有力地促进经济的持续发展，而实现这一转化的就是技术创新。在国际大市场上，经济的竞争实质上是科学技术实力和技术创新实力的竞争。技术创新已经不仅关系到企业生产和发展的问题，而且关系到国家在国际社会的政治地位、军事实力和经济竞争力。因此，各国政府都非常重视科学技术的发展和技术创新活动的开展。

（3）科学技术的负效应理论。科学技术在给人类带来知识、文明、经济发展和社会进步的同时，也带来了一系列的副作用，给大自然和人类社会本身带来了不少的危害。生态环境的破坏、核污染的危险、职业病的泛滥，以及一些科技成果对社会道德观念的冲击和利用高科技手段犯罪等，都使人们越来越重视高科技的副作用。企业在进行技术创新活动时，考虑的主要是盈利和提高竞争力，但不会考虑这些科技创新给大家带来的副作用。这就需要政府采取必要的行动，控制那些可能给国家和社会公众的长远利益带来威胁的技术的应用，减少科技活动及其成果应用可能造成的副作用。

2. 政府干预技术创新的实际需要

科学技术特别是科学研究中的某些领域属于公共物品，它们通常具有非竞争性和非排他性，所以在这些领域投资的社会效益要高于私人效益，所以公共物品一般是由政府提供的，或是至少是由政府补贴的，价值规律或者说市场机制在这里基本起不了作用。具体到技术创新来说，需要政府干预的领域大致有以下几方面：

（1）从根本上说，科学研究的成果是技术创新的源泉，但是有一些基础科学领域被认为不能够直接引导技术的发展，个别产业的投资者们无法分享所有的基础研究和培训机构的好处，也有一些基础知识似乎需要较长时间才对企业有用，即对基础研究的投资要经过相当长的时间才能获得经济上的回报。

（2）在高新技术产业中，资本投资或研究与开发的规模经常使各个企业不能筹集到必要的资金，或承担新技术开发的风险，在这种情况下，政府担保研究与开发，并可以得到资本或有保证的贷款，方能促进这些产业的迅速发展。

（3）出于国际贸易与国际竞争的需要，政府要提供资金或通过其他手段支持面临国际竞争的产业，既从战略上支持必须参与竞争的部门和幼稚产业，又要维护支柱产业的不断发展，对这些产业中通用的关键技术创新，政府的支持起着重要的作用。

（4）有许多对工业或对整个社会有重要意义的基础产业或一些活动领域，个别企业未必能从这些领域的技术创新投资中取得收益，需要政府给予支持。如农业，由于基本的经营单位规模较小，缺乏开展重要技术创新及相关的研究与开发活动的技术和资金，农业的技术进步也要靠政府的支持，这一点已由美国和欧共体各国的实践所证实。

最后，从我国的实际看，一方面市场发育尚不健全，特别是要素市场尚未真正形成，市场机制还不能在所有的领域中很好地发挥作用；另一方面，现代企业制度正在建立，企业作为投资主体的作用尚不明显，且许多企业还没有投资的实力。这样，对于一些本该由企业支持的技术创新，在一段时间内仍然需要国家的干预和支持。制定法律为其营造公平的发展环境尤其要发挥服务职能，为中小企业提供信息服务和技术资源。

三、我国政府干预技术创新活动的现状

为提高我国自主创新能力，实现建设创新型国家的宏伟目标，近些年来我国先后颁行了一系列鼓励和促进自主创新和自主知识产权的政策性规范，这些规范无不强调和体现了技术创新是我国创新政策的灵魂和核心，凸显了以企业为主体的技术创新建设的重要地位和作用。

例如，《国家技术创新工程总体实施方案》指出：实施技术创新工程，要围绕提高自主创新能力、建设创新型国家的战略目标，促进科学技术更加主动地为经济社会发展服务，经济社会发展紧紧依靠科学技术和自主创新，以确立企业技术创新主体地位为主线，充分运用市场机制，引导和支持创新要素向企业集聚，增强企业自主创新能力和产业核心竞争力，为推进经济结构战略性调整，加快发展方式转变，建设创新型国家提供有力支撑。国家发展和改革委员会等九部门发布的《关于促进自主创新成果产业化的若干政策》，其中在“培育企业自主创新成果产业化能力”部分，提出要提高企业的技术开发和工程化集成能力、启动实施自主创新成果产业化专项工程、切实落实促进自主创新成果产业化的税收扶持政策；在“大力推动自主创新成果的转移”部分，提出要完善自主创新成果发布机制、鼓励高等院校和科研机构向企业转移自主创新成果、鼓励科研人员开展自主创新成果产业化活动。例如，2009 年 5 月 15 日，工业和信息化部、科学技术部、财政部和国家税务总局联合发布的《国家产业技术政策》也强调了技术创新的重要作用。

例如，其第二章“构建和完善技术创新体系，推动产业技术升级”包括：构建促进产业发展的技术创新体系，搭建技术研究开发平台；建立科学的产业技术评估评价体系；完善技术服务机制；建立健全军民结合的技术创新机制。第三章“发挥企业主体作用，促进产业技术研究开发与创新”包括：充分发挥企业技术创新的主体作用；支持以企业为主体的技术开发；加大信贷支持力度，支持企业进行重大产业关键技术、共性技术的研究开发；促进企业实施可持续发展战略；鼓励企业发展符合《国家产业技术发展指南》的产业技术，引导企业通过产业技术的研究开发增强核心竞争力；支持企业加强技术改造。

长期以来，为了进一步加速我国技术创新，政府出台了各种干预措施，包括：

（1）在改善技术创新环境方面，重点是加强法治建设，辅之以各种政策措施。

（2）在技术创新所需资源的供给方面，政府所采取的最重要的措施是制订和实施一些重要的计划，形成一批科技成果。

（3）在技术创新的需求方面，政府主要是从两个方面入手刺激和调控需求。第一，政府为社会采用创新成果提供各种鼓励措施和强制刺激需求，如为企业采用新技术提供资金等。第二，充分发挥政府的调控功能，依据国家利益优先的原则和国家的长远利益，运用政府的权力和财力开展委托研究和购买活动。

▶ 本章案例

泰顺凤垟丘陵山区土地宜机化改造打通农机进田“最后一公里”

泰顺县地处浙闽交界，土地总面积 1 768 平方千米，森林覆盖率 76.8%，是国家生态县、国家重点生态功能区，人均耕地面积 0.7 亩，素有“九山半水半分田”之称。近年来，泰顺坚持“大干快上强基”这一主线，推动农业现代化，农机强农状态从“一时兴”向“持久兴”精彩蝶变，截至 2020 年底，全县粮食播种面积达 14 万亩，水稻耕种收割机械化率达 57.8%。其中，凤垟“长寿大米”示范基地就是泰顺县农机强农的成功实践，该乡属于典型低丘缓坡山区乡，基础设施薄弱，外出人口较多，农业发展长期处于“小打小闹”的阶段。近年来，该乡全面实施乡村振兴战略，坚持“农机强农”发展理念，有针对性地引进农机设备，大幅提升生态农业产业效益，持续探索山区共同富裕道路。

主要做法

一、坚持土地整治，改造高标农田

泰顺县地处丘陵山区，田块零散、细碎、不规则且坡陡坎高。为与现代农业生产方式相适应，泰顺县通过开展土地整治工作，将零碎的“巴掌田”成功改造为集中连片、设施配套、宜中小型机械化耕作的高标准农田基地。凤垟乡依托泰顺特色农业资源，聚焦聚力土地综合整治，实施宅基地复垦、旱改水、垦造水田等项目，不断改善耕地的基础条件和配套设施，为农业机械化耕作创造条件。凤垟乡先后完成宅基地复垦30亩、垦造耕地和旱改水245亩、高标准农田建设项目1 400亩，位于三门垟村的凤垟“长寿大米”示范基地，经浙江山友天然食品有限公司和凤垟乡三门垟村股份经济合作社联合开发建设，连片总面积113亩，成为泰顺县单体最大旱改水项目。

二、加大政策扶持，升级农机设备

为高质量实施乡村振兴战略、建设农业农村现代化先行省赋能助力，泰顺在近年来加大农机购置补贴，落实相关扶持项目和政策资金，合力推动泰顺农机化高质量发展。自2008年起，在中央购置补贴800元的基础上，泰顺县政府每年都对购买小型耕作机的农户和单位给予每台500元补助，到2020年底全县微耕机保有量4 526台。同时，为解决山区大部分田块不通机耕路，山区运输困难的问题，推广山区轨道运输机30台，在运输环节减少了卸车和装车的次数，提高功效，减轻农民的劳动强度，进一步释放山区生产能力。

三、完善智慧耕作，提升综合效益

凤垟乡开展农民机械化耕作指导和培训，探索“合作社购买、农民租用”等模式，大力度推广使用轻型旋耕机、收割机等小型机械化耕作方式，提高农业生产效率，“长寿大米”示范基地通过智慧化耕作模式，基本实现生产全程机械化，高标准的旱改水耕地提供机械化操作条件，日常除虫、施肥均采用“无人机”作业，实现基地的精细化、科学化管理，大大提高基地农业综合效益。在种植过程中，还采用彩色水稻梯田景观种植带动当地旅游业发展，极大提高基地农业综合效益，每年可为所在地村集体增加收入12万元以上，带动周边农户户均增收3 000元以上。

四、注重共同富裕，创新共富模式

凤垟“长寿大米”示范基地的运营模式为改变泰顺小农户经营的分散性和弱质性提供了解决思路：按照“企业+集体+农户”模式，企业负责开发运营“长寿大米”品牌，土地由村集体、农户统一入股流转，粮食作物则由周边农户种植，成功实现了小散户到大联合的转变，并实行“土地入股、固定保底、年终分红”的利益分配机制，保证村集体、农户的土地收益。下一步还将新增农事体验、长寿系列产品体验等项目，创新“生态农业+产业发展”模式，打造共同富裕的创新实践样板。

农机强农建设的实践可行性表现使泰顺山区老百姓得到了丰厚的效益。不断改善耕地的基础条件和配套设施，推进全县土地综合整治，由各村股份经济合作社统筹，推进农户联合统一管理，大力推广农业机械化，深入农机购置补贴工作。通过这些转变，泰顺县大幅提升生态农业产业效益，将可持续探索泰顺山区共同富裕道路。

［资料选自：小耕作到大效益泰顺探索共富新路径（baidu. com）］

思考：当地农机化工作推进的重点难点是什么？泰顺县凤垟乡如何通过创新来解决的？

— 本章思考题 —

1. 什么是技术创新？技术创新的类型有哪些？
2. 农业技术创新的特点有哪些？
3. 影响农业技术创新的因素有哪些？
4. 如何进行农业技术创新的又是如何运用的？

参考文献

［1］孟建锋，续淑敏，侯婧．乡村振兴战略下农业创新生态系统的构建策略［J］．农业经济，2022，428（12）：9－11.

［2］李锦涵，万国超．我国农业创新效率研究综述及展望［J］．现代农业科技，2022，830（24）：183－188.

［3］梁常安，杜国明，郝均．中国农业技术创新的空间格局及其诱致性［J/OL］．干旱区地理：1－14［2023－04－25］．http：//kns. cnki. net/kcms/detail/65. 1103. x. 20220915. 1344. 001. html.

［4］张静静，王迎春，詹妮，等．新时期农业科技创新型企业的概念与发展态势［J］．农业科技管理，2021，40（2）：72－76.

［5］余凌，江易华．农业技术创新政策研究：文献综述［J］．农业经济，2018，377（9）：14－16.

第八章　农业技术采用、扩散与推广

学习目标

1. 能够准确陈述农业技术采用、扩散和推广的含义。
2. 能够表述农业技术采用行为的各种影响因素、农业技术扩散过程。
3. 能够区分农业技术扩散与推广的关系。
4. 能够计算农业技术推广的各种评价指标。
5. 通过学习树立扎根农村的思想，强化助农兴农的“三农”情怀。

▶ 本章提示

农业技术只有应用到农业实践中才能发挥其作用，农民通过技术采用行为达到农业技术扩散的效果，农业技术推广是促进农业科学技术转化为农业现实生产力的“桥梁”和“纽带”，是促进农村生产力发展的最有效措施，对实现乡村振兴有重要意义。本章主要介绍农业技术采用相关概念、决策模型和影响因素，农业技术扩散的机制，以及农业推广的概念、原则和各种评价指标。通过本章的学习，能够利用相关理论解决农业技术扩散、推广过程中的实际农业技术经济学问题。

第一节　农业技术采用

一、农业技术采用过程

农民对农业技术的采用是一个过程，是指农民从获得农业技术信息到最终采用的心理、行为变化过程。

农业推广学家从心理学和行为学的角度分析得知，农民采用农业创新的过程大致可分为如下五个阶段。

（一）认识阶段

农民从各种途径获得信息，与本身的生产发展和生活需要相联系，从总体上初步了解某项农业技术。

（二）兴趣阶段

农民在初步认识某项技术可能会给他带来一定好处的时候，其行为就会发展到感兴趣。这时，农民对此项技术的方法和效果，表现出极大的关心和浓厚的兴趣，开始出现学习行为；并初步考虑采用的规模、投资的程度及承受风险的能力，初步作出是否试用的打算。

（三）评价阶段

农民根据以往资料对该项技术的各种效果进行较为全面的评价。农民在邻居、朋友或推广人员的协助下进行评价，最后决定是否采用。

（四）试用阶段

农民为了减少投资风险，防止盲目应用，会估计效益高低等。在正式采用之前要先进行小规模的采用即试用，为今后大规模采用作准备。

（五）采用阶段

通过试用评价得出是否采用此决策，如果该项技术较为理想，农民便根据自己的财力、物力等状况，决定采用的规模，正式实施技术。

以上采用过程的阶段划分是研究者们根据观察结果人为地划分的，也有的学者采用三段、四段或其他形式来划分。

二、农业技术采用的一般特征

（一）农业技术采用的经济有利性

农户作为具有理性的经济人，其技术采用决策首先表现在技术能否给自己带来收益。一般而言，先进的农业技术一旦被农户应用于生产，大多能降低农业生产成本或劳动强度，并给农户带来农作物产量的增加和收入的提高。但是，在生产实践中，农户是否采纳新技术不仅取决于农业技术的经济有利性，有时还要受制于技术使用的难易程度、技术使用的追加投资等相关因素。例如，“苹果化学疏花成果”曾多次获奖，在获原农业部科技进步二等奖时已经推广了一定面积，但在获奖后的数年里推广速度并不快，原因是化学疏花剂浓度控制较难。如果浓度小，则疏花疏果效果就差；而浓度稍大，则又可能出现药害，造成减产。

（二）农业技术采用的风险性

农业技术的采用是一种选择活动，在可能得到收益的同时，必然也存在着各种风险。农业生产的特殊性使农民不仅经常要面对各种不利的自然条件，还要遭受各种社会和经济的不确定性导致的风险，这就使农业成了一个典型的风险行业。造成风险的原因主要有以下几种：

（1）农民自身知识水平和科技素质低下可能导致难以正确使用农业新技术，从而在使用过程中造成人为因素方面的风险。

（2）农业新技术的采用往往同资金、劳动力、物质等生产要素的投入密切相关，随着这些生产要素投入的增加，农户使用新技术的风险就加大。

（3）在市场经济条件下，生产的投入和产出都面临市场价格的不确定性，使农户技术采用的风险增加。

目前我国农户采用的技术多属常规技术，不同区域间无论从农业生产结构、品种结构还是从技术水平和内容上都有很强的相似性，从而导致一方面技术资源过度竞争，另一方面农产品低水平、低档次的结构性过剩，造成“合成谬误”的现象，于是加大了农户采用新技术的风险。

（三）农业技术采用的周期性

农户采用一项新技术并进行了一定时间的生产后，当又出现了另一种更新的技术供给时，农户就会对该技术进行尝试，如果效果比原有技术更好，农户就会放弃原有新技术而采用更新的技术。例如，农户们原来采用矮秆水稻良种，当出现了杂交水稻良种之后，因其具有显著的增产潜力，农户就会纷纷使用杂交水稻良种以求更多的生产收成。这个过程说明，农户采用新技术从接受、成长到成熟一直到放弃，继而再采用更新技术的过程具有一定的周期性，采用一项新技术的周期与该技术的增产、增收潜能以及新技术的供给时间有关。

（四）农业技术采用是一个学习的过程

采用一项新技术不是一次性的完全采用，而是一个逐步学习的过程。在这个过程中，需要农户通过接触、了解、比较、思维、注意等心理活动的形式来完成。为了帮助自己认识和了解新技术，农户会主动地查找有关信息来提高自己采用新技术的决策能力和水平，如主动和邻里沟通交流，向农业技术推广部门咨询，接受培训和教育，购买技术书籍等。过去对某种知识的了解是现在采用新技术水平的依据，而对于未来新技术采用的决策又取决于过去和现在所积累的对新技术的了解，这个过程就是学习的过程。

（五）农业技术采用的市场诱导性

在市场经济条件下，农户的自身利益往往依赖于市场来实现，这就不可避免地决定了农户技术选择具有市场诱导性的特点。一方面，为了追求利益最大化的目标，农民在目标函数和约束条件一定时总是会选择最优技术方案。另一方面，农业生产要素的供求也受市场的支配，在市场生产要素价格的诱导下，理性农民总是选择成本最低的技术。面对要素价格的差异性变化，农户会选择和采用可以对昂贵要素实施有效替代的农业技术。

三、农业技术采用行为与决策模型

（一）农户技术采用的静态决策

农户技术采用决策是指农户根据自己的生产需求以及所掌握的信息，对所能够获得的技术进行定性（是否采用）和定量（采用时间长短或规模大小）的选择过程。根据舒尔茨的“理性小农”假设，农户采用新技术的目标是在生产中实现效用的最大化，也就是生产者目标（如利润或产量等）函数的最大化，因此，我们可以假设农户技术采用决策的过程就是农户比较采用和未采用新技术的生产函数是否达到收益最大化的过程。由于农户的生产函数是由要素投入、技术采用决策以及其他影响因素决定的。因此，我们可以将上述观点用如下公式表达并加以分析：

$$\pi_i = p \cdot q(X) \cdot g(Z) - \sum r_j x_j$$

式中：π_i——第 i 个农户（假设农户为生产技术采用的基本单位）对某种技术的期望利润；

$q(X)$——农户采用新技术以后的生产函数；

X——生产要素投入量；

g（Z）——影响农户采用技术决策的转换变量；

Z——具体的影响因素；

p、r——农产品价格和各种投入要素的价格。

如果一种新技术采用后的经济收益很高且农户对新技术的所有特性、产品的生产潜力和期望价格等有充分的了解，则 g（Z）为 1，公式兀 i = $P \cdot q(X) \cdot g(Z) - \sum r_j x_j$ 就演化为一般的投入产出函数。在这种情况下，新技术被完全采用。与之对应，如果某一种新技术完全不被用户了解且技术本身的风险很大，则 g（Z）为 0，农户也就不会采用新技术。但在现实中，影响农户决策的转换变量 g（Z）值往往分布在 0～1，也就是说农户不能完全掌握技术的所有特性，也不能规避技术的所有风险。由此可见，农户采用新技术的静态决策理论就是研究转换变量的变动规律，以及 Z 都包括哪些因素，它们的作用强度如何。需要说明的是，g（Z）成为 $q(X) \cdot g(Z)$ 交叉项中的一部分，是因为农户采用新技术中的大多数风险都同产量或生产函数有关。Z 可以简单地理解为一种广义的信息知识经验，这些因素同客观上的其他变量（如气候、环境、市场及价格等）一起构成技术采用的限制因素。以公式兀 i = $P \cdot q(X) \cdot g(Z) - \sum r_j x_j$ 为目标函数，对其最大化进行求解，可得出某一时期的农户最佳决策变量值。

（二）农户技术采用的动态模型

以上所讨论的是静态的农户技术采用理论模型，也就是农户技术采用的决策不受时间因素的影响。然而，更接近现实的技术采用过程往往是动态的。因此，这里进一步讨论引入时间因素的农户技术决策模型，如公式所示：

$$\max \pi_{it} = \hat{p}_t \cdot q(x_i) \cdot g(Z_{t+1}, Z^*) - \sum \hat{r}_{jt} \cdot x_{jt}$$

式中：$\hat{p}_t$ 和 $\hat{r}_{jt}$ 为 t 时期农业产出和投入的预期价格。

Z_{t-1}——上一时间农户采用技术时所拥有的各种信息、经验以及其他影响因素；

Z^*——农户在上一时间采用技术过程中所掌握的信息和经验，具体包括新技术的实际风险程度、实际投入产出关系、实际收入、利润等。

此公式为了表明农户在前一时期采用技术所拥有的信息和经验能够影响其下一时期的技术采用决策，这些信息和经验不但提高了 g（…）值，同时也改变了 P 和 r 的期望值。由于农户采用新技术的决策不断地受到前期行为的影响，最终形成新技术采用的周期性，并使新技术波浪式地向外不断地扩散。

四、农业技术采用的影响因素

由于农业是利用太阳能，依靠生物的生长发育来获取产品的社会物质部门，其根本特点是经济再生产和自然再生产交织在一起，因此，影响农业技术采用的因素有很多，概括起来不外乎内因和外因两种。内因主要包括农民价值观、性格特点、经营能力、知识水平等因素。外因则主要有技术供给、技术价格、信贷条件、自然资源、商品市场价格、商品运销条件、政策、科研、推广和教育等因素。具体来说，影响农业技术采用的因素主要有以下几个方面。

1. 农业生产生物生长发育的特点

农业生产的长周期影响农民采用技术的周期，例如，当年已种植单季稻的农民只能在一年以后才有可能改种双季稻。

2. 自然环境和社会环境

各地的自然环境、经济条件和发展水平相差很大，各种农业技术有一定的地区适应性，如高产优质的籼稻只能在南方推广，双季稻的栽培技术不可能适用于北方稻区。农业技术采用受当地经济状况、各部门发展水平以及自然环境的制约。经济状况好的地区，自然环境好的地区，农业技术采用就多；反之采用就少。

3. 各种风险和不确定性因素

农业生产因自然环境的变化有许多不确定的因素，使技术采用也受影响。

不确定性因素主要是指生产者（技术采用者）对某种技术所能产生的效益和成本所表现的一种不可测性。自然风险是指客观存在的并与新技术采用相关的各种风险，它包括气候、病虫害等对新技术采用的影响。另外，还有相关的投入供给能力和市场风险等对新技术采用也会产生一定的影响。

4. 农民对农业技术的偏好

如果作为技术采用者的主体农民自身对技术的偏好不强，就会出现对农业技术的有效需求不足。

5. 农民受教育的程度

农业科技成果的采用面对的是千家万户的农民，农民极端分散，素质差距大。农民的素质高，农业技术采用就会多；地区农民的整体素质高，技术扩散也快。

6. 政府行为

在我国，经济体制和政策因素对农民技术应用行为的变迁具有特殊的影响。在计划经济体制下，由于国家实行强制性的指令性计划指标，农业技术应用决策的主体只能由国家来承担，农户则处于被动执行的地位。在市场经济条件下农户可根据市场上的各种经济信号主动作出技术决策，农户既可以接受政府倡议推广的技术，也可以根据生产实际拒绝采用。国家只能在尊重农民自主决策权的基础上进行必要的宏观指导和干预。有时行政命令太多，而农民还没有理解新技术的优势，就强行推广一些被行政和技术官员认定的先进技术，会带来事与愿违的后果，一旦失败将严重影响农户采用新技术的信心。另外，技术服务体系的完善程度也影响农业技术的采用。

第二节　农业技术扩散

一、农业技术扩散的内涵与机制

（一）农业技术扩散的含义

“扩散”一词来源于物理学，它是指由于物质团微元的热运动而产生的物质迁移现象。关于技术扩散内涵的理解，一直以来存在两种观点。一是罗吉斯等的扩散传播说，认为扩散是创新在一定时间内，通过某种渠道，在社会系统成员中进行传播的过程。二是梅特卡夫等的扩散替代说，认为创新扩散过程是新技术对老技术的替代过程，因为“在创新扩散的任何研究中，我们关心的是新技术形式与经济相结合而使经济结构发生变化的过程”。

在考察我国农业技术供给与需求特点的基础上，吸收传播说和替代说的合理内容，我国学者认为，农业技术扩散是指一项农业技术在一定时间内，通过某种渠道，在社会经济系统中进行传播、适应的过程，一般是由最初少数人采用到后来大多数人普遍采用的过程，同时，农业技术由产生到被接受要经历一个由众多主体参与的在时间和空间上变异的复杂过程。

技术扩散是指技术创新通过市场或非市场渠道的传播，使创新的产品、技术被其他生产单位（包括企业和个人）通过合法手段采用的过程，是技术的时空传播、渗透和交叉。它包括两方面的含义：第一，新技术创新之后的继续利用，即生产企业或个人把技术创新成果继续应用于生产的过程。第二，新技术创新之后，新技术的采用者不断增加，即新技术采用者的人数、单位和区域不断增加。在此，应注意农业技术扩散不是指一个具体的农民如何一步步采用新技术，而是指农业技术被人们普遍采用的过程，它是由众多的个人采用新技术决定的结果，通常指在较大区域中群体农民对技术应用的行为总和，是总括意义上的技术运动。

（二）农业技术扩散与创新的区别

技术创新是新的科技成果的首次商业化过程，技术创新所转化的是没有实现商业利润的科技成果。如果某科技成果已为某企业所采用并实现了商业利润，则其他企业的再次采用只能称为技术扩散。技术扩散是技术创新取得社会经济效益的源泉。

技术创新一经出现就会在社会上产生巨大的示范作用，那些未获得潜在的超常规利润的生产单位，便会纷纷渴望分享其利润，从而形成巨大的模仿高潮。模仿之所以能实现是因为，任何技术包括复杂的技术，总是可以被学习的。模仿者可以通过反求工程，去模仿创新者的产品，也可以通过合法购买创新者的专利技术或专有技术模仿。模仿同创新相比，具有省力气、投资少、风险小、进入快等优点。

因此，可以说世界上没有一种产品是不被别人模仿的，同时，也没有一个生产单位（包括研究开发实力极其雄厚的企业）不模仿别人的产品。模仿者之所以能分享创新者的利益，是由于任何一种新产品上市，其生产规模总是有限的，短期内不可能满足所有用户的需求，这就为模仿者提供了市场机会。高明的模仿者甚至还可能后来居上，形成后发优势，比创新者占领更大的市场份额。例如，电视机和录像机是美国企业首创的，而日本的索尼和松下公司通过模仿，掌握了这些创新产品技术，并对原有产品进行改进，使性能和成本更优于原有创新者的产品，最后这两家公司成为世界上规模最大、质量最优的电视机和录像机的供应商。这给人们一种印象：日本是一个由模仿而发展起来的国家，它具有较强的消化、吸收能力。

事实正是这样，日本的企业通过自主技术与外来技术的巧妙结合，能在模仿的基础上再改进，从而在模仿和创新之间架起了一座“桥梁”。因此，日本人敢于自豪地讲，一号机模仿（引进），二号机国产化，三号机出口。

农业技术扩散不是指一个具体的农民如何一步步采用新技术，而是指农业技术被人们普遍采用的过程，它是由众多的个人采用新技术决定的结果，通常指在较大区域中群体农民对技术应用的行为总和，是总括意义上的技术运动。

（三）农业技术的扩散方式

在农业历史发展的不同阶段，由于生产力水平、社会及经济技术条件，特别是扩散手段的不同，使农业技术的扩散表现为多种方式，大体上可归纳为如下四种方式。

1. 传习式扩散方式（世袭式）

传习式扩散方式主要采取口授身教、家传户习的方式，由父传子、子传孙、子子孙孙代代相传，使技术逐渐扩散到一个家族、一群村落。这种扩散方式在原始农业社会阶段最为普遍，由于生产力水平低下，科学文化落后，所以主要采用此种方式。由于是代代连续不断往下传，故又叫“世袭式”。这种方式，经扩散后技术几乎没有发生变化或只有微小的变化［见图8－1（a）］。

2. 接力式扩散方式

在技术保密或技术封锁的条件下，农业技术的扩散有严格的选择性与范围。一般由师父严格挑选徒弟，师父—徒弟—徒孙的方式往下传，如同“接力赛”一般虽然也是代代相传，但呈单线状，故又称为“单线式”［见图 8－1（b）］。在传统农业社会，一些技术秘方采用此种方式扩散。

3. 波浪式扩散方式

这种扩散方式由科技成果中心呈波浪式向四周辐射、扩散，一层一层向周围扩展。一石激起千层浪，以点带面；点燃一盏灯，照亮一大片。

这种扩散方式的特点是：距中心越近的地方，越容易也越早地获得创新，近水楼台先得月；而距中心越远的地方，则越不容易得到或很晚才得到创新成果，远水不解近渴［见图 8－1（c）］。

4. 跳跃式扩散方式

技术的转移与扩散常常呈跳跃式发展，即科技成果中心一旦有新的成果和技术，不一定总是按常规顺序向四周一层一层地扩散，而是打破了时间上的先后顺序和地域上的远近界限，直接在同一时间内引进到不同地区［见图 8－1（d）］。

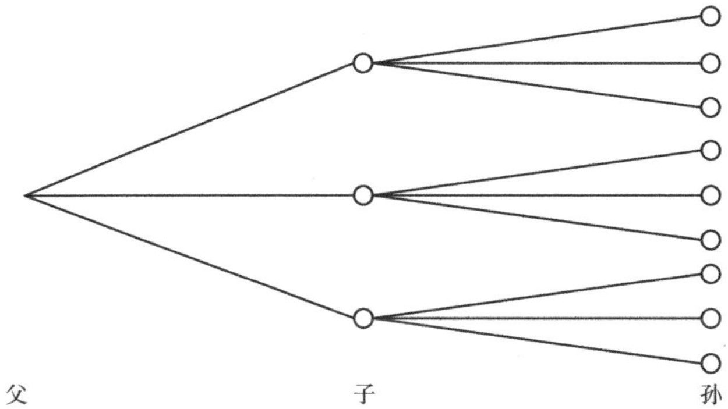

（a）传习式传播方式

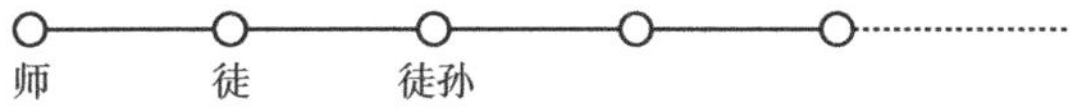

（b）接力式传播方式

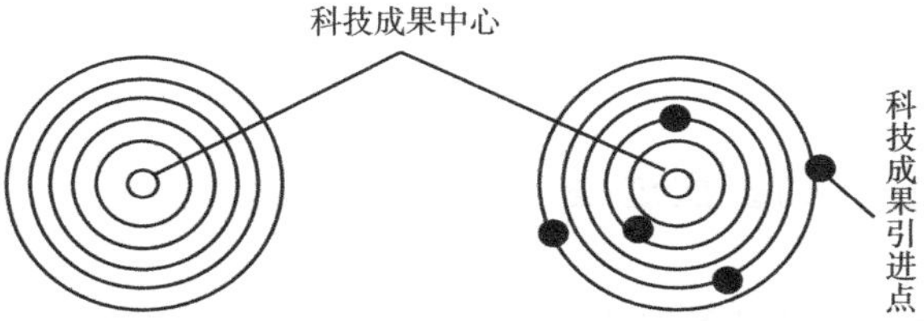

（c）波浪式传播方式　　（d）跳跃式传播方式

图 8－1　农业技术扩散的各种方式

在市场经济条件下，竞争激烈，信息灵通，交通便利，扩散手段先进，现代化程度的不断提高，这种方式将得到广泛的应用。

这种扩散方式，可以使技术发生飞跃变化，所以又称为飞跃式。

（四）农业技术扩散的实质

农业技术扩散是一个动态渗透过程，通过农业技术扩散，使新技术不断渗透到农业生产力中，推动农业经济持续增长。其实质是：

（1）农业技术扩散是保证技术再生产顺利进行的必要条件。农业技术活动作为一种生产过程，实质是一种经济活动，技术成果的使用价值和价值只有通过扩散才能得以最大限度的实现，且与扩散的速度和范围成正比。另外，科技成果都有一定的寿命，如果不及时使用就会导致无形损耗，降低其价值和使用价值，进而使农业技术再生产难以顺利进行。

（2）农业技术扩散是促进农业科研发展和调节科研方向的重要环节。农业科研成果是否成立和有效，最终要在生产过程中加以验证，尤其是生产技术，只有扩散应用到生产中去，才能验证它在不同条件下的适用程度，只有通过应用，才能发现成果在原有研究过程中所没有出现的矛盾，并通过信息反馈与继续研究，对原来的成果进行完善和发展。

（3）农业技术扩散是科技成果转化为生产力的“纽带”。农业科技成果经过技术创新虽已转化为现实生产力，但新技术包含的巨大生产潜力还未能充分地释放出来。只有通过技术扩散，进一步引入农业生产过程，才能成为推动农业发展和经济增长的强大物质力量。

另外，当一项具体技术从一地扩散到他地时，都会产生吸收方对外来技术进行消化、吸收、创新的连锁反应。在这种连锁反应中，农业技术会产生反弹性的进步，使整个农业技术得到长足发展，从而促进技术进步，加快经济增长，并推动社会进步。

二、农业技术的扩散过程

（一）农业技术扩散的时空理论

在经济学领域，Kuznets（1930）对美国、英国、法国、比利时、奥地利等国 50 年间的生产水平与经济增长情况作了调查，他考察了这些国家 60 种工农业产品和 35 种工农业主要产品价格变动的时间序列，首次提出技术变革可能服从一条 S 形曲线，这一曲线模式为后来的扩散模型的研究提供了一个可借鉴的理论基础。而真正的 S 形扩散模型首先由 Mansfield 在 1961 年提出，后继学者又继承和发展了这一模型，如 Ffoyd 模型、Sharif - Kabir 模型、Skiadas 模型、NIJL 模型、GRMI 模型、Karmeshu 模型、Havrda - Charrat 模型等。根据技术扩散的速度可将扩散过程划分为三个阶段：第一阶段，技术扩散初始发展阶段，表现为农业技术扩散缓慢增长趋势；第二阶段，技术扩散的快速增长阶段，区内农业技术迅猛向周围地区扩散，接受新技术的人数和采用技术的耕地面积呈指数增长趋势；第三阶段，技术扩散的稳步推进阶段，科技园向外辐射能力保持在一定水平上，农业技术的扩散影响力保持稳定(见图 8 -2)。

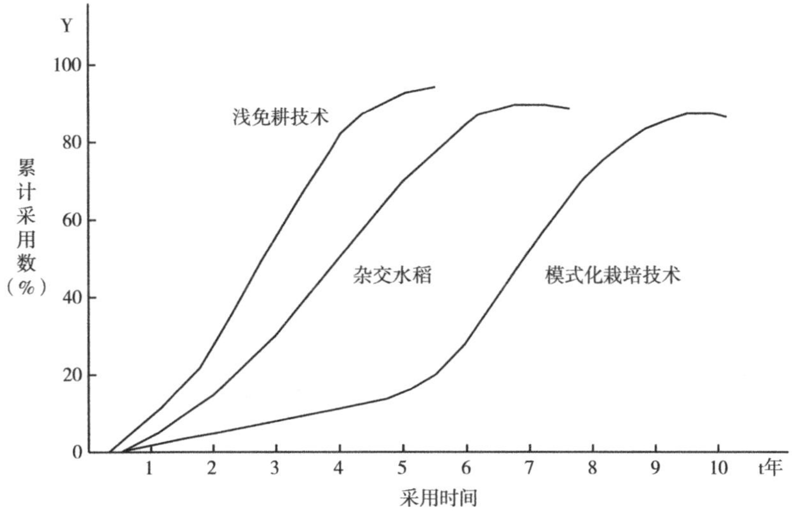

图 8 -2　不同类型农业技术创新 S 形扩散曲线

扩散是由极化中心向外围的移动过程，即扩散源地在日益发展的同时，还继续向外部扩散，从一个地区传播到另一个地区，由核心向四周扩展。农业技术在空间扩散可以归纳为三种形式，即渐进扩散、等级扩散和跳跃式扩散。

(1) 渐进扩散。渐进扩散式是从创新源向周围地区传播，扩散呈现空间上的连续性。在技术创新扩散时，一般是近距离区域先会接受技术，而随着空间距离的增大，其辐射强度会逐渐减小，直至消失。渐进扩散在微观层面中较为常见，由于农业科技园作为扩散源与周围区域距离较近，农户有更多的机会来接触新技术，再加上周围相似的地理环境与文化习俗，技术扩散起来更加便捷。

（2）等级扩散。等级扩散是技术按照中心地等级体系由上而下地进行，一般遵循先到技术扩散等级高的地区，后到技术扩散等级低地区的次序。等级扩散式农业科技园区中创新源的技术按照中心地等级体系由上而下进行，在空间上存在等级性，此类扩散的决定因素不在于距离的远近，而在于地区在扩散体系中的等级和地位，正是这种等级差距推动了技术的远距离等级扩散。

（3）跳跃式扩散。跳跃式扩散是技术从创新源地区向空间上不相邻的地区扩散，在空间上表现为“跃迁性”。跳跃式扩散是在扩散过程中，选择创新源地理空间上的不相邻区域进行扩散，此类扩散从一块空间扩散到另一空间，在空间上不连续。

（二）农业技术扩散的阶段

农业技术的扩散过程是指在一个农业社会系统内（或叫社区，如一个村或乡）人与人之间创新采用行为的扩散，即由个别少数人的采用，发展到多数人的广泛采用的过程。

创新在农民群体中的扩散的过程受农民的心理、行为的变化的过程、驱动力、阻力（相互作用）的影响。

驱动力：发展生产，改善生活的强烈要求（信息灵，文化素质高，思维敏捷，富于创新精神）。

阻力：传统观念的舆论压力、旁观者的冷嘲热讽、失败引起的危机，需要付出大量的劳动和心血。驱动力 > 阻力时，创新就会扩散开来。

专家研究表明，把农业技术扩散划分为三个阶段，即图 8－3 中②表示关键阶段，③表示递增阶段，④表示递减阶段。

（1）关键阶段。当一项新技术被创新者实验成功后，采纳该项技术的人数将会逐渐增加，因为此时采用这项新技术不仅风险变小，而且能获得较高的利润，所以会有更多的人去采用该项技术。将这一阶段称为关键阶段，是因为

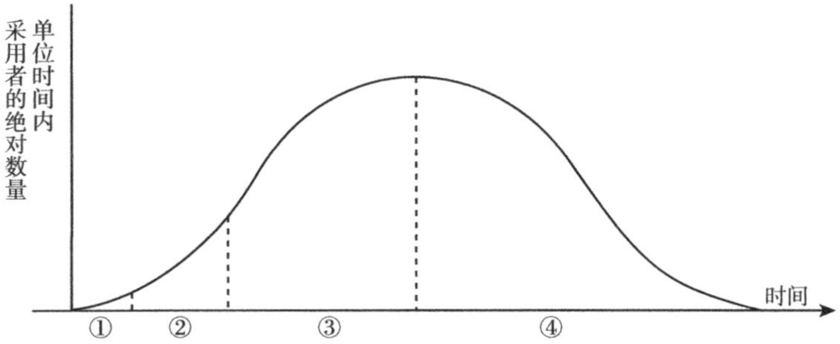

图 8－3　农业技术扩散过程阶段示意图

它是决定新技术能否迅速扩散的关键时期。有研究表明，一旦有 10%—20% 的潜在用户采用该项技术，那么即使没有推广服务或其他措施的支持，该项技术扩散也会进入递增阶段。因此，这一阶段也是农业技术推广能否取得成效的关键阶段。

（2）递增阶段。在这一阶段，由于已有不少人采用该项新技术而显示出好的经济效益，在利润的驱动下，会有越来越多的人加入采用该项新技术，使该项新技术采纳人数呈递增趋势，加大技术扩散的力度与速度。

（3）递减阶段。随着采纳该项技术人数的增加，新产品的产量不断增加，新产品的价格将出现下跌趋势，而相应的投入物价格会不断上扬，这样采纳新技术而获得的超额利润会减少。于是采纳者的增量由递增转为递减，呈递减趋势。这时需要有更新的同类技术来替代。

以上分别从采纳技术总量人数和增量人数分析了农业技术扩散的一般规律。

从微观上看，一项新技术的扩散在时间上是有限的；而从宏观上看，农业科技进步在时间序列上又是无限的。由于农业科技研究活动不断产生新的科技成果，新技术不断地替代旧技术，形成后浪推前浪，使农业科技进步永远没有止境。

（三）技术扩散的速度

技术扩散的速度是用来衡量技术传播快慢的指标，反映技术成果在群体上被人们接受利用的时间长短，为了更准确地给出技术扩散的速度概念，先引入

“扩散度”的概念，扩散度是反映技术扩散的程度，即某项技术在空间的分布状况，其公式为：

$$扩散度=\frac{实际扩散规模}{应扩散规模}$$

这里的“应扩散规模”是指在“适宜扩散规模”中剔除同类成果所占的规模，所以前者一般要小于后者。由扩散度概念，可以将技术扩散速度分解为以下两种：第一种是用来衡量单项技术在空间范围扩散快慢的速度概念，它反映在一个较大区域中，从技术已经被使用并向周围渗透、侵占、传播的快慢指标，称为横向扩散速度（Transverse Speed，TS）。第二种是用来衡量单项技术从其产生到已被实际应用这个过程时间长短快慢的指标，它反映某项技术从成果发源地，经过各种阶段，通过一系列传输过程，到被某一地区的农民实际采用所经历时间的长短快慢，称为纵向转化速度（Vertical Speed，VS），公式为：

$$纵向转化速度（VS）=\frac{1}{科研成果产生到已被实际应用的时间（年）}$$

这里的“已被实际应用”一般来说应该根据不同的技术和不同的地区来定，也可按照科技部的统计口径来定：“凡一项农业技术成果的扩散度等于或超过20%，则判定该项技术成果已经被实际应用。”对于某项技术在特定区域的扩散，纵向转化速度为一常数，而随着技术的不同或研究区域不同，则纵向转化速度也随之发生变化，横向扩散速度对于某项技术在某一地区的扩散来说，随着时间的变化，其速度随之变化。

总之，这两种扩散速度从不同侧面反映总的技术扩散速度，两者交织在一起反映技术扩散的快慢。

（四）农业技术扩散的规律

大量关于技术扩散的实证研究都表明新技术扩散过程可以用S形曲线来描述，也就是说已经采纳新技术的潜在使用者占所有潜在使用者的比例随时间的变化呈现S形曲线变化，即开始时缓慢，然后进入快速增长期，随后当技术达到成熟时增长再次缓慢，这时大多数潜在的应用者都已经采纳了新技术。为进一步说明农业技术扩散的规律，下面以图8-4来示意说明。

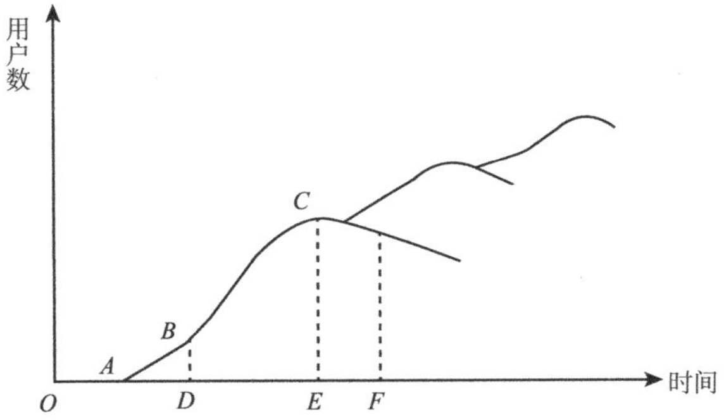

图 8－4　农业技术扩散规律示意图

在图 8－4 中，原点到 A 点表示技术发明阶段，该阶段只表明该技术达到技术上的可行，并不表明在生产上的可行性和经济上的合理性。因为许多技术发明是在实验室的实验条件下取得的，当这些发明尚未被用于生产之前还有许多未解决的技术与经济问题。如农作物优良新品种育成后，需要采用一系列配套栽培技术才能在生产上推广，当这些配套技术尚未形成以前，新品种的采用不一定会实现预期的产量或经济效益。A—D 表示技术创新阶段，从技术发明到技术创新需要一个过程，是一个由技术上可行到经济上合理的适应过程，该过程一般由有经济实力的农业企业或农户进行试验性应用。

A 点表示技术创新成功，使创新者从生产单位产品的成本降低、劳动生产率的提高和新产品的高价中获得高于社会平均利润的超额利润。D—E 表示技术扩散阶段，在这一阶段创新者所得到的高额利润会刺激一些对信息反应敏感、比较敢于冒风险的生产者开始采用该项技术，而后跟随着不敢冒风险的落后者也相继采用该项新技术，于是新技术的采用者不断增加，技术从 B 点不断向 C 点扩散。随着该项新技术的用户数量和新产品的产量不断地增加，使新产品的高价水平不断下跌，有关投入物价格不断上扬，因此，用户获得的超额利润也随之减少，直到 C 点的超额利润为零。E—F 表示停顿阶段，此时该项技术将会被更新技术替代，这一阶段的长短取决于更新技术产生的时间和效益大小。从农业技术产生到技术扩散的连续过程中发生的采纳技术人数的变化规律为农业技术扩散的一般规律。

第三节　农业技术推广理论概述

一、农业技术推广的概念

技术主要是借助文化交往和人口流动扩散的，而今天新技术的引进和使用更有意识、有计划、有制度，因而农业推广在技术传播中占有越来越重要的主导地位。由于世界各国政治、经济、文化背景不同，对农业推广的理解各有侧重，常见的解释有以下几种：

（1）农业推广是通过教育，帮助农民改进农业生产方法和技术，提高农业生产效益，增加收入，以达到提高其生活水平和整个农村社会及教育标准的目的的一种服务或体系。

（2）农业推广是向农民提供有用信息，并帮助农民获得必要的知识、技能和观念，以便有效地应用这些信息或技术的一个连续过程。

（3）农业推广是向农民传递有用信息，并帮助他们应用这些信息以改善其自身、家庭和所在社区生活的一种教育过程。

（4）农业推广是各种形式的非正规教育，其对象是农村人口，内容是与农业（农林牧渔及农村开发）有关的各种知识和技能等。

（5）农业推广是一个教育过程，它使农民获得必要的知识和技能，以便采纳有益于农场和农民的先进技术。

综合以上农业推广的多种解释，可以将其区分为狭义和广义的农业推广。

狭义的农业推广范围非常狭小，限定的只是技术，其对象仅限推广种子、肥料、改良农作技术等。它是指通过适当的方法将技术介绍给农民，增加农民的知识和技能，并在生产中应用，提高农业生产水平，从而增加其经济收入。是一种单纯以改良农业生产技术为手段，提高农业生产水平为目标的农业推广活动。这种农业推广活动是农业发展处于传统农业阶段，农业商品不发达，农业技术水平是农业生产的制约因素条件下的产物。

广义的农业推广主要特征是以教育为主要手段，通过咨询、培训等手段启发、教育农民。随着我国由传统农业向现代农业的转变，农业技术不断进步，数量型农业逐步向质量和效益型农业提升，特别是社会主义市场经济体制的建立，“科教兴国”战略的实施，经济全球化的到来，比较适合中国国情的农业推广内涵应该是：农业推广是应用自然科学和社会科学原理，采取教育、咨询、开发、服务等形式，采用示范、培训、技术指导等方法，将农业新成果、新技术、新知识及新信息，扩散、普及应用到农村、农业、农民中去，从而促进农业和农村发展的一种专门化活动。

随着农业经济的发展，农业技术推广的含义逐步兼有农业推广的内涵，依此可将农业技术推广理解为农业技术人员通过有目的的宣传活动，帮助农民获得必要的信息、知识、技能，并把新技术的特征以及技术的具体操作过程与规范向农民传授，使农民在采用新技术的基础上，学会并掌握新技术的具体操作的过程及相关知识，这一具体过程可称为农业技术推广。农业技术推广不仅有利于农民采纳新技术、提高农民收入、改善农民生活，而且有利于提高整个农村社会的生活和教育水平。

二、农业技术推广的原则

1. 农业技术推广要考虑当地的经济状况、人文环境和生态条件

首先，农业技术推广要与推广地的经济发展水平相适应，因为采用新技术需要一定的资金投入，所以在经济发达地区与经济落后地区推广的技术应该有所区别。在经济比较发达的地区，选择推广项目时，可以选择资金投入与占用比较多的技术进行推广；而经济落后或贫困地区，则应该选择资金投入与占用较少的技术进行推广。其次，农业技术推广要与推广地的人文环境与农民的接受能力相适应。一般农民的文化水平相对落后，各地农村的人文环境也不尽相同，农业技术推广一般不与当地的人文环境相背，使农民能够接受所推广的技术。同时，也要考虑到农民的文化水平与农村人文环境的可变性，在选择技术推广项目时，除了要考虑当地当前的人文环境和农民的接受能力外，还应考虑到其变化的可能。最后，农业技术推广要考虑与当地的生态、地理环境相适应。农业生产对生态与地理环境具有特殊要求。农业生产具有较强的地域性和季节性，离开特定的生态环境，农业新技术有可能不能发挥其应有的经济效

益。同时，农产品一般不容易保管，且运输不便，如果采用某种新技术所生产的产品不能及时得到改善，那么农民会遭受损失。

2. 农业技术大面积推广之前要进行生产试验和生产示范试验

农业生产由于受地域性和季节性的影响，使每一项新技术在引进推广之前都没有把握保证在推广地区能够增产增收。因此，农业技术推广活动应坚持“先试验，后推广”的原则。首先是生产试验，生产试验指新技术的引进试验，其目的是通过试验了解所引进技术能否在该地区推广，以及该项技术的生产与生育特性和具体的操作方法与规范。只有通过生产试验，才能确定技术的推广价值，做到有的放矢地推广技术。生产示范试验是生产试验后新技术在当地的最初生产应用活动，其目的是通过示范吸引更多的农民采用该项技术。通过示范活动，可以了解当地农民对该项技术的反映，以便决定是否有必要推广该示范技术和采用积极有效的推广措施与方法开展推广工作。

3. 农业技术推广要在示范的基础上引导新技术被采纳

把农业科技成果送到农民手中，再通过农民的农业生产活动，使新技术在农村得以应用，并让农民得到实惠，是农业推广的落脚点。对作为生产者的农民来讲，非常关心自己采用新技术后，是否会增产与增收，能否给自己的生产和生活带来好处。农民对多年来采用的技术、耕作制度与经营项目比较熟悉，应用起来把握较大；对于新的东西，不肯贸然从事。同时，农民对新技术的采用往往有个全盘考虑，有自己的技术选择原则。因此，农业技术推广必须根据农民意愿行事，在生产示范的基础上，引导农民采用新技术。

农业技术推广的三项原则是一个整体，不能割裂开来。前项原则是后项原则的开始，后项原则又是前项原则的继续，三者相互关联、相互影响，缺一不可。只有遵循这些原则，农业技术推广才可能取得较好的效果。

三、农业技术推广的评价指标

农业科技成果推广应用状况的好坏，反映农业技术推广工作成绩的大小。为了准确反映某项、某类、某单位、某地区乃至全国的农业科技成果推广应用状况，需要有恰当的评价指标。而目前关于农业技术推广成果的评价指标体系仍处在探索研究阶段，即没有一套恰当的评价指标来客观、全面地反映农业技术推广的真实情况。为此，下面仅将现阶段使用的农业技术推广的主要评价指标分别说明如下：

（1）农业科技成果推广度。推广度反映的是单项技术的推广程度（多项技术的推广度可用加权平均法求得平均推广度），即某项技术在空间上的分布状况。其计算公式为：

$$推广度 = \frac{已推广规模}{应推广规模} \times 100\%$$

式中的推广规模指推广的范围、数量的大小。可以根据科技成果的特点，以用地面积（公顷）为单位来表示，或者用台、件、株以及其他单位来表示。已推广规模是实际数，应推广规模是估计数。

（2）农业科技成果推广率。推广率是评价多项农业技术推广程度的指标，即某类技术或某行业已被推广的比例，它可以用已推广的农业科技成果数目占农业科技成果数目的比重来表示。其计算公式为：

$$推广率 = \frac{已推广农业科技成果数目}{农业科技成功数目} \times 100\%$$

式中的已推广农业科技成果，一般指推广度已达到 20% 以上的农业科技成果。

在计算农业科技成果总数目时，应注意与已推广农业科技成果数目的对应关系。如果计算包括所有各类农业科技成果的总体的推广率，则两者都要包括各类农业科技成果数目在内；如果只计算某类技术成果的推广率，则两者都只包括某类技术成果的数目。

（3）农业科技成果推广指数。农业科技成果的推广度和推广率，都只能从一个角度来反映农业科技成果的推广状况，而且也不宜来进行地区之间的比较。如甲地区的推广度指标较高，但推广率指标较低，而乙地区的推广率指标较高，但推广度指标较低，这样，则难以比较和判断哪个地区的农业科技成果推广状况比较好。推广指数可以综合两项指标反映的状况，用来比较不同地区的农业科技成果推广状况。该指标的计算公式为：

$$推广指数 = 推广度 \times 推广率$$

该指标常用来综合反映科技成果推广应用的状况。

(4) 农业技术推广费用收益率。指在新技术推广过程中，投入的单位推广费用所能获得的纯收益增长量。其计算公式为：

$$G=\frac{P\times R}{E}$$

式中，G 为推广费用的收益率；P 为科技成果推广应用后为社会新增的纯收益；R 是新增纯收益中，技术推广所占的份额系数；E 是所投入的各项推广费用。

该指标表示，每投入 1 元的推广费，所能带来的收益量（元）。这里需要说明的是，式中 R 的计算，一般有行业规定，农业技术推广所占的份额，一般以 0.15—0.25 为宜。

(5) 农业技术推广劳动生产率。通常指在新技术推广过程中，投入的推广人员单位时间内获得的纯收益增长量。常以推广人员的人年指标来衡量。其计算公式为：

$$RL=\frac{P\times R}{L}$$

式中，RL 表示推广劳动生产率；P 表示科技成果推广应用后为社会新增的纯收益；R 表示新增纯收益，技术推广所占的份额系数；L 表示推广新技术而投入的推广人员的人年总数。

推广劳动生产率指标反映每个推广人员每年可为社会创造多少财富。

四、农业技术扩散与推广的关系

农业技术的传播可以通过技术传播的方式来实现，也就是说，技术传播可以加速传播，而传播则是技术传播的产物。农业技术扩散与农业技术推广的不同之处在于：农业技术扩散没有明确的目标，而农业技术推广则是一种有目的、有组织地进行的活动，以促进新技术的应用。在农业技术推广中，除了农民自觉的行为之外，还要接受国家或新技术开发单位的委任，以促进农业生产的增产和提高经济效益。实践证明，农业技术推广对农业技术的扩展具有重要意义，而没有农业技术的推广，就很难快速地传播。

农业技术推广与农业技术扩散的关系见图 8－5。

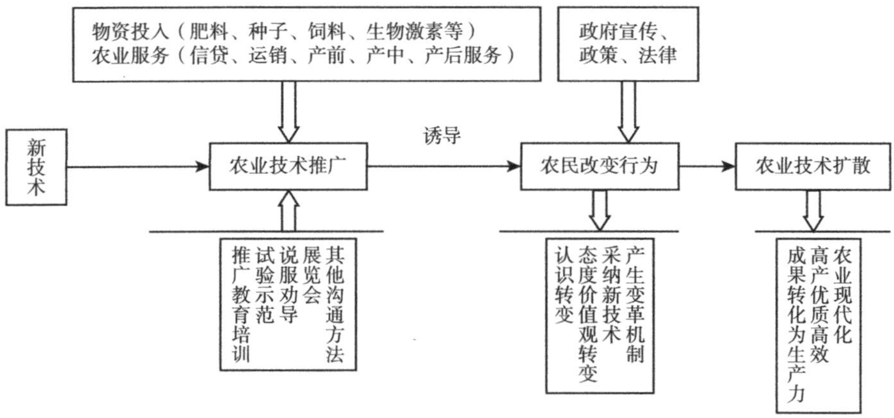

图 8－5 农业技术推广与农业技术扩散的关系示意图

第四节 各国农业技术推广实践

农业推广活动是随农业生产活动而发生、发展起来并为之服务的一项社会事业活动。由于世界各国政治、经济、社会、文化背景各异以及农业生产力发展水平的不同，农业推广活动的内容、形式、方式、方法都有所不同，但究其本质都表现为一种服务农业和农村发展的事业性工作。就我国而言，党的十一届三中全会以后，随着农村经济体制改革的不断深入，单纯行政式的农业推广体系被打破，甚至出现四级农科网“线断、网破、人散”的局面；与此同时，多元化的农业推广体系也逐渐建立。随着邓小平同志关于科技是第一生产力论断的提出以及社会主义市场经济体制的建立，科技成果转化问题受到空前的重视，众多学者又重新开始用科学的眼光审视农业推广问题。因此，研究我国农业技术组织及其农业推广的产生背景及其特色显得格外重要，对比分析不同国家农业技术组织及其农业推广，对我国农业推广工作的改革、创建与国际接轨的农业推广发展体系具有重要的借鉴意义。

一、我国的农业推广实践

（一）我国的农业推广概况

自改革开放以来，我国农业发展不断克服耕地少、资金少、人口数量巨大的发展瓶颈而成功地实现稳定增长，主要或根本上讲是依靠现代农业技术进步。现代农业技术进步已经成为我国农业生产要素中最具活力的因素。但同发达国家相比，我国农业科技进步贡献率仍很低，根据预测，“十五”时期我国农业科技进步贡献率将达到50%左右。因此对农业推广的要求也更为迫切，只有通过推广体系改革，促进农业科技的有效推广，才能加快高新技术在农业上的应用，推动农业产业升级和生产高速增长，加快发展农业生产力。

随着经济全球化趋势的不断蔓延，我国农业经济发展也不可避免地卷入全球化竞争中，从而导致我国农业经济发生了两个根本的转变：首先在体制上，已经由计划经济转向了市场经济；其次在生产力水平上，我国已经由传统农业向现代农业转变。这两个根本的转变决定新时期必须建立新的农业技术推广体系。新的农业推广体系必须满足几个要求：一是根据市场经济特点，找准农业技术推广的原动力；二是农业技术推广必须是多元化、多层次的；三是中国农业现代化必须走产业化道路，与之相适应，农业技术推广体系必须按现代农业的组织体系和运行机制去发展，要由行业推广向产业推广发展。

我国农业技术推广体系建设进展明显，初步形成从中央到省、地、县、乡多层次、多功能的农业技术推广体系，为农业科技成果转化、促进农业和农村经济发展作出了新的贡献。从发展规模上看，据统计，原农业部所属种植业、畜牧兽医、水产、农机化、经营管理五个系统到2013年，全国县乡两级共有农业技术组织及推广机构约15.12万个，其中县级2.37万个，乡级约12.75万个；有农技推广人员100.8万人，其中，县级推广人员33.4万人，乡级农技推广人员67.4万人；乡镇农业“五站”现有国家编制内农技人员60.8万人。与此同时，全国有40多万个村设立了服务组织，还有10多万个农村专业技术协会和数百万个科技示范户（场）。从经费预算和管理体制上看，国家、省、地、县四级农技推广机构是农业行政部门的下属事业单位，因种种原因，各级机构在财政预算方式上分为全额预算、差额预算和自收自支单位。

从承担的主要职能上看，目前农技推广机构的职能包括四个方面：一是法律法规授权或行政机关委托的执法和行政管理，如动植物检疫、畜禽水产品检验、农机监理、农民负担管理等。二是纯公益性工作，如动植物病虫害监测、预报、组织防治，无偿对农民的培训、咨询，新技术的引进、试验示范推广，对农药、动物药品使用安全进行监测和预报，参与当地农技推广计划的制订及实施，对灾情、苗情、地力进行监测和报告等。三是带有中介性的工作，如农产品和农用产品的质量检测，为农民提供产销信息，对农民进行职业技能鉴定等。四是经营性服务，如农用物资的经营，农产品的贮、运、销，特色优质产品生产及品种的供应等。

从发挥的作用上看，农业技术推广体系为各周期的农业与农村经济发展作出了重要贡献，组织推广了大批动植物新品种和重大技术，大幅度提高了农产品的产量与品质，增加了粮食、禽蛋、肉类、鱼类等主要农产品的有效供给。据不完全统计，全国种植业技术推广系统平均每年立项推广技术 6 万多项次，面积 20 亿亩次；畜牧业技术推广系统每年推广瘦肉型猪等重大技术 10 多项；水产业技术推广系统每年推广稻田养鱼、网箱养鱼、水产名特优品种的健康养殖技术及对虾病害防治等重大技术，新增水产品 120 多万吨；农机化技术推广系统每年推广各类作业机具 260 多万台件；农村经营管理系统每年管理的农业承包合同和农民负担卡均超过 2 亿份；调解、仲裁农业承包合同纠纷 90 多万件。

近年来，农业科技服务市场获得了较快发展，产业化龙头企业、农民专业合作经济组织以及其他农业中介服务组织，在一些地方逐渐发育成为新的市场主体。一些地方看到了社会力量对农业发展的积极作用，但忽视了依靠市场兴办公益性事业的局限性，或者片面地认为，加强农业技术推广体系建设，就是把农业技术推广机构简单地推向市场和社会，这也导致地方基层农业技术推广机构转制解体，农技人员“冗余”“赋闲”“被迫下海”。我国农业技术推广体系的服务力量主要是县、乡两级农技人员，农业技术推广体系发挥其服务功能也主要体现在县、乡两级。由于县级财政不宽裕，乡镇财政很困难，虽然农业技术推广体系建设很重要、很紧迫，但可支配的财力捉襟见肘，往往心有余而力不足。从国家层面上讲，农业技术推广经费10%来自中央财政，90%来自地方财政，农业技术推广力度直接受制于地方经济发展程度。且整个国家财政用于支持农业技术推广体系建设的经费也明显低于世界上许多国家的水平。2005年全国农技推广经费仅184亿元，占财政支农资金的10.26%；2002年县乡农机人均推广经费不足1.5万元，其中70%以上的经费用于工资开支，推广业务费仅占10%，低于发达国家水平，也低于非洲国家20%的平均水平。由于投入不足，直接导致现在许多基层农业技术推广机构在设施设备上还停留在20世纪80年代，服务设施和手段落后，服务水平低下，全国80%以上的乡镇推广机构缺乏工作所需的仪器设备、试验示范基地和培训场所，个别的甚至没有固定工作场所。少数工作人员典型的工作情况是靠双腿走村串户，靠一张嘴、一支笔、一本笔记开展服务，远远不能适应市场经济的要求和农技推广的需要。除此之外，农技人员培训少、水平低，知识老化。我国农技人员虽然整体庞大，但整体素质偏低，战斗力不强，基层农技推广站有1/3人员不具备农业专业学历甚至根本是外行，乡镇推广站大专以上学历仅占19%，严重缺乏既懂科技理论，又会技术操作实践的精兵强将，中青年技术骨干尤其缺乏，存在严重的知识老化、断层、结构不合理的问题。此外，下乡推广时间减少、活动受限等一系列问题，都严重制约了基层农技推广工作的正常开展。

党的十一届全国人民代表大会常务委员会第二十八次会议审议通过了《中华人民共和国农业技术推广法》，并于2013年1月1日起施行。为健全农技推广体系，稳定农技推广队伍，规范农技推广方式，增加农业技术推广经费，拓展农技推广渠道，适应新形势下我国农业技术推广工作奠定了坚实的法律基础。我们必须以政府主导为基础，以市场需求为动力，以人才建设为支撑，以提高经费使用效益为前提，以科技创新为手段，以推广方式转变为突破，以提升农民综合素质为目的，加大农业科技推广体系建设。

新中国成立后农业技术组织的历史变迁路径，根据其历史发展形态划分为形成期、低谷期、恢复发展期和调整重构期4个阶段。

1. 农业技术组织的形成期

19世纪50年代初至50年代末，可以称为农业技术组织的形成期。这一时期，我国农业生产的基本特征是粮食供给严重短缺，粮食单产低，作物有效种植面积小，农业发展的首要目标是实现粮食增产增收，缓解供求矛盾。此时，农业技术组织的构建也主要以此目标展开。到20世纪50年代末，初步形成了中央、省、县、乡四级以技术推广、植物保护和良种繁育为主要功能的农业技术组织。

2. 农业技术组织的低谷期

19世纪60年代初到70年代末，这一时期可称为农业技术组织的低谷期，中国农业技术组织先后遭受两次大的冲击，第一次冲击是在“三年困难时期”，一些地方农业技术人员被下放回乡，农业技术组织名存实亡；第二次冲击是在“文革”期间，极“左”思潮对中国农技推广工作造成了很大破坏，大部分地方的农业技术组织工作陷于停滞，严重地阻碍了我国农业技术组织的成长与发展。

3. 农业技术组织的恢复发展期

19世纪80年代初到90年代中期，这一时期可称为农业技术组织的恢复发展期。中国农技推广事业适应农业和农村经济发展的需要，加快改革和建设步伐，实现了恢复发展。从体制上看，建立了“五级一员一户”的新型农业技术组织及农技推广体系，实现了推广工作的专业化（政事分设）和综合化（整体化）；从组织机构机制上看，逐步形成了国家扶持与自我发展相结合的运行机制，事业单位国家办，兴办实体自己干；从推广方式上看，逐步形成了以“技术示范 + 行政干预”为主导的方式，即在技术示范和培训的基础上，依靠各级（主要是基层）政府的组织、发动和支持，引导、推动广大农户采纳农业新技术，这种推广方式极大地促进了我国农业技术组织的恢复与发展。

4. 农业技术组织的调整重构期

19世纪90年代中期至今，可称为农业技术组织的调整重构期。这一时期，中国的经济体制改革进入攻坚阶段，农业和农村经济结构战略性调整在探索中艰难前行。改革和调整的深化，使农业管理体制中的深层次、结构性矛盾逐渐凸显。这一时期，在各项改革尤其是政府机构改革的推进过程中，农技推广事业面临的挑战日益显化，农业技术组织的调整与重构成为农技推广的主要任务。各级农业技术组织和人员数量在这一时期呈现下降趋势，而乡镇级农业技术组织的数量下降最快。

（二）我国农业推广的特点

中国农业推广体系在长期发展中逐渐形成了以下六个特点：

一是由政府领导，农业行政部门主管，以政府兴办的各级农业推广机构为主体，组织、协调、实施各项推广工作。

二是农业推广与农业教育、农业科研归入政府不同部门，各自独立，通过政府组织“三农”协作，共同开展农业开发、集团承包，分工承担重点推广项目、农业攻关项目等科教兴农活动，对推广作出各自的贡献。

三是专业推广机构按农业、畜牧、水产、农机化、经营管理分别组成，自成体系。

四是推广机构的职能以技术推广、社会化服务和教育引导为主，通过运用各种推广手段，执行国家计划，并提高农民经济收益。

五是全国农业推广网络以县、乡两级推广机构为重点，分别作为推广网络结构的中枢和骨干。

六是推广队伍由专业科技人员和农民技术员组成，实行专群结合、分工合作的办法。

（三）我国农业推广存在的问题

随着计划经济体制向市场经济体制的转轨，原有的计划经济条件下的农业推广体制的弊端日益暴露，严重影响农业科技成果潜在生产力向现实生产力的转化。特别是随着农技推广投资增速的减缓，农技推广体系受到各种各样的冲击，许多地方的乡镇农技推广机构已名存实亡，农技推广工作与市场农业的要求、现代化农业的建设、农民群众对农技推广的期望不相适应。

1. 现有推广体制滞后，技术需求与技术供给相脱节

由于中国特殊的国情，中国政府总是把产量的提高作为政策制定的首要目标，这就决定各地政府在制订农业技术推广政策与计划时，首先，考虑高产技术的选择与推广，并以农作物，尤其是粮食作物的技术推广为重点。其次，目

前体制条件下的农业科研人员的科研经费主要来源于政府，由于受政府主体目标的限制，农业科研人员的科研选题受到政府目标的影响，对于农民的农业生产需求及市场对农业适用技术的需求则缺乏了解。最后，中国的农业技术推广单位属于政府的事业单位，执行政府的农业技术推广职能，在技术推广时，首先考虑的是能否完成当地政府农业生产，尤其是粮食生产任务以及与之相应的农业技术推广任务，缺乏主动了解农民及市场对技术需求的积极性。所有这一切均导致政府、农业科研、技术推广人员的技术创新与推广和农民的技术需求相脱节。

2. 农业技术供给与需求信息反馈不灵

农业技术供需信息反馈不灵妨碍了适宜新技术的研究与开发和农业新技术的扩散与推广。在农业生产上所采用技术的扩散程度与信息的关系非常密切。信息畅通，可以使农业技术的供求信息迅速得到传播与反馈，从而使农业技术研究开发、推广与采用各个环节密切联系，农业科技的潜力能够得到最大的发挥；相反，农业技术任何环节的脱节，均会延缓农业技术进步的速度。信息传递不畅对农业技术推广最直接的影响是导致技术“棚架”，即新技术不能迅速地到达千家万户的农民手中。新技术发明的信息不能迅速传播到农村并被广大的农民得知与采用，即使得知此信息的农民，由于信息传播不畅而可能导致技术采用得不到位而降低技术效率，增加技术采用的风险。中国前些年曾就技术“棚架”问题进行过一系列讨论，并提出一系列措施。然而，截至目前，该问题仍未得到有效解决，其根本原因与目前中国的农业科研与农业技术推广体制有关。

3. 农业技术推广市场化进程缓慢

中国现行农业科技体制是在长期计划经济体制下逐渐形成的。这种体制在中国农村实行联产承包责任制以前，由于农村基层组织尚不健全以及农民的收入还不高，且主要来源于农业，农民对农业新技术采用的经济效益明显，因此，这种体制在这一时期确实为中国农业生产的技术进步与产量提高发挥了重要作用。然而，随着农民非农收入的提高与农业比较效益的下降，农民农业生产上采用新技术，尤其是大田作物新技术的积极性降低，使这种（以行政和计划为主）体制失去了其以前所发挥的作用，农业技术推广效率降低。

4. 中国农技推广人员少、服务对象多

在21世纪初，中国承担公益性职能的县、乡两级政府农技推广机构专业农技推广人员达65万人，总人数是美国的（2万人）32.5倍、日本的（1.2万人）55倍；若与农技推广人员人均服务的农业就业人数相比，则中国每个专业农技推广人员所承担的服务农业就业人数为800人，高于欧洲的431人、北美洲的325人（其中美国315人），以及与中国相邻的日本的466人。虽然中国的农技推广人员人均服务的耕地面积（203公顷）无法与美国（8 848公顷）、欧洲（3 719公顷）等耕地资源丰富的地区相比，但该数字要高于埃及（113公顷）。与日本、英国相比，中国的农技推广人员人均所服务的面积仍差距较大，但如果考虑中国的复种指数（1.7）远高于其他国家，则中国的专业技术推广人员人均服务的耕地面积则并不比日本、英国、荷兰等国家少。

5. 农业技术推广经费缺乏

中国农技推广经费保障有三个显著特点：一是经费投入严重短缺，20世纪90年代，中国农技推广投资强度一直徘徊在0.42%左右，1998年亚太地区57个发展中国家平均为0.56%，这种状况导致整个推广体系艰难度日，不少基层推广机构名存实亡；二是对各级财政负担推广经费的比例无明确的法律规定，导致地方财政实际上承担了大头；三是推广项目经费（尽管数量很少）成为维持推广体系运转的必要条件。

6. 研、教、推相分离，难以共同发挥作用

目前，中国的农业推广与农业教育、科研部门分属不同的政府部门管理，各自独立，只有工作上的相互协作，没有机制上的内在联系，在机构和职能方面分离。三者之间缺乏长期稳定的、有组织保证的联系，沟通困难，科研成果缺乏流入推广部门的正常渠道。科研机构不过问推广系统的工作，推广部门不了解科研进展情况，不能及时得到可供推广的研究成果。推广中所需要解决的技术难题，没有列入科研计划的正规途径，难以成为研究课题。因此，科研成果得不到及时转化，农业和农村经济发展中需要研究的大量课题信息也得不到及时反馈。以上这些弊端与问题，不仅制约了农业科技的发展，还制约了农业科技成果转化率的提高，而且已明显制约了农业和农村经济的可持续发展。因此，改革农业推广体制不合时代要求的部分，便显

得十分迫切。一是体制不顺，机构庞杂。中国的农技推广正在体制转轨过程中，无论从管理体制上的条块关系、推广机构的职能定位、定性以及政事关系乃至机构的名称等方面，都存在许多混乱，体制不顺、机构庞杂是相当突出的问题。二是管理松散，弹性太大。中国在推广体系的管理上缺乏相对完善的法律和切实可行的规章制度，管理上弹性太大，无法从法律和制度上保障推广机构和人员充分履行职责，特别是在考核评价与激励机制上，一方面平均主义、论资排辈、“铁饭碗”“铁交椅”等还占主导地位；另一方面农民不能有效参与对推广工作的监督评价，从而极不利于调动推广人员的积极性，并严重影响推广管理水平的提高。

（四）我国农业推广改革的发展方向

1. 健全完善农技推广体系

依法完善国家农业技术推广机构设置。根据农业生态条件、产业特色、生产规模、区域布局及农业技术推广工作需要，依法设立各级国家农业技术推广机构。县级以上机构突出动植物良种繁育、作物栽培、土壤改良与肥料施用、植物保护、畜牧（草原）、水产、动物防疫、农业机械化等重点专业的技术推广工作和科学设置。乡级国家农业技术推广机构按乡镇设置，也可按区域设置；可按行业（专业）设置，也可综合设置。处理好乡级农业技术推广机构与其他农业公共服务机构的关系，确保技术、人才和设施设备资源发挥最大效能。进一步明确国家农业技术推广机构职责。根据职能分工，将《农业技术推广法》第十一条规定的公益性职责细化分解，落实到每个国家农业技术推广机构。国家农业技术推广机构在履行好公益性职责的同时，参与制订本级农业技术推广计划并组织实施，按照当地政府和农业部门以及上级农业技术推广机构的部署，实施农业技术推广规划和项目，组织开展农业技术推广工作，协调指导好其他农业技术推广组织的推广服务活动，切实发挥在农业技术推广工作中的主导作用。

2. 建立“研、教、用”相结合的推广制度

引导农业科研教学单位成为农业技术推广的重要力量。完善农业科研评价机制，将试验示范、推广应用成效以及科研成果的应用价值评估等内容作为相

关研究工作的重要评价指标，吸收农业技术推广机构、农业企业和基层农技人员作为验收评价的重要主体。根据地区农业生产需要设立农业技术推广专项，支持符合条件的农业科研院所、涉农学校参与农业技术推广。推行推广教授、推广型研究员制度，鼓励科研教学人员深入基层开展农业技术培训和指导服务，解决农业生产一线的实际问题。大力推行专家大院、科普大集、院（校）地共建、科技特派员等模式，引导科研院所、高等学校建立农业科技园区和试验示范基地，集成、熟化、推广农业技术成果。加强农技科研院所、农业教育机构与农技推广站点的纵向联系，改变农业科研“以研为研，就论而论”的局面，将实用先进技术推广面积、范围作为科研成果评审的重要指标，提高成果转化率。推行农业技术推广工作目标管理。将各项推广职能分解成具体任务，细化量化并落到每个机构、每个岗位、每名农技人员。积极推行县级农业技术推广首席专家负责制，按照县域农业主导产业及重点专业设置首席专家，负责制订并组织实施重大农业技术推广计划，开展关键农业技术的引进、集成、示范和推广，研究解决农业生产技术难题，指导农业灾害应急处置。

3. 强化人才队伍建设，提高知识层次，掌握先进技术

强化农技推广人员聘用管理。建立公开招聘、竞争上岗、择优录用的人员聘用制度，按核定编制配齐技术人员，签订聘用合同，明确责任义务。根据规定权限和程序，以定编、定岗、不定人的方式，探索实行人员动态管理，逐步建立总体稳定、留优汰劣、人尽其才的人员进、管、出新机制，不断优化队伍结构。严格农技人员上岗条件，新进人员应当具备全日制普通高校相关专业大专以上学历，并符合岗位职责要求。完善专业技术水平考核办法，对特定地区聘用专业技术水平人员制定相应办法。对现有人员未达到法律规定专业技术水平的，鼓励其通过继续教育，在规定时间内达到要求。建立农技推广人员培训长效机制。科学制订培训规划和年度计划，统筹安排农技人员培训工作，实现农技人员培训制度化。坚持按需培训，突出农业先进技术、政策法规、推广方法以及农业经营管理、农产品市场营销等方面的知识技能培训，着力培养业务精、素质高、能力强的复合型农技推广人才。

4. 加大经费投入，加强基层推广站点建设

建立农业技术推广经费投入的长效机制。积极争取地方政府和有关部门的

支持，发挥政府在农业技术推广投入中的主导作用，保证财政预算内用于农业技术推广的资金按规定逐年增长。将国家农业技术推广机构的人员经费、基本运转经费等各项支出依法纳入同级财政预算给予保证。深入实施中央财政重大农业技术推广项目，推动大幅度增加农业防灾、减灾、稳产、增产关键技术补贴。鼓励设立农业技术推广专项资金，对地区性重大农业技术推广给予补助。提高基层农技人员工资待遇，认真贯彻国家事业单位工作人员收入分配制度改革方案，推动地方有关部门保障县、乡农技人员的工资福利待遇，包括基本工资、津贴补贴、绩效工资、社会保险缴费、住房公积金等。落实乡镇农技人员工资上浮和固定政策，按规定发放有毒有害保健、畜牧兽医医疗卫生和艰苦边远地区工作等津贴补贴，切实提高基层农技人员的工资待遇水平。按规定将农技人员的养老、医疗、失业等各项社会保险支出纳入当地社会保障体系，为他们扎根基层、服务基层提供保障。落实基层国家农业技术推广机构的工作经费。加强基层农技推广体系改革与建设补助资金的使用管理和绩效考核，完善中央财政对基层农业技术推广工作经费的补助机制。

5. 创新农业推广方式与方法

计划经济与市场经济的一个重要区别是政府对经济的管理由直接干预转向宏观间接指导。这意味着，我国农业推广在工作方法上不能继续完全沿用传统计划经济的“技术示范＋行政推动”的老办法，要积极探索引导农民自愿变革的新方法，加强对农民的培训，重视培养农民科技示范户和带头人，加强对农民专业协会的工作指导与合作，引导分散经营的农民走向市场，实现小生产与大市场的对接，从而帮助农民不断增加收入、改善生活。

6. 明确职能，科学定位农业推广组织

由于市场经济的利益主体多元化，农业推广组织必须明确划分政府、企业、社会组织各自的职能。国家推广体系的主要职责是重大技术引进、试验、示范、推广，提高农民素质，引导农民科学经营农业，不断增加收入，以及开展直接为履行这些职能服务的技术质量监测（如病虫测报、农资质量监测）等基础工作。农业推广的公益性决定国家兴办推广体系的必要性，而且这是一个长期的基本方针。除此之外，能够由市场机制来配置的农业推广资源需要逐步由市场机制来配置。

7. 面向市场和农民，自下而上开展推广工作

长期以来，我国的农业推广工作都是自上而下的工作模式，推广是执行政府的任务。当今，为短缺经济服务的农业推广任务已经完成，农产品市场化趋向愈加明显，农产品的竞争力决定农民的需求热情，农民将追求效益作为第一要旨，农业推广组织必须根据市场和农民的需求开展推广工作，由单纯政府行政干预，转向鼓励农民参与，调动农民学科学、用科学的主观能动性，引导农民自觉走上依靠科技进步和提高自身素质发展农业和农村的道路。

二、发达国家的农业推广实践

（一）发达国家的农业推广模式

1. 美国的农业推广模式

美国是现代农业推广体系最发达的国家，其发展情况、主要形式和演进趋势具有代表性，其他欧美发达国家的农业推广与美国有相似之处，或者说大同小异，但鉴于日本农业与中国农业在资源条件和农户的产业组织上相近，与中国农业发展的可比性较大，因此，将美国、日本两国的农业推广的发展现状作为典型范例加以介绍，并同中国农业推广发展状况做一初步的比较，发扬“扬弃”精神，为我所用。

经过50年的发展完善，到20世纪20年代，美国农业推广服务制度已经基本形成。此后，主要是服务内容不断丰富，特别是20世纪中期，随着城市化水平的提高，该制度服务的对象不再仅局限于农村，开始向城市居民延伸，现在基本上以全社区居民为服务对象。美国农业推广服务体系的主要内容和特点可以简要概括为以下几个方面：

（1）农业“教、推、研”有机结合，融为一体。在美国，农业教育体制、推广体制和农业科研体制不是相互分离的板块，而是相互渗透、融为一体。通过州立大学农学院这一中间环节，把农业科研、人才培养和推广服务有机结合起来。第一，州立大学农学院设立董事会，聘请州政府官员、农业企业经理、农业专家及其他方面的代表参加，使学院同社会保持密切的联系。第二，每个州建立有农业试验站，由农学院进行管理。州试验站在各州设有分站、实验室

和农场，其任务是研究本地农业生产课题，为农民解答问题。农学院的教师有1/3或1/2参加试验站的工作，试验站的专业研究人员有60%兼任教学任务，农业部和州政府派人参加研究。第三，联邦政府、州、县拨款资助各州、县建立合作推广服务体系，州设立农业推广中心，县设立推广站，还设有与农学院密切联系的农业推广办公室，各州根据自己的特点制订本州的推广教育计划，由农学院具体实施。第四，农业教育、科研和推广在一个农学院里实行统一领导，有三位正副院长分管这三方面的工作，各系教授不少是身兼教学、科研和推广三职，一般是兼任二职。

（2）兼具完整的农技推广系统和高水平的专职推广队伍。美国联邦农业部不仅有一个完整的农技推广系统，还拥有16 500多名技术水平较高的专职推广队伍，其中在州一级的推广员中，博士、硕士占91%。美国“三位一体”的农业科技体制通过州立大学农学院对农业科研、推广和教学三大系统的科技活动进行统一管理与协调，避免了三大系统间的相互壁垒，较好地解决了农业科研、推广和教学工作的脱节问题，促进了科研成果向现实生产力的转化。据统计，美国农业科研成果的转化率高达85%，居世界各国首位。由于美国农业推广体制有自身显著的优点，致使许多国家纷纷仿效，印度、菲律宾等国就采用了与之相类似的体制模式。

（3）宏观管理分散、松弛。美国农业推广体制有自身显著的优点，但美国农业科技推广体制也有许多先天性不足之处，这就是它的分散和松弛性。在美国，既缺乏一个对农业推广发展行使全面宏观管理的权威性机构，也缺乏一个指导全局的农业推广规划，致使农业推广力量分散，农业科技和农业推广政策缺乏连贯性和一致性。由于各级农业推广系统彼此相对独立，各有自己的资金来源、研究目标、服务对象及管理办法。联邦政府和州政府只有通过增加农业科技预算及在预算中体现的干预办法，来控制农业科技推广的运行。显然，这种控制既比较脆弱，也不够全面。

2. 澳大利亚的农业推广模式

澳大利亚是联邦制国家，由7个州组成，农业归联邦初级产品能源部管理，而农业技术推广工作由各州的农业部管理。州农业部负责向地区派出农业技术专家和推广人员，通过设在各地区的研究所和咨询站向农民开展农业技术咨询服务。农业技术推广实行垂直管理和主任负责制，即小区主任向大区主任负责，大区主任向州农业部负责，不受地方政府部门的干预，行政隶属关系较为明确，独立性较强，保证了农业技术推广的顺利开展。

同时，澳大利亚还有完善的非政府农业技术推广机构，包括企业、专业协会、研究会以及私人推广组织，如各种专业公司在销售或收购产品时，为保证商业活动的顺利进行，采取技术宣传、技术服务等技术推广手段来提高农民的技术素质。

澳大利亚的科研教育机构与农业技术推广机构相互独立，但是科研教育机构内部设有从事农业技术推广的办公室或专、兼职推广人员，有时推广与科研单位还会合署办公。科研教育机构的工作通常围绕生产中存在的问题来展开，也就是说，研究课题来源于生产，科研成果应用于生产。推广过程中出现的问题由推广人员反馈给科研和教育机构，由他们组织人员攻关。解决问题形成由科研到推广，再由推广到科研的良性循环，并且推广人员在此期间也参与有关的科研活动。另外，科研计划在立项选题论证阶段，均需征求农业技术推广部门的意见，并经有关农民协会或组织讨论通过。大部分地区建立了固定的联络组织来加强推广机构同科研、教育及农民组织之间的联系，以便更好地交流信息、协调行动。

澳大利亚农业技术推广投资机制经过近半个世纪的发展，比较成熟。1986年以前，农业技术推广的费用支出基本上由政府承担，但在这之后，政府开始推行由国家拨款与生产者出资相结合的办法，即各产业部门生产者和政府按1∶1的比例出资，两者总额作为科研和推广的经费。近年来，有些机构也开始尝试对某些农业技术推广项目实行有偿服务，如南澳大利亚州的一个推广机构向果农提供服务时，曾对土壤调查及制图、灌溉系统设计及监测、灌溉咨询及有效性分析等三个项目收费，到1989年时，有偿服务的收入占该机构全年经费的5%。

澳大利亚农业技术推广人员的组成及培训因推广人员的职责不同而异，一般分为三类：一是地区咨询员，他们大多是州农业部的官员，负责当地的农业技术推广工作，提供咨询服务。二是技术专家，他们通常在州农业部任职，为地区咨询员提供咨询服务，主要职责是向从事基层推广的工作人员解释研究成果，同时也从事应用研究和具体推广活动。三是传播专家，他们的职责是利用传媒工具宣传技术信息，对技术推广人员进行在职培训。农业技术推广人员一般都具有大学以上学历，但推广机构仍然非常重视对他们的职前和在职培训。职前培训的目的是提高学生的交流与沟通能力，从而全面了解社区社情，增强资源管理和经济管理的意识；在职培训由州农业部组织实施，一般形式是由农业部高级官员或受邀的技术专家讲授新的推广技术，然后由推广机构举办专题研讨会。

3. 日本的农业推广模式

日本自 20 世纪 60 年代进入工业化发展阶段以来，农业人口非农化和农村人口城市化速度加快。随着粮食的需求增长，食物自给率在 40 年间下降了约 40 个百分点，从 1960 年的 79% 下降到 1999 年的 40%，在全球发达国家中处于最低水平。据分析，到 2010 年，日本的总体食物自给率将下降到 38%。因此，21 世纪日本农业的首要任务是提高食物的自给率（2010 年日本的食物自给率目标为 45%），确保食物的安全供应。为实现这一目标，日本政府修订了《食物・农业・农村基本法》，在政府机构改革和减少财政开支的大环境下，进一步稳定和发展农业推广事业，提高农产品质量和科技含量，提高农产品的竞争力和自给率。日本农业推广事业还具有以下特点：

（1）农业推广事业是国家与地方政府的共同事业。日本称农业推广为协同农业普及事业，“协同”本义是指农业推广事业由国家和地方（县，相当于中国的省，下同）政府共同出资。

（2）注重农民的工作，以人为本。日本的农业行政是自上而下的体制，而农业推广工作则是一个自下而上的体制。农业推广工作尊重农民的意愿，注重增强农民的自主精神，发挥他们的创新能力。

（3）注重青少年的培养。随着工业的发展，日本农村专业户越来越少（如爱知县只有 10%），兼业现象十分普遍，农业劳动者女性化（60% 为女性劳力）和老龄化明显（以 40—50 岁的女性劳力为主，20—30 岁的劳动者极少），因此，培养农业劳动者接班人成为农业持续发展的突出问题，也成为农业推广工作的重要内容之一。

20 世纪 60 年代中期以后，日本农业迅速发展，农民的经营范围和规模不断扩大，兼业农户剧增，农村形成农产品主产地。面对农村形势的新变化，日本政府于 20 世纪 60 年代中期及时对农业推广组织和活动体制进行了调整，并进行了制度改革，把农业技术推广员分为区域农业改良员和专门改良普及员两种，分别负责市町村区域的推广工作和专项技术的推广工作，实行功能分担方式，并把普及所由原来的 1 586 个调整合并为 630 个（平均每 5 个市町村设一个普及所），农业技术普及人员 14 万多人（1970 年）。但是，随着科学技术的进步，农业生产技术迅速提高，农业经营范围在不断扩大，尤其是新、高技术在农业生产上的直接应用，农民对农业技术推广指导的要求越来越高，功能分担方式的农业推广活动已逐渐不能适应其发展，因此，从 1980 年起改功能分担方式为区域分担方式，由各类改良普及员共同组成指导队，就振兴地区农业实施指导。在人员方面，自 1968 年开始实行国家公务员制定额管理。

在日本还有一个民间农业推广组织，这就是日本农业协同组合。日本农业协同组合是依据 1947 年公布的农协法而成立的自主性的农民组织，负责对农民的生产和生活进行一般性的技术指导。在《农协法》第十条中特别指出，农协要办理营农指导事业，即与农业技术、农村文化、农民生活和改善经营有关的教育活动。因此，农协的营农指导和政府农业普及活动工作方向相差不大，主要差别是事业主体不同，指导员的工作特点和方法不同。按照农协的业务内容和规模的不同，生产指导活动的组织机构分为专门性指导机构和综合性指导机构。专门性指导机构是按照农业生产具体内容，针对某一部门单独设置一种机构方式来开展农业生产指导活动的，多见于经营规模较大、经济实力较强的综合农协。综合性指导机构，不具体区分各生产部门的活动内容，只设一个统一的指导机构，通过在组织内部对各技术人员的分工来开展技术指导活动。由此可见，日本的农业推广活动，是通过政府的农业改良普及事业和农协来开展的。

4. 以色列的农业推广模式

建国初期，以色列农业发展既不具备先天的生产条件，也缺少相关的农业生产专门技术人才。为了尽快培训所需的农业生产技术人员，政府建立了农业技术推广服务中心，开展技术服务，指导农业生产。起初，以色列农业技术推广人员主要传播农业科学技术，增强农业生产抵御恶劣自然环境与社会环境的能力，保证粮食供给，解决粮食短缺问题。在此之后，以色列的农业技术推广工作大致经历了三个阶段：20 世纪 50 年代，农业技术推广的主要任务是改造恶劣的自然环境，如清除乱石、开辟梯田、清理沼泽、植树造林、保持水土等；20 世纪 60 年代，积极引进、消化和吸收包括优良品种、先进农机具、耕作栽培等各方面的世界农业的先进技术；20 世纪 70 年代，以色列政府开始意识到把宝贵的土地资源只用于粮食作物生产是愚蠢的行为，因此，他们着手调整农业生产结构，即减少粮食作物的种植，改种和增种对土地资源依赖程度低但对技术要求高且产值高的蔬菜、水果和花卉，目的是追求土地资源的最大经济效益。

以色列的农业技术推广机构隶属于国家农业部，农业技术推广服务中心设置养牛、养羊、养禽、土壤和灌溉、植物保护、农业经济、行政管理等 14 个专业委员会。这些部门负责协调各专业的业务活动，确定国家农业的优先发展领域，制定推广应用各项技术的政策措施，为地方专家提供技术支持及后勤服务。因为以色列没有省、县等行政建制，所以全国 9 个区域农业技术推广中心是按照不同区域的气候特点而设立的。区域农业技术推广中心接受国家中心的领导和指导，重点解决本区域内的农业技术推广问题。每个区域中心有 10—30 名专业技术人员，但随着农民技术素质的提高，技术人员的数量有减少的趋势。由于以色列政府意识到农产品的国际竞争其实是农业科技之间的竞争，所以长期以来一直保持对农业技术推广的大力支持。每年，用于农业技术推广的经费约为 1 200 万美元；此外，农业技术推广机构还可依靠提供咨询服务、技术指导来赢得生产和市场委员会的资金支持。

以色列农业技术推广机构的主要职责是收集和分析各种技术，开发和传播新技术，为农民和农业生产服务；密切联系科研单位，获得最新科研成果；广泛联系农民社团和协会；增强专门技术推广人员的业务能力，改进推广办法。其推广的主要内容是收集和整理国内外的技术信息并定期发布；对国家和区域研究单位的技术进一步开发和创新，使之更加完善和实用化；积极向农民传播技术和信息。

5. 英国发展咨询式的农业推广组织

第二次世界大战以后，英国的缺粮情况仍相当严重，政府继续执行战时对农业的扶持和保护政策，把全国近 80% 的土地面积用于农业生产，鼓励发展粮食生产和缩减谷物及农副产品的进口额。为了更有效地指导全国农业推广工作，英国政府于1946年在英格兰和威尔士建立了全国农业咨询局（National Agricultural Advisory Service，NAAS），直属英国农渔食品部领导，下设农业土地处、兽医调查处和奶业处三个处，主要任务是：向农民和农场主提供有关农业生产、科学技术和农业教育方面的免费咨询，并在全国主要农业地区建立了13个畜牧实验站和9个园艺实验场。除了在中央一级设有农业咨询局外，英国政府还根据1947年英格兰和威尔士的农业法，以及1948年英格兰农业法，在地区和郡设立了农业咨询推广机构，并派驻高级农业咨询官，配备土壤化学、昆虫学、植物病理学、畜牧学、农业机械和农场管理等方面的专家。这些机构的主要职责是作为政府部门的代表，协助郡农业委员会发展农业生产；制订农业法规和部门计划，使农业技术标准不断完善。例如，检查和发放种畜许可证；依照牛奶法检查奶牛场卫生状况和奶品卫生检验；监督和鉴定农作物、牧草、蔬菜（包括果树和根茎类作物）种子及其销售；动植物检疫等。英国的农业咨询局在1965年时已拥有2 075名经过专门训练的专业咨询推广人员。到20世纪70年代初，由于队伍的壮大，英国农业生产的产值比第二次世界大战结束时增加了66%，这说明发展咨询式的农业推广工作对战后英国农业的发展起了巨大的推动作用。

6. 法国农业发展式的农业推广组织

在法国，农业推广活动被称为农业发展工作，发展不仅包括了某一技术、某一经验，还包括某一地区、某一农场、某一系统产品、技术的开发传播、生产能力的全面提高与发展。1879年6月16日法国议会通过修改后的教育法，决定在全国范围内进行农业教育。1884年农业公会得到政府承认，1900年农业互助会、1901年农业协会也相继得到合法地位。1912年成立农业服务局，该局的任务是：一是负责教育；二是充当农业顾问；三是作为公共部门参与政府的农业决策。农业服务局领导下的教育机构与农业行业公会、农业互助合作和信贷机构，共同组成第一个法国面向农民和农业的推广组织。1919年成立了省农会，其任务是通过农业推广部门、农民协会帮助农民改进生产方法，并为此设立了一些专门部门，如农业研究院、农村工程处，以及兽医和植保专门机构，并取得了较好的成绩。1919年还成立了省和大区农业公司，这是私人机构，它们也向农民传播、推广农业生产技术。

第二次世界大战以后，法国农业推广工作大规模开展起来。1946 年开始，推广第一次正式列入国家预算，地区技术研究中心从 1954 年的 90 个增加到 1959 年的 679 个。1954 年政府增加了对农会的资助，并支持农会成立一个农业推广的机构农益发展处，负责在农村地区进行农业推广，并在 1957 年成立了全国农业推广进步委员会，在省一级设立农业局。在法国，传播推广农业科技知识和农业技术信息的任务由农学家、农艺师、农村工程、水利和森林工程师负责。在 20 世纪 70 年代末和 80 年代初还建立了全国试验和示范网，并确定了六个优先部门：谷物、水果和蔬菜、养牛、养羊、养猪、农田水利。由于这些试验示范网的建立促使基础科研、应用技术和教育部门的力量协调起来。法国在 1959—1962 年先后颁布了农业指导法和农业指导补充法，1966 年颁布了关于农业发展规划经费和实施的第 66—744 号法令，该法令正式决定将推广改为发展，加强农业行业组织对发展的作用。第二次世界大战后通过这些立法活动大大推进了法国农业发展组织的建立，促进了法国农业的迅猛发展，为法国的农业大国地位奠定了基础。

7. 德国综合咨询式的农业推广组织

在德国，人们把农业推广定义为一种咨询活动，其目标是帮助农民使其能够改变自己的行为以解决或缓和其面临的问题，手段是沟通，关系是自愿合作、合伙（即没有强制、操纵或控制）。如果人们真正能够为目标团体着想，了解他们的问题，同他们进行成功的沟通，那么就会找出适当的且能被目标团体所接受的解决问题的方案。农民采纳建议后，问题就能得以解决或缓和，这是德国的农业推广理念。

德国农业推广咨询组织由德国的农业行政领导机构领导和管理，分四级管理：一是联邦政府的农业营养部；二是州政府的农业营养部；三是地区农业局，与之平行的机构是农村发展研究所、畜牧教学科研实验站；四是县农业局。各个层次的任务大体相同，主要是农业行政管理、成人训练、职业教育和农业推广咨询。官方咨询机构主要设置在州政府，由州政府农业营养部执行咨询任务。

德国的咨询工作除从行政上进行农业推广咨询外，还有许多民间性的组织。一是农民协会，德国的农民协会具有不同地域、不同层次的特点，它不仅代表职业阶层的政治利益，也为会员提供事业服务。农民协会创办有农业周刊，负责信息传递，农民协会还为会员和非会员解答关于法律、税收、保险等方面的问题，承担社会咨询任务。二是联合体咨询，是官方咨询的必要补充，主要指各农业联合体的内部咨询。联合体咨询作为生产者联合会、生产控制团体、育种协会等的咨询。肉食生产中的生猪育肥控制团体、仔猪生产团体、动物育种协会以及蔬菜、果树栽培等方面的生产者联合会也在其工作范围内进行系列咨询活动，咨询工作经费来自被咨询人员的捐赠和国家补助。三是合作社咨询。除市场情况以外，农村信贷物资合作社也提供农产品收获、销售及资金信贷等方面的咨询。四是教学单位与科研机构的咨询。如农业发展研究所和畜牧教学科研试验站的任务主要是对科研成果应用进行研究和试验，并培训科技人员。教学研究单位有大学、专科学校的农业推广咨询机构等，主要任务则是从事关于农业推广理论与方法的研究，一般不直接对农业企业、家庭农场、农场主和农业工人进行农业推广咨询。

8. 丹麦咨询服务式的农业推广组织

丹麦是一个农业十分发达的国家，丹麦的农业推广活动被称为农业咨询服务。丹麦的农业咨询服务工作，是从 19 世纪 70 年代开始的。开始时，绝大部分的咨询专家是专业性的，由国家雇用。但不久，国家就采取了只是给予一部分财政资助的办法，而把雇用的咨询专家和管理咨询服务机构的工作交给了农场主联合会和家庭农场主协会两个农民组织。现在，大部分的咨询专家由这两个农民组织雇用，国家只为咨询专家及助理员支付 70% 的工资和差旅费。咨询专家根据官方制定的规章制度，开展农业咨询服务工作。

地区农民组织雇用的咨询专家，根据当地农业生产需要从事各个不同的专业领域咨询服务，有一般性的咨询专家，也有单一专业的咨询专家。随着时间的推移，各个不同的专业咨询服务逐步发展起来，并逐步取得立足地位。乳牛业、畜牧业、种植业、农业会计专业、家庭经济，还有如园艺、果品、皮毛生产以及其他小项专业咨询项目逐渐成立，对丹麦的农业发展起到巨大推动作用。至今，虽然各种专业有所变动，但咨询服务组织、各种机构及服务内容仍保留下来，并不断得到丰富和加强。在 1971 年，丹麦农场主联合会和丹麦家庭农场协会，共同建立了丹麦农业咨询中心，作为丹麦全国农业咨询工作的总部及其主要业务部门。

（二）发达国家农业推广的特点

1. 农业推广目标明确

农业推广工作通常要达到以下目标：一是提高农业生产效率、农民收入和农村福利；二是在可接受的价格上为消费者生产大量优质的农牧产品；三是壮大农民家庭实力；四是通过“做中学”（learningbydoing）计划辅助青年人学习；五是加大环境保护力度，可持续利用自然资源；六是通过充分细致的工作，将社区建设成适宜生活和工作的地方。

2. 推广人员扮演着协调和发展的角色

推广人员的工作职能是传播信息、鼓励能解决特定问题信息的应用。在这个层面上，推广人员扮演着协调和发展的角色。例如，与农用生产资料的生产者合作，使其产品更适应农民需求。当发现问题无法解决时，推广人员经常能够充当起解决问题的先行者。再如，若农民所需的服务未令人满意，则推广人员会促使供需双方的密切合作。总之，在农业推广中，推广人员对行动快速启动起到协调作用。

3. 农业推广工作由大学负责组织实施

通常，进行农业推广工作的多是大学在职工作人员和学生，这些人员可分为推广工人和助手、项目专家、管理和监督者三种类型。项目专家的主要任务是教学或研究，在某些情况下可能要身兼教学、研究、推广三职。

4. 以服务农民为主，奉行“自下而上”的推广理念

农业推广主要是通过教育让农民明确和解决在农业生产中遇到的现实问题。为了做到有的放矢，由每个县的农民代表组成推广建议委员会，由其提出每年需要优先解决的问题，然后由项目专家通过县里的推广人员将其对策提供给农民。为了使推广更易于被农民接受，在实际工作中要充分运用多媒体技术、演示、巡访、讲座、远程教育、大众媒体等手段，若遇到专业问题还要举行小组讨论、县级会议、区域性会议。这些都充分考虑了农民的不同要求和知识水平，是一种完全从农民角度出发的“自下而上”，而非“自上而下”的推广理念。

5. 受众群体广泛

根据推广项目的差异，在实际运作中选择不同的受众群体，做到因人而异、因地制宜。

▶ 本章案例

温州市苍南县位于浙江省最南端，濒临东海，因地处玉苍山之南，故取名为苍南。苍南县畜禽养殖业近些年来展现出强劲发展势头。截至2012年，全县已有136家规模化畜禽养殖场。长期以来，畜禽养殖过程中产生的固体废弃物和液体废弃物的处理令当地民众感到头疼。如何处理这些废弃物？如何保护生态环境？如何节流增收？这些问题也一直是县政府思考的重点。沼气池利用技术的日益成熟，让县政府找到了解决这一系列问题的极佳办法——引进沼气池利用技术，组织专业人员进行技术推广，实施养殖场沼气工程。截至2012年底，全县累计建成养殖场沼气工程100多处，总池容量9 000多立方米，年可产沼气50多万立方米，年处理21.9万吨畜禽养殖废水。苍南县规模化养猪场沼气工程建设形成以“一池三建”为基本建设单元，“一池”即建设沼气发酵装置，包括建设预处理设施（沉淀、调节、计量、出料、搅拌等装置），建设沼气利用设施（沼气净化、储存、输配和利用装置），建设沼气利用设施（沼渣、沼液综合利用和进一步处理装置）。“一池三建”不仅注重沼气工程的前处理设施，而且注重“三沼”综合利用，拓展了沼气工程建设内容。经过专家测算，苍南县每天仅猪粪尿发酵产生沼气产量就高达9 861立方米，可见苍南沼气存在很大的潜在产量。猪粪本身含有大量的生物质能，对猪粪的资源化利用不但可以降低对环境的危害，同时发酵产生的沼气还可以用于照明或炊事，也可发电，实现了能量的多级利用。如果再加上其他畜禽产生的废弃物，再加上对沼液、沼渣的综合利用，那么，足以可见，沼气池利用技术的推广与应用给苍南县带来了巨大的生态效益、经济效益和社会效益。苍南县将废弃物变废为宝，不仅有效改善了居民生活环境，同时大大增加了民众的收入。据统计，2012年苍南县城镇居民可支收入达到22 599元，农民的经济纯收入已达到8 938元。

依据温州市沼气池利用案例，思考我国农业技术推广的特点是什么？

— 本章思考题 —

1. 发达国家农业技术组织的共同特点是什么?
2. 我国农业推广的特点是什么?
3. 农业技术采用的特点是什么?
4. 简述农业技术扩散的含义、规律以及运行机制。
5. 发达国家农业推广的特点是什么?

参考文献

[1] 郭润霞，任小兵，王乃仁. 基层农业技术推广存在的问题及解决策略 [J]. 种子科技，2022，40 (24)：139 – 141.

[2] 林莉. 浅谈农业技术推广对农业农村现代化的影响及对策 [J]. 安徽农学通报，2023，29 (4)：4 – 6.

[3] 贾建军. 探索农业技术推广存在问题和对策 [J]. 新农业，2022，973 (16)：87 – 89.

[4] 董艳霞. 农业技术创新与农业技术扩散研究 [J]. 农业开发与装备，2021，234 (6)：75 – 76.

[5] 王狄. 关于农业技术创新与农业技术扩散的思考 [J]. 种子科技，2020，38 (22)：125 – 126.

[6] 于鹍. 新疆农业技术推广影响因素研究 [D]. 新疆农业大学，2017.

第九章　农业生产经济效率分析

学习目标

1. 能够准确说出经济效率、技术效率和配置效率的定义，并能通过画图来辅助理解。

2. 知道效率测定的基本方法。

3. 能够至少运用一种方法测定实际工作中的技术效率值，并解释其经济学含义。

4. 认识农业生产中经济效率的重要性，培养农业技术分析的效率意识，强化助农兴农的“三农”情怀。

▶ 本章提示

农业增长依赖于两条途径：一方面依赖于要素投入的增加，即粗放型的增长方式；另一方面依赖于农业生产效率的提高，即集约型的增长方式。目前，我国农业正在从粗放型增长向集约型增长转变，寻求提高我国农业生产效率的途径是重要问题之一。本章主要介绍生产效率的相关理论知识，讲解技术效率、配置效率和经济效率的概念，并区分效率和生产率的关系，讲解参数和非参数测定各种效率的方法，通过本章的学习，能够用效率理论测算实际农业生产中各种效率并解释其经济学含义、提出改进建议。

第一节　农业生产经济效率内涵

一、经济效率的基本含义

从资源利用的角度，效率可以分为资源配置效率和生产技术效率。Farrell

(1957) 提出效率包括技术效率和配置效率两部分，认为技术效率反映公司由一个给定的投入集合中获得最大产出的能力，配置效率反映公司合理划分投入成分，并合理安排对应价格和生产技术的能力，这两种能力的结合可以实现对公司总体经济效率的测量。

早期 Farrell 的技术效率和配置效率的界定主要基于资源投入角度。根据微观经济学中的生产可能性，即最大产出边界和等产量线的最小投入边界的描述，在假定投入确定条件下的产出扩张和假定产出确定条件下的投入压缩，是提高生产效率的两个重要途径，目前生产效率中技术效率、配置效率等的研究拓展到投入角度和产出角度两个方面。

（一）技术效率 TE（Technical Efficiency）

技术效率是指在技术的稳定使用过程中，技术的生产效能所发挥的程度。在一定的投入要素组合下，技术效率是指获得最大产出的能力；在一定的产出组合下，技术效率是指获得最少要素投入的能力。

（二）配置效率 AE（Allocative Efficiency）

配置效率包括资源配置效率和产品组合配置效率。配置效率一般指资源配置效率，即在价格已知的条件下，为获得最大产出或最低成本，各种资源能够达到最佳比例的能力。值得注意的是，在多产出的产业中，还要考虑产出组合中的配置效率。

（三）经济效率 EE（Economic Efficiency）

经济效率是成本与收益之间的关系，只有当成本既定收益最大，或收益既定成本最小时，才实现经济效率。在产出既定的条件下，经济效率体现为成本效率 CE（Cost Efficiency）；在投入既定的条件下，经济效率体现为收益效率 RE（Revenue Efficiency）。

二、经济效率的测定

在 20 世纪 50 年代后期，当技术效率理论处在它的初始阶段时，人们是从投入成本的角度，去衡量技术效率的高低。法瑞尔在1957年发表的“生产效率度量”一文中给出了较有代表性的技术效率定义：“所谓技术效率，就是在生产技术不变、市场价格不变的条件下，按照既定的要素投入比例，生产一定量产品所需的最小成本 CL，占实际生产成本 CS（投入水平）的百分比。”用 TE_I 表示这种从投入角度定义的技术效率，即：

$$TE_I = \frac{CL}{CS} \times 100\%$$

勒宾森（Leibenstein，1966）则从产出角度给出的技术效率 TE_O 的定义：“技术效率是实际产出水平 YS 占在相同的投入规模、投入结构及市场价格条件下，所能达到的最大产出量 YH 的百分比”，即：

$$TE_O = \frac{YS}{YH} \times 100\%$$

技术效率是生产的实际值与最优值（最大产出或最小成本）的比较，实际值可以直接观测到，因此度量技术效率的关键是最优值的确定。根据生产经济学中有关生产函数的定义可知，这种具有投入或产出的最优性质的函数称为前沿生产函数或生产边界（Production Frontier）。前沿生产面是理论上给定投入所能达到的最大产出边界，或是给定产出所需付出的最小投入可能边界，能反映当前产业的技术水平。

技术效率是全部经济效率的一个组成部分，为达到经济上的有效，一个生产单元或称为决策单元DMU（Decision Making Unit）必须首先在技术上是有效的。利润最大化要求生产单元根据现有投入量生产最大的产量（即技术效率），根据每项投入的相对价格来进行恰当的投入配置（即投入的配置效率），根据产品的价格来生产适当的产品（即产出的配置效率）。图9－1用两种投入 $X = (x_1, x_2)$ 生产两种产出 $Y = (y_1, y_2)$ 的生产过程为例，来描述用最佳的投入组合达到既定的产出水平（投入角度）或用既定的投入达到最佳的产出（产出角度），这两种情况下效率技术效率、经济效率问题。

在图［9－1（a）］中，从投入角度来看生产单元A使用一个投入组合来生产既定的产出水平（y_1^*，y_2^*）。同样的产出也能通过 B 点来生产，B 点位于生产前沿线上是技术有效点。投入角度的技术效率定义为：

$$TE_I = OB/OA$$

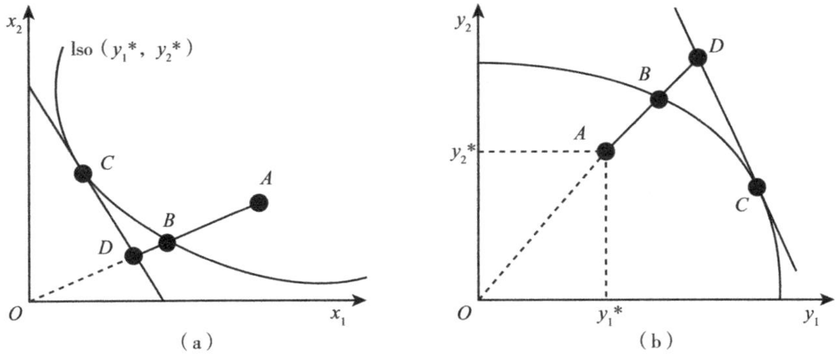

图9-1 投入（a）和产出（b）角度效率度量

但 C 点才是生产（y_1^*，y_2^*）的最小成本投入组合点，在这点资源 x_1 对资源 x_2 的边际技术替代率等于其价格之比 w_1/w_2。D 点与 C 点在同一条等成本线上，具有相同的生产成本。因此，生产单元 A 的成本效率 CE（Cost Efficiency）定义为：

$$CE = OD/OA$$

进而投入角度的配置效率，即资源配置效率 AE_I（Allocative Efficiency）也用 CE/TE_I 或 OD/OB 来定义：

$$AE_I = CE/TE_I = OD/OB$$

从产出角度来看，即［图9-1（b）］，其表示既定投入的生产可能性前沿。［图9-1（b）］中 A 是非有效的生产单元，如果它能够有效使用已有的技术和投入要素，则其产出能扩大到 B 点。B 点位于生产可能性前沿上，因此它是技术有效点，同时又与 A 具有相同的产出结构。因此，A 的产出角度的技术效率 TE_O 被定义为 OA/OB。即：

$$TE_O = OA/OB$$

与 B 点相比，C 点能取得较高的收入，这一点产品的 y_1 对 y_2 边际替换率等于其价格之比 p_1/p_2，是收入最大点。由于 D 点和 C 点位于同一条等收入线上，因此，线段 OD 和线段 OC 所代表的收入是相等的，收入效率 RE（Revenue Efficiency）就可以由 OA/OC（或 OA/OD）来定义。相应的产出配置效率 AE_O，由 RE/TE_0 或由 OB/OD 来定义。

如上所述，具体技术效率的测量是基于可观察的产出和最大产出或最有效的产出前沿的差异。如果一个生产单元的实际生产点位于生产前沿之上，那它是最有效率的；如果它位于边界之内，则它是技术上无效率的。

实现生产技术有效，即充分地利用现有的技术和投入，是实现利润最大化的基础。因为如果现有的投入都没有得到利用，当然谈不到利润最大化。但技术效率本身并不等于利润最大化。因为利润是出卖产品得到的收入（收益）与购买投入品的支出（成本）之间的差额。决定成本的不仅有所购买的投入量，还有投入的价格，即成本是所购买的投入量与价格的乘积。

例如，一个农产品加工企业可以用人工或自动分拣机对产品分类，如果每月可用 20 个工人或者一台分拣机加一个工人分拣 10 万件产品。这两种方法都实现了技术效率。但如果工人的工资为每月 2 000 元，每台机器每月的折旧与其他费用为 4.5 万元。10 万件产品的收益是相同的，但用人工为 4 万元，而用自动分拣机为 4.7 万元（机器的成本加一个工人工资）。这时，只有用工人分拣成本最低，实现了经济效率，而用自动分拣机成本没有实现最小，也就没有实现经济效率。经济效率是成本与收益之间的关系，只有当既定成本收益最大，或既定收益成本最小时，才能实现经济效率。利润最大化就是要在技术效率的基础上实现经济效率。所以，衡量生产单元实现资源有效配置的标准就是技术效率和经济效率两个方面，两者缺一不可。

三、技术效率与生产率的概念辨析

技术效率是实际产出或投入与生产配置有效状态产出或投入的比率，计算公式为：最优投入/实际投入或实际产出/最优产出，技术效率度量在固定数量的要素投入下实际生产达到最大产出的程度，或者固定产出条件下所能实现最小要素投入的程度，它是一个不大于 1 的正数。而生产率是指生产过程中产出与投入的比率，即生产率 = 产出 ÷ 投入。按照投入要素的数量，它可以分为单要素生产率、多要素生产率或全要素生产率。

通过前述技术效率与生产前沿面的分析可以发现，在不考虑时间因素的前提下，当一个企业是技术有效率时，它一定在生产前沿面上运行。但生产前沿面上的点并不都是生产率最高的，当企业处于生产前沿面上，并且与原点的连线是生产前沿面的切线时，不仅能获得最大的可能生产率，而且是技术的最佳规模点。可以说，即使一个企业是技术有效率的，依然可以通过实现规模经济来提高生产率。

四、研究农业生产经济效率的意义

1. 技术效率是指关系的稳定技术有效性发挥的程度

农业的技术效率水平，不仅反映了农业技术推广的有效程度，还反映了农业技术进步速度和农业经济增长的质量。在近些年来出现了不同的区域农业技术效率水平不同的情况，农业技术发展也越来越广泛，特色农业的发展也随之不断壮大，在此看来农业技术效率的发展空间非常大，农业技术效率相关问题的研究也越来越备受关注。

2. 有利于合理利用农业生产资源，提高农业生产要素的配置效率

经济学中的资源配置效率问题起源于资源的有限性与人类欲望的无限性之间的矛盾。随着我国农业生产环境的不断变化，上述矛盾在农业领域更加突出。一方面，资源约束对农业生产的影响越来越严重，另一方面，有限的资源在农业生产经营中存在大量不合理利用的现象。在农业生产中，由于生产技术和管理水平难以充分发挥以及规模经济的局限性，资源有效配置与资源无效配置之间的差距是不可避免的。通过对农业资源有效利用的分析，可以计算出农业资源无效配置的实际状态与理想配置状态之间的差距，指出产生这种差距的原因和影响因素，找出有效缩小这种差距的可行性对策，最终达到提高农业生产资源合理利用和生产要素配置效率的目的，从而促进农业经济的快速增长。

3. 有利于处理农业技术效率与经济效率的关系

提高农业生产的经济效益，实现生产技术效率的充分利用，这是实现利润最大化的基础。但是，技术效率本身并不等同于利润最大化，利润最大化需要在技术效率的基础上实现经济效率。衡量生产单位有效资源配置的标准是技术效率和经济效率的有机结合。在我国农业科技成果很多，但相当一部分尚未转化为生产力，农业科技成果经济效益低下是其主要原因之一。通过对农业生产效率的分析，不仅可以确定农业生产的最佳决策单位，而且可以根据影响农业生产效率的因素和程度提高农业生产效率。

五、经济效率测度的方法概述

（一）参数方法

1. 确定型参数方法

确定型参数方法最初是由 Aigner and Chu（1968）提出的。Aigner and Chu 运用 Cobb Douglas 生产函数形式，不考虑随机因素影响，通过线性规划方法确定前沿面。在 Aigner and Chu 研究的基础上，Timmer（1971）提出可能性边界生产模型，该模型在剔除最接近前沿边界的观测样本后，对样本模型参数重新进行估计，这一过程一直反复到参数估计值平稳为止。上述确定型参数方法确定前沿面时，均没有克服参数估计所具有的不确定性统计特征。Afriat（1972）提出统计生产前沿面的确定型参数方法，Afriat 认为技术效率是由单边的干扰项来度量的。如果假设干扰项有明确的分布，前沿面由最大似然法 MLE（Maximum Likelihood Method Estimator）估计；如果没有假设干扰项的分布，则用修正的最小二乘法 COLS（Corrected Ordinary Least Squares）估计。这种估计方法取前沿面向上移动的中间值，直到干扰项接近零为止。

确定型参数方法估计生产前沿面存在的主要弊端是：假定所有的生产单元共用一个固定的前沿面，即存在一个确定的上界生产函数，同时把生产过程中所有可能的影响因素，包括不可控因素（如气候、政策变动、资料统计误差、方程测定误差等）和可控因素，不加区分全部归入一个单侧的误差项中，作为非效率的反应，造成所估计的有效生产前沿面与真实的最大可能生产边界存在很大的偏差。

2. 随机型参数方法

考虑到确定型参数方法的上述不足，Aigner，Lovell and Schmidt（1977）和 Meeusen and Van Den Broeck（1977）几乎同时提出用随机型参数方法来测度技术效率，随机型参数方法也称为随机前沿分析方法（Stochastic Frontier Analysis，SFA），该方法考虑到生产前沿面本身在不同生产单元中是随机变化的，即使对同一生产单元，生产前沿面随时间的变化也会不同，所以，生产前沿面是随机的。随机型参数方法确定的模型中将导致生产无效的各种可控因素和不可控因素加以区分，即模型误差项被分为技术非效率项 u 和随机误差项 v 两类。技术非效率项反映由企业可控因素，如技术无效、职工努力程度等造成的每个生产单元的产出不可能位于其前沿生产函数上方的偏差（极端地，当技术非效率项为零时，其产出在前沿面上）。随机误差项表示任何可能出现的不可控因素带来的影响，是一个双边误差项。该影响可以是有利的也可以是无利的。可见，确定型前沿面认为生产边界的差异是由技术非效率引起的，而随机型前沿面认为生产边界的差异是由误差项（噪声）和技术非效率共同引起的。

根据技术非效率项假设是否有明确的分布，随机型参数的前沿面估计可以分为两种情况：如果对技术非效率项没有假设明确的分布，则生产前沿面可用最小二乘法 COLS 进行随机估计；如果对技术非效率项有假设明确的分布，例如，指数分布、半正态分布，则生产前沿面可用最大似然法 MLEGreene（1982），根据技术效率干扰项的特定分布对模型参数估计，能够测量出样本的平均技术效率，但不能测量个体技术效率。Jondrow，Lovell，Materov and Schmidt（1982）突破了 Greene 的研究，能够根据随机前沿模型测量样本个体技术效率。

现代经济学领域中应用最为广泛的效率测算参数方法为随机前沿分析，它是确定型前沿分析方法在随机性方面的拓展。近年来，随机型参数方法的发展主要沿着两个方向：一是设定模型方程函数的选择以及采用方程形式的选择，前者如生产函数、成本函数或利润函数，后者如 C—D 函数形式和 Translog 函数形式；二是利用面板数据进行实证分析，早期主要采用截面数据进行生产前沿面估计，而在 20 世纪 80 年代以后更多的是基于面板数据，主要考虑面板数据具有不需要假设技术非效率项与其他解释性变量相互独立的优势，并且模型不需要限定技术非效率项必须遵循假定的特定分布来对其进行检验。目前最常用的随机前沿模型就是 Battese & Coelli（1992，1995），设定的运用面板数据进行生产前沿面估计的函数模型简称 BC 模型。

（二）非参数方法

生产效率的参数方法研究中面临函数形式需要事先假定、参数估计的有效性和合理性需要检验等多方面问题，而农业生产是一个多投入多产出的系统，参数方法有诸多的局限性。一般选择非参数方法测度农业的生产效率，因为非参数方法不要求限定描述生产前沿面的具体生产函数形式。大量文献使用的非参数方法主要有数据包络分析（Data Envelopment Analysis，DEA）和自由可置壳（Free Disposal Hull，FDH）方法，其中数据包络分析即 DEA 方法使用较为广泛（见图 9－2）。

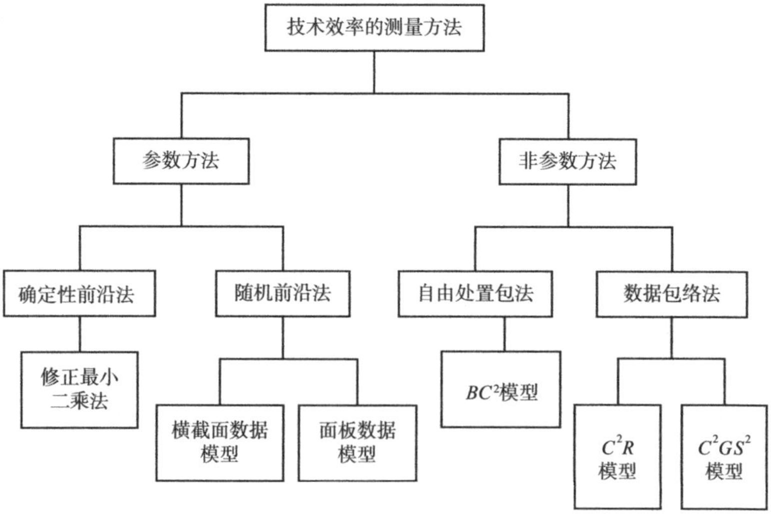

图 9－2　技术效率测量方法

第二节　农业生产效率的参数方法

一、确定型参数方法度量技术效率的理论模型

（一）确定型参数边界生产函数法

确定型参数边界生产函数法首先选择一个确定性的生产函数形式，并假设误差项大于零。如设有 k 个生产者，多投入单产出的生产可能集为：$(x_{kn}, y_k) \in T$，构造投入需求集为：

$$L(y_k) = \left\{ x_{nk} \mid y_k \leqslant A \prod_{n=1}^{N} x_{nk}^{a}, A > 0, a_{nk} > 0 \right\}$$

其中，$k=1, 2, \cdots, K$，$n=1, 2, \cdots, N$。

然后建立线性规划模型：

$$\begin{cases} \min\left[\mathrm{In}A + \sum_{n=1}^{N} a_{nk}\mathrm{In}x_{nk} - \mathrm{In}y_{k}\right] \\ \left[\mathrm{In}A + \sum_{n=1}^{N} a_{nk}\mathrm{In}x_{nk} - \mathrm{In}y_{k}\right]\cdots 0 \end{cases}$$

通过求解线性规划模型，估计边界生产函数中的待定参数值，将实际投入或产出值与生产前沿面上的投入或产出值相比较得出相应的效率值。若效率值等于1，则说明生产观测点在生产前沿面上，若效率值小于1，则说明生产无效。

（二）确定型统计边界生产函数法

确定型统计边界生产函数方法设定的生产函数一般为：

$$y_k = f(x_k)e^{-u} \quad (u\cdots 0)$$

假设误差项 u 具有一个明确的统计分布，利用回归分析等统计方法对生产函数待定参数进行估计，最后将所观测的实际投入水平与所估计生产前沿面上的投入值相比较得到相应的效率值。

二、随机型参数方法度量技术效率的理论模型

运用随机型参数方法进行生产前沿面估计最大优势在于：它估计的生产前沿面是随机的，各生产单元不需要共用一个前沿面；对误差项进行区分，认为生产边界的差异是由误差项（噪声）和技术非效率共同引起的，能更准确地反映生产有效状态；可以对结果进行假设检验，当数据噪声较大时，这种方法比 DEA 方法好。但是随机型参数方法也存在一定不足：需要大规模观测样本；作为一种参数方法，需要已知生产函数形式；处理多产出生产过程存在困难。

（一）ALS（1977）和 MVB（1977）模型

美国的 Aginer，Lovell and Schmidt 和比利时的 Meeusen and Van den Broeck 几乎同时于 1977 年提出随机前沿生产函数模型。该模型用于截面数据，误差

项由两部分组成：一部分是随机误差项；另一部分是技术非效率项。模型的表达形式为：

$$Y_i = x_i\beta + (V_i - U_i) \quad (i = 1,2,3,\cdots,N)$$

式中：Y_i——第 i 个企业产出；

x_i——第 i 个企业的 $k \times 1$ 维向量投入；

β——待估参数；

V_i——随机变量，可以为正，也可以为负，服从于均值为 0、方差为 σ_v^2 的正态分布，且独立于技术非效率变量 U_i；

U_i——非负的随机变量，表示技术非效率程度，服从于正态分布、指数分布、密度分布等。

由上述公式定义的模型为典型的“随机前沿生产函数”。

（二）Battese and Coelli（1992）模型

在前人研究基础上，Battese and Coelli 于 1992 年提出用于面板数据的随机生产函数模型，也是实证研究中应用最为广泛的模型。该模型假设技术非效率项服从截尾正态分布，并认为技术效率随时间而改变。模型的表达式为：

$$Y_{it} = x_{it}\beta + (V_{it} - U_{it}) \quad (i = 1,2,3,\cdots,N; t = 1,2,3,\cdots,T)$$

式中：Y_{it}——第 i 个企业在 t 时期的产出；

x_{it}——第 i 个企业在 t 时期 $k \times 1$ 维要素投入；

β——待估参数；

V_{it}——随机变量，服从于均值为 0、方差为 σ_v^2 的正态分布，且独立于技术非效率变量 U_{it}。

在 $U_{ik} = U_i\exp[-\eta(t-T)]$ 中，U_i 为非负的随机变量，表示技术非效率程度，同时服从于符合 0 特征的截尾正态分布 $N(\mu,\sigma_u^2)$，η 为待估参数。

运用 BatteseandCorra（1977）的参数替换方法，用 σ^2 代替 σ_v^2 和 σ_u^2，令 $\sigma^2 = \sigma_v^2 + \sigma_u^2$，$\gamma = \sigma_u^2/(\sigma_v^2 + \sigma_u^2)$，从而简化模型的计算。参数 γ 必须在 0 和 1 之间，以便在迭代求极值时有合适的初始范围。

（三）Battese and Coelli（1995）模型

随着对技术效率研究的深入，很多学者不局限于技术效率数值大小的测算与比较，而是转向对影响技术效率的因素进行研究。早期常用的方法是先估计随机前沿函数，测算出企业的技术效率水平，然后再用回归方式对影响因素进行分析。由于分两步进行，存在估计一致性问题。如果一次性估计能测得技术效率和影响因素，将会减少因估计不一致性带来的不确定性，从而提高估算的效率。

为解决上述问题，Battese 和 Coelli 于 1995 年，提出一个新模型，该模型不仅像其他学者提出的模型一样将技术效率分布的均值表示为效率影响因素的函数，而且又有不同于其他学者研究的方面，主要是考虑了配置效率，即解除了对利润最大的假设，并使用面板数据。模型的表达式为：

$$Y_{it} = x_{it}\beta + (V_{it} - U_{it}) \quad (i = 1,2,3,\cdots,N; t = 1,2,3,\cdots,T)$$

式中，Y_{it}为 i 个样本 t 时期的产出，x_{it}为第 i 个样本时期的投入，β 为待估系数。V_{it}为随机变量，服从于均值为 0，方差为 σ_v^2，且独立于技术非效率变量 U_{it}。U_{it}为非负随机变量，表示技术非效率程度，同时服从于符合 0 特征的截尾正态分布 N（m_{it}，σ_v^2），同时假设：

$$m_{it} = z_{it}\delta$$

仍可运用 Battese and Corra（1977）的参数替换方法，用 σ^2 代替 σ_v^2 和 σ_u^2，令 $\sigma^2 = \sigma_v^2 + \sigma_u^2, \gamma = \sigma_u^2 \div (\sigma_v^2 + \sigma_u^2)$，从而简化模型的计算。

（四）Kumbhakar and Lovell（2000）模型

由于各种随机前沿模型的基本函数没有太大的区别，根据 Kumbhakar and Lovell（2000）的总结，参照随机生产前沿面估计模型，效率测算随机前沿分析方法设定的一般生产函数为：

$$y = f(x,\beta)\exp(u - \nu)$$

式中：y——产出；

x——投入；

β——一组待定参数。

误差项为复合结构，第一部分 v 为随机扰动项，服从独立正态同分布，表示任何可能出现的对生产决策造成影响的不可控因素，包括测量误差、生产单位无法控制的外生干扰等；第二部分 u 大于或等于 0，为管理误差项，用以表示那些对生产过程造成冲击的可控因素，也就是导致生产无效的主要因素。根据 v 和 u 的概率密度函数，利用卷积公式经过一系列的推导，可以得到每个生产单元的效率测算公式为：

$$PE\ A = \exp(-u)$$

当 $u=0$ 时，效率值为 1，生产观测点恰好处于生产前沿面 $y=f(x, \beta)\exp(u-v)$ 之上；

当 $u>0$ 时，效率值小于 1，观测点就处于生产前沿下方，也就是处于非生产有效状态。

关于 u 和 v 的假设是随机前沿模型中的重点，现有模型对随机误差项 v 都比较一致地假设服从均值为 0、方差为 6 的正态分布。但对于技术非效率项 u 所服从分布的假设不同，如正态分布、指数分布、密度分布等，因此 SFA 在具体应用中可以采用不同的参数估计方法。

第三节　生产效率评价的非参数方法

一、数据包络分析方法

数据包络分析 DEA（Data Envelopment Analysis）是著名的运筹学家 A. Charnes 和 W. W. Cooper 等，以相对效率概念为基础发展起来的一种效率评价方法。自 1978 年第一个 DEA 模型发表后，新的模型及相关的重要理论结果不断出现，已成为运筹学研究的一个新领域。DEA 的应用范围日益扩展，除广泛用于学校、医院、铁路、银行等公共服务部门的运行效率的评价之外，在经济学领域也有较为深入的应用，如用来估计前沿生产函数，以及用于经济分析中距离函数的计算，为生产率分析中的 Malmquist 指数理论的实际应用奠定了基础。

（一）DEA 方法的基本概念、原理和特点

1. 决策单元 DMU

一个经济系统或生产过程可以看成一个单元在一定范围内，通过投入一定

的生产要素并产出一定数量“产品”的活动。虽然这些活动的具体内容各不相同，但其目的都是尽可能使这一活动取得最大的“效益”。这样的单元被称为决策单元 DMU（Decision Making Unit）。

决策单元 DMU 的概念是广义的，既可以是银行、学校、医院、商店、政府等企事业，或者是企事业的一部分，也可以是技术方案、技术政策等。

通常把具有相同的目标和任务、相同的外部环境、相同的输入和输出指标特征的 DMU 称为同类型的 DMU。另外，在外部环境和内部结构没有太大变化的情况下，同一个 DMU 的不同阶段也可视为同类型的 DMU。

2. DEA 方法发展的历史

Farrell（1957）提出用逐段凸函数逼近的方法进行前沿面估计，Boles（1966）、Shephard（1970）、Afriat（1972）提出用数学规划方法能解决这个问题，但没有引起注意。直到著名运筹学家 A. Charnes、W. W. Cooper 和 Rhodes（1978）发表了有关面向投入的规模报酬不变模型论文以后，数据包络分析模型方法即 DEA 模型成为运筹学、管理科学和数理经济学交叉的一个新领域。初始的 DEA 模型 CRS 是一个分式规划，通过 C（即 Charnes—Cooper 变换），可将分式规划为一个与其等价的线性规划模型。通过求解线性规划模型的对偶模型，可以判断是否为 DEA 有效。由于非参数方法所得到的生产可能边界是多个线性边界的包络，所以非参数模型也被称为分段线性模型。

Banker、Charnes 和 Cooper（1984）提出 BC 模型。CRS 模型用于评价决策单元 DMU 的规模效率与技术效率的总体有效性，而 BC 模型用于评价决策单元 DMU 的技术有效性。Fare 和 Grosskopf（1985）提出 FG 模型。Seiford 和 Thrall（1990）提出 ST 模型。此后，越来越多的学者投入 DEA 模型的研究中，出现了一些 DEA 的改进模型。

目前 DEA 方法在世界范围内很多领域得到应用和发展，除用于学校、医院、铁路、银行等公共服务部门的运行效率分析之外，在经济学领域也被广泛应用，如技术进步、技术创新、资源配置等各个方面，DEA 成为评价具有同类型投入和产出的若干个生产或非生产部门（决策单元）相对效率的有效方法，其评价部门的相对有效性的优势地位，是其方法所不能取代的。

人们进行任何实践活动，总是力求达到一个较高的效率，因此，对效率问题的研究是人们长期以来所进行的重要课题。在进行效率评价时，对效率的计量就成为非常重要而又难以处理的问题。一般而言，对任何活动效率的计量，都是其投入和产出量方面的比较结果。就单投入和单产出的情况而言，只要对它的投入和产出做出计算比较，即可作为其效率的衡量指标。而当投入与产出都变为多种时，则可用总要素生产率 TFP 来作为一种衡量效率的指标。由于是多投入和多产出，人们便用“价格”作为同度量因素，并对每一投入产出指标给以适当的权重，最后计算出一种加权形式的综合投入产出比。由于价格体系和评价者的价值倾向可能不合理，往往使评价的客观真实性受到很大影响。DEA 方法的产生为我们在解决这一类问题，即在进行多投入多产出的效率评价时，提供了一种较为客观而科学的方法。

具体来说，DEA 是使用数学规划模型比较决策单元之间的相对效率，对决策单元作出评价。一个决策单元 DMU 在某种程度上是一种约定，它可以是企事业单位、技术方案、技术政策等。确定 DMU 的主导原则是：就其“耗费的资源”和“生产的产品”来说，每个 DMU 都可以看作相同的实体。即在某一视角下，各 DMU 有相同的输入和输出。通过对输入和输出数据的综合分析，DEA 可以得出每个 DMU 的综合数量指标，据此将各 DMU 定级排队，确定有效的即相对效率最高的 DMU，并指出其他 DMU 非有效的原因和程度，给管理部门提供管理信息。DEA 还能判断各 DMU 的投入规模是否恰当，并给出了各 DMU 调整投入规模的正确方向和程度，应扩大还是缩小，改变多少为好。

3. DEA 方法的基本原理

DEA 方法是以凸分析和线性规划为工具针对多投入多产出决策单元 DMU 的效率进行评价与分析的一种方法。该方法运用线性规划构建一个非参数逐段线性的包络面（或前沿面），将数据包络起来，使用数学规划模型对 DMU 的输入和输出数据进行综合分析，得出每个 DMU 综合效率的数量指标，并据此将各个 DMU 定级排序，比较决策单元之间的相对效率，对决策单元作出评价，确定有效的 DMU。

由于评价各 DMU 时，依据是决策单元的输入和输出数据，根据输入和输出数据来评价决策单元的优劣，因此，每个决策单元是相对有效的，在多投入和多产出情况下，这种有效性紧密依赖于输入综合与输出综合的比。

4. 采用 DEA 方法的基本前提

每个决策单元 DMU 都代表一定的经济意义，每个决策单元都具有一定的输入和输出，并且在将输入转换成输出的过程中，努力实现自身的决策目标。

技术关系的假定是正确的假定每个输入都关联到一个或者多个输出，而且输出和输入之间确实存在某种关系，同时，做到对规模报酬的准确设定和所选择的指标能够正确反映投入和产出之间的因果关系。

满足“自由度”的要求，即必须有足够多的决策单元一般要求决策单元 DMU 的个数 K 与投入指标数 M 及产出指标数 N 之间，应满足 2（M + N）< K 的关系，否则评价结果可信度就会降低。因此，在使用 DEA 方法时，投入或产出变量不易选择过多，对相关性较强的变量应进行合并。

5. DEA 方法的优点

与传统的计量经济方法相比，DEA 方法在处理多投入多产出的有效性方面，具有绝对优势，主要体现为四个方面：

（1）不需要一个预先已知的生产函数，简化效率计算和评价工作。DEA 方法不去寻求生产前沿面的具体函数形式，而是通过所观测的大量实际生产点数据，基于一定的生产有效性标准找出位于生产前沿包络面上的相对有效点。采用 DEA 方法在不给出函数表达式的前提下，即不确定输出和输入关系的显示表达式，仍能正确确定和各投入与产出之间的数量关系，因此，大大简化和方便了效率的计算和评价工作。

（2）不必人为事先确定各指标的权重，使评价最有利于每个 DMU 传统的计量经济方法，对效率的测度一般要求对所有的决策单元 DMU 采用相同的权重，但实际上每个 DMU 的生产组织方法不同，不同产出的重要程度也不同。所以，每个 DMU 对各个投入和产出的重要程度评价不同，所要求的权重也不同。DEA 方法以投入产出指标的权重为变量，不需事先确定各指标的权重，即每一个输入和输出的权重不是根据评价者的主观确定，而是由决策单元的实际数据求得的最优权重，使每个 DMU 以生产组织方式最相近的其他 DMU 为参照，采取客观性很强的最适宜权重，避免了权重分配时评价者的主观意愿对评价结果的影响，从最有利于被评价单元的角度进行评价。

（3）采用射线测量方法测量效率，效率不受测量单位变化的影响。效率是由从原点到可观测生产点的射线测量得出的，因此基于投入的径向效率，各个投入之间的相对比例保持不变，而基于产出角度的径向效率，各个产出之间的相对比例保持不变。因此效率的测量值不受测量单位变化的影响，有效避免了传统计量经济方法中，计算综合投入量与综合产出量时各指标量纲不一致所产生的困难。

（4）能为管理部门改善效率提供有用的信息。DEA 方法不仅能够确定有效的决策单元 DMU，而且对其他非有效的 DMU，指出非有效的程度和原因，提出具体的效率改进方法。DEA 方法还能判断各 DMU 的投入规模是否恰当，并给出各 DMU 调整投入规模的正确方向和程度。可见，DEA 方法能为管理部门及决策者改善效率提供重要的管理决策信息。

6. DEA 方法的特点

DEA 方法作为一种新的效率评价方法，与以前的传统方法相比有着很多的优点，主要表现在以下几点：

（1）DEA 方法适用于多投入多产出的复杂系统的有效性评价。由于它在分析时不必计算综合投入量和综合产出量，因此，避免使用传统方法时，由于各指标量纲等方面的不一致而寻求同度量因素时，所带来的诸多困难。

（2）具有很强的客观性。由于该方法是以投入产出指标的权重为变量，从最有利于被评价单元的角度进行评价，无须事先确定各指标的权重，避免了在权重的分配时评价者的主观意愿对评价结果的影响。

（3）投入产出的隐表示使计算简化。当一个多投入多产出的复杂系统中各量之间存在着交错复杂的数量关系时，对这些数量关系的具体函数形式的估计就是一个十分复杂而困难的事。但使用 DEA 方法，可以在不给出这种函数表达式的前提下，仍然能正确测定各种投入产出量的数量关系。

（4）可用来估计多投入多产出系统的“生产函数”。对一个多投入多产出的复杂系统来说，当每一种投入量影响到一种或多种产出时，对于以各产出量为因变量的向量函数的估计，使用传统方法几乎是不可能的，而 DEA 方法则利用其自身的优势，给出这种函数的隐表达。

（5）应用广泛，实用性强。这种方法不仅可以用来对生产单位的各种效率进行评价，而且对企事业单位、公共服务部门的工作效率也可以进行评价。

在应用的深度上，DEA 方法也表现出很大的潜力，即它在指出某个评价单元处于非有效状态（无论是规模非有效、技术非有效）时都指明非有效的原因，并给出具体的改善方法。因此，也特别适合实际的管理部门使用。

（6）DEA 又可视为一种新的“统计”方法。如果说原来的统计方法是从大量样本数据中，分析出样本集合整体的一般情况的话，那么 DEA 则是从大量样本数据中，分析出样本集合中处于相对最优情况的样本个体。也就是说，传统统计方法的本质是平均的，而 DEA 的本质则是最优性。DEA 的这种特点在研究经济学领域的“生产函数”问题时，有着其他方法无法取代的优越性。这是因为，回归统计方法把有效的和非有效的样本 DMU 混在一起进行分析，得到的“生产函数”实质上是“平均生产函数”，是“非有效的”，不符合经济学中的关于生产函数的定义。

DEA 利用数学规划的手段估计有效生产前沿面，从而避免了统计方法的缺陷。DEA 的出现，给多输入多输出情况下的“生产函数”研究开辟了新的前景。在应用研究中人们发现，尽管是用同样的数据，回归生产函数无法像 DEA 那样正确测定规模收益。其关键原因在于两种方法对数据的使用方式不同，DEA 致力于单个决策单元的优化，而不是各决策单元构成集合的整体统计回归优化。

正确地应用 DEA 方法必须满足两个基本前提：其一是技术关系的假定是正确的，即同时做到对规模报酬的准确设定和所选择的指标能够正确反映“投入”和“产出”之间的因果关系；其二是满足关于“自由度”的要求，即必须有足够多的被评价单元，一般要求决策单元 DMU 的个数 n 与投入指标数 m 及产出指标数 k 之间，应满足关系 $2(m+k)\leq n$，否则评价结果可信度就会降低。当然，除此之外也还有其他的一些要求，详细情况请参考有关 DEA 的专门著作。

（二）农业生产的技术效率

1. 技术效率测量模型

为测算生产单元的纯技术效率水平，A. Charnes，W. W. Cooper 等，在 1985 年提出可变规模报酬 *VRS* 模型如下：

设有 n 个决策单元 $DMU_i(i=1,2,\cdots,n)$，每个决策单元都是以 m 种投入生产 k 种产品，分别以 m 维向量 X_i 和 k 维向量 Y_i 表示第 i 个生产单元的投入量和产出量，以相对效率为基础而建立的可变规模报酬模型（加入松弛变量后）为：

$$\mathrm{Min}[\theta_v - \varepsilon(e_1^T SA + e_2^T SB)]$$

$$\text{s. t. } \sum_{i=1}^{n} \lambda_i X_i + SA_i = \theta_v X_0$$

$$(D_e^v) \qquad \sum_{i=1}^{n} \lambda_i Y_i - SB_i = Y_0$$

$$\sum_{i=1}^{n} \lambda_i = 1$$

$$\lambda_i \geqslant 0, i = 1,2,\cdots,n. \quad SA \geqslant 0, SB \geqslant 0$$

其中，X_0、Y_0 表示被评价决策单元 DMU_0 的投入和产出向量。$SA=(sa_1, sa_2,\cdots,sa_m)^T$，$SB=(sb_1,sb_2,\cdots,sb_k)^T$ 分别表示对 DMU_0 进行结构调整的松弛变量。当规划（D_e^v）的所有最优解都满足 $\theta_v^*=1$，$SA=SB=0$ 时，则称 DMU_0 是技术有效的。若 $\theta_v^*=1$，但 $SA\neq 0$ 或 $SB\neq 0$，则称 DMU_0 是弱有效的。这一模型的含义是，用观测到的生产活动 $(X_i,Y_i)(i=1,2,\cdots,n)$ 来估计生产可能性集，并判断每个生产单元的有效性。这里生产可能集为：

$T=\{(X, Y)$：产出 Y 可以由投入 X 生产出来$\}$

即在可变规模报酬条件下的生产可能集为 T_v，则 T_v 满足以下几点：

（1）凸性：对任意的 $(X_1,Y_1)\in T_v$，$(X_2,Y_2)\in T_v$ 和 $0\leqslant\lambda\leqslant 1$，都有 $\lambda(X_1,Y_1)+(1-\lambda)(X_2,Y_2)=[\lambda X_1+(1-\lambda)X_2,\lambda Y_1+(1-\lambda)Y_2]\in T_v$。其实际含义是，若分别以 X_1 和 X_2 的 λ 及（$1-\lambda$）倍之和作为投入，则可生产分别以 Y_1 和 Y_2 相同倍数之和的产出。从几何意义上看，可能集 T_v 中任两点的连线都在 T_v 内。

（2）可控性：对任意的 $(X,Y)\in T_v, X\leqslant X_1, Y_1\leqslant Y$，都有 $(X_1,Y)\in T_v$ 和 $(X,Y_1)\in T_v$。即对于一个可行的生产活动，单方面地增加投入或减少产出，所构成新的生产活动是可行的，即生产中允许低效率生产活动的存在。这一点与新古典经济学中生产函数理论中的假设是不同的。

（3）最小性：生产可能集是满足以上三点的所有集合的交集。由观测到

的生产活动 $(X_i,Y_i) \in T_v(i = 1,2,\cdots,n)$，可得到生产可能集为：

$$T_V = \left\{(X,Y):X \geqslant \sum_{i=1}^{n}\lambda_i X_i, Y \leqslant \sum_{i=1}^{n}\lambda_i Y_i, \sum_{i=1}^{n}\lambda_i = 1, \lambda_i \geqslant 0, 1 \leqslant i \leqslant n\right\}$$

模型的经济含义——径向技术效率

下面我们考察在可变规模报酬条件下，DEA 有效的经济含义。对决策单元 DMU_0 生产效率的评价，是考虑线性规划问题：

$$\mathrm{Min}[\theta_v - \varepsilon(e_1^T SA + e_2^T SB)]$$

$$\text{s. t.} \sum_{i=1}^{n}\lambda_i X_i + SA_i = \theta_v X_0$$

$$(D_E^v) \qquad \sum_{i=1}^{n}\lambda_i Y_i - S$$

$$\sum_{i=1}^{n}\lambda_i = 1$$

$$\lambda_i \geqslant 0, i = 1,2,\cdots,n. \quad SA \geqslant 0, SB \geqslant 0$$

可以看出这一规划问题是在生产可能集 T_v 中，在保持生产可行和产出不少于 Y_0 的条件下，尽量让投入按同一比例缩小。

当规划 (D_E^v) 的所有最优解都满足 $\theta_v^* = 1$ 和 $SA = SB = 0$ 时，说明在不减少产出的情况下，既无法等比例地减少各种投入，也不能个别地减少某种投入或增加某种产出，这时生产点 (X_0,Y_0) 处于技术有效状态。

而当规划 (D_E^v) 的所有最优解都满足 $\theta_v^* = 1$，但 $SA \neq 0$ 或 $SB \neq 0$ 时，DMU_0 是弱有效的。说明某些投入量已处在最小状态，所有投入不能按同一比例减少，但仍有可能对投入或产出进行结构性调整。即在弱技术有效下，生产规模是适当的，仅存在结构问题。因为弱有效是由于投入和产出的结构问题 $(SA \neq 0$ 或 $SB \neq 0)$ 引起的，因此弱有效仅存在多种投入生产多种产品的情况。

当 $\theta_v^* < 1$ 时，生产点 (X_0,Y_0) 处于技术无效状态。表明在保持产出不小于 Y_0 的条件下，可使各种投入同时缩小 θ_v^* 倍，若 $SA \neq 0$ 或 $SB \neq 0$ 时，还存在结构问题。

在多投入多产出情况下，生产活动的理想状态应该这样来描述：当一个决策单元的生产活动处于下列两种情况之一时，该决策单元的生产活动是有效的，处于理想状态，即：①除非增加一种或多种投入，或减少其他种类的产出，否则将无法再增加任何产出；②除非增加一种或多种投入，或减少某些种类的产出，否则无法再减少任何投入。

这说明多输入多输出情况下的 DEA 有效，是帕累托（Pareto）意义下的有效性。图 9－3 表明在用两种投入 X_1、X_2，产出水平为 Y_0 时的情况。

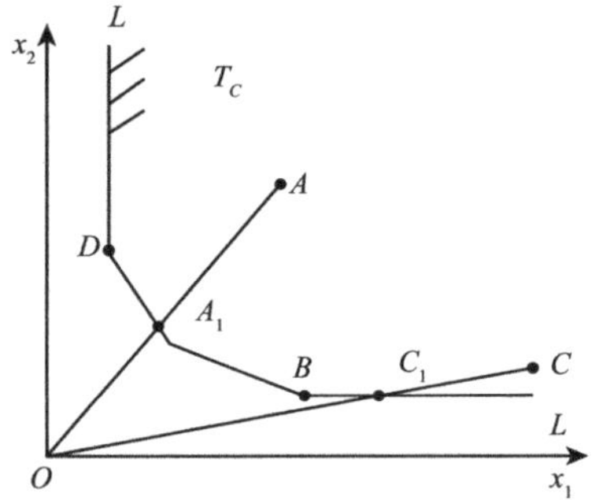

图 9－3　DEA 的有效、弱有效

折线 LL 是产出水平为 Y_0 时的等产量线的近似。A 点位于生产可能集 T 的内部，是非有效的生产投入，对它进行 DEA 效率分析时，其投入角度径向效率（Radial Efficiency）（即结构不变的条件下，投入角度的技术效率）为：

$$TE_I = \theta_v = \frac{OA_1}{OA}$$

B 点、D 点位于 T 的边界上，所以是有效的。对于 C 点其径向效率为 OC_1/OC，很明显，C_1 是弱技术有效点（虽然其径向效率为 1），但通过向 B 点移动，可以减少 X_1 的投入量，即投入结构不合理。

当问题（D_E^v）的解为 θ_v^*，λ^*，SA^*，SB^* 时，有如下结论：

若 $\theta_v^* = 1$ 且 $SA \neq 0$ 或 $SB \neq 0$，则 DMU_0 弱技术有效；

若 $\theta_v^* = 1$ 且 $SA = SB = 0$，DMU_0 技术有效；

若 $\theta_v^* < 1$，DMU_0 为非技术有效。

用规划（D_E^v）对决策单元 DMU_0（X_0, Y_0）的效率评价，是在保持产出不减少的条件下，在生产可能集 T_v 内，尽力减少投入。当 DMU_0 为技术有效时，说明它处在 T_v 的前沿，即生产边界上。当 DMU_0 为非有效的决策单元时，可以通过其在生产前沿上的投影（X^*, Y^*）找出改进措施。即：

$$X^* = \theta_v^* X_0 - SA^* = \sum_{i=1}^{n} \lambda_i^* X_i$$

$$Y^* = Y_0 + SB^* = \sum_{i=1}^{n} \lambda_i Y_i$$

使决策单元 DMU_0 变成有效，对投入和产出的调整量（$\Delta X_0, \Delta Y_0$）为：

$$\Delta X_0 = X_0 - X^*$$

$$\Delta Y_0 = Y^* - Y_0$$

在对 DMU_0 进行如此调整后，得到的投入产出量（X^*, Y^*）是纯技术有效的。这实际上为改进非有效生产单元提供了具体措施。对所有非有效单元的调整量（$\Delta X, \Delta Y$）进行进一步分析，可以为政府宏观管理部门提供更多的制定技术政策的依据。

2. 产出角度技术效率的度量

前面对生产单元进行效率评价时，我们都是假定在产出不变的情况下，在生产可能集内，致力于等比例地缩小投入向量，测得生产单元在不同规模报酬假设条件下的径向效率（radial efficiency）。这种从投入角度进行的效率度量，所测得的结果称作投入角度的径向效率。

我们也可以从产出的角度进行效率的测量，即分别在生产可能集 T_v 内，在保持投入不增加的条件下，致力于使产出按相同比例 α_v 扩张，达到既定投入下的最大产出。根据产出角度的技术效率的定义可知，在可变规模报酬假设条件下，测得生产单元的径向效率——纯技术效率为：

$$TE_O = \frac{1}{\alpha_v}$$

由于对生产技术的可变规模报酬 *VRS* 假设，与投入角度效率评价时相同，所以生产可能集也就是相同的（同为 T_v）。产出角度的可变规模报酬 DEA 模型为：

$$\text{Max}[\alpha_v + \varepsilon(e_1^T SA + e_2^T SB)]$$

$$\text{s. t.} \sum_{i=1}^{n} \lambda_i X_i + SA = X_0$$

$$\sum_{i=1}^{n} \lambda_i Y_i - SB = \alpha_v Y_0$$

$$\sum_{i=1}^{n} \lambda_i = 1$$

$$\lambda_i \geqslant 0, i = 1,2,\cdots,n. \quad SA \geqslant 0, SB \geqslant 0$$

由此模型得到的 $(\alpha_v)^{-1}$ 代表生产单元的径向的纯技术效率水平。两种产出时的生产可能集 T_v 和径向效率 α_v 的含义如图 9－4 所示。对 A 点评价时，其径向技术效率 $(\alpha_v)^{-1}$ 为：

$$(\alpha_v)^{-1} = \frac{OA}{OA_1}$$

图 9－4 中 A_1、B_1、B_2 和 C 位于生产前沿上，它们的径向技术效率均为 1。但 B_1 点与 B_2 点相比显然不是有效点，事实上它是弱技术有效的，即虽然其径向技术效率为 1，但 B 不为 0，表明生产存在结构问题。

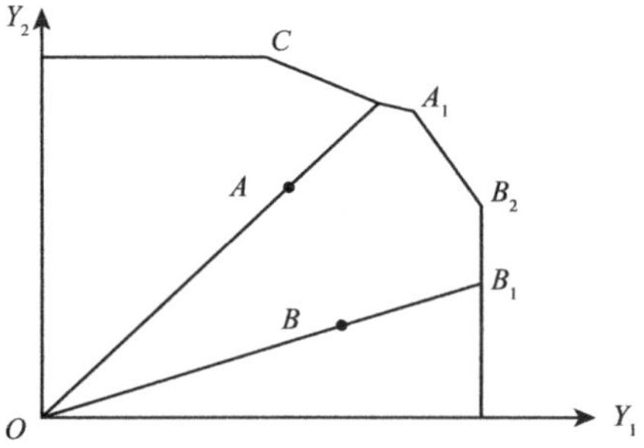

图 9－4　产出角度径向效率

3. 不同角度测量的效率之关系

我们已从投入及产出两种不同的角度，进行了各种效率的度量。当从投入角度测量生产效率时，我们着重分析这样的问题：在不减少产出的条件下，各种投入可以减少多少？在进行产出角度的效率评价时，我们关心的是，在不增加投入的前提下，各种产出可以增加的幅度。两种不同角度的生产效率度量之间的关系，可以通过单一投入单一产出情形下的生产效率度量来说明（见图 9－5）。

如图 9－5 所示，对非有效点 P，它的投入角度的技术效率为 $TE_I = AB/AP$，产出角度的技术效率为 $TE_0 = PD/CD$。一般而言两种角度测算的效率值并不总是相等。然而当生产的规模报酬状况确定后，两种角度测算效率大小关系则是确定的。事实上，若某生产系统的前沿函数为 $y = f(x)$，设函数是局部 r 次齐次的，$x_c = \lambda x_1, \lambda > 1$，则 $f(x_c) = \lambda^r f(x_1)$，产出（投入）角度的技术效率 $CTE_0(CTE_I)$，则：

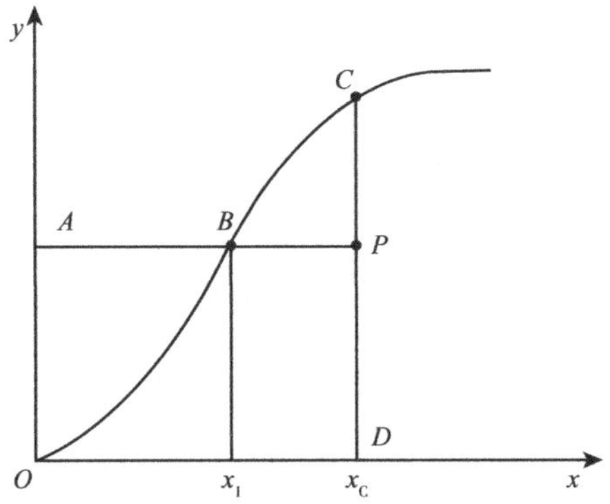

图 9－5　技术效率测算的不同视角

$$TE_O = \frac{PD}{CD} = \frac{f(x_1)}{f(x_c)} = \frac{f(x_1)}{f(\lambda x_1)}$$

$$= \lambda^{-r}$$

$$TE_I = \frac{AB}{AP} = \frac{x_1}{x_c} = \lambda^{-1}$$

$$\frac{TE_O}{TE_I} = \frac{\lambda^{-r}}{\lambda^{-1}} = \lambda^{1-r}$$

所以，当规模报酬递增时，$r > 1, \lambda^{1-r} < 1, TE_0 < TE_1$。

当规模报酬递减时，$r(1, \lambda^{1-r})1, TE_O > TE_I$。

当规模报酬不变时，$r = 1, \lambda^{1-r} = 1, TE_O = TE_I$。

由于规模报酬一般是随投入的增加而由递增转变为递减，所以投入角度的效率度量，偏好投入规模较小的生产单元；产出角度的效率度量，偏好投入规模较大的生产单元。只有当所有生产单元都处于最佳规模时，即为不变规模报酬时，两种角度测算的技术效率才是相等的。

4. 农业生产的规模效率

影响生产效率的因素，除技术效率外，还有规模效率、配置效率以及技术水平等，其中规模效率对于农业生产而言尤其重要，因此本节将阐述如何度量规模效率。

在对生产单元进行生产效率的评价时，存在两个方面的问题：即投入规模是否适当，生产技术的潜力是否得到充分发挥。而在生产技术为不变规模报酬的假设下，两种问题也就合二为一。数据包络分析的不变规模报酬模型，可以通过对可变规模报酬的生产可能集加以改造，得到不变规模报酬下的生产可能集 T_C：

$$T_C = \left\{ (X,Y): X \geqslant \sum_{i=1}^{n} \lambda_i X_i, Y \leqslant \sum_{i=1}^{n} \lambda_i Y_i, \lambda_i \geqslant 0, 1 \leqslant i \leqslant n \right\}$$

不难验证 T_C 除满足可变规模报酬下的生产可能性集的凸性、可控性和最小性以外，还满足雉性。即对任意的 $(X,Y) \in T_C$ 和 $k \geqslant 0$，都有：

$$k(X,Y) = (kX,kY) \in T_C$$

表明当投入量扩大 k 倍时，产出量也相应地扩大 k 倍，即生产为固定规模报酬。

此时 T_C 不仅是一个凸多面体，而且是锥集合。在可变规模报酬的线性规划模型去掉一个约束后，即变为不变规模报酬模型。建立在 T_C 上的投入角度的综合效率评价模型（加入松弛他变量 SA 和 SB 及摄动量 ε 后）为：

$$\mathrm{Min}[\theta_C - \varepsilon(e_1^T SA + e_2^T SB)]$$

$$\text{s. t.} \sum_{i=1}^{N} \lambda_i X_i + SA = \theta_C X_0$$

$$(D_E^c) \qquad \sum_{i=1}^{n} \lambda_i Y_i - SB = Y_0$$

$$\lambda_i \geqslant 0, i = 1,2,\cdots,n. \quad SA \geqslant 0, SB \geqslant 0$$

式中，θ_C 表示生产单元的综合效率；其他符号与前面定义相同。

可以看出这一规划问题是在生产可能集 T_C 中，即在保持生产可行和产出不小于 Y_0 的条件下，尽量让投入按同一比例缩小。当规划（D_ε^c）所有最优解都满足 $\theta_C = 1, SA = SB = 0$ 时，说明在不减少产出的情况下，既无法等比例地减少各种投入，也不能个别地减少某种产出。这时生产点（X_0, Y_0）处于技术有效状态，而当规划（D_ε^c）的最优解都满足 $\theta_C = 1$，但 $SA \neq 0$ 或 $SB \neq 0$ 时，DMU_0 是弱有效的。说明某些投入量已处在最小状态，所有投入不能按同一比例减少，但仍有可能对投入或产出进行结构性调整。即在弱技术有效下，生产规模是适当的，仅存在结构问题。当 $\theta_C < 1$ 时，生产点（X_0, Y_0）处于技术无效状态。表明在保持产出不小于 Y_0 的条件下，可使各种投入同时缩小 θ_C 倍，若 $SA \neq 0$ 或 $SB \neq 0$ 时，还存在结构问题。

5. 规模效率的分离

如前所述，用不变规模报酬模型测算所得到的效率值，包含规模效率和技术效率两方面的内容。而可变规模报酬模型所考察的，是生产单元的纯技术效率水平。能否计算生产单元的纯规模效率呢？回答是肯定的。实际上只要将在不同的规模报酬假设下测得的结果 θ_C 和 θ_V 进行比较，就可推算规模效率的大小。图 9-6 表示出几种不同规模报酬假设下的生产前沿。不同规模报酬假设下的效率，综合效率 θ_C 、纯技术效率 θ_V 和规模效率 θ_S 分别为：

$$\theta_C = \frac{MN}{AM} = \frac{NM}{BM} \times \frac{BM}{AM}$$

$$\theta_v = \frac{BM}{AM} \quad \theta_S = \frac{NM}{BM}$$

综合效率 θ_C 等于纯技术效率 θ_V 和规模效率 θ_s 的乘积。所以，$\theta_C = \theta_V \times \theta_s$，$\theta_S = \theta_s/\theta_V$

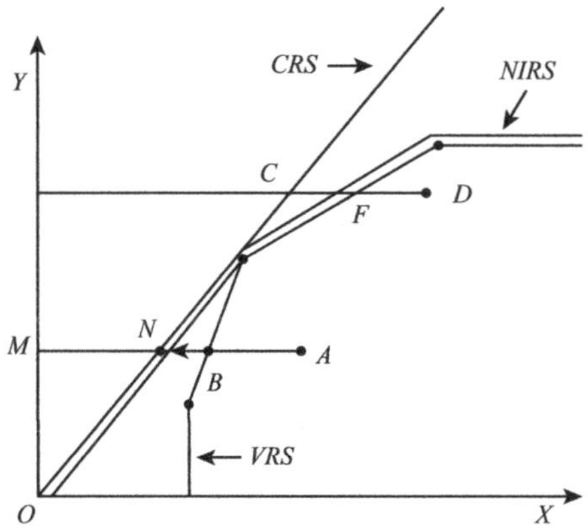

图 9-6 不同规模报酬假设下的生产前沿

通过分别运行 CRS、VRS 的 DEA 模型得到 θ_C 和 θ_V，用它们便可以推算规模效率的水平。当 $\theta_C = \theta_v$ 时，生产单元的规模效率为 1，即生产处于最佳规模；否则生产单元的规模效率有所损失。

造成规模效率损失的原因有两种，分别是规模过大和规模过小造成的。如上推算的 $\theta_S < 1$ 时，并不能区分这两种情况。即无法判定生产是处于规模报酬递增、还是规模报酬递减阶段。为此需引入非增规模报酬 NIRS（*Non－increase*

Returns to Scale）模型，在这样的规模报酬假设下，生产可能集 T_n 为：

$$T_n = \left\{(X,Y):X \geqslant \sum_{i=1}^{n} \lambda_i X_i, Y \leqslant \sum_{i=1}^{n} \lambda_i Y_i, \sum_{i=1}^{n} \lambda_i \leqslant 1, \lambda_i \geqslant 0, 1 \leqslant i \leqslant n\right\}$$

在此集合上的效率评价 DEA 模型为：

$$\text{Min}[\theta_n - \varepsilon(e_1^T SA + e_2^T SB)]$$

$$\text{s. t.} \sum_{i=1}^{n} \lambda_i X_i + SA = \theta_C X_0$$

$$(D_\varepsilon^c) \qquad \sum_{i=1}^{n} \lambda_i Y_i - SB = Y_0$$

$$\sum_{i=1}^{n} \lambda_i \leqslant 1$$

$$\lambda_i \geqslant 0, i = 1,2,\cdots,n. \quad SA \geqslant 0, SB \geqslant 0$$

当生产单元处于规模无效（$\theta_S < 1$）时，通过比较 θ_v 和 θ_n 就可以判别生产所处的规模报酬阶段。

（1）$\theta_V = \theta_n$ 时，生产处于规模报酬递减阶段。

（2）$\theta_V \neq \theta_n$ 时，生产处于规模报酬递增阶段。

以上两种情况分别如图 9 – 6 中的 D 点和 B 点所示。B 点处在规模报酬递增阶段，D 点处在规模报酬递减阶段。

6. 产出角度的综合效率模型及规模报酬的鉴别

由于对生产技术的不变规模报酬（CRS）假设，与投入角度效率评价时相同，所以生产可能集也就是相同的（同为 T_C）。产出角度的不变规模报酬 DEA 效率（即综合效率）评价模型为：

$$\text{Max}[\alpha_C + \varepsilon(e_1^T SA + e_2^T SB)]$$

$$\text{s. t.} \sum_{i=1}^{n} \lambda_i X_i + SA = X_0$$

$$\sum_{i=1}^{n} \lambda_i Y_i - SB = \alpha_C Y_0$$

$$\lambda_i \geqslant 0, i = 1,2,\cdots,n. \quad SA \geqslant 0, SB \geqslant 0$$

由此模型得到的 $(\alpha_C)^{-1}$ 代表生产单元的径向的综合效率水平。

产出角度的非增规模报酬 DEA 模型为：

$$\text{Max}[\alpha_n + \varepsilon(e_1^T SA + e_2^T SB)]$$

$$\text{s. t.} \sum_{i=1}^{n} \lambda_i X_i + SA = X_0$$

$$\sum_{i=1}^{n} \lambda_i Y_i - SB = \alpha_n Y_0$$

$$\sum_{i=1}^{n} \lambda_i \leqslant 1$$

$$\lambda_i \geqslant 0, i = 1,2,\cdots,n. \quad SA \geqslant 0, SB \geqslant 0$$

该模型的作用是，在 $\alpha_C < 1$ 时，帮助判别生产单元所处的规模报酬阶段。当 $\alpha_C \neq \alpha_n$ 时，生产单元处于规模报酬递增阶段；当 $\alpha_C = \alpha_n$ 时，生产单元处于规模报酬递减阶段。

7. 产出角度的技术效率、规模效率和综合效率

模型分别用来测算生产单元的纯技术效率和综合效率，结合用来判断生产单元的规模报酬状况。三个模型的差异，在于对生产技术的规模报酬假设不同。在单项投入和单项产出情况下，三种不同规模报酬假设下的生产前沿如图 9－7 所示。

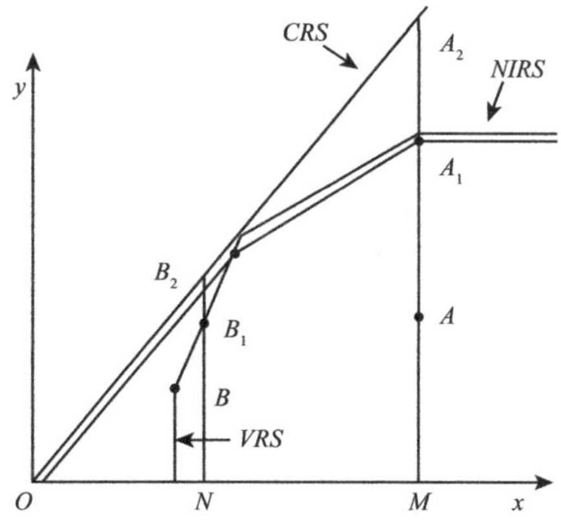

图 9－7　产出角度的 DEA 模型

根据产出角度的技术效率的定义可知，生产单元 A 的各种径向效率——综合效率、纯技术效率和规模效率分别为 α_C、α_v、α_s 的倒数。即：

$$\alpha_v = \frac{MA_1}{MA}, \alpha_s = \frac{MA_2}{MA_1}$$

$$\alpha_c = \frac{MA_2}{MA} = \frac{MA_1}{MA} \times \frac{MA_2}{MA_1}$$

所以，$\alpha_c = \alpha_v \times \alpha_s$ 从综合效率 α_c^{-1}、纯技术效率 α_v^{-1} 可推算规模效率 α_s^{-1}，即：

规模效率（α_s^{-1}） = 综合效率（α_c^{-1}）÷ 纯技术效率（α_v^{-1}）

对已知的样本（X_i, Y_i），($i = 1, 2, \cdots, n$) 通过分别运行产出角度的 CRS、VRS 和 NIRS 的 DEA 模型，可测得每个生产单元的径向纯技术效率、规模效率和径向综合效率，并判断出生产单元所处的规模报酬阶段。

二、随机非参数数据包络分析法

用经典的生产函数 f：$y = f(x)$ 表示生产技术，该函数概括了生产可能集。而生产函数事先并不知道，与 DEA 法相同，假定 f 属于单调递增的凹函数，用 F^2 来表示，这些假设和生产函数的公理相一致。不同于 SFA 法，事先没有假定具体的函数形式。相反地，我们内生地选择函数 f，这样，确定部分的生产函数采用与 DEA 法相同的非参数处理技术。

与 DEA 法不同，我们引入随机成分，而这一随机成分遵循 SFA 的通常设定。决策单位 i 产出的观察值 y_i 不同于 $f(x_i)$，合成残差 $\varepsilon_i = v_i - u_i$，其中 u_i 为无效率项，v_i 为误差项。正式地：

$$y_i = f(x_i) + \varepsilon_i = f(x_i) - u_i + v_i (i = 1, \cdots, n) \tag{9-1}$$

SFA 假设 $u_{i_{i.i.d}} \sim |N(0, \sigma_u^2)|$ 和 $v_{i_{i.i.d}} \sim N(0, \sigma_v^2)$（如 *Aigner* 等，1977）。无效率项常常也可以采用其他分布如（*Gmma*）伽马或者（*Exponential*）指数分布，但本文中我们只讨论标准半正态分布。

与 SFA 文献的修正普通最小二乘法（*MOLS*）相似，我们采用矩方法来估计 StoNED 模型（1）。估计方法包括三步：①对残差 $\hat{\varepsilon} = (\hat{\varepsilon}_1, \cdots, \hat{\varepsilon}_n)$ 的最小二乘估计；②基于残差分布的二阶 m_2 和三阶矩 m_3，对于方差 σ_u^2 和 σ_v^2 的估计；③基于条件分布的无效率项 $\hat{u}_i$ 的估计。此外，在得出无效率项后，可以继续通过计算，最终求出 StoNED 的效率值 E。基于此，本文对模型的估计采用三个步骤。

1. $\hat{\varepsilon} = (\hat{\varepsilon}_1, \cdots, \hat{\varepsilon}_n)$ 的估计

为便于计算，在 StoNED 模型中，我们采用非参数回归技术［称为凹面非

参数最小二乘法（*CLNS*）］代替普通最小二乘法 OLS。与 OLS 相比较，CNLS 不同点在于考虑了单调和凹回归函数的更一般的非参数形式。正式的 CNLS 模型可以改写为一个二次规划问题。即：

$$\begin{cases} \min\limits_{\alpha,\beta_i\hat{\varepsilon}} \sum\limits_{i=1}^{n} \hat{\varepsilon}_i^2 \\ \text{s. t.} \\ y_i = \alpha_i + \beta_i x_i + \hat{\varepsilon}_i \quad \forall i = 1,\cdots,n \\ y_h,,\alpha_i + \beta_i x_h + \hat{\varepsilon}_h \quad \forall i = 1,\cdots,n \\ \beta_i \cdots 0 \ \forall i = 1,\cdots,n \end{cases} \tag{9-2}$$

对于一个事先未设定的函数形式，模型（2）的 CNLS 估计 n 个切超平面。斜率系数 β_i 代表投入 i 的边际产出。第二个约束条件通过应用一系列不等式（被称为“*Afriat inequalities*”）对函数施加了凹性限制。第三个约束条件对函数施加了单调递增性限制。

生产函数 f 的 CNLS 估计为分段线性方程，这点与 DEA 前沿面非常相像。然而，模型（2）的最小二乘与线性规划 DEA 在许多方面都不同。首先，DEA 模型对每个决策单位分别进行线性规划求解，而模型（2）同时考虑所有决策单位的残差 $\hat{\varepsilon}$，进而求解。其次，DEA 模型借助相对尺度的乘法效率，而模型（2）采用绝对尺度的偏离前沿面的加法效率，这点与 SFA 文献相一致。再次，EDA 模型仅提供生产前沿面的隐性代表，而模型（2）清晰地描述了生产函数的边际特征。最后，最重要的不同之处在于 DEA 模型对 u_i 限制在单侧，而 CNLS 模型（2）对 u_i 不加限制。

这里 CNLS 可以通过 GMAS（*General Algebraic Modeling System*）软件进行估计。

2. $\hat{u}_i$ 的估计

采用 CNLS 回归使我们得到合成误差项 $\hat{\varepsilon}$ 的估计，该误差 $\hat{\varepsilon}$ 包含误差项 v_i 和无效率项 u_i。为把这两者分离出来，我们采用矩方法计算残差分布的二阶、三阶中心矩为：

$$m_2 = \sum_{i=1}^{n} [\hat{\varepsilon}_i - E(\hat{\varepsilon})^2]/n \tag{9-3}$$

$$m_3 = \sum_{i=1}^{n} [\hat{\varepsilon}_i - E(\hat{\varepsilon})^3]/n \tag{9-4}$$

这些矩是真实矩 μ_2 和 μ_3 的一致估计量，它们依赖于无效率项和误差项。即：

$$\mu_2 = \left[\frac{\pi - 2}{\pi}\right]\sigma_u^2 + \sigma_v^2 \tag{9-5}$$

$$\mu_3 = \left(\sqrt{\frac{2}{\pi}}\right]\left[1 - \frac{4}{\pi}\right]\sigma_u^3 \tag{9-6}$$

因此，方差 σ_u^2 和 σ_v^2 能够从 m_2 和 m_3 简单地估计出来。这个估计以合成误差 ε 的分布的偏斜为基础，它是由于无效率项导致的。因此，三阶矩 m_3 理论上应该是负。

关于方差估计，我们可以对无效率项使用条件估计量。Jondow 等（1982）指出，考虑 $\hat{\varepsilon}$ 的无效率项 u_i 的条件分布是截尾正态分布，且均值 $\mu_* = -\hat{\varepsilon}_i\sigma_u^2/(\sigma_u^2 + \sigma_v^2)$，方差 $\sigma_*^2 = \sigma_u^2\sigma_v^2/(\sigma_u^2 + \sigma_v^2)$。作为 u_i 的一个点估计量，我们可以使用条件期望值 $E(u_i \mid \hat{\varepsilon}_i)$，作为无效率项的值。即：

$$E(u_i \mid \hat{\varepsilon}_i) = \mu_* + \sigma_*\left[\frac{\varphi(-\mu_*/\sigma_*)}{1 - \psi(-\mu_*/\sigma_*)}\right] \tag{9-7}$$

其中，φ 是标准正态密度函数，ψ 是标准正态累积分布函数。式（9－7）的条件均值有一种直观解释：条件分布的众数 μ_* 和标准差 σ_* 与正态危险函数 $[\varphi(-\mu_*/\sigma_*)/(1 - \psi(-\mu_*/\sigma_*))]$ 的乘积之和。作为可供选择的点估计，可能在条件分布的众数 μ_* 与 0 两者中选择较小者。同样，我们能够得到基于条件分布的无效率项的区间估计（Horrace 和 Schmidt，1996）。100（1－a)% 置信区间为：

$$[-\mu_* - z_L\sigma_*, -\mu^* - z_U\sigma_*] \tag{9-8}$$

其中，$z_L = \varphi^{-1}[1 - (\alpha/2)\alpha(\mu_*/\sigma_*)]$，$z_U = \varphi^{-1}[(1 - (1 - \alpha/2))\varphi(\mu_*/\sigma_*)]$。

3. 效率值 E 的估计

在式（9－1）中，由无效率项 u_i 和误差项 v_i 组成的合成残差 ε_i，使决策单位的产出 y_i 观测值会与 $f(x_i)$ 值出现差异，同时给方程两边除以 $f(x_i)$，由于两者之间的差异是无效率项引起的，而不是误差项，因此决策单位的效率计算公式为：

$$E = y_i/f(x_i) = 1 - \frac{E(u_i)}{y_i + E(u_i) - E(v_i)} + \frac{E(v_i)}{y_i + E(u_i) - E(v_i)}(i = 1, \cdots, n) \tag{9-9}$$

其中，$E(v_i) = 0$，因此，式（9-9）变为：

$$E = y_i/f(x_i) = 1 - \frac{E(u_i)}{y_i + E(u_i)}(i = i, \cdots, n) \tag{9-10}$$

这样，采用凹面非参数最小二乘 CNLS 技术以及一些矩估计，我们得到决策单位的效率值。这只是一种简单可行的方法之一，比如在求方差时，还可采用极大似然估计法，而且，这里我们只讨论简单的截面模型，同样的思路可以扩展到面板模型（Kuosmanen，2006）。

三、参数方法与非参数方法的比较

参数方法和非参数方法在生产经济学领域的实证分析中都得到了广泛的应用。参数方法与非参数方法的主要区别体现在三方面：一是参数方法需要设定一个确定的生产函数形式，利用统计回归估计限制性较强的参数函数形式构建生产前沿面，非参数方法不需要设定确定的生产函数形式，而是用数学规划方法包络出一个确定的最佳生产前沿面；二是参数方法有确定型和随机型前沿面之分，非参数方法没有随机型前沿面之说；三是两种方法对实际观测样本相对于生产前沿面偏差的解释不同，即生产相对无效性的原因，在模型设定中主要是指对随机误差项的处理，非参数方法没有考虑随机误差项，而参数方法不仅考虑了外部不可控因素、数据噪声、测量误差等偶然因素造成的随机误差，而且还将其与生产无效可控制影响因素导致的管理误差项进行区分，并给予不同的分布假定。

▶ 本章案例

本案例以河北省各地级市为研究对象，在 DEA—BCC 模型的基础上进一步采用超效率 DEA 模型测评有效 DMU 的效率，分析农业生产效率的内部差异。此外，运用投影分析对各市农业生产要素的冗余情况进行分析。

从表 9-1 可知，2007—2016 年河北省农林水事务支出、耕地面积、单位面积耕地化肥施用量等指标总体呈现递增趋势，体现出河北省政府对农业生产高度重视，其中耕地面积、单位耕地面积化肥施用量两个指标呈倒“U”形缓慢增长态势。有效灌溉面积、农业从业人员以及农业机械总动力等三个指标在2007—2016年呈现总体负增长态势。其中，农业从业人员2007—2016年减少110万人，降幅达7.44%，表明河北省近年来农业劳动力流失较为严重；农业机械总动力在2007—2015年持续增长，但在2016年却出现断崖式下跌，甚至跌破2007年的水平。在农业劳动力不断流失的情况下，加强农业机械化投入势在必行，因此，2016年农业机械总动力的大幅下跌需引起足够重视。

表9-1　2007—2016年河北省农业投入变动情况

年份	农林水事务支出（亿元）	农业机械总动力（万千瓦）	耕地面积（千公顷）	单位耕地面积化肥施用量（吨/公顷）	有效灌溉面积（千公顷）	农业从业人员（万人）
2007	111.97	9 134	6 314	0.493	4 579	1 479
2008	151.90	9 525	6 331	0.493	4 560	1 478
2009	264.78	9 861	6 561	0.482	4 509	1 472
2010	321.66	10 151	6 551	0.492	4 520	1 458
2011	366.10	10 349	6 563	0.497	4 569	1 433
2012	443.62	10 553	6 558	0.502	4 630	1 419
2013	511.11	10 786	6 551	0.505	4 349	1 397
2014	583.52	10 942	6 537	0.545	4 404	1 389
2015	712.49	11 102	6 525	0.513	4 447	1 371
2016	800.79	7 402	6 520	0.515	4 457	1 369
增速（%）	615.18	-18.96	3.26	4.46	-2.66	-7.44

从表9-2可见，河北省2007—2016年的农业产出，无论产值、产量还是劳动生产率都有较大增幅。从产值来看，农业总产值和单位耕地面积产值在2007—2016年都实现“翻番”，增速较快且基本保持一致；粮食总产量和单位耕地面积粮食产量2007—2016年分别增长了21.79%和18.71%，增速相对较慢。从河北省农业产量与产值的对比来看，无论从总量还是单位量，产值的增速都远远超过产量的增速，表明农业产量虽然对产值有一定的推动作用，但是

农产品价格对农业产值的推动作用更为显著。从农村劳动生产率（单位劳动者在一年时间内农业产值）来看，2007—2016 年的增速达到了 128%，从投入角度看，2007—2016 年农业劳动力的不断减少，导致农业劳动生产率的增速超过农业总产值的增速。

表 9－2　　　　2007—2016 年河北省农业投入变动情况

年份	农业总产值（亿元）	粮食总产量（万吨）	农村劳动生产率（元/人）	单位耕地面积产值（元/公顷）	单位耕地面积粮食产量（公斤/公顷）
2007	1 639	2 841	11 082	25 958	4 606.8
2008	1 760	2 905	11 908	27 800	4 718.8
2009	1 958	2 910	13 302	29 843	4 681.4
2010	2 470	2 975	16 941	37 704	4 737.0
2011	2 775	3 172	19 365	42 282	5 047.0
2012	3 095	3 246	21 811	47 194	5 151.4
2013	3 473	3 365	24 860	53 015	5 327.8
2014	3 453	3 360	24 860	52 822	5 306.6
2015	3 441	3 363	25 098	52 736	5 262.1
2016	3 459	3 460	25 267	53 052	5 468.6
增速（%）	111.04	21.79	128.00	104.38	18.71

使用 DEA—SOLVERPro5 软件对河北省 2016 年各市农业生产效率进行测量，结果见表 9－3。

总体而言，河北省各市农业生产的综合技术效率均值达到 0.843，接近于 1，表明河北省农业生产效率总体较高，其中纯技术效率均值（0.889）略微低于规模效率均值（0.946），可见河北省农业生产规模较为适中，从变异系数来看农业生产技术水平则偏低，SE < PTE < TE，说明各地区在规模效率上差异较小，而在综合技术效率上差异较大。承德、张家口、秦皇岛、唐山、衡水等五市的农业生产达到 DMU 完全有效，在农业生产规模与技术水平上都能够对投入要素进行充分利用；就无效 DMU 而言，石家庄、邢台与邯郸三市的规模效率均接近或等于 1，而纯技术效率则明显偏低，表明技术水平偏低是导致这三个地区农业生产效率偏低的主要因素，改进农业生产技术以及管理是三地未来

发力方向；廊坊和保定两市的纯技术效率接近于1，但规模效率偏低，从规模报酬（RTS）来看，廊坊处于规模报酬递增阶段，而保定则处于规模报酬递减阶段，因此，廊坊可以适当扩大农业生产规模来提高效率，而保定则需要适当缩减农业生产规模；沧州市的纯技术效率与规模效率均处于较低的水平，需从提高技术水平与适当扩大农业生产规模两方面加以改进。从农业生产效率的空间分布来看，DMU有效的地区多集中在河北省北部，而南部地区（除衡水外）的生产效率总体偏低。

表9-3　河北省各市农业生产效率测算结果

DMU	TE	PTE	SE	RTS	超效率	排名
石家庄	0.832	0.832	1	递增	0.832	7
承德	1	1	1	不变	1.636	1
张家口	1	1	1	不变	1.066	5
秦皇岛	1	1	1	不变	1.147	3
唐山	1	1	1	不变	1.111	4
廊坊	0.886	0.988	0.897	递增	0.886	6
保定	0.71	0.953	0.745	递增	0.71	8
沧州	0.621	0.755	0.823	递增	0.621	10
衡水	1	1	1	不变	1.295	2
邢台	0.547	0.576	0.95	递增	0.547	11
邯郸	0.673	0.677	0.994	递增	0.673	9
平均值	0.843	0.889	0.946			
标准差	0.176	0.155	0.088			
变异系数	0.209	0.174	0.093			

农业生产要素投入优化分析通过对无效DMU进行投影分析，可进一步探究无效DMU在要素投入过程中存在的问题，从而了解各DMU要素投入冗余情况。首先是径向调整，即对无效DMU的各投入要素进行同时调整的比例；其次是松弛调整，即由于投入要素结构不合理而对部分投入要素进行调整的比例，使其能够达到生产的前沿面上。投影分析结果见表9-4。

表 9-4　　　　2007—2016 年河北省农业投入变动情况

DMU	径向调整比例	各投入要素松弛调整比例				
		土地	机械	化肥	灌溉	劳动力
石家庄	16.78	7.37	28.47	11.29	0	0
廊坊	11.36	0	7.82	0	7.89	0
保定	29.00	0.96	0	20.54	29.52	0
沧州	37.86	12.39	12.74	0	0	0
邢台	45.30	5.06	0	0	8.10	0
邯郸	32.72	3.36	4.79	4.46	0	0
均值	28.83	4.86	8.97	6.08	7.58	0

从松弛调整结果来看，各地区要素调整存在一定差异。石家庄重点调整的是机械（28.47%）；廊坊重点调整的是机械（7.82%）与灌溉（7.89%）；保定重点调整的是灌溉（29.52%）与化肥（20.54%）；沧州重点调整的是土地（12.39%）与机械（12.74%）；邢台重点调整的是土地（5.06%）与灌溉（8.10%）；而邯郸各要素调整的比例都在 5% 以下，调整比例不大。将径向调整比例与松弛调整比例相加以考察各地区要素投入的冗余情况。土地冗余较高的地区依次为邢台（50.36%）、沧州（50.25%）、邯郸（36.08%）；机械冗余较高的地区依次为沧州（50.6%）、邢台（45.3%）、石家庄（45.25%）、邯郸（37.51%）；化肥冗余较高的地区依次为保定（49.54%）、邢台（45.3%）、沧州（37.86%）、邯郸（37.18%）；灌溉冗余较高的地区依次为保定（58.52%）、沧州（37.86%）、邢台（53.4%）、邯郸（32.72%）；劳动力冗余较高的地区依次为邢台（45.3%）、沧州（37.86%）、邯郸（32.72%）。虽然各地区在要素冗余程度上有所差别，但邢台和沧州两地各类要素冗余情况均位居前三，要素冗余较为严重。

通过采用 DEA 模型以及相关分析和回归模型对河北省农业生产效率和影响因素进行分析，得出如下结论：河北省农业生产效率总体偏低，11 个地级市中仅有 5 个达到 DEA 有效，农业生产效率仍有较大提升空间，规模效率提升空间不大，改进重点应该放在纯技术效率上。就空间分布来看，河北省北部地区的农业生产效率要明显高于南部地区。投影分析结果表明，各地区在农业投入要素冗余上存在较大差异。虽然无效地区的径向调整比例偏大，但从松弛调整的比例来看，无效地区的劳动力要素都不存在冗余，表明其他要素的冗余在很大程度上是由劳动力不足导致的，农业劳动力的短缺使各要素达不到最优的组合，这与近些年农村劳动力的流失密切相关。

[本案例改编自：刘继为，李雪飞，高鹏怀等．基于 DEA 模型的河北省农业生产效率及影响因素研究［J］．东北农业科学，2020，45（3）：86－91＋107．]

思考：提升河北省农业生产效率的措施有哪些？

— 本章思考题 —

1. 简述技术效率、配置效率和经济效率的含义及三者之间的关系。
2. 生产前沿面的含义及其与技术是否有效率的关系？
3. 概述基于投入角度与基于产出角度的技术效率、配置效率、经济效率的测量。
4. 与传统的计量经济方法相比，DEA 方法有哪些优点？

参考文献

［1］苌凤水，翟晓婷，孙梅，励晓红，陈万春，罗力．效率评估方法学综述［J］．中国卫生经济，2014，33（2）：69－71．

［2］籍艳丽，赵丽琴．一种效率测度的新方法：随机非参数数据包络分析法［J］．统计与决策，2011（5）：33－34．

［3］金钰．技术效率测量参数方法方法研究评述［J］．中国科技信息，2010（21）：37－40．

［4］王剑，雷晓峰，皮向红，钱炬炬．技术效率测度方法研究综述［J］．沿海企业与科技，2009（9）：28－31．

［5］杨顺元．经济增长中效率测度的参数与非参数方法比较研究［D］．天津大学，2009．

［6］万磊霞．效率测度的参数方法［J］．商场现代化，2008（22）：86－87．

第十章 农业项目财务分析

学习目标

1. 能够准确说出农业项目财务分析的作用、基本内容和步骤等。

2. 能够运用农业项目财务效益和财务费用的构成及估算方法解决实际问题，并编制相关财务估算报表。

3. 能够编制农业项目财务评价基本报表的编制，计算相关财务评价指标。

4. 认识农业项目财务分析的重要性，培养农业项目决策分析与评价时的效率意识，强化助农兴农的“三农”情怀。

▶ 本章提示

财务分析是农业投资项目评价中判断项目财务可行性的一项重要工作，是项目投融资决策的重要依据。农业投资项目财务分析的目的主要是从项目投资者或企业的角度考察项目的盈利能力，为项目投资者或企业决策提供信息支持，同时兼顾项目相关利益主体的利益要求。本章主要讲解农业项目财务分析的基本原则、分析内容和步骤等基本理论，农业项目直接发生的财务效益和费用的估算，财务分析报表的编制和相应评价指标的计算，通过学习，学生能够从农业项目的盈利能力、偿债能力和财务生存能力等方面考察和判断项目的财务可行性，明确项目对财务主体的价值以及对投资者的贡献，为投资决策、融资决策以及银行信贷提供依据。

第一节　农业项目财务分析概述

一、农业项目财务分析的概念

（一）概念

项目财务分析也称财务评价，是在国家现行财税制度和价格体系的前提下，从项目的角度出发，计算项目范围内的财务效益和财务费用，编制财务报表，计算财务分析评价指标，考察项目的盈利能力、清偿能力和财务生存能力等，评价项目在财务上的可行性。

（二）财务评价的层次

1. 影响农业投资项目经济效果的因素

由项目方案设计本身的特性所决定的因素。一经确定农业项目本身的技术方案、规模和市场条件等，也就能相应确定项目的投资、产量、成本、价格等，这些因素是影响项目经济效果的主要因素。

由融资条件或融资方案决定的因素。农业投资项目的资金来源、构成比例，以及借贷资金偿还方式，也是项目现金流量的影响因素，影响农业投资项目的经济效果。

2. 财务评价的两个层次

鉴于存在影响项目评价经济效果的两方面因素，在进行项目的财务分析时，需分两步来考察项目的经济效果：

（1）进行“融资前”财务效果分析。融资前分析不考虑农业项目的融资条件的影响，即排除资金来源与构成，以及借款还本付息的方式等的影响，从农业项目投资（包括建设投资和流动资金投资）总获利能力的角度，考察项目方案设计的合理性，并进行方案比选。

融资前分析只考察项目盈利能力指标，故其指标计算的作用是初步投资决策和方案比选，是进一步融资条件下财务分析的依据和基础。只有融资前分析指标合格了，才进行下一步融资后分析。

（2）“融资后”财务效果分析。这是在融资前分析结果可以接受的前提下，进一步考察融资条件对项目的影响，分析项目在融资条件下的盈利能力（包括投资方的盈利能力）、偿债能力、利润与利润状况，以及财务生存能力等，进而判断项目方案在融资条件下的合理性。融资后分析是比选融资方案、进行融资决策和投资者最终决定出资的依据。

二、农业项目财务分析的作用

（一）考察项目的财务可行性

1. 考察项目方案本身的盈利能力

通过融贷前分析，编制项目投资现金流量表，得出盈利能力指标 FNPV、IRR、Pt、ROI 或 ROE，判断项目方案本身的财务可行性，为方案的比选和初步投资决策提供依据。

2. 考察项目在融资条件下的盈利能力

通过融资后分析，编制项目资本金流量表，得出项目在融资条件下的 FNPV、FIRR，判断融资方案的盈利能力，为融资方案比选和决策提供依据。

3. 考察项目的财务生存能力

通过编制财务计划现金流量表，计算项目的累计盈余资金，分析项目是否有足够净现金流量维持每年的正常运营，以实现财务上资金的可持续性。

4. 考察项目的偿债能力

通过编制相应财务报表，计算项目的利息备付率、偿债备付率和资产负债率等，分析项目的偿债能力。

5. 考察项目的利润状况，以及利润分配情况

6. 考察项目各投资方的盈利能力，是否满足投资者预期的资产增值要求

（二）衡量项目对农户经济状况的影响

一般情况下，农业项目均有农户的参与。农户往往是项目的参与者和受

益者。一个农业项目是否能真正取得成功，必须要分析项目对参与农户经济状况的影响程度，以预测项目是否能够调动农户参与的积极性。这就要求分析项目在多大程度上提高农户的收入水平，农户是否能够有足够的贷款偿还能力等。

（三）对非经营性农业项目的财政补贴和其他扶持措施提供决策依据

具有非经营性的公益性农业项目，往往具有较大的社会效益或国民经济效益，却可能难以取得较高的财务回报，如农业基础设施项目、农业技术推广项目等。政府通常为了扶持这一类项目的发展，而对项目给予必要的财政补贴或采取其他支持措施，例如，对项目减免税或提供政策性补贴等，以确保项目能够维持运营，实现项目的公益目标。因此，也需要进行财务分析，以保证项目在财务上具有生命力。

（四）为协调企业利益和国家利益提供依据

当国民经济评价可行，而财务评价不可行而发生矛盾时，宏观效果好，对国家、社会有利的项目，而微观效果不理想的情况下，考虑企业是独立的经营单位，是投资后果的直接承担者，需要重新进行财务评价。

可考虑通过对财务评价的分析，提出“再设计”（对包括技术方案在内的方案各方面进行合理适当修改）的建议。在必要时，可通过考察有关经济参数的变动对财务评价结果的影响，寻找经济调节的方式和幅度，向国家提出采取经济优惠措施的建议（如在价格、税收、利率上给企业以适当优惠），使项目具有财务上的生存能力，并具有一定的发展前景，从而达到企业利益与国家利益趋于一致的目的。

三、农业项目财务评价的内容和步骤

（一）财务评价的主要内容

1. 财务预测和资金规划

可行性研究前期工作在对投资项目的市场、环境、技术方案等各方面充分调查研究的基础上，对项目或方案的基础数据进行财务预测和融资方案及资金的规划。

2. 计算和分析财务效果

借助编制一系列辅助报表和基本报表，包括财务现金流量表，使用规范的评价参数、计算有关经济效果评价的指标、评价项目的可行性，以及在多个方案中优选，同时对项目的利润、生存能力、偿债能力、权益资金盈利能力、投资者盈利能力等进行分析。

3. 不确定性分析

分析各种不确定因素的变动对投资效果的影响，以及项目的抗风险能力，做出项目在不确定情况下的决策结论或建议。

4. 做出财务评价结论

综合确定性和不确定性分析的结果，做出项目财务评价的结论。

（二）农业项目财务分析的主要步骤

1. 收集财务分析基础数据

财务分析基础数据是进行投资项目财务评价时所必需的基本依据，故在对投资项目进行财务评价之前，必须先预测与其有关的基础数据。所谓预测项目财务数据，就是收集、估计、测算和选定一系列与项目有关的投资、成本、收益方面的基础数据。

2. 编制财务分析辅助报表，进行财务估算

在收集基础数据的基础上，应根据项目财务评价原理和相关的会计准则，编制财务分析辅助报表，完成财务估算，为项目财务分析奠定基础。

3. 编制财务分析报表

根据所收集和估测的投资项目财务数据，在财务分析辅助报表的基础上，编制基本财务报表。

4. 进行财务评价

通过财务分析报表计算各项评价指标及财务比率，进行各项财务分析。例如，计算财务净现值、财务内部收益率、投资回收期等指标，进行项目的财务盈利能力分析、清偿能力分析、财务生存能力分析等。

5. 进行不确定性分析

在以上分析的基础上，考虑各种不确定因素，进行投资项目不确定性分析。例如，进行盈亏平衡分析、敏感性分析、概率分析等，以评价投资项目的抗风险能力。

四、农业项目财务分析的基础数据选取

（一）财务价格的选取

财务分析应采用以市场价格体系为基础的预测价格。农业建设项目的投入物和产出物的市场价格波动较大，在进行财务分析时，应遵循谨慎性原则，选用正常年份产品大量上市时的价格作为财务价格，避免高估项目效益；对于季节性波动的价格，应选择项目产品的平均市场价格作为财务价格的确定依据。

在建设期内，一般应考虑投入物的相对价格变动及价格总水平变动。在运营期内，若能合理判断未来市场价格变动趋势，投入物和产出物可采用相对变动价格；若难以确定投入物与产出物的价格变动，一般可采用项目运营期初的价格；有要求时，也可考虑价格总水平的变动。由于在计算期较长的时间里，价格的变化不易测准。因此，在建设期相对较短的情况下，投入物价格可以采用建设期初始年（基年）预测价格总体上涨系数，因而可以预留“涨价预备费”的形式，考虑物价总体上涨因素；对于运营期（也包括比较长的建设期）的投入物和产出物的预测运营期初（生产期初），以后各年采用不变价格。

对于大多数价格比较稳定的货物，一般可以参考国际同类产品的进口价格，预测建设期初或运营期初，以后采用不变价格。产出物计算为出厂价，投入物计算为到厂价。

（二）税费

在农业项目财务分析中，对各种税费的正确计算是项目效益与费用正确估算的基础。财务评估涉及的税费主要有增值税、资源税、消费税、所得税、城市建设维护税和教育费附加等。进行评估时应说明税种、税基、税率、计税额

等。农业建设项目的具体税种及税率选择应根据税法、有关政策和项目实际情况确定，以合理估算项目税费。如果项目享有税费减免优惠，需说明政策依据，以及税费减免方式和减免金额。

以企业为建设主体的农业建设项目，普遍实行包括所得税在内的各种减免税优惠，应说明政策依据及减免方式，并按照相关规定估算，同时应注意按有关税法对所得税前扣除项目的要求，正确计算应纳税所得额。在当前国家实行多项支农惠农措施的政策框架下，多农户参与的农业建设项目中一般无须再缴纳税费，其税费估算可忽略不计。

（三）利率

在农业项目财务分析中，借款利率是计算借款利息的依据之一，是重要的基础数据。如果项目采用固定利率，财务分析时则直接按照约定利率计算利息；如果采用浮动利率，财务分析时应对借款期内的平均利率进行预测，采用预测的平均利率计息。

（四）外汇汇率

农业项目财务分析使用国家适时公布的外汇牌价。

（五）农业建设项目财务基准收益率的选用

农业建设项目财务基准收益率的选用应结合国家和行业发展战略、发展规划、产业政策、资源供给、市场需求、行业特点和项目的实际情况等因素确定。

政府投资项目的财务分析应采用国家有关主管部门发布的农业行业财务基准收益率。企业投资等其他各类农业建设项目的财务分析中所采用的财务基准收益率，由投资者依据资金机会成本（或资金成本）并充分考虑项目可能面临的风险确定，或参考使用有关主管部门发布的农业行业财务基准收益率。

（六）项目计算期

农业项目的计算期包括建设期和运营期。建设期应参照项目建设的合理工期或项目的建设进度计划合理确定；运营期应根据项目特点，参照项目的合理经济寿命确定。种植业和养殖业项目建设期和运营期的计算应充分考虑动植物的经济生产周期。

建设期是指项目资金从正式投入到项目建成投产为止所需要的时间，可按合理工期或预计的建设进度确定；运营期分为投产期和达产期两个阶段。投产期是指项目投入生产，但生产能力尚未完全达到设计能力时的过渡阶段。达产期是指生产运营达到设计预期水平后的时间。运营期一般应以项目主要设备的经济寿命期确定。

项目计算期应根据多种因素综合确定，包括行业特点、主要装置（或设备）的经济寿命等。行业有规定时，应从其规定。

项目计算期的长短主要取决于项目本身的特性，因此无法对项目计算期作出统一规定。计算期不宜定得太长，一方面是因为按照现金流量折现的方法，把后期的净收益折为现值的数值相对较小，很难对财务分析结论产生有决定性的影响；另一方面由于时间越长，预测的数据会越不准确。

特别需要注意的是，种植业和养殖业项目建设期和运营期的计算应充分考虑动植物的经济生产周期。例如，如果某果树品种的经济挂果期只有 10 年，那么，该果树品种项目运营期一般应设定在 10 年以内；如果运营期的设定超过 10 年，那么，在第 10 年应包含对新植果树所发生的更新投资，以免高估项目效益。时间单位计算期较长的项目多以年为时间单位。对于计算期较短的行业项目，在较短的时间间隔内（如月、季、半年或其他非日历时间间隔）现金流水平有较大变化，可根据项目的具体情况选择合适的计算现金流量的时间单位。

第二节　农业项目财务估算

一、农业项目财务估算概述

（一）财务估算的概念

财务估算是依据项目的技术方案和产品方案，依据现行的经济法规和价格政策，采用与企业财务口径相一致的计算方法，对一系列有关的财务数据进行测算和审查，并编制财务估算报表。

根据农业项目的特点和财务评价需要，农业项目财务估算分为财务费用估算、财务效益估算、资金筹措与借款利息估算等。财务费用是指项目实施全过程中的一次性投入、经常性投入和其他支出，包括投资费用、成本费用和税费等。财务效益主要有营业收入、补贴收入、其他收入和项目利润等。财务数据预测和估算的准确性，将直接影响项目财务评价的质量及决策。

（二）财务估算的作用

财务估算是项目进行经济评价的前提和基础。项目评估人员通过调查研究、分析判断，测算得到的项目相关财务估算数据，在这些数据的基础上测算得出项目经济评价的基础数据。财务估算为项目财务效益分析提供必需的估算数据，财务数据估算结果的准确可靠程度，直接影响着财务评价和经济评价结论的可靠性，对最后的决策意见产生决定性影响。

二、农业项目财务估算内容

（一）投资估算

建设项目总投资是指投资项目从建设前期准备工作开始，到项目全部建成投产为止所发生的全部投资费用。农业建设项目总投资包括建设投资、建设期利息和流动资金三部分。按照费用归集形式，建设投资可按概算法或形成资产法分类。

1. 建设投资估算

（1）建设投资按形成资产法分类。在建设项目经济评价中应按照形成资产法的规定，将建设投资中的各分项分成固定资产原值、无形资产原值和其他资产原值，建设期利息一般计入固定资产原值。按形成资产法分类，建设投资由形成固定资产的费用、形成无形资产的费用、形成其他资产的费用和预备费四部分组成。

固定资产费用指项目投产时将直接形成固定资产的建设投资，构成固定资产原值的费用包括：①工程费用，即建筑工程费、设备购置费和安装工程费；②工程建设其他费用；③预备费，可含基本预备费和涨价预备费；④建设期利息。工程建设其他费用被称为固定资产其他费用，主要包括建设单位管理费、勘探设计费、可行性研究费、研究试验费、环境影响评价费、场地准备及临时设施费、引进技术和引进设备其他费、工程保险费、联合试运转费、特殊设备安全监督检验费和市政公用设施建设及绿化费等。形成的固定资产原值可用于计算折旧费，对达到预定生产经营目的的生产性生物资产，应当按期计提折旧。

无形资产费用系指将直接形成无形资产的建设投资，主要是技术转让或技术使用费（包括专利权、非专利技术）、商标权、土地使用权和商誉等。形成的无形资产原值可用于计算摊销费。

其他资产费用系指建设投资中除形成固定资产和无形资产以外的部分，主要包括生产准备、开办费、样品样机购置费和农业开荒费等。形成的其他资产原值可用于计算摊销费。

农业建设项目的建设投资一般采用指标估算法，根据具体的投资估算指标分别估算建（构）筑工程费、安装工程费、田间工程费、农机具及仪器设备购置费、生产性生物资产、公益性生物资产费用等，在此基础上计算工程建设其他费用、预备费等全部工程投资。

(2) 建设投资按概算法进行分类。按照概算法进行分类，建设投资主要由工程费用、生产性生物资产与公益性生物资产费用、工程建设其他费用和预备费组成。

①工程费用。工程费用是由项目所辖各单项工程的费用汇总而成，主要包括建（构）筑工程费、田间工程费、农机具及仪器设备购置费、安装工程费等。

其中，建（构）筑工程费是指农业建设项目中，各类用于农业生产、服务的房屋建筑、温室网室建筑、渔港（含码头、防波堤）、废弃物处理设施（含沼气工程）等主体工程及附属的供水、供热、通风空调、电气等设备、管线工程费，以及为主体工程配套的各类附属场区工程的工程费用。

田间工程费是指农用地上修建的农业生产、服务性工程投资。主要包括土地整治、水源、灌溉、排水、道路（桥涵闸）、晒场、防护林网、田间供电、围栏、鱼池等工程费用。

农机具及仪器设备购置费是指用于购买农机具及仪器设备的费用，也包括用于购买为农业生产服务的各种车辆等方面的费用。

安装工程费是农业建设项目中用于专业安装施工单位安装，并与农业建筑工程、农业田间工程配套的农业生产、加工、科研、试验、实验的成套设备、管线、装置等安装工程的工程费用。

②生产性生物资产与公益性生物资产费用。生产性生物资产是指以生产农产品为目的而持有的生物资产，如经济林、产畜、役畜和种鱼等。公益性生物资产是指以防护、环境保护为主要目的的生物资产，如农田防风林等。生物资产费用应按照成本进行初始计量。

③工程建设其他费用。工程建设其他费用是指工程从项目筹建到项目竣工交付使用期间发生的，按照有关规定可以在建设投资中列支的费用。工程建设其他费可分为三类：第一类是资源使用费用，包括一次性支付的土地征用及迁移补偿费、土地使用权出让金以及品种使用费用；第二类是与工程建设有关的其他费用，包括建设单位管理费、建设项目前期工作咨询费（含建设项目环境影响咨询收费）、勘察费、工程设计费、研究试验费、场地准备及临时设施费、工程监理费、施工图审查费、招标代理服务费、招标管理费、基础设施配套费；第三类是与项目未来生产经营有关的其他费用，包括联合试运转费、生产准备费、办公和生活家具购置费等。

④预备费。预备费包括基本预备费和涨价预备费。基本预备费是指准备用于在建设项目前期工作阶段难以预料，在后续建设阶段又可能发生的工程建设费和工程建设其他费；涨价预备费是指建设项目在建设期内为了防止由于人工、设备、材料、机械价格及费率、利率、汇率等变化引起工程造价超过投资估算总额而预留的费用。

（3）农业建设项目投资估算。

①农业工程建设费的估算。

1）农业建筑工程费估算。农业建筑工程费的估算应区分房屋建筑及附属配套工程的估算和温室网室工程的估算两种类型。

a. 房屋建筑及附属、配套工程的估算。房屋建筑及附属配套工程的估算一般采用指标估算法，结合当地市场人工、材料、机械等变化情况进行投资估算；当没有适当的估算指标时，也可以根据当地概算定额，以主体工程的工程量为依据，辅以适当的调整系数后，进行投资估算。

b. 温室网室工程的估算。温室网室工程主要包括日光温室、连栋（玻璃）温室、题料大棚、网室等，根据温室网室综合单价与建筑面积来估算。

连栋温室、日光温室除采用上述方法与步骤外，也可以用原农业部颁发的国家现行标准《连栋温室建设标准》NJY/T06—2005 和《日光温室建设标准》NJY/T07—2005 中有关技术经济指标进行估算。

2）农业田间工程费估算。农业田间工程投资估算应包括的工程内容主要为土方、砌筑、(钢筋）混凝土、改土、管道、道路、林网、围栏、线路敷设及配套的装饰、设备安装等分部、分项工程或单位工程。

a. 根据农业田间工程的土建工程建设方案中确定的建设标准、工程做法等具体内容，测算分部、分项、单位工程消耗量，套用适当定额或依据当地人工、材料、机械费确定基础单价计算直接工程费，并参照当地有关规定，计取间接费、利润和税金，形成土建工程分部、分项或单位工程单价，同样方法计算出管道、电力线路及配电设施等安装工程分部、分项或单位工程综合单价。

b. 将农业田间工程所包括的土建，安装各分部、分项或单位工程的单价指标进行合并计算，形成农业田间工程综合单价指标，乘以建设规模后，得出农业田间工程的投资估算额。

3）农机具及仪器设备购置费估算。农机具及仪器设备费由设备购置费、工器具购置费、现场自制非标准设备费、生产用家具购置费和相应的运杂费组成。其中，工器具购置费由设备购置费乘以农业行业规定的标准定额费率计算。

4）农业安装工程费估算，需要安装的大型、专用或成套设备应估算农业安装工程费。生产工艺性设备，以台或套为单位计算。包括生产、动力、起重、运输、传动和操作实验等各种需要安装设备的装配费用，附属于被安装设备的管线敷设工程，被安装设备的绝缘、防腐、保温，油漆等工作的材料费和安装费。安装工程费可以按行业有关安装定额、取费标准和指标估算投资，也可按占设备原价的 15%—20% 计算，或按安装设备的重量乘以每吨所需安装费比例进行估算。

②生物资产的估算。

生物资产的估算应区分以下几种情况：

1）外购生物资产的成本，包括购买价款、相关税费、运输费、保险费以及可直接归属于购买该资产的其他支出。

2）自行营造或繁殖的生产性生物资产的成本，应当按照下列规定确定：

a. 自行营造的苗木、经济林等生产性生物资产的成本，包括达到预定生产经营目的前发生的造林费、抚育费、营林设施费、良种试验费、调查设计费和应分摊的间接费用等必要支出。

b. 自行繁殖的产畜、役畜和种鱼的成本，包括达到预定生产经营目的（成龄）前发生的饲料费、人工费和应分摊的间接费用等必要支出。

达到预定生产经营目的，是指生产性生物资产进入正常生产期，可以多年连续稳定产出农产品、提供劳务或出租。

3）自行营造的公益性生物资产的成本，应当按照郁闭前发生的造林费、抚育费、保护费、营林设施费、良种试验费、调查设计费和应分摊的间接费用等必要支出确定。

生物资产在达到预定生产经营目的后发生的饲养、管护费用等后续支出，不应计入生物资产成本，应当计入当期损益。

③农业工程建设其他费用的估算。农业工程建设其他费用的取费标准应根据政府相关部门有关规定，并结合项目的具体情况确定。

④预备费估算。预备费估算包括基本预备费估算和涨价预备费估算两部分。

1）基本预备费估算。基本预备费等于农业建筑工程费、农业田间工程费、农业安装工程费、生物资产、农机具及仪器设备费、工程建设其他费用之和乘以基本预备费率。

2）涨价预备费的估算。涨价预备费以建筑工程费、设备及工器具购置费、安装工程费为计算基数。即：

$$PF = \sum_{t=1}^{n} I_t[(1+f)^t - 1]$$

式中，PF 为涨价预备费，n 为建设期年份数，I_t 为建设期中第 t 年的投资计划额，包括农业建筑工程费、农业田间工程费、农业安装工程费、生物资产、农机具及仪器设备费、工程建设其他费，f 为年均投资价格上涨率。

2. 建设期利息估算

在计算建设期利息时，为简化计算，通常假定借款均在每年的年中支用，借款当年按半年计息，其余各年份按全年计息。

(1) 采用自有资金付息时，按单利计算；

各年应计利息 =(年初借款本金累计 + 本年借款额 ÷2) × 名义年利率

(2) 采用复利方式计息时：

各年应计利息 =(年初借款本息累计 + 本年借款额 ÷2) × 有效年利率

对于多种借款资金来源，每笔借款的年利率各不相同的项目，既可分别计算每笔借款的利息，也可先计算出各笔借款加权平均的年利率，并以加权平均利率计算全部借款的利息。

运营期利息计入总成本费用。

3. 流动资金估算

流动资金的估算可选用分项详细估算法或扩大指标法。农产品加工业项目的流动资金估算一般采用分项详细估算法，种植业和养殖业项目可采用扩大指标估算法。

(1) 分项详细估算法是对流动资产和流动负债主要构成要素即存货、现金、应收账款、预付账款以及应付账款和预收账款等几项内容分项进行估算，计算公式为：

流动资金 = 流动资产 - 流动负债

流动资产 = 应收账款 + 预付账款 + 存货 + 现金

流动负债 = 应付账款 + 预收账款

流动资金本年增加额 = 本年流动资金 - 上年流动资金

流动资金估算的具体步骤是首先确定各分项最低周转天数，计算出周转次数，然后进行分项估算。

①周转次数的计算：

周转次数 =360 天 ÷ 最低周转天数

各类流动资产和流动负债的最低周转天数参照同类企业的平均周转天数，并结合项目特点确定，或按行业规定，在确定最低周转天数时应考虑储存天数、在途天数，并考虑适当的保险系数。

②流动资产估算

a. 存货的估算。为简化计算，在农业项目分析中仅考虑外购原材料、燃料、其他材料、产品和产成品，并分项进行计算。计算公式为：

存货 = 外购原材料、燃料 + 其他材料 + 在产品 + 产成品

外购原材料、燃料 = 年外购原材料、燃料费用 ÷ 分项周转次数

其他材料 = 年其他材料费用 ÷ 其他材料周转次数

在产品 =（年外购原材料、燃料动力费用 + 年工资福利费 + 年修理费 + 年其他制造费用）÷ 在产品周转次数

产成品 =（年经营成本 − 年营业费用）÷ 产成品周转次数

b. 应收账款估算。应收账款是指企业对外销售商品，提供劳务尚未收回的资金，计算公式为：

应收账款 = 年经营成本 ÷ 应收账款周转次数

c. 预付账款估算。预付账款是指企业为购买各类材料、半成品或服务所预先支付日款项，计算公式为：

预付账款 = 外购商品或服务年费用金额 ÷ 预付账款周转次数

d. 现金需要量估算。项目流动资金中的现金是指为维持正常生产运营必须预留的负币资金，计算公式为：

现金 =（年工资及福利费 + 年其他费用）÷ 现金周转次数

年其他费用 = 制造费用 + 管理费用 + 营业费用 −（以上三项费用中所含的工资及福利费、折旧费、摊销费、修理费）

③流动负债估算。流动负债是指将在一年（含一年）或者超过一年的一个营业周期内偿还的债务，包括短期借款、应付票据、应付账款、预收账款、应付工资、应付福利费、应付股利、应交税费、其他暂收应付款项、预提费用和一年内到期的长期借款等。在项目评价中，流动负债的估算可以只考虑应付账款和预收账款两项。计算公式为：

应付账款 = 外购原材料、燃料动力及其他材料年费用 ÷ 应付账款周转次数

预收账款 = 预收的营业收入年金额 ÷ 预收账款周转次数

（2）采用扩大指标估算法估算流动资金。计算公式为：

流动资金额 = 经营成本 × 经营成本资金率

经营成本资金率根据农业生产的性质和生产周期的长短确定，其取值一般是：多年生木本作物（成熟缓慢、一年一熟）100%，一年生作物100%，一年一熟80%—100%，一年两熟40%—60%，一年多熟的作物或家畜业20%—40%。

（二）财务成本费用估算

1. 财务成本费用与效益估算原则

成本费用与效益估算应遵循“有无对比”原则，应正确识别和估算“有项目”和“无项目”状态的成本费用与效益。

农业建设项目财务成本费用与效益估算应以项目的目标作为鉴别标准，减少项目农户和企业等参加单位增量收益的事项都是成本费用，增加这些单位增量收益的事项都是效益。

成本费用与效益的估算应遵循“有无对比”的原则。“有项目”是指实施项目后的将来情况，“无项目”是指不实施项目时的将来状况。需要注意的是，“无项目”不等于未实施项目的现有状态，农业建设项目成本费用与效益可能会随着农业自然生长的过程而发生变化，可根据项目具体情况选用固定法、历史推算法或对照法确定“无项目”状态。

在识别农业建设项目的成本费用与效益时，只有“有无对比”的差额部分（即增量部分）才是项目建设增加的成本费用和效益。采用“有无对比”的方法，是为了识别那些应该算作项目效益的部分，即增量效益，排除那些由于其他原因产生的效益，同时也要找出与增量效益相对应的增量费用，只有这样才能真正体现项目投资的净效益。

2. 财务成本费用的估算

农业建设项目财务成本费用与效益估算应在总体上与现行财务、会计以及税收制度等规定相适应的前提下，保持成本费用和效益的对应一致，即在合理确定的项目范围内，估算农户或企业等财务主体的直接效益以及相应的成本费用。

由于农业建设项目具有多元化生产特征，如果农户或企业在项目所涉及生产活动上的投入和产出受到其他生产活动的影响，应将农户或企业作为一个整体进行分析，以避免对中间投入物和产出物的遗漏或重复计算，从而正确估算出农业建设项目的成本费用与效益，例如，农户饲料种植项目的效益往往体现在农户的牲畜饲养活动上，此时必须把农户的饲料种植和牲畜饲养活动作为一个系统，避免对中间投入物重复计算，才可能准确反映项目投资的真正效益。

（1）农业建设项目总成本费用的估算。农业建设项目总成本费用是指在运营期内为生产农产品或提供相关服务所发生的全部费用，等于经营成本与折旧费、摊销费和财务费用之和，具体包括土地、劳动力、原材料等重复性生产要素成本和资本、技术等一次性生产要素费用。由于项目经营成本具有特定的构成与估算方法，农业建设项目一般采用生产要素法估算总成本费用。

①折旧费估算

折旧费的估算依据为固定资产原值，即项目投产时（达到预定可使用状态）按规定由投资形成固定资产的部分。固定资产在使用过程中会受到磨损，其价值损失通过提取折旧的方式得以补偿。

按照形成资产法，固定资产原值包括形成固定资产的有关建设投资（含各项预备费）及建设期利息。农业建设项目一般采用直线法（主要是年限平均法）提取固定资产折旧，折旧年限、预计净残值率应结合项目固定资产的技术经济特征，在税法允许的范围内由项目参与主体自行确定或按具体行业规定。

农业建设项目中可持续保持自我生长以便重复收获产品的生产性生物资产可长期使用，但不同子行业又有明显差异，因此，对于达到预定生产经营目的的不同种类的生产性生物资产，折旧期限的设定应有不同。例如，成年奶牛的折旧年限可以设定为 10 年，而果、桑、茶树等经济作物为 5—15 年。

固定资产折旧年限平均法的计算公式为：

年折旧率 =（1 − 预计净残值率）÷ 折旧年限 × 100%

年折旧额 = 固定资产原值 × 年折旧率

②摊销费估算

按照形成资产法，无形资产和其他资产原值为形成无形资产和其他资产的建设投资。按有关规定，无形资产和其他资产从开始使用之日起，在项目运营期内摊入总成本费用。摊销期限应注意符合税法的要求。农业建设项目无形资产和其他资产摊销费的估算一般采用平均年限法，不计残值。

③财务费用估算

财务费用是指项目运营期内为筹集所需资金而发生的费用，包括利息支出、汇兑损失以及相关的手续费等，通常只考虑利息支出。财务费用估算依据包括项目运营期内约定还款期限的建设投资借款和通常约定最后年度还款的流动资金借款，应根据还本付息计划分别按照当年建设投资长期借款、流动资金借款与各自的利率估算。

a. 长期借款利息是指建设期间借款余额（含未支付的建设期利息）应在生产期支付的利息，农业建设项目经济评价一般选择等额还本付息支付方式来计算长期借款利息。

设 A_t 为第 t 年的还本付息额，则有：

$$A_t = \frac{I_C}{n} + I_c \times [1 - (t - 1) \div n] \times i$$

式中，I_C 为借款本金（还款起始年年初的借款余额，含未支付的建设期利息），n 为预定的还款年限，i 为年利率；$\frac{I_C}{n}$ 为每年偿还本金。

每年支付利息 = 年初借款余额（含未支付的建设期利息）× 年利率，即第 t 年支付的利息 = $I_c \times [1 - (t - 1) \div n] \times i$。

b. 流动资金借款利息一般按期末偿还、期初再借的方式处理，其计算公式为：

年流动资金借款利息 = 年初流动资金借款余额 × 流动资金借款年利率

c. 如存在短期借款，按照随借随还的原则处理，即当年借款尽可能于下年偿还，其利息计算同流动资金借款利息。

（2）农业建设项目经营成本的估算。经营成本是项目经济评价中所使用的特定概念。作为项目现金流量表中运营期现金流出的主体部分，经营成本与融资方案无关，可为项目融资前分析提供数据。

农业建设项目经营成本具有很强的行业特点，具体包括土地租金和品种使用费、外购生产资料和原材料、外购燃料和动力、修理费、职工薪酬和其他费用。

①运营期分年支付的土地租金和品种使用费。土地租金和品种使用费若采取一次性支付的方式，则按照相关会计规定计提摊销。

②外购生产资料和原材料。其中，种植业项目的生产资料包括种子（苗）、配料、农药、农膜、水等；养殖业项目的生产资料包括饲料、兽药、胚胎或冻精、水等；原材料主要是指经收获及出售后退出生物转化过程的仔畜禽、鱼苗等消耗性生物资产。

③外购燃料和动力。外购燃料和动力包括电、煤、气等，需要根据年耗用量估算，采用入库价格并考虑入库损耗。

④修理费。根据项目特点，修理费按照建筑与设备等各类固定资产原值（扣除所含建设期利息）的一定百分数分别估算，修理费率一般保持不变。

⑤职工薪酬。职工薪酬是指为获得职工提供的服务而给予各种形式的报酬以及其他相关支出，经营性农业建设项目应考虑当地的工资水平，按全部新增人员数量确定，同时注意项目管理人员、技术人员和生产人员的工资差异；非经营性农业建设项目职工薪酬应包括所有财政预算人员及外聘人员的工资和福利。按照新颁布的《劳动合同法》，必须缴纳的各项社会保险费用应计入职工薪酬。

⑥其他费用。经营性农业建设项目的其他费用包括其他制造费用、其他管理费用和其他营业费用，是指分别从制造费用、管理费用和营业费用中扣除折旧费、摊销费、修理费、职工薪酬以后的其余部分（扣除所含建设期利息）的百分数或人员定额估算。其他管理费用按人员定额或领取职工薪酬总额的倍数估算，其他营业费用按营业收入的百分数估算，非经营性农业建设项目的其他费用可按照项目机构办公费用、项目人员差旅费用、项目设施管护费用等分项列示和估算。

种植业和养殖业建设项目的经营成本应充分考虑动植物在不同年度生长发育状况，结合技术参数分年估算。

多农户参与的农业建设项目经营成本的估算，应采用模式农户分析方法。在估算中，应注意土地、劳动力和原材料的估价方法：

①农户自有土地的价值已体现在有无项目对比中，在财务成本的估算中无须计价，租赁土地按实际租金计价。

②农户自有劳动力应参照当地农业劳动力的机会成本计价，应注意不同劳动季节的不同价格，采用能确实反映农户自有劳动力真实价值的合理价格；外雇劳动力按实际雇工的市场价计价。

③农户外购的项目原材料，以外购市场价作为计价基础；农户自产的项目原材料，应以可能的售价作为计价基础，难以出售的，则不予计价。

（三）财务成本效益估算

农业建设项目财务效益是指项目实施后所获得的营业收入，与项目的性质和目标直接相关，分为市场化运作的经营性农业建设项目与为社会提供（准）公共产品或服务的非经营性农业建设项目两种情形。

经营性农业建设项目的财务效益主要包括销售农产品或提供服务所获得的收入和补贴收入，非经营性农业建设项目财务效益主要是有偿服务收入和补贴收入。

销售农产品或提供服务所获得的收入估算基础为项目农产品或服务的价格与数量，与市场预测密切相关。因此，在估算营业收入时应对市场预测的相关结果以及项目产品或服务方案、建设规模进行概括性描述或确认，特别应分析采用的价格基点、体系和预测方法，对采用价格的合理性进行说明。同时，应根据技术成熟度、市场开发程度、产品寿命期、需求量变化等因素，结合项目自身特点制订运营计划，合理确定各期的运营负荷（农产品或服务的数量）。

补贴收入应根据国家相关政策或项目有关规定估算。在估算时，应注意根据财政税务部门的规定，区分为应税和不应税补贴收入两种类型。补贴收入包括以下几部分：（1）财政部门对项目单位所拨付的各类财政补贴，如人员工资和福利费、办公费用、专项财政补助经费和其他补助用于公益服务方面的财政补贴等；（2）先征后返的增值税、按销量或服务量等依据国家规定的补助定额计算并定期给予的定额补贴；（3）根据国家法规或地方性法规开征的各项行政性收费等，通过主管部门或财政部门转拨给农业服务组织使用，用于公益服务方面的支出；（4）项目所能获取的财政扶持的其他形式的补贴。

有偿服务收入是指项目开展公益性服务所获取的有偿服务收入和提供劳务等获得的收入及其他业务收入。估算基础是项目每年可能提供的有偿服务数额和收费标准，有偿服务数额应遵循增量原则进行合理估算，收费标准的估算应符合政府相关政策规定，考虑受益者的承受能力，并应遵循“非盈利性”原则，以弥补项目运营费用，不可高估。

项目农产品的价格应综合考虑季节性和产品质量差异，采用项目参与主体可获得的销售价，而不是项目产品的市场零售价计价。

种植业和养殖业建设项目的财务效益应充分考虑动植物在不同生长年份的产量差异，结合技术方案与技术参数分年度估算。

对有多个参与主体的农业建设项目，应采用分层分析法，针对不同的项目参与主体分别进行财务成本费用和财务效益估算。对不同项目参与主体来说，对某一个主体构成财务效益的科目，可能对另一个主体则构成财务成本费用，应分别计入各自的效益与成本。

（四）农业建设项目税费估算

农业建设项目的税费一般有关税、增值税、营业税金及附加（消费税、城市维护建设税和教育费附加）、所得税等。作为营业税金附加、城市维护建设税和教育费附加的计算依据是包括增值税、消费税等在内的流转税额。农业建设项目的具体税种及税率选择应根据税法、有关政策和项目实际情况确定，以合理估算项目税费。

以企业为建设主体的农业建设项目普遍实行包括所得税在内的各种减免税优惠，应说明政策依据及减免方式并按照相关规定估算，同时应注意按有关税法对所得税前扣除项目的要求，正确计算应纳税所得额。在当前国家实行多项支农惠农措施的政策框架下，多农户参与的农业建设项目中农户一般无须再缴纳税费，其税费估算可忽略不计。

（五）农业项目资金来源和融资方案

1. 资金来源

在投资估算的基础上，资金来源与融资方案应分析项目建设投资和流动资金的来源渠道及筹措方式，并在确定融资主体的基础上，初步设定融资方案。通过对初步融资方案的资金结构、融资成本和融资风险的分析，结合融资后的财务分析，确定融资方案。

经营性农业建设项目的融资主体一般以企业或农户为主、政府为辅；非经营性农业建设项目的融资主体一般以政府为主、企业或农户为辅。

农业建设项目农户筹资来源主要包括农户自筹投入的资金（包含自有

资金和借贷资金）和农户投工投劳的筹资折算。可针对项目工程不同的受益对象，遵循谁受益、谁负担的原则，把直接受益的农户作为筹资和投工投劳的对象。不同地区的农村经济发展水平和农民收入水平不同，农民筹资和投工投劳的能力也大不相同，对项目中农户筹资和投工投劳的比例应区别对待。

农业建设项目企业融资主要包括法人融资方式和新设法人融资方式，前者包括农业建设项目所需要资金来源有法人内部融资、新增资本金和新增债务资金，后者包括农业建设项目所需要资金来源有项目企业股东投入的资本金和项目企业承担的债务资金。

农业建设项目中企业筹集的资本金的来源渠道和筹措方式，分为法人融资项目和新设法人融资项目两种情况，前者的新增资本金可通过原有股东增资扩股、吸收新股东投资、发行股票、政府投资等渠道和方式筹措；后者的资本金可通过股东直接投资、发行股票、政府投资等渠道和方式筹措。

农业建设项目投资中企业筹集的债务资金主要有商业银行贷款、政策性银行贷款、外国政府贷款、国际金融组织贷款、企业债券和融资租赁等资金。

2. 融资方案

在初步明确项目投资中企业作为融资主体和资金来源的基础上，应对融资方案资金来源的可靠性、资金结构的合理性、融资成本的高低和融资风险的大小进行综合分析，结合融资后的财务分析，确定最终的融资方案。

企业作为项目融资主体进行融资时，需进行资金成本分析。资金成本分析是通过计算权益资金成本、债务资金成本以及加权平均成本，分析项目筹集和使用不同资金实际支付的费用（包括资金占用费和资金筹集费）及其合理性，为优化融资方案提供依据。具体计算和分析应符合下列要求：

（1）权益资金。权益资金成本可采用资本资产定价模型、税前债务成本加风险溢价法、股利增长模型等方法进行计算，也可直接采用投资方的预期投资报酬率或既有企业的净资产收益率。

（2）债务资金。债务资金成本由债务资金筹集费和债务资金占用费组成。债务资金筹集费是指债务资金筹集过程中支付的费用，如承诺费、发行手续费、担保费、代理费以及债券兑付手续费等；债务资金占用费是指使用债务资金过程中发生的经常性费用，如贷款利息和债券利息。债务资金成本应通过各种可能的债务资金的利率水平、利率计算方式（固定利率、浮动利率）、计息（单利、复利）和付息方式，以及宽限期和偿还期，计算债务资金的综合成本。

为了确定项目财务基准收益率，比较不同融资方案的资金成本，需要计算加权平均资金成本。在计算各种债务资金成本和权益资金成本的基础上，以各种资金占全部资金的比重为权数来计算每个融资方案的加权平均资金成本。

应根据项目投资计划足额筹措项目所需资金。进行项目融资方案分析，应编制项目总投资使用计划与资金筹措表。

第三节　农业项目财务分析

一、农业项目财务分析的原则和要求

财务分析应遵循“有无对比”原则，以增量财务成本费用与增量财务效益估算为基础进行。

“有无项目对比”通过考察“有项目”和“无项目”状态下投入和产出量的差别，进行项目费用和效益的识别。

项目是一种扩大再生产的投资行为，投资的目的在于通过有限资源的合理利用而获得更多增量净效益。对“有项目”状态和“无项目”状态的成本效益情况进行考察，通过比较“有项目”和“无项目”时的净效益，就能获得项目投资所产生的增量净效益，即项目的增量净效益等于“有项目”状态的净效益减去“无项目”状态的净效益。

财务分析应通过编制财务分析报表，计算财务指标，判断农业建设项目的财务可行性。

经营性农业建设项目和非经营性农业建设项目应采用不同的财务分析方法。经营性农业建设项目的财务分析，包括盈利能力分析、偿债能力分析和财务生存能力分析；非经营性农业建设项目的财务分析，应区别不同的情况，分别进行财务生存能力分析。

二、农业项目财务分析基本报表

使用财务报表进行财务分析是财务评价方法的特点之一。财务分析所使用的主要报表分为基本报表和辅助报表两类。

1. 现金流量表

现金流量表反映项目计算期内各年的现金收支，用以计算各项动态与静态的评价指标，进行项目财务盈利能力分析。

（1）项目投资现金流量表——融资前盈利能力分析。项目投资现金流量表不区分项目投资的资金来源，以全部投资作为计算基础，用于计算项目全部投入资金的净现值、内部收益率、投资回收期等评价指标，对项目全部投资的盈利能力进行考察。

项目投资现金流量表的基本格式见表 10－1。

表 10－1　　项目投资现金流量表　　单位：万元

序号	项目	计算期									合计
		1	2	3	4	5	6	7	……	n	
1	现金流入										
1.1	营业收入										
1.2	回收固定资产余值										
1.3	回收流动资金										
1.4	其他										
2	现金流出										
2.1	建设投资										
2.2	流动资金										
2.3	经营成本										
2.4	营业税金及附加										
2.5	维持运营投资										
3	所得税前净现金流量（1－2）										
4	累计所得税前净现金流量										

续表

序号	项目	计算期									合计
		1	2	3	4	5	6	7	……	n	
5	调整所得税										
6	所得税后净现金流量（3－5）										
7	累计所得税后净现金流量										

计算指标：
1. 项目投资财务内部收益率（%）（所得税前）；
2. 项目投资财务内部收益率（%）（所得税后）；
3. 项目投资财务净现值（所得税前）（ic＝%）；
4. 项目投资财务净现值（所得税后）（ic＝%）；
5. 项目投资回收期（年）（所得税前）；
6. 项目投资回收期（年）（所得税后）。

（2）项目资本金现金流量表——融资后盈利能力分析。项目资本金现金流量分析，是从项目资本金的出资者整体角度，计算项目的现金流入和现金流出，编制资本金现金流量表，计算项目资本金财务内部收益率指标，考察项目资本金的收益能力。

项目资本金现金流量表的基本格式见表10－2。

表10－2　　项目资本金现金流量表　　单位：万元

序号	项目	计算期									合计
		1	2	3	4	5	6	7	……	n	
1	现金流入										
1.1	营业收入										
1.2	回收固定资产余值										
1.3	回收流动资金										
1.4	其他										
2	现金流出										
2.1	项目资本金										
2.2	借款本金偿还										
2.3	借款利息支出										
2.4	经营成本										

续表

序号	项目	计算期									合计
		1	2	3	4	5	6	7	……	n	
2.5	营业税金及附加										
2.6	所得税										
2.7	维持运营投资										
3	净现金流量（1－2）										

计算指标：

资本金财务内部收益率（%）。

(3) 投资各方现金流量表——投资方盈利能力分析。投资各方现金流量表反映的是项目各个投资方的投资回报率状况，是为了考察投资各方的具体收益。投资者是否参与投资项目，不仅要考察项目本身的投资效益，更要看自己出资的投资效益。

投资各方资本金现金流量表的基本格式见表10－3。

表10－3　投资各方资本金现金流量表　单位：万元

序号	项目	计算期									合计
		1	2	3	4	5	6	7	……	n	
1	现金流入										
1.1	实分利润										
1.2	资产处置收益分配										
1.3	租赁费收入										
1.4	技术转让或使用收入										
1.5	其他现金流入										
2	现金流出										
2.1	实缴资本										
2.2	租赁资产支出										
2.3	其他现金流出										
3	净现金流量（1－2）										

计算指标：

投资各方财务内部收益率（%）。

投资各方现金流量表中的现金流入和现金流出项目，需要根据项目的具体情况和投资各方的项目收入和支出情况选择填列。

2. 利润与利润分配表——项目利润和利润分配状况分析

利润与利润分配表反映的是项目计算内各年的营业收入、总成本费用、利润总额、所得税及税后利润的分配情况，可用于计算总投资收益率、项目资本金净利润率等指标。

利润与利润分配估算表的具体格式见表 10－4。

表 10－4　　利润与利润分配估算表　　单位：万元

序号	项目	合计	计算期					
			1	2	3	4	……	n
1	营业收入							
2	营业税金及附加							
3	总成本费用							
4	补贴收入							
5	利润总额（1－2－3＋4）							
6	弥补以前年度亏损							
7	应纳所得税额（5－6）							
8	所得税							
9	净利润（5－8）							
10	期初未分配利润							
11	可供分配的利润（9＋10）							
12	提取法定盈余公积金							
13	可供投资者分配的利率（11－12）							
14	应付优先股股利							
15	提取任意盈余公积金							
16	应付普通股股利（13－14－15）							
17	各投资方利润分配							
18	未分配利润（13－14－15－17）							
19	息税前利率（利润总额＋利息支出）							
20	息税折旧摊销前利润（息税前利润＋折旧＋摊销）							

3. 财务计划现金流量表——项目生存能力分析

财务计划现金流量表是在财务分析辅助报表和利润与利润分配表的基础上编制，反映项目计算期各年的投资、融资及经营活动的现金流入和流出，以计算项目累计盈余资金，考察项目是否有足够的净现金流量维持正常运营，从而实现财务可持续性，反映项目的生存能力。

财务计划现金流量表的具体格式见表 10－5。

表 10－5　财务计划现金流量表　单位：万元

序号	项目	合计	计算期					
			1	2	3	4	……	n
1	经营活动净现金流量							
1.1	现金流入							
1.1.1	营业收入							
1.1.2	增值税销项税额							
1.1.3	补贴收入							
1.1.4	其他流入							
1.2	现金流出							
1.2.1	经营成本							
1.2.2	增值税进项税额							
1.2.3	营业税金及附加							
1.2.4	增值税							
1.2.5	所得税							
1.2.6	其他流出							
2	投资活动净现金流量							
2.1	现金流入							
2.2	现金流出							
2.2.1	建设投资							
2.2.2	维持运营投资							
2.2.3	流动资金							
2.2.4	其他流出							
3	筹资活动净现金流量							
3.1	现金流入							
3.1.1	项目资本金投入							

续表

序号	项目	合计	计算期					
			1	2	3	4	……	n
3.1.2	建设投资借款							
3.1.3	流动资金借款							
3.1.4	债券							
3.1.5	短期借款							
3.1.6	其他流入							
3.2	现金流出							
3.2.1	各种利息支出							
3.2.2	偿还债务本金							
3.2.3	应付利润（股利分配）							
3.2.4	其他流出							
4	净现金流量（1+2+3）							
5	累计盈余资金							

4. 资产负债表——偿债能力（资产负债率）分析

资产负债表综合反映项目计算期内各年末资产、负债和所有者权益的情况，例如，增减变化及对应关系，从而对项目资产、负债、所有者权益的结构是否合理进行考察，并据以计算资产负债率等指标，对项目清偿能力进行分析。

资产负债表具体格式见表10-6。

表10-6　资产负债表　　单位：万元

序号	项目	合计	计算期					
			1	2	3	4	……	n
1	资产							
1.1	流动资产总额							
1.1.1	货币资金							
1.1.2	应收账款							
1.1.3	预付账款							
1.1.4	存货							
1.1.5	其他							
1.2	在建工程							

续表

序号	项目	合计	计算期					
			1	2	3	4	……	n
1.2.1	固定资产净值							
1.2.2	无形及其他资产净值							
2	负债及所有者权益（2.4 +2.5）							
2.1	流动负债总额							
2.1.1	短期借款							
2.1.2	应付账款							
2.1.3	预收账款							
2.1.4	其他							
2.2	建设投资借款							
2.3	流动资金借款							
2.4	负债小计（2.1 +2.2 +2.3 +2.4）							
2.5	所有者权益							
2.5.1	资本金							
2.5.2	资本公积							
2.5.3	累计盈余公积金							
2.5.4	累计未分配利润							

计算指标：

资产负债率（%）。

5. 借款还本付息计划表——偿债能力（利息备付率、偿债备付率）分析

借款还本付息计划表反映的是，项目在计算期内各年借款的本金偿还和利息支付情况，可以据此计算项目偿债备付率和利息备付率等指标。

借款还本付息计划表具体格式见表 10 -7。

表 10 -7　　借款还本付息计划表　　单位：万元

序号	项目	合计	计算期					
			1	2	3	4	……	n
1	借款 1							
1.1	期初借款余额							

续表

序号	项目	合计	计算期					
			1	2	3	4	……	n
1.2	当期还本付息							
1.2.1	还本							
1.2.2	付息							
1.3	期末借款余额（1+1.1-1.2）							
2	借款2							
2.1	期初借款余额							
2.2	当期还本付息							
2.2.1	还本							
2.2.2	付息							
3	借款合计							
3.1	期初借款余额							
3.2	当期还本付息							
3.2.1	还本							
3.2.2	付息							
3.3	期末余额							

计算指标：

1. 利息备付率（%）；

2. 偿债备付率（%）。

三、融资前分析与融资后分析

融资前分析是从项目投资总获利能力角度，考察项目方案的财务可行性。融资前分析计算的相关指标，应作为初步投资决策与融资方案研究的依据和基础。

融资前分析应以动态分析（折现分析）为主、静态分析（非折现分析）为辅。融资前动态分析应以营业收入、建设投资、经营成本和流动资金的估算为基础，考察整个计算期内现金流入与流出，编制项目投资现金流量表，利用资金时间价值的原理进行折现，计算项目投资内部收益率和净现值等指标。融资前分析也可计算静态投资回收期指标和总投资收益率指标，分别用以反映收回项目投资所需要的时间和总投资的盈利水平。

一般先进行融资前分析，在融资前分析结论满足要求的情况下，初步设定融资方案，再进行融资后分析。

融资后分析以融资前分析和初步的融资方案为基础，考虑项目在拟定融资条件下的盈利能力、偿债能力和财务生存能力，考察其财务可行性。融资后分析用于比选融资方案，帮助投资者做出融资决策。

融资后的盈利能力分析应包括动态分析和静态分析两个方面。

（一）动态分析（现金流量分析）

动态分析就是农业项目财务分析时考虑资金时间因素。在项目计算期内，计算项目的现金流量，编制现金流量表，并据以计算相关指标，考察项目盈利能力。

1. 农业项目现金流量的构成

现金流量是指一个投资项目在整个生命周期内的现金流入和现金流出数量。这是把项目作为一个独立系统，反映项目在其计算期内实际发生的现金流入和现金流出的数量，不反映非现金收支活动，例如项目的固定资产折旧、无形资产的摊销、应收应付款等，这些就不属于现金流量范畴。因为固定资产折旧和无形资产摊销只是一种资产的补偿费用，不是真正的现金流出，而应收应付是一种债权债务关系，都没有形成货币资金的真正流出。因此，计算项目现金流量时，固定资产投资支出和无形资产投资支出都是作为一次性的流出量被计入现金流出，而固定资产折旧、无形资产摊销是对固定资产投资和无形资产投资支出的补偿和回收，不是实际发生的现金流出，就不能作为现金流出量。

在计算现金流量时，项目的应收应付款也不予考虑，这是由于项目的现金流量属于一种预测性质，无法知道应收应付的具体发生时间和具体数额。项目固定资产投资借款和无形资产投资借款的利息，也不能作为项目的现金流出量，这部分利息按会计制度需计入资产的成本，构成项目的总投资。

计算现金流的时间单位，一般采用年。项目的折现分析，一般采用年末法，即假定每年的投入和产出均发生在当年年末；计算现值的时点为项目第一年年初。

（1）现金流出——项目的费用。项目的现金流出，是指该投资项目实施所引起的整个生命周期内所发生的现金支出的增加量。

①建设投资支出。包括建设工程费用、建设其他费用和预备费用。建设工程费用包括种畜、种苗、农业基础设施、农业机械等固定资产购置、建筑及安装等投资；建设其他费用包括企业的无形资产投资、长期待摊费用支出等；预备费用包括基本预备费和涨价预备费。这些费用支出可能是一年中的投资支出，也可能在项目建设期内分几年支出。

②项目建设期利息支出。指的是建设投资中的长期借款、长期债券和其他长期应付款等长期负债部分在建设期应支付的利益。

③流动资金。项目建成投产前预先垫付，为投产后维持正常生产，用于购买原材料、燃料、支付工资，以及被在产品、半成品、产成品和其他存货所占用的经常性的周转资金，或企业和农户因扩大再生产需要追加流动资金，用作购买增量种子、化肥、农药等经营成本支出的启动资金。流动资金以现金（包括存款）、存货、应收账款、应付账款的形式出现，在整个项目寿命期内，始终被占用且循环周转。到项目寿命期结束，流动资金才全部退出生产和流通，以货币形式作为“回收流动资金”列入项目现金流入。

④经营成本。在项目建成后，投入生产、运营过程中的支出，如种子、化肥、农药、薄膜、饲料、牲畜防疫、燃料、电力、灌溉、外雇劳动力的工资、生产设备的维护、修理费等。

⑤营业税金及附加。是指项目生产经营期内因销售产品（营业或提供劳务）而发生的消费税、资源税、城市维护建设税及教育费附加等。

（2）现金流入——项目的收益。一个项目的现金流入量，是指该投资项目实施所引起的整个生命周期内现金收入的增加量。对一个农业项目来说，现金流入通常包括以下内容：

①营业收入。主要是新增的销售收入或提供服务所得收入，即由于项目建设扩大企业或农户的生产能力，使企业或农户农产品产量的增加以及销售收入的增加，或提供服务的收入。营业收入一般由产品和服务的价格和数量两个因素确定。

②固定资产余值收入。在项目的寿命期末，可回收的固定资产余值（折旧的残值或规定资产的转售价值）。

③回收的流动资金。在项目的寿命期末，应回收的原用于该项目的全部流动资金。

④其他收入。主要是财政补贴、他人对项目的捐赠资金、项目方自己消费的项目产出等。财政补贴是指国家对某些农业项目提供的与收益相关的补贴，目的是鼓励或扶持这些项目的建设开发。

（3）净现金流量。净现金流量是指一定时期内现金流入量和现金流出量的差额。流入量大于流出量时，净现金流量为正，否则，净现金流量为负，即：现金流入－现金流出＝净现金流量（或净效益流）。

在确定项目现金流量时，应遵循收付实现制原则，而非会计中的权责发生制原则。也就是说，要按现金收支实际发生的时间记录现金流量。

（4）增量净效益流——项目新增投资的真正效益。根据“有无项目比较”原则，项目增量净效益是由“有项目”状态的净效益减去“无项目”状态的净效益得到。

①项目资本金现金流量分析。应在拟订的融资方案下，从项目资本人出资者整体的角度，确定其现金流入和现金流出，编制项目资本金现金流量表，利用资金时间价值的原理进行折现，计算项目资本金财务内部收益率指标，考察项目资本金可获得的收益水平。

②投资各方现金流量分析。应从投资各方实际收入和支出的角度，确定其现金流入和现金流出，分别编制投资各方现金流量表，计算投资各方的财务内部收益率指标，考察投资各方可能获得的收益水平。当投资各方不按股本比例进行分配或有其他不对等的收益时，可选择进行投资各方现金流量分析。

（二）静态分析

这是指不采取折现方式处理数据，不考虑资金的时间因素，选择静态指标进行分析。常见的静态分析指标有项目投资回收期、总投资收益率和项目资本金利润率等。投资回收期指标的计算，依据的报表是项目现金流量表、总投资收益率和项目资本金利润率等，静态分析指标依据的是项目总投资使用计划与资金筹措表、利润表等。

四、农业项目财务分析指标体系

（一）农业项目盈利能力分析

主要指标包括项目投资财务内部收益率、财务净现值、项目资本金、财务内部收益率、项目投资回收期、总投资收益率、项目资本金净利润率等。可根据项目的特点及财务分析的目的、要求等选用。

1. 财务内部收益率（FIRR）

这是指能使项目计算期内净现金流量现值累计等于零时的折现率，即FIRR作为折现率使下式成立：

$$\sum_{t=1}^{n}(CI-CO)_t(1+IRR)^{-t}=0$$

式中，CI为现金流入量；CO为现金流出量；$(CI-CO)_t$为第t年的净现金流量；n为项目计算期。

项目投资财务内部收益率、项目资本金财务内部收益率和投资各方财务内部收益率均按上式计算，但所用的现金流入和现金流出不同。

当财务内部收益率大于或等于所设定的判别标准（通常称为财务基准收益率）时，项目方案在财务上可考虑接受。

2. 财务净现值（FNPV）

财务净现值是指按设定的财务折现率（一般采用财务基准收益率）计算的项目计算期内净现金流量的现值之和，可按下式计算：

$$NPV=\sum_{t=1}^{n}(CI-CO)_t(1+i_c)^{-t}$$

式中，i_c为设定的财务折现率（同财务基准收益率）。

一般情况下，财务盈利能力分析只计算项目投资财务净现值，可根据需要选择计算所得税前净现值或所得税后净现值。

按照设定的折现率计算的财务净现值大于或等于零时，项目方案在财务上可考虑接受。

3. 项目投资回收期（P_t）

指以项目的净效益回收项目投资所需要的时间，一般以年为单位，项目投资回收期从项目建设开始年算起，若从项目投产开始年计算，应予以特别注明。项目投资回收期可采用下式计算：

$$\sum_{t=1}^{P_t}(CI-CO)_t=0$$

式中，CI 为现金流入量；CO 为现金流出量；$(CI-CO)_t$ 为第 t 年的净现金流量；P_t 为投资回收期。

投资回收期可借助项目投资现金流量表计算。项目投资现金流量表中累计净现金流量由负值变为零的时点，即为项目的投资回收期。投资回收期应按下式计算：

$$P_t=T-1+\frac{\left|\sum_{i=1}^{T-1}(CI-CO)_i\right|}{(CI-CO)_i}$$

式中，T 为各年累计净现金流量首次为正值或者零的年数。

投资回收期短，说明项目投资回收快，抗风险能力强。

4. 总投资收益率（ROI）

总投资收益率表示总投资的盈利水平，是指项目达到设计能力后正常年份的年息税前利润或运营期内年平均息税前利润（EBIT）与项目总投资（TI）的比率。

总投资收益率应按下式计算：

$$ROI=\frac{EBIT}{TI}\times 100\%$$

式中，EBIT 为项目正常年份的年息税前利润或者运营期内年平均息税前利润；TI 为项目总投资。

总投资收益率高于同行业的收益率参考值，表示用总投资收益率表示的盈利能力满足要求。

5. 项目资本金净利润率（ROE）

该指标表明项目资本金的盈利水平，指项目达到设计生产能力后正常年份的年净利润或运营期内年平均净利润（NP）与项目资本金（EC）的比率；项目资本金利润率应该按照下式计算：

$$ROE=\frac{NP}{EC}\times 100\%$$

式中，NP 为项目正常年份的年净利润或者运营期内年平均净利润；EC 为项目资本金。项目资本金净利润率高于同行业的净利润率参考值，表明用项目资本金净利润率表示的盈利能力满足要求。

（二）农业项目偿债能力分析

分析应通过计算利息备付率、偿债备付率及资产负债率等指标，分析判断项目的偿债能力。

1. 利息备付率（ICR）

利息备付率是指在借款偿还期内的息税前利润（EBIT）与应付利息（PI）的比值，它从付息资金来源的充裕性角度反映项目偿付债务利息的保障程度，按下式计算：

$$ICR = \frac{EBIT}{PI}$$

式中，EBI 为息税前利润；PI 为计入总成本费用的应付利息。

利息备付率应分年计算。利息备付率高，表明利息偿付的保障程度高。

利息备付率应当大于 1，并结合债权人的要求确定。

2. 偿债备付率（DSCR）

偿债备付率是指在借款偿还期内，用于计算还本付息的资金（EBITDA - TAX）应与还本付息金额（PD）的比值，它表示可用于计算还本付息的资金偿还借款本息的保障程度，按下式计算：

$$DSCR = \frac{EBITDA - TAX}{PD}$$

式中，EBITDA 为息税前利润加折旧和摊销；TAX 为企业所得税；PD 为应还本付息金额，包括还本金额和计入总成本费用的全部利息。融资租赁费用可视同借款偿还。运营期内的短期借款本息也应纳入计算。

如果项目在运行期内有维持运营的投资，可用于还本付息的资金应扣除维持运营的投资。

偿债备付率应分年计算，偿债备付率高，表明可用于还本付息的资金保障程度高。偿债备付率应大于 1，并结合债权人的要求确定。

3. 资产负债率（LOAR）

资产负债率是指各期末负债总额（TL）同资产总额（TA）的比率，应按下式计算：

$$LOAR = \frac{TL}{TA}$$

式中，TL为期末负债总额，TA为期末资产总额。

适度的资产负债率，表明企业经营安全、稳健，具有较强的筹资能力，也表明企业和债权人的风险较小。对该指标的分析，应结合国家宏观经济状况、行业发展趋势、企业所处竞争环境等具体条件判定。项目财务分析中，在长期债务还清后，可不再计算资产负债率。

（三）农业项目财务生存能力分析

项目财务生存能力分析也叫作资金平衡分析。在项目运营期间，项目持续生存的条件就是要能从各项经济活动中得到足够的净现金流量。在进行项目财务分析时，应在财务分析辅助表和利润与利润分配表的基础上编制财务计划现金流量表，对项目期内各年投资活动、经营活动和融资活动等现金流入和现金流出事项进行考察，计算项目净现金流量和累计盈余资金，分析项目净现金流量是否足以维持正常运营，以实现财务可持续性。

项目财务生存能力的分析需结合偿债能力分析。如果拟安排的还款期过短，致使还本付息负担过重，导致为维持资金平衡必须筹借的短期借款过多，可以调整还款期，减轻各年还款负担。通常因为运营期前期的还本付息负担较重，故应特别注重运营期前期的财务生存能力分析。

以财务计划现金流量表为基础，从以下两方面可以具体分析项目的财务生存能力：

（1）是否有足够的净现金流量维持正常运营。项目财务可持续性的基本条件是项目拥有足够的经营净现金流量，特别是在项目运营初期。如果项目的经营净现金流量较大，说明项目方案较为合理，能较大可能实现自身资金平衡，项目运营不会过分依赖短期融资来维持或政府补贴等资金支持。反过来，如果一个项目没有足够的经营净现金流量，或者经营净现金流量为负值，则说明项目维持正常运行会有财务困难，实现自身资金平衡的可能性较小，存在通过短期融资来维持运营的可能性，或者需要依赖政府补助维持运营。

（2）项目财务生存的必要条件是各年累计盈余资金不出现负值。在项目运营期内，个别年份净现金流量出现负值是能被允许的，但任一年份的累计盈余资金出现负值则不能允许。当某一年的累计盈余资金出现负值时，需要适时进行短期融资，并在财务计划现金流量表中予以体现，短期融资的利息也应纳入成本费用和其后的计算。如果有较大的或较频繁的短期融资，后面的累计盈余资金可能无法实现正值，影响项目持续运营。

五、非经营性农业建设项目的财务分析

（一）没有营业收入或只有少量服务性收入的纯公益性农业建设项目的财务分析

对没有营业收入或只有少量服务性收入的纯公益性农业建设项目，不进行盈利能力分析，主要考察项目财务生存能力。即以项目作为一个独立主体，考察项目投入运营后的各项现金流入和流出状况，计算项目运营期各年的净现金流量和累计净现金流，分析项目是否有足够的净现金流量维持正常运营，以实现财务可持续性。

财务可持续性应首先体现在项目运营期各年有足够大的净现金流，其次各年累计盈余资金不应出现负值。若出现负值，应进行短期借款，同时分析该短期借款的年份长短和数额大小，进一步判断项目的财务生存能力。短期借款利息应计入财务费用。为维持项目正常运营，还应分析短期借款的可靠性。

对于需要政府补贴才能维持运营的非经营性农业建设项目，应合理估算项目运营期各年所需的政府补贴数额，并分析政府补贴的可能性与支付能力。对有债务资金的项目，还应结合借款还款要求进行财务生存能力分析。

（二）有营业收入及盈利要求的非经营性农业建设项目的财务分析

对于有营业收入及盈利要求的非经营性农业建设项目，应进行动态盈利能力分析考察项目财务上是否可行。

此类项目应采用财务净现值法进行财务分析。财务净现值（FNPV）≥0，表明项目在财务上是可行的。财务净现值的计算方法与一般项目相同。一般情况下，可以只进行项目资本金现金流量分析，只计算项目资本金财务净现值和资本金财务内部收益率。

本章案例 1

日前，世界银行执行董事会批准向中国提供3.2亿美元贷款，助力中国西南地区绿色农业和农村发展。该项目将为全球公共产品作贡献，包括减少农用塑料污染和农业温室气体排放、促进生物多样性保护与恢复，同时提升地方政府机构能力，将环境目标纳入政府乡村振兴规划和投资项目。世界银行贷款将与逾46.9亿美元的政府资金形成合力。

世界银行贷款项目将支持中国国家乡村振兴规划（2018—2035年），该规划通过一系列为期五年的乡村振兴战略规划付诸实施。当前战略规划第一阶段的重点是，通过农业绿色发展和农业现代化、农村基础设施建设和公共服务提供以及乡村治理改善，保持和巩固近期所取得的脱贫攻坚成果。世行项目将有助于实现这些目标。

世界银行中国、蒙古国和韩国局局长芮泽表示："该项目将引入绿色农业发展目标，帮助广西和贵州提高政府乡村振兴规划的有效性和影响力，总结可在全国范围推广应用的发展经验。"

预计项目总投资的94%将由政府提供，这些资金主要来自省级层面，用以支持实现目标结果。项目活动包括县、村级机构能力建设；农场、合作社培训和农业推广服务；向农民和食品加工企业提供财务激励，推广气候智能型和绿色农业技术和实践；以及农村污水和垃圾治理服务投资。该项目还包括环境结果监测、评价与核验方面的投资，并将支持基于规划的预算编制，以帮助地方政府更好地将资金使用与结果相关联。

（资料来源：中国能源网 www. cnenergynews. cn）

思考题：上述项目与其他农业项目的财务分析的侧重点有何不同？该项目财务评价需要进行哪一类现金流量分析？

▶ 本章案例 2

2022 年 4 月 2 日，记者走进位于石嘴山市平罗县红崖子乡的宁夏农垦贺兰山奶业有限公司红崖子第二奶牛场，大棚里牛哞声此起彼伏。吃饱喝足的大“黑白花”们躺在天然卧床上晒太阳，慵懒而惬意。“这是我们去年 4 月份开工新建的奶牛场，存栏 4 400 头。今年我们将在这里建设第三奶牛场，目前已完成可研编制及评审，投资备案、设施农用地备案和施工图设计招投标，取得水土保持行政许可，场区土方平整工程正在挂网中。”宁夏农垦贺兰山奶业有限公司工程部工程总监王治云向记者介绍，红崖子第三奶牛场项目是宁夏农垦集团今年的重点项目之一，是一座现代化、标准化的畜光互补示范牧场，其设计规模为正常年存栏成母牛 15 700 头，牛群总存栏量 25 000 头。项目总投资 9. 9 亿元，达产后预计每年可向社会销售鲜奶 157 000 吨，出售犊牛 10 810 头，年销售收入 7. 3 亿元，净利润 1. 2 亿元。据宁夏农垦集团有限公司相关负责人介绍，2022 年，宁夏农垦集团计划全年实施各类项目 42 个，年度计划投资 65 亿元，其中已集中开工 17 个重点项目，总投资近 20 亿元。所实施的项目中既有重点产业延链壮链项目，也有传统产业强基固本项目；既有数字化、智能化科创项目，也有种养循环、绿色发展生态项目；既有基础设施建设项目，也有配套服务民生项目。该负责人说，今年政府工作报告对乡村振兴战略提出了具体的要求和安排部署。农垦集团集中开工的这些项目，都是围绕粮食和重要农产品的生产保障及市场的供给而实施：“围绕重点产业，聚焦奶产业、葡萄酒、肉牛滩羊、优质粮食和绿色果蔬、种业以及生态旅游等产业谋划项目持续发力。”据了解，今年农垦集团的重点项目中，被列入第二批国家级 EOD 试点项目——30 万亩宁夏农垦大沙湖区域生态导向开发项目可谓“亮睛之作”。该项目总投资 102 亿元，规划布局“一核、三区”，即以沙湖生态旅游为核心，建设湿地保育及健康养殖区、低碳高效产业发展区、一种两养农旅结合产业发展区。项目按照“五水统筹、系统治理、治保用育、融合发展”的思路，打造大沙湖“山水林田湖草沙”全生态元素体验和休闲、运动、康养旅游目的地，点亮沙湖夜经济。项目建成后，将建立起生态环境保护与产业发展协同推进的长效机制，推动实现生态环境的高水平保护和特色产业的高质量发展，也为我国西北地区内陆湖泊采用 EOD 模式实现高质量开发积累宝贵经验。

（资料来源：《宁夏日报》，2022 年 4 月 8 日，记者张瑛）

思考题：宁夏农垦集团所投资的上述项目，是否都需要进行项目的盈利能力、偿债能力和财务生存能力分析？不同类型项目的财务分析，侧重点有何不同？

— 本章思考题 —

1. 项目投资现金流量表与项目资本金现金流量表的区别是什么？依据这两个现金流量表进行财务分析的目的是什么？
2. 农业项目的成本费用主要可以分为哪几类？经营成本中为何不包括折旧和摊销？
3. 项目的融资前分析和融资后分析有何不同？各自包括哪些分析指标？
4. 对一个农业项目的财务分析，需要进行哪些方面的分析才能作出较为可靠的决策？

参考文献

[1] 杨秋林．农业项目投资评估（第四版）[M]．北京：中国农业出版社，2008.

[2] 王勇，陈延辉．项目可行性研究与评估典型案例精解 [M]．北京：中国建筑工业出版社，2008.

[3] 成其谦．投资项目评价（第三版）[M]．北京：中国人民大学出版社，2010.

[4] 简德三．投资项目评估（第二版）[M]．上海：上海财经大学出版社，2009.

[5] 杨华峰．项目评估 [M]．北京：科学出版社，2008.

第十一章　农业项目不确定性分析与风险分析

学习目标

1. 能够准确讲解农业项目不确定性分析和风险分析的基本理论。

2. 能够运用农业项目不确定性分析的方法分析不确定因素变化对项目财务效果的影响。

3. 能够说出农业项目不确定性分析的目的，并依据不确定性分析的结论，选择项目风险的规避和控制方法和手段，提高项目的经济和社会效益。

4. 认识农业项目不确定性分析的重要性，树立不确定性与风险分析和识别的意识，提高项目的风险规避和控制能力。

▶ 本章提示

投资项目评价和决策分析是建立在评估人员对项目未来的预测、估算和判断基础上，得到估计和预测的数据，进行分析指标计算，判断项目方案是否可行。但是很多社会和经济因素都有可能影响数据估计和预测的准确性，这些预测、估算出来的基础数据不可避免会存在误差，使项目方案的经济效果产生不确定性，极可能偏离预期目标，使项目面临不确定性和潜在风险，因此有必要对投资项目进行不确定性与风险分析。通过不确定性和风险分析，明确在不确定性和风险条件下项目效益的可能变化，估计项目可能承担的风险，并调整各种相关的预测数据，在允许的误差幅度内进行再分析和再选择，避免和减少因不确定性因素的影响而造成的各项损失，获得预期的投资效益。本章主要讲解项目面临的不确定性和风险产生的因素，不确定性分析中的盈亏平衡分析和敏感性分析的原理和方法，通过学习风险识别、风险估计、风险评价和风险应对的内容，学生能够运用项目不确定分析与风险分析的基本理论与方法，为项目科学决策提供参考。

第一节　农业项目不确定性分析概述

一、不确定性与风险的概念

在农业项目财务估算和经济评价中，大量地使用预测和估算数据，如投资、产量、价格和成本等，这些数据在不同程度上带有不确定性的成分，例如，对产量的预测，只能在所占有的资料的基础上，通过对未来自然条件、技术条件和项目发展情况的预测，给定一个产量数值供项目经济评价使用，由于这个数值是综合以上种种因素来确定的，当这些条件发生变化时，或者这些条件没有发生所预想的变化时，那么用于经济评价的产量值就不能说明实际情况，经济评价的结果也就有误差，从而具有不确定性。通过对拟建项目具有较大影响的不确定性因素进行分析，计算基本变量的增减变化引起项目财务或经济效益指标的变化，找出最敏感的因素及其临界点，预测项目可能承担的风险，可以使项目的投资决策建立在较为稳妥的基础上。

风险是指未来发生不利事件的概率或可能性，农业建设项目经济风险是指由于不确定性的存在，导致项目实施后偏离预期财务和经济效益目标的可能性。经济风险分析是通过对风险因素的识别，采用定性或定量分析的方法估计各风险因素发生的可能性及对项目的影响程度，揭示影响项目成败的关键风险因素，提出项目风险的预警、预报和相应的对策，为投资决策服务。经济风险分析的另一重要功能还在于它有助于在可行性研究的过程中，通过信息反馈，改进或优化项目设计方案，直接起到降低项目风险的作用，风险分析的程序包括风险因素识别、风险估计、风险评价与风险应对。

二、不确定性分析与风险分析

（一）不确定性分析与风险分析的关系

不确定性分析与风险分析既有联系，又有区别，由于人们对未来事物认识的局限性，可获信息的有限性以及未来事物本身的不确定性，使建设项目的实施结果可能偏离预期目标，这就形成建设项目预期目标的不确定性，从而使项目可能得到高于或低于预期的效益，甚至遭受一定的损失，导致建设项目“有风险”。通过不确定性分析可以找出影响项目效益的敏感因素，确定敏感程度，但不知这种不确定性因素发生的可能性及影响程度。借助风险分析可以得知不确定性因素发生的可能性以及给项目带来经济损失的程度，不确定性分析找出的敏感因素又可以作为风险因素识别和风险估计的依据。

（二）不确定及风险因素

在项目经济评价中不确定因素投资项目的经济评价中所采用的数据，如投资支出、建设工期、年设计生产能力（产品的产量）、销售价格、产品成本、经济寿命期等。大部分来自预测和估算，在一定程度上存在不确定性。这样，事前得出的评价指标与评价结论就不一定与项目建设和投产后的实际情形相吻合，有时会因因素的变动而影响到项目评价的结论，甚至导致项目决策的失误。所以，在对投资项目进行投资经济效益的分析、评价时，应同时对投资项目的不确定因素加以分析。

影响投资项目财务效益的不确定及风险因素，主要有以下几种。

1. 价格

价格是影响项目投资效益水平的一个重要指标，对价格变动的分析是项目不确定性分析中的主要内容。

项目产品价格或生产投入物价格的变化，不仅影响项目收入、成本费用、投资，还影响项目经济效益的静态收益指标和动态评价指标。

在项目建设期内，设备、建材等价格的变动都会影响项目总投资额。拟建项目投产后所需的原材料、燃料、动力等的价格变动，都会对拟建项目的生产成本产生直接影响，项目产品售价也会因市场、产品成本等因素的变化而变化，而产品单位售价的变化，将直接影响到拟建项目的经济效益和评价指标。

2. 项目生产能力

由于现实中的市场供求状况是在不断地发生变化的，因而有可能发生项目生产的产品销售量减少的情况，从而使项目的生产能力受到影响并有可能降低。

另外，也有可能由于项目在建设过程中存在的一些问题，使项目生产能力达不到设计标准，或者由于前期准备工作不足，导致实施阶段及建设方案的变化，工程设计方案不合理，影响项目的生产经营，造成经济损失，导致项目的规模效益下降、盈利减少甚至出现项目财务亏损。

3. 技术方案

现代科学技术的快速发展，带来新材料、新技术和新工艺的快速更新迭代，因而在项目投资时所使用的最新技术方案，在项目执行过程中或投产后，可能有更新的技术、工艺来替代原先的技术方案，对企业的经济效益和经营成本带来影响，从而引起投资效益指标的变化。新技术会带来某些行业的新的市场机会，但同时也给某些行业带来威胁和挑战。因此，项目选用的技术方案，尤其是引进的技术，与原技术方案发生重大调整变化时，可能导致项目不能按期进入正常生产状态，或降低生产能力利用率，使生产能力达不到设计要求；还有可能导致项目产品达不到预期质量要求，最终影响项目经济效益。

4. 项目计算期

项目建设工期延长，会带来项目投资借款利息的增加和建设成本的提高。投产期一旦推迟，会影响达到设计生产能力的年限。项目经济生命期发生变化尤其是生命期的缩短，会影响项目的净现值、内部收益率等效益指标，减少项目的投资收益，导致项目的净现值减少和内部收益率降低，影响评价结论的准确性。

5. 项目资金结构和融资方案

项目可能由于工程量预计不足，或设备材料价格上升导致投资增加，也可能由于外部条件等因素导致建设工期拖延使建设成本增加，利率、汇率变化导致融资成本升高等。当投资项目的建设资金或经营资金结构发生变动时，例如，项目自有资金比重降低，债务资金比重上升等，会影响项目的建设成本和生产经营成本，并最终影响项目效益指标。

6. 自然条件与资源

任何投资项目的建设，都需要有一定的自然条件和自然资源作为保证。在项目周期中，自然条件和资源是有可能发生变化的。例如，在水资源短缺地区的农业投资建设项目，可能受水资源勘察不明、气候不正常等因素的影响；农业灌溉项目可能还面临水资源分配问题等。因此，在对项目进行评价时，必须考虑自然条件和资源有可能对项目带来的影响。

7. 利率与汇率

在使用银行借款（国内或国外）资金的投资项目中，利率或汇率的变动都会影响项目实际支付的利息支出，从而影响项目的总成本。

8. 法律和政策因素

社会、政治、文化等因素主要构成投资项目的一般环境，也可列为投资的软环境因素，特别是政治因素产生的影响很大。政治稳定，项目预期效益实现的可能性就大；反之，项目预期效益的实现就会受到影响。在市场经济条件下，国家的宏观经济调控政策对投资项目具有重要影响，影响投资项目效益且具有不确定性。国家的产业政策、财税政策和体制改革等是对项目产生影响的政策性因素，例如，政策调整可能使项目原定目标难以实现；产业政策、税收、金融、环保政策等的调整变化，税率、利率、汇率、通货膨胀率的变化都影响着项目经济效益的实现。

三、不确定性分析与风险分析的作用

（一）明确不确定性因素对投资效益指标的影响范围，从而了解项目投资效益变动的大小

不确定性因素多种多样，其对投资效益指标的影响也不一样，通过不确定性分析，可以确定各种因素及其作用力度的大小对投资效益指标的影响程度，从而了解项目总体效益变动的情况。

（二）确定项目评估结论的有效范围

在明确不确定性因素的变动及其作用力度的大小，对投资效益指标的影响及项目总体效益变动的大小以后，就可以确定按典型情况测定的项目评估结论的有效范围，以便项目决策者和执行人员充分了解不确定性因素变动的作用界限，尽量避免不利因素的出现。

（三）提高项目评估结论的可靠性

经过不确定性分析，依据不确定因素变动对项目投资效益影响的大小和指标变动范围，可以进一步调整项目的评估结论，以提高评估结论的可靠性。

（四）寻找在项目效益指标达到临界点时变动因素允许变化的极限值

由于不确定性因素的影响，导致项目经济效益指标在某一范围内变动，当这些效益指标的变动达到临界点，与这一临界点相应的不确定性因素的变化值就是这一变量因素允许变化的极限值。寻找这一极限值，有利于投资者在项目执行和经营过程中，尽量把握这种因素的变动幅度，避免项目经济效益的下降。

在项目投资决策时，充分考虑不确定分析和风险分析的结果，有助于通过信息反馈，改进或优化项目方案，降低项目风险，避免决策中忽视风险而遭受损失。还可以利用风险分析结果，建立风险管理系统，为项目全过程的风险管理打好基础，防范和规避项目建设和运营中的风险。

第二节　农业项目盈亏平衡分析

一、盈亏平衡分析的概念

盈亏平衡分析是指项目在达到设计生产能力的条件下，通过盈亏平衡点（BEP）分析项目成本与效益的平衡关系，盈亏平衡点是项目的盈利与亏损的转折点，即在这一点上，营业收入等于总成本费用，正好盈亏平衡。盈亏平衡点可以用来考察项目对产出物变化的适应能力和抗风险能力。盈亏平衡点越低，表明项目适应产出物变化的能力越大，抗风险能力越强。

盈亏平衡点可以通过正常年份的产量、可变成本、固定成本、产品价格和销售税金及附加等数据计算。正常年份应选择还款期间的第一个达产年和还款后的年份分别计算，以便分别给出最高和最低的盈亏平衡点区间范围。

盈亏平衡分析分为线性盈亏平衡分析和非线性盈亏平衡分析，项目经济评价中仅进行线性盈亏平衡分析。

二、线性盈亏平衡分析

（一）线性盈亏平衡分析的假定条件

线性盈亏平衡分析有以下四个假定条件：

（1）产量等于销售量，即当年生产的产品当年销售出去；

（2）产量变化，单位可变成本不变，即总成本费用是产量的线性函数；

（3）产量变化，产品售价不变，即销售收入是销售量的线性函数；

（4）产品结构稳定，当生产多种产品时，不同产品的生产负荷率的变化应保持一致。

（二）线性盈亏平衡点的计算

盈亏平衡点的表达形式可以用产量、产品售价和单位产品可变成本等绝对量表示，也可以用生产能力利用率等相对值表示。在种植业项目、奶牛养殖项目投资完成后，一般要充分利用所有耕地资源和奶牛等生产资料，发挥全部生产能力，此类项目的盈亏平衡点分析原则上用产量、产品售价或单位产品可变成本表示；其他项目的盈亏平衡点分析一般采用生产能力利用率或产量表示。计算公式为：

$$BEP_{生产能力利用率}=\frac{年固定成本}{(年营业收入-年可变成本-年营业税金及附加)}\times 100\%$$

$BEP_{生产能力利用率}$即项目保本时的最低生产能力利用率，大于$BEP_{生产能力利用率}$即可盈利。该利用率越低，说明项目的抗风险能力越强。

$$BEP_{产量}=\frac{年固定总成本}{(单位产品价格-单位产品可变成本-单位产品营业税金及附加)}\times 100\%$$

$BEP_{产量}$是项目保本（不发生亏损）时的最低产量，其值越小，相对于设计产量说明项目抗风险的能力越大，即说明项目达到较低的年产量就能保本。

$$BEP_{销售价格}=\frac{年固定成本}{(年产量)}+单位产品可变成本+单位产品营业税金及附加$$

$$BEP_{单位产品可变成本}=\frac{年营业收入-年固定成本-年营业税金及附加}{年产量}\times 100\%$$

$BEP_{销售价格}$是项目保本时的最低价格，高于$BEP_{销售价格}$即可盈利。

$BEP_{单位产品可变成本}$是项目保本时的最高单位产品变动成本，小于$BEP_{单位产品可变成本}$即可盈利。

三、非线性盈亏平衡分析

（一）非线性盈亏平衡分析的概念

线性盈亏平衡分析只是盈亏平衡分析法的一种特例。实际上，成本与产量之间往往并不呈比例变化，销售收入与销售量之间也会受市场的影响而不成线性关系，因此需要作非线性盈亏平衡分析。

（二）非线性盈亏平衡点的计算

当产量、成本和盈利之间不存在线性关系时，可能出现两个以上的平衡点，而这两个平衡点都可以称为盈利限制点。产量只有保持这两个盈利限制点对应的产量之间时才出现盈利，如果达不到或超过盈利限制点对应的产量，就会出现亏损。当收入等于变动成本时，就达到开关点。这时销售收入只够补偿变动成本，亏损额正好等于固定成本。开关点表明在产量达到这一点时，若继续提高产量，那么其造成的开始就大于停产的亏损。

项目投产后的产量、收入和成本之间的非线性关系，可以用下列函数式表示：

$$f(x) = ax^2 + bx + c$$

式中，x 为产量。

上述函数式为零，可求得盈亏平衡点的产（销）量，即销售收入总额减去成本总额等于零，以求得达到盈亏平衡时的产量。

$$f(x) = f(R) = (s) - f(c) = f(px) - f(F + vx) = f(px - F - vx) = 0$$

式中，R 为销售利润；s 为销售收入；c 为生产成本总额；p 为单位产品价格；F 为固定成本总额；v 为单位产品变动成本。

运用二次方程求根公式，可解得产量 x 为：

$$x = \frac{-b \pm \sqrt{b^2 - 4ac}}{2a}$$

上式解得的两个根分别为盈亏平衡点的最低产量和最高产量。在这两个平衡点之间，存在最大利润点，在这个点的左侧，利润上升；在这个点的右侧，利润下降，这种与产量的变动相关的利润变化率就是边际利润。在最高利润点上，利润变化率应为零。要找到这个点，需要对利润方程求导，并使其导数为零时，求得相对应的产量。计算公式为：

利润(R)＝销售收入(S)－年生产成本总额(C)

销售收入(S)＝单位产品价格(p)×产量(x)

年生产成本总额(C)＝固定成本总额(F)＋单位产品变动成本(v)×产量(x)

$$\mathrm{d}R/\mathrm{d}x = \mathrm{d}(s - c)/\mathrm{d}x = \mathrm{d}(px - F - vx)/\mathrm{d}x = \mathrm{d}px/\mathrm{d}x - \mathrm{d}(F + vx)/\mathrm{d}x = 0$$

$$\mathrm{d}px/\mathrm{d}x = \mathrm{d}(F + vx)/\mathrm{d}x$$

由此可知，当达到最高利润点时，每多销售一个单位产品所带来的收入等于多生产一个单位产品所增加的费用，即边际收入等于边际费用。若产量继续上升，则会出现边际费用大于边际收入、利润下降的情况，直到第二个平衡点。到第二个平衡点时，若产量仍继续增加，则开始出现亏损。当产量达到开关点时，年亏损额正好等于年固定费用额。

第三节　农业项目敏感性分析

一、敏感性分析概述

（一）敏感性分析的概念

敏感性分析是指一个项目的生存能力受主要可量化的变量变动影响的程度，从而判断项目承受风险的能力的一种不确定性分析方法。它是项目评价的不确定性分析中被广泛应用的主要方法之一，是初步识别风险因素的重要手段。

敏感性分析是研究项目变量变化对基准情况（最大可能产出方案）影响的技术，一般只考虑各个变量向不利方向变化带来的影响。在项目寿命期（或计算期）内可能发生变化的因素主要有：产品产量 X、产品价格 P、成本

C（主要是可变成本）、投资 I（主要是固定资产投资）。此外还有折现率、汇率、建设期、投产时的产出能力及达到设计能力所需的时间、项目期末的资产残值等。由于它们都带有一定程度的不确定性，因此被称为不确定因素。它们的数值所发生的变动，都将对项目经济效果产生影响。

（二）敏感性分析的目的

1. 帮助识别影响项目成本流和效益流的主要变量。在农业项目的敏感性分析中，主要变量通常包括农产品价格、投资费用、生产成本、营业收入、原料价格等。

2. 分析主要变量可能的不利变化带来的后果。

3. 评估项目决策是否会受到这些变化的影响。

敏感性分析包括单因素敏感性分析和多因素敏感性分析。单因素敏感性分析是每次只改变一个因素的数值来进行分析，估算单个因素的变化对项目效益产生的影响：多因素分析则是同时改变两个或两个以上因素进行分析，估算多因素同时发生变化的影响。

为了找出关键的敏感因素，通常多进行单因素敏感性分析。

（三）敏感因素

事实上，上述不确定因素的数值在同一变动幅度下，对项目经济评价指标的影响程度是不同的。换句话说，各个指标值（如 NPV、IRR 等）对各种不确定因素变化的敏感程度是不同的。而所谓“敏感因素”，就是指其数值的变动对项目经济评价指标产生显著影响的因素。

敏感因素的变化对项目经济评价指标的影响，就是对项目经济效果的影响。该影响越大，则项目的风险越大。因此，了解哪些不确定因素是项目评价指标的敏感因素及其对项目经济效果的影响，就可以对投资方案承受风险的能力作出判断。必要时，对项目的敏感因素要重新进行设计、预测或估算，以尽量减小项目的风险，或者在项目实施时，要对敏感因素进行严格控制，从而减少对经济效果的影响。

（四）敏感性分析方法

1. 选择主要敏感因素，主要敏感因素可从下列范围中选择：数量较大的变量；数量虽然很小，但其价值是项目设计非常重要的关键变量；在项目计算期初期出现的变量；受经济变化影响的变量。

经验表明，农产品价格、建设投资、主要投入物价格、生产负荷、建设工期是农业项目的主要敏感因素。

2. 计算这些变量的可能变化对内部效益率和净现值的影响，并计算敏感度系数和临界点（或转换值）。

（1）敏感度系数是指项目评价指标变化的百分率与敏感因素变化的百分率之比。敏感度系数高，表示项目效益对该敏感因素敏感程度高。计算公式为：

$$S_{AF} = \frac{\Delta A/A}{\Delta F/F}$$

式中，S_{AF} 为评价指标 A 对于不确定因素 F 的敏感系数；

$\Delta F/F$ 为敏感因素 F 的变化率；

$\Delta A/A$ 为敏感因素 F 发生 ΔF 变化率时，评价指标 A 的相应变化率。

$S_{AF} > 0$，表示评价指标与敏感因素同方向变化；$S_{AF} < 0$，表示评价指标与不敏感因素反方向变化。S_{AF} 较大者敏感度系数高。

（2）临界点（转换值）是指敏感因素的极限变化，即该敏感因素使项目内部收益率等于基准收益率或净现值变为零时的变化百分率。临界点也可用该百分率对应的具体数值表示。当敏感因素的变化超过了临界点所表示的敏感因素的极限变化时，项目内部收益率指标将会转而低于基准收益率，表明项目将由可行变为不可行。

临界点的高低与设定的基准收益率有关。对于同一个项目，随着设定基准收益率的提高，临界点就会变低（即临界点表示的不确定因素的极限变化变小），而在一定的基准收益率下，临界点越低，说明该因素对项目评价指标影响越大，项目对该因素就越敏感。临界点计算一般使用试差法。由于项目评价指标的变化与敏感因素变化之间不是直线关系，当通过敏感性分析图求得临界点的近似值时，有时有一定误差。

二、单因素敏感性分析

单因素敏感性分析就是假定其他因素保持不变，仅就单个不确定因素的变动对项目经济效果的影响所做的分析。

单因素敏感性分析的步骤如下：

（1）选择并计算敏感性分析的评价指标。前面所讨论过的动态、静态的评价指标，例如 NPV、IRR 等，都可以作为敏感性分析的经济效果评价指标。在确定评价指标后，计算出指标值作为目标值。

（2）选择不确定因素作为敏感性分析变量。在前面所列举的不确定因素中，当然都可以被选择，但一般选择：投资 I、价格 P、成本 C、产量 X。还考虑：①未来其数值变动的可能性比较大的因素；②在确定性评价中，对其数据准确性把握不大的因素。

（3）选定不确定因素的变动范围。变量的变动范围应当根据历史统计资料以及对市场的调查、预测进行估计。估计值可以比历史资料和市场预测值略微偏大。

（4）逐一计算在其他因素不变时，某一不确定因素的数值在可能的变动范围内变动，所引起的经济评价指标的变动值，并建立一一对应的关系，用表格和图形表示对应关系。

（5）计算敏感度系数，通过比较，确定项目的敏感因素。

敏感度系数 S_{AF} 的计算公式如前所示，当 $S_{AF}>0$，表示评价指标与不确定因素的变化同方向；$S_{AF}<0$，表示评价指标与不确定因素的变化反方向。

S_{AF} 较大者，说明该因素的变化对项目指标的影响比较大。

（6）分别求出在项目可行的前提下，不确定因素的允许变动范围（临界点），以及相对应的不确定因素的数值（临界值），它们是判断项目风险大小的依据。

（7）项目风险分析和建议。分析项目抗风险能力的不确定因素允许变动的范围越大，则项目的风险越小；不确定因素允许变动的范围越小，项目的风险越大。同时提出控制风险的建议。

三、多因素敏感性分析

单因素敏感性分析实质上是在假设各影响因素之间不相关的前提下针对单个因素进行的。实际上，各因素之间往往存在相互依赖关系，一个因素的变动也伴随着其他因素的变动。因此，单因素敏感性分析有较大的局限性，它不能反映两个或两个以上因素同时变化的作用，而多因素敏感性分析通过考察多个不确定因素同时变动对项目经济效果的影响，从而避免这一局限。

多因素敏感性分析就是从考察多因素同时变动对方案产生的影响来判断方案的风险情况的。但是，由于多因素敏感性分析需要考虑可能发生的多种因素不同变动幅度的多种组合，计算起来要比单因素敏感性分析复杂得多。

多因素敏感性分析，就是分析多种变动因素同时发生变动时，对内部报酬率和净现值的影响。多因素变动对内部报酬率的影响可用公式表示为：

$$IRR(k_1,k_2,\cdots,k_n) = \sum_{i=1}^{n} IRR_i(k_i) - (k-1)IRR_0$$

式中，n 为发生变化的因素数；i 为第 i 种变化的因素；IRR_0 为基本方案的内部报酬率；IRR_i 为第 i 种因素变化后的内部报酬率；IRR 为变动后的内部报酬率；$k_1,k_2,\cdots,k_n$ 分别为 1，2，…，n 种因素的变化率。

$$NPV(k_1,k_2,\cdots,k_n) = NPV_0 + \sum_{i=1}^{n} A_i k_i$$

式中，NPV 为变动后的净现值；NPV_0 为基本方案的净现值；A_i 为因素 i 的现值。

敏感性分析有助于确定影响项目经济效益的敏感因素，区分哪些因素是敏感性因素、哪些因素是不敏感的因素，并且通过计算出这些因素对经济效益影响程度的定量数值，测定出项目效益临界点时敏感性因素的最大允许变动幅度。但这种分析实际上还是一种定性分析，带有很大的主观性，难以测定敏感性因素真正的变化范围以及在这一范围内发生的可能性大小。实际上，各种不确定因素未来发生变化的可能性大小可能不同，而且变化方向可能相同，也可能不同。因此，可能难以对不确定因素影响项目经济效益指标的程度做出定量分析结果，折旧需要通过风险分析来予以解决。

第四节　农业项目风险分析

一、风险识别

农业建设项目以农业生产为主要内容，而农业生产集自然再生产和经济再生产于一体。农业生产具有明显的季节性，只能在规定的季节播种、耕耘、收获，延误一个环节都可能影响项目的全部成果。农业项目实施周期长，很多投入会受到季节和气候等方面的影响。在评估过程中使用的预测数据所包含的不确定性更大，各种结果的预见性较差。因而风险分析在农业项目经济评价中尤为重要。风险因素识别可以从原因查结果，也可以从结果反过来找原因。主要方法有德尔菲法、分解法和逻辑框架法等。由于这几种方法提供不同的思维方式，所以往往综合起来一起运用。

农业建设项目风险除了其他行业的带有普遍性风险种类外，还具有自身独有的风险：

(1) 自然资源利用风险。农业生产的自然特性在于资源的量和质上是密不可分的（尤其是水和土地），这也决定农业投资的效果。在数量方面，水在农业投资项目中是不可替代的资源，一旦出现短缺或不符合要求，就会从根本上影响项目的建设和运行。因而水资源的供应是农业项目的重要风险因素。农业土地资源是农业生产的最基本的生产要素。土地资源的稀缺性、肥力的可变性和用途的选择性都隐含着投资风险。资源风险还表现在水资源和土壤的质量上，环境污染对水和土壤质量的影响很难估计。

(2) 自然灾害风险。我国是自然灾害发生较为频繁的国家，每年多有洪涝、干旱、冰雹、寒冻、赤潮和病虫害等发生。由于农业的生产特性，自然因素对农业的影响相比其他行业更为敏感和严重。除了动植物自身的生长和繁殖规律外，洪涝、干旱、台风、冰雹、超常的高温和低温、超常的降水量等，都会影响农业的产出，增加农业企业的投资风险，造成农业企业投资项目效益不稳定。在养殖业中，疫病风险越来越大，有时甚至是毁灭性的。

(3) 市场风险。识别市场风险成为农业企业投资的重要内容之一。农业项目的市场风险具体表现在：①季节性滞销。农业生产季节性强，具有明显的供给淡季和旺季，农业产品又大多为鲜活产品。如已成熟的水果、蔬菜若不能及时销售，就会降低产品质量，甚至腐烂或增加贮存成本，将造成很大的经济损失。该出栏的生猪不能及时销售，就得继续饲养，而此时的饲料报酬率是呈下降趋势的，也会造成成本增加、效益减少。②生产资料质量。农业项目需要的生产资料主要为种子、种苗、化肥、农药、农膜等。由于农业生产的特点，生产资料质量是农业投资项目重要的风险因素。③农产品市场供求。由于农产品的生产受自然环境的影响较大，因此，其供给具有周期性和有限性的特点。产品需求量是消费习惯、收入和需求弹性等综合作用的结果，然而这些因素本身很难确定。④竞争力变化。农业生产单位是千家万户，他们往往市场信息不畅通，对未来的供求变化缺乏科学的预期。

（4）技术风险。农业生产技术在农业自然再生产过程中的应用是有条件的，生产对象（植物和动物）的状态会因其他相关条件的影响面发生变化，从而决定农业生产技术具有不稳定性、区域适应性和受操作者的水平影响等特点。农业生产新技术的应用也受到很多因素的综合作用，例如，技术的自然条件适用性、推广应用可靠性等，任何一个因素的不适应都会影响新技术效益的发挥，相同的技术在不同的区域会有不同的应用效果。技术风险的发生会导致产量的下降、品质的降低或者成本的升高。

（5）经营管理风险。农业项目涉及的利益面较广，不仅包含公司，还包括众多的基层单位（或农户）。而且总项目内的各分项目内容也常常存在差异，这就大大增加了项目的复杂性，使项目管理和监督面临困难，导致经营管理风险，如建设期延长、投资成本和生产成本增加、产品质量和数量降低。

（6）外部风险。对社会化服务体系的依赖性强，农业生产过程往往对诸如水利、农业设施、农业技术、信用和资金服务等有关社会服务体系的依赖尤为普遍和深入。因此，在选择投资的方向、品种和地点时，该品种和该地区的社会化服务体系的完善程度也是一个很重要的效益和风险评估指标。

二、风险估计

风险估计是在风险识别后通过定量分析的方法测度风险发生的可能性及对

项目的影响程度。风险发生的可能性通过风险事件概率分布表达。在确定概率分布时，要充分利用已获得的各种信息，在获得的信息不够充分的条件下要根据主观判断和近似的方法确定概率分布。例如，种植业项目中旱灾是重要的风险因素，要通过近10—20年轻度、中度、重度旱灾发生的资料进行统计分析，再结合项目建设方案预测各种程度旱灾发生的概率分布。风险发生对项目的影响程度可以采用敏感性分析的结果，统计分析风险发生后经济指标的数值变化。例如，计算轻度、中度、重度旱灾发生情况下，项目产量的相应变化以及内部收益率或者净现值的相应变化。

三、风险评价

风险评价是对各种风险因素发生的概率和可能导致的损失大小的评价，确定项目的整体风险水平，找到项目的关键风险，为如何处置这类风险提供科学依据。

风险评价的判别标准可采用两种类型：

(1) 以经济指标的累计概率、标准差为判别标准。通过概率树法计算各种风险因素发生时，项目可行或不可行的发生概率。

①财务（经济）内部收益率大于等于基准收益率的累计概率值越大，风险越小；标准差越小，风险越小。

②财务（经济）净现值大于等于零的累计概率值越大，风险越小；标准差越小。风险越小。

(2) 以综合风险等级为判别标准。风险等级的划分既要考虑风险因素出现的可能性，又要考虑风险出现后对项目的影响程度，有多种表述方法，一般应选择矩阵列表法划分风险等级。矩阵列表法简单直观，将风险因素出现的可能性及对项目的影响程度构造一个矩阵，表中每一单元对应一种风险的可能性及其影响程度。为适应现实生活中人们以单一指标描述事物的习惯，将风险的可能性与影响程度综合起来，用某种级别表示（见表11－1）。表11－1是以风险应对的方式来表示风险的综合等级，所示风险等级是可采用数学推导和专家判断相结合确定的。

表 11 -1　　综合风险等级分类表

综合风险等级		风险影响的程度			
		严重	较大	适度	低
风险的可能性	高	K	M	R	R
	较高	M	M	R	R
	适度	T	T	R	I
	低	T	T	R	I

综合风险等级分为 K、M、T、R、I 五个等级：

K（Kill）表示项目风险高，出现这类风险就要放弃项目；

M（Modify plan）表示项目风险高，需要修正拟议中的方案，通过改变设计或采取补偿措施等；

T（Trigger）表示风险较高，设定某指标的临界值，指标一旦达到临界值，就要变更设计或对负面影响采取补偿措施；

R（Review and reconsider）表示风险适度（较小），适当采取措施后不影响项目；

I（Ignore）表示风险低，可忽略。

在表 11 -1 左上角的风险会产生严重后果；在表 11 -1 左下角的风险，发生的可能性相对低，必须注意临界指标的变化，提前防范与管理；在表 11 -1 右上角的风险影响虽然相对适度，但是发生的可能性相对高，也会对项目产生影响，应注意防范；在表 11 -1 右下角的风险，损失不大，发生的概率小，可以忽略不计。以上推荐的风险等级的划分标准并不是唯一的，其他可供选择的划分标准有很多，如常用的风险等级划分为 1—9 级。

四、风险应对

在经济风险分析中找出的关键风险因素对项目的成败具有重大影响，需要采取相应的应对措施，尽可能降低风险的不利影响，实现预期投资效益。

（一）选择风险应对措施的原则

1. 贯穿项目可行性研究的全过程

可行性研究是一项复杂的系统工程，而经济风险来源于资金、技术、市场、工程等各个方面，因此，应从规划设计上就采取规避防范风险的措施，才能防患于未然。

2. 针对性

风险应对研究应有很强的针对性，针对特定项目主要的或关键的风险因素提出必要的措施，将其影响降低到最低程度。

3. 可行性

可行性研究阶段所进行的风险应对研究应立足于现实客观的基础之上，提出的风险应对措施应在财务、技术等方面是切实可行的。

4. 经济性

规避防范风险是要付出代价的，如果提出的风险应对措施所花费的费用远大于可能造成的风险损失，该对策将毫无意义。在风险防范研究中，应将规避防范风险措施所付出的代价与该风险可能造成的损失进行权衡，旨在寻求以最少的费用获取最大的风险效益。

（二）决策阶段的风险应对

1. 提出多个备选方案，通过多方案的技术、经济比较，选择最优方案。

2. 对有关重大工程技术难题潜在风险因素提出必要的研究与试验课题，准确地把握有关问题，消除模糊认识。

3. 对影响投资、质量、工期和效益等有关数据，如价格、汇率和利率等风险因素，在编制投资估算、制订建设计划和分析经济效益时，应留有充分的余地，谨慎决策，并在项目执行过程中实施有效监控。

（三）建设期或运营期的风险应对

建议采取回避、转移、分担和自担措施：

（1）风险回避是彻底规避风险的一种做法，即断绝风险的来源。风险回避一般适用于以下两种情况：某种风险可能造成相当大的损失；或者风险防范代价昂贵，得不偿失。

（2）风险分担是针对风险较大，投资人无法独立承担，为控制项目的风险源，而采取与其他企业合资或合作等方式，共同承担风险、共享效益的方法。

(3) 风险转移是将项目业主可能面临的风险转移给他人承担，以避免风险损失的一种方法。转移风险有两种方式：一是将风险源转移出去，如将已做完前期工作的项目转给他人投资，或将其中风险大的部分转给他人承包建设或经营；二是只把部分或全部风险损失转移出去，包括保险转移方式和非保险转移方式两种。

(4) 风险自担就是将风险损失留给项目业主自己独立承担项目的风险。投资者已知有风险但由于可能获利而需要冒险时，同时又不愿意将获利的机会分给别人，必须保留和承担这种风险。在自担风险的情况下，业主应主动采取相应的工程、技术或经济措施加以预防。如针对旱涝灾害采取必要的水利工程措施；针对畜禽疫病采取定期消毒和疫苗注射措施等。

上述风险应对不是互斥的，实践中常常组合使用。可行性研究中应结合项目的实际情况，研究并选用相应的风险对策。

五、风险分析方法

（一）专家调查法

可采用专家调查法对项目风险进行识别和评价。专家调查法是依靠项目专家、可行性研究人员、决策者等拥有的知识和经验等，就项目可能出现的风险因素及风险程度向专家进行调查，调查形式可选择会议、信件或其他形式。这是一种集合专家经验形成分析结论的分析方法，可适用于项目风险识别、风险估计、风险评价与风险应对等项目风险分析的全过程。

风险分析所选用的专家，应熟悉农业项目所在行业和所评估的风险因素，并且客观公正。为减少主观性，应结合项目的实际情况聘用一定数量的专家，一般应在10—20位。将项目可能出现的各类风险因素、风险发生的可能性及风险对项目的影响程度采取表格形式，请每位专家根据自身经验独立对各类风险因素的可能性和影响程度进行选择，汇集各位专家意见后得出专家调查表。

（二）概率树分析

概率树分析是采用概率论和数理统计的原理进行概论分析。该分析假定风险变量之间是相互独立的，在构造概率树的基础上，将每个风险变量的各种状态取值组合计算，分别计算每种组合状态下的评价指标值及相应的概率，得到评价指标的概率分布，并统计出评价指标低于或高于基准值的累计概率，计算评价指标的期望值、方差、标准差和离散系数。可以绘制以评价指标为横轴、累计概率为纵轴的累计概率曲线。

要计算项目净现值的期望值和净现值大于或等于零的累计概率，采用概率树分析的一般步骤为：

(1) 列出项目需考虑的各种风险因素，通过敏感性分析，确定风险变量；

(2) 判断各种风险变量可能发生的情况，确定其数值发生变化的个数；

(3) 确定各种情况可能发生的概率，并使各种情况发生的概率之和等于1；

(4) 针对各种风险因素发生变化的情况，分别给出项目方案现金流量各种状态发生的概率，以及相应的净现值和内部收益率等指标；

(5) 计算评价指标的期望值、方差或标准差、离散系数等；

(6) 可用插入法求出净现值大于或等于零的累计概率；

(7) 解释说明概率分析结果。

概率树分析的主要优点是可以给出项目NPV小于零的概率，从而对项目不可行的风险有多大给出定量的测定，为投资者进行投资决策提供重要信息。

（三）蒙特卡罗模拟法

蒙特卡罗模拟法也叫作随机模拟法或统计试验法，是一种以数量统计理论为指导，利用计算机来研究风险发生概率或风险损失的数值计算方法。采用反复随机抽样的方法模拟各种随机变量的变化，通过计算了解项目经济效果指标的概率分布。在目前的工程项目风险分析中，是一种应用广泛、相对较精确的方法，蒙特卡罗模拟法是用随机抽样的方法抽取一组满足输入变量概率分布特征的数值，输入这组变量计算项目评价指标，通过多次抽样计算可获得评标的概率分布及累计概率分布、期望值、方差，计算项目可行或不可行的概率，以此估计项目投资所承担的风险。

模拟步骤如下：

(1) 通过敏感性分析，确定风险变量；

（2）分析各影响因素（风险变量）确定所服从的概率分布，构造风险变量的概率分布模型；

（3）为各输入风险变量抽取随机数；

（4）将抽得的随机数转化为各输入变量的抽样值；

（5）将抽样值组成一组项目评价基础数据；

（6）应用评价模型，根据基础数据计算出评价指标值；

（7）通过统计模型求出评价指标的期望值、方差、标准差和它的概率分布及累计概率，绘制累计概率图，计算项目可行或不可行的概率。

理论上讲，蒙特卡罗模拟的次数越多，结果越精确。但实际上，模拟次数过多，时间和精力耗费较高，没有必要；模拟次数太少，随机数的分布不均匀，就可能影响模拟结果的可靠性。因为蒙特卡罗模拟的计算量巨大，需要借助计算机完成，一般模拟次数在 200—500 次就可以。

▶ 本章案例

甘肃省武威市凉州区永丰镇朵云村发展壮大村级集体经济项目，是由武威市凉州区永丰镇朵云村股份经济合作社在甘肃省武威市凉州区永丰镇朵云村拟进行的新建项目，建设期限 8 个月（2022 年 5—12 月）。

该项目坚持以习近平新时代中国特色社会主义思想为指导，全面贯彻党的十九大及十九届历次全会精神，全面实施乡村振兴战略，把党组织建设、巩固拓展脱贫攻坚成果与发展壮大村级集体经济结合起来，坚持集体所有、市场导向、改革创新、因地制宜，健全村集体经济组织，创新发展模式、运行机制和管理体制，多层次、多渠道、多形式促进村级集体经济持续健康发展。

（1）优化布局，发挥优势。发挥区域品种和产业优势，着力优化区域布局。充分发挥村党支部政治功能和组织优势，统筹育种、栽培、装备、管理等多方面的力量，发挥本地资源优势，优化农业产业结构调整，改变传统的农业生产方式，精心打造进行现代设施农业生产的产业体系和环境条件，示范带动和扶持贫困户及群众进行温棚种植产业的标准化生产和产业化经营，充分挖掘设施农业生产潜能，促进设施农业发展，增加群众经济收益。

（2）因地制宜，注重实效。根据本地气候、资源、生产方式、种植和养殖传统等特点，选择新型设施农业的发展方向，同时坚持效益，着力提高种、养殖综合生产能力以及经济、社会和生态效益。

(3) 改革创新，建立机制。始终以实现设施农业又快又好发展为目标，通过技术、管理和机制来解决发展中的问题，并将行之有效的成果加快推广应用，促进农业技术提升，努力探索建立促进发展的长效机制。确保集体经济收入稳定。

(4) 市场引导，政策扶持。坚持市场引导与政策扶持相结合，以解决农民就业、促进农民增收为基础，着力提高农民科学生产素质、提高种植养殖科技含量，提高生产过程的机械化、自动化和生态化水平。依据乡村振兴战略的总体思路，通过本项目的建设，打破村域界限，集中资源优势，形成集群成链的产业聚集效应，积极打造本村产业基地，进一步发展壮大村级集体经济。

项目主要建设规模及内容：朵云村采取“支部（村集体）+公司+基地+农户”的发展模式，由村集体流转耕地20亩，利用申报的中央三部委专项扶持资金50万元搭建10 000平方米拱形钢架温室共20座。棚搭建完成后出租给有意愿经营的党员、群众或合作社种植瓜菜，带动更多群众发展，充分发挥财政资金带动效应，积极打造本村产业基地，进一步发展壮大村级集体经济。

建设投资及资金来源：项目估算总投资50万元，其中，工程费47.1万元，占项目总投资的94.2%；工程建设其他费2.9万元，占项目总投资的5.8%。资金筹措：项目估算总投资50万元，申请中央三部委专项扶持资金50万元。

为充分了解社会各界对该项目社会稳定风险的意见和诉求，加强公众参与，准确识别社会稳定风险因素，制定风险防范和化解措施，对项目主体在执行项目建设和运营的过程中，给人民群众的生产、生活、财产及生态环境等与其切实利益相关的各个方面造成的负面影响和损失的可能性，进行社会稳定风险调查，主要调查项目建设的合法性、合理性、可行性和安全（可控）性的影响；建设过程中对周边居民正常出行及生活的影响；建设过程中产生的振动、噪声、扬尘、固体废弃物和废水等，对周边居民的影响，以及对大气和水环境造成的污染影响；施工安全影响，主要关注在项目实施过程中人员的安全影响；项目管理影响，主要关注项目实施过程中工程质量、职业健康体系、卫生与防疫方面的影响；资金筹措问题，主要关注是否有充足的资金来保证项目按时保质保量完工；媒体网络舆论导向及其影响问题等。

（资料来源：甘肃经济信息网 www. gsei. com. cn）

思考题：如何判定项目的风险因素变量？社会稳定风险调查是否有助于降低或避免项目建设经营中的风险因素？

— 本章思考题 —

1. 项目的不确定性和风险应如何区别？
2. 影响农业项目经济效益的不确定因素主要有哪些？这些不确定因素对项目经济效益的影响方向是否一致？
3. 在敏感性分析中，判断项目风险大小的依据是什么？确定项目敏感性因素的目的是什么？
4. 通过概率树分析，如何判定农业项目承受风险的能力？
5. 不同投资者面对项目风险时往往做出不同的选择，原因是什么？
6. 某农业项目拟购置一台大型农机，预计投资 100 万元，可以使用 10 年，每年获得营业收入 80 万元，年总成本 20 万元，若基准收益率为 10%，当投资、营业收入、年总成本各变动 +10% 和 -10% 时，对该项目的 NPV 作敏感性分析，并判断该农业项目抵御风险的能力情况。

参考文献

[1] 杨秋林. 农业项目投资评估（第四版）[M]. 北京：中国农业出版社，2008.
[2] 成其谦. 投资项目评价（第三版）[M]. 北京：中国人民大学出版社，2010.
[3] 简德三. 投资项目评估（第二版）[M]. 上海：上海财经大学出版社，2009.
[4] 杨华峰. 项目评估 [M]. 北京：科学出版社，2008.